Physica-Lehrbuch

Physica-Lehrbuch

Basler, Herbert
Aufgabensammlung zur statistischen Methodenlehre und Wahrscheinlichkeitsrechnung
4. Aufl. 1991. 190 S.

Basler, Herbert
Grundbegriffe der Wahrscheinlichkeitsrechnung und Statistischen Methodenlehre
11. Aufl. 1994. X, 292 S.

Bloech, Jürgen u.a.
Einführung in die Produktion
2. Aufl. 1993. XX, 410 S.

Bossert, Rainer und Manz, Ulrich L.
Externe Unternehmensrechnung
Grundlagen der Einzelrechnungslegung, Konzernrechnungslegung und internationalen Rechnungslegung
1997. XVIII, 407 S.

Dillmann, Roland
Statistik II
1990. XIII, 253 S.

Endres, Alfred
Ökonomische Grundlagen des Haftungsrechts
1991. XIX, 216 S.

Farmer, Karl und Wendner, Ronald
Wachstum und Außenhandel
Eine Einführung in die Gleichgewichtstheorie der Wachstums- und Außenhandelsdynamik
2. Aufl. 1999. XVIII, 423 S.

Ferschl, Franz
Deskriptive Statistik
3. Aufl. 1985. 308 S.

Gaube, Thomas u.a.
Arbeitsbuch Finanzwissenschaft
1996. X, 282 S.

Gemper, Bodo B.
Wirtschaftspolitik
1994. XVIII, 196 S.

Graf, Gerhard
Grundlagen der Volkswirtschaftslehre
1997. VIII, 324 S.

Graf, Gerhard
Grundlagen der Finanzwissenschaft
1999. X, 319 S.

Hax, Herbert
Investitionstheorie
5. Aufl. korrigierter Nachdruck 1993. 208 S.

Heno, Rudolf
Jahresabschluß nach Handels- und Steuerrecht
2. Auflage 1998. XVI, 408 S.

Huch, Burkhard u.a.
Rechnungswesenorientiertes Controlling
Ein Leitfaden für Studium und Praxis
3. Aufl. 1998. III, 504 S.

Kistner, Klaus-Peter
Produktions- und Kostentheorie
2. Aufl. 1993. XII, 293 S.

Kistner, Klaus-Peter
Optimierungsmethoden
Einführung in die Unternehmensforschung für Wirtschaftswissenschaftler
2. Aufl. 1993. XII, 222 S.

Kistner, Klaus-Peter und Steven, Marion
Produktionsplanung
2. Aufl. 1993. XII, 361 S.

Kistner, Klaus-Peter und Steven, Marion
Betriebswirtschaftslehre im Grundstudium
Band 1: Produktion, Absatz, Finanzierung
3. Aufl. 1999. XVI, 514 S.
Band 2: Buchführung, Kostenrechnung, Bilanzen
1997. XVI, 451 S.

Kortmann, Walter
Mikroökonomik
Anwendungsbezogene Grundlagen
2. Auflage 1999. XVIII, 674 S.

Kraft, Manfred und Landes, Thomas
Statistische Methoden
3. Aufl. 1996. X, 236 S.

Michaelis, Peter
Ökonomische Instrumente in der Umweltpolitik
Eine anwendungsorientierte Einführung
1996. XII, 190 S.

Nissen, Hans Peter
Makroökonomie I
3. Aufl. 1995. XXII, 331 S.

Schäfer, Henry
Unternehmensfinanzen
Grundzüge in Theorie und Management
1998. XVI, 404 S.

Schäfer, Henry
Unternehmensinvestitionen
Grundzüge in Theorie und Management
1999. XVI, 434 S.

Sesselmeier, Werner
Blauermel, Gregor
Arbeitsmarkttheorien
2. Auflage 1998. XIV, 308 S.

Steven, Marion
Hierarchische Produktionsplanung
2. Aufl. 1994. X, 262 S.

Swoboda, Peter
Betriebliche Finanzierung
3. Aufl. 1994. 305 S.

Weise, Peter u.a.
Neue Mikroökonomie
3. Aufl. 1993. X, 506 S.

Zweifel, Peter und Heller, Robert H.
Internationaler Handel
Theorie und Empirie
3. Aufl. 1997. XXII, 418 S.

Hans-Peter Nissen

Einführung in die makroökonomische Theorie

Mit 122 Abbildungen

Springer-Verlag Berlin Heidelberg GmbH

Prof. Dr. Hans-Peter Nissen
Fachbereich Wirtschaftswissenschaften
Universität GH Paderborn
Warburger Straße 100
D-33098 Paderborn

ISBN 978-3-7908-0474-4   ISBN 978-3-642-58713-9 (eBook)
DOI 10.1007/978-3-642-58713-9

Die Deutsche Bibliothek – CIP-Einheitsaufnahme
Nissen, Hans-Peter: Einführung in die makroökonomische Theorie / Hans-Peter Nissen. –
Heidelberg: Physica-Verl. 1999
 (Physica-Lehrbuch)

Dieses Werk ist urheberrechtlich geschützt. Die dadurch begründeten Rechte, insbesondere die der Übersetzung, des Nachdrucks, des Vortrags, der Entnahme von Abbildungen und Tabellen, der Funksendung, der Mikroverfilmung oder der Vervielfältigung auf anderen Wegen und der Speicherung in Datenverarbeitungsanlagen, bleiben, auch bei nur auszugsweiser Verwertung, vorbehalten. Eine Vervielfältigung dieses Werkes oder von Teilen dieses Werkes ist auch im Einzelfall nur in den Grenzen der gesetzlichen Bestimmungen des Urheberrechtsgesetzes der Bundesrepublik Deutschland vom 9. September 1965 in der jeweils geltenden Fassung zulässig. Sie ist grundsätzlich vergütungspflichtig. Zuwiderhandlungen unterliegen den Strafbestimmungen des Urheberrechtsgesetzes.

© Springer-Verlag Berlin Heidelberg 1999
Ursprünglich erschienen bei Physica-Verlag Heidelberg 1999

Die Wiedergabe von Gebrauchsnamen, Handelsnamen, Warenbezeichnungen usw. in diesem Werk berechtigt auch ohne besondere Kennzeichnung nicht zu der Annahme, daß solche Namen im Sinne der Warenzeichen- und Markenschutz-Gesetzgebung als frei zu betrachten wären und daher von jedermann benutzt werden dürften.

Umschlaggestaltung: Erich Kirchner, Heidelberg
SPIN 10021414   88/2202-5 4 3 2 1 0 – Gedruckt auf säurefreiem Papier

Vorwort

Diese Einführung in die gesamtwirtschaftliche Theorie besteht aus drei Hauptelementen: der keynesianischen Theorie, der neo-klassischen Theorie und der „neo-klassisch-keynesianischen Synthese". Die keynesianische und neo-klassische Theorie stehen sich diametral gegenüber und werden bis auf den heutigen Tag kontrovers diskutiert. Der harte Kern dieser Auseinandersetzung liegt in der Frage, ob die „Nachfrage nach dem Sozialprodukt das Angebot bestimmt", wie es die keynes'sche Theorie postuliert, oder ob „sich jedes Angebot die eigene Nachfrage schafft", wie es von der neo-klassischen Theorie unterstellt wird. Beide Theorien fanden und finden Eingang in die Wirtschaftspolitik: in den siebziger Jahren praktizierten die meisten Industrieländer eine keynesianisch geprägte „nachfrageorientierte" Wirtschaftspolitik; in den achtziger Jahren dominierte in vielen Ländern die „angebotsorientierte" Politik - häufig als „Reagonomics oder Thatcherismus" apostrophiert. Nachdem der - zum Teil auch ideologisch angefachte- Pulverdampf der Kontroverse verflogen ist, bietet sich der pragmatische Versuch einer Synthese an. Denn nach Samuelson haben auch Makro-Ökonomen angeblich deshalb zwei Augen, um Angebot und Nachfrage gemeinsam in den Blick nehmen zu können!

Die wissenschaftliche Evolution trieb aus jedem der beiden Theoriestämme zahlreiche neue Verzweigungen aber auch Stilblüten hervor. Für den Anfänger wäre es nicht leicht, den „Stamm vor lauter Zweigen und die Zweige vor lauter Blätter" erkennen zu wollen. Die Inhalte dieser Einführung orientieren sich daher strikt entlang der traditionellen Grundlinien der keynesianischen und der neo-klassischen Theorien und führen diese zu einer Synthese zusammen. Uns interessiert weniger das schwungvolle Turnen in weitverzweigten Baumkronen als vielmehr das schrittweise Erklettern der Baumstämme. Der Fachmann wird mithin so manche Verästelung vermissen, der Anfänger wird den Bodenkontakt mit den „theoretischen Wurzeln" schätzen (lernen).

Der Aufbau des Buches folgt der Methode abnehmender Abstraktion. Einfache keynesianische Nachfragemodelle bilden den Anfang, da sie am besten geeignet sind, die Verbindung zur volkswirtschaftlichen Gesamtrechnung[1] herzustellen. Die Fortschritte in der „makroökonomischen Modellschreinerei" vollziehen sich in didaktischen Schleifen. Der erste Hauptteil (II) behandelt den makroökonomischen Gütermarkt in aufeinander aufbauenden, schrittweise komplexer werdenden Modellen. Zwar ist dieser Teil des Buches relativ umfangreich, doch läßt er sich nach jedem Kapitel abkürzen durch einen direkten Sprung in den Teil III. Mit wachsender Sicherheit im Umgang mit Modellen werden die Bausteine größer. Es folgen Analysen des makroökonomischen Geldmarktes (III), der Fiskal- und Geldpolitik (IV)

---

[1] Vgl. das Lehrbuch in dieser Reihe: Hans-Peter Nissen: Makroökonomie I, neueste Auflage

und des Arbeitsmarktes (V). Der Teil (VI) ist dem neo-klassischen Totalmodell gewidmet. Den Abschluß des Buches bildet die Synthese aus neo-klassischer und keynesianischer Theorie (VII). Im Kontext dieses Synthesemodells werden ausgewählte und aktuelle wirtschaftspolitische Probleme analysiert.

Die makroökonomische Theorie basiert - wie alle Theorien - auf der Konstruktion von Modellen. Modelle sind abstrakte Gedankenkonstrukte über kausale Zusammenhänge in einem genau spezifizierten Ausschnitt der Wirklichkeit. Die volkswirtschaftlichen Theorien bedienen sich bei der Konstruktion ihrer Modelle der Mathematik und grafischer Darstellungen. Die Anforderungen, die dieses Buch diesbezüglich stellt, gehen nicht über die höhere Schulmathematik hinaus: mathematische Funktionen werden interpretiert, differenziert und illustriert. Die Verwendung überwiegend linearer Funktionen in Verbindung mit konkreten Zahlenbeispielen erleichtert das Modellieren und macht das Lehrbuch zum Lernbuch. Bei aller Präzision der Modelle muß jedoch betont werden, daß diese nie die Wirklichkeit selbst sondern immer nur eine mehr oder weniger nützliche Abbildung derselben darstellen. Das hier vorgelegte Lehrbuch versteht sich als "Trainingsanleitung" für das theoretische Pflichtprogramm des Grundstudiums und überläßt die "theoretischen Pirouetten" der Kür weiterführenden Veranstaltungen bzw. Lehrbüchern.

Das Schreiben eines Lehrbuches erfordert nicht nur die systematische Auswertung von Lehrerfahrungen, sondern auch die druckfertige Aufbereitung derselben - eine freundliche Bedingung des Verlages. Mein besonderer Dank für die außerordentlich arbeitsaufwendige Fertigstellung des Manuskriptes und das geleistete "Druckmanagement" gilt Frau Diplom-Volkswirtin Anna Meinart. Sie hielt die technische Organisation in ihren Händen und die Anordnung der zahlreichen Schaubilder, Formeln, Boxen und Verzeichnisse im Auge, um diese mit dem Text zum vorliegenden „layout" zu kombinieren. Herr Diplom-Volkswirt Franz-Josef Rose hat zur Gestaltung der empirischen Boxen beigetragen und sich mit Herrn Diplom-Volkswirt Franz-Martin Wieneke in der frühen Entstehungsphase des Manuskripts an konzeptionellen Diskussionen beteiligt. Auch ihnen gilt mein Dank. Herr stud.rer.pol. Christian Herberg verstärkte in der Endphase unser know how im Umgang mit dem unentbehrlich aber auch störrisch gewordenen Computer. Der Autor blickt auf eine arbeitsreiche Zeit zurück und schließt das Manuskript mit dem Gedanken: "nicht Autor, sondern Verlagsdirektor müßte man sein!"

Hans-Peter Nissen   Paderborn, April 1999

Inhaltsverzeichnis

I Einführung
1 Theorien, Modelle, Märkte 3
2 Aufbau und Inhalt des Buches 8

II Gütermarkt
1 Überblick 15
2 Konsum und Sparen in einer geschlossenen Volkswirtschaft ohne ökonomische Aktivitäten des Staates 18
3 Nettoinvestition in einer geschlossenen Volkswirtschaft ohne Staat 41
4 Ökonomischen Aktivitäten des Staates in einer geschlossenen Volkswirtschaft 82
5 Export und Import in einer offenen Volkswirtschaft 115
6 Die Gütermarktmodelle im Vergleich 135

III Geldmarkt
1 Das Geldangebot 141
2 Die Nachfrage nach Geld 163
3 Der Geldmarkt im Gleichgewicht 175

IV Fiskal- und Geldpolitik im IS-LM-Modell und die aggregierte Güternachfrage
1 Güter- und Geldmarktgleichgewicht: Das IS-LM-Modell 185
2 Fiskal- und Geldpolitik im IS-LM-Modell 193
3 Problembereiche der Geld- und Fiskalpolitik 203
4 Die aggregierte Güternachfrage 205
5 Zur Diskussion der aggregierten Nachfragekurve 210
6 Analytischer Anhang 215

V Arbeitsmarkt und gesamtwirtschaftliches Güterangebot
1 Überblick 227
2 Produktionsfunktion und Nachfrage nach Arbeit 228
3 Arbeitsnachfrage und aggregiertes Güterangebot 236
4 Arbeitsangebot und Arbeitsmarkt 239
5 Zusammentreffen von Angebot und Nachfrage auf dem Arbeitsmarkt 242
6 Beschäftigungspolitische Optionen 244
7 Arbeitsmarkt und aggregiertes Güterangebot 248
8 Analytischer Anhang 264

VI Das neoklassische Modell
1 Die Kontroverse zwischen Keynes und Neo-Klassik 271
2 Das Klassisch-Neoklassische Modell 275
3 Makro-Politiken im Neo-Klassischen Modell 286

VII Neo-Klassisch-Keynesianische Synthese
1 Modell-Mix aus Keynes und Neo-Klassik 295
2 Gesamtwirtschaftliche Reaktionen auf „externe Schocks" 303
3 Keynesianische Spezialfälle 329

Detailliertes Inhaltsverzeichnis

I Einführung

1 Theorien, Modelle, Märkte	3
2 Aufbau und Inhalt des Buches	8

II Gütermarkt

1 Überblick	15
2 Konsum und Sparen in einer geschlossenen Volkswirtschaft ohne ökonomische Aktivitäten des Staates - Modell: $Y^d = C(Y^s)$	**18**
2.1 Das Kreislaufmodell	18
2.2 Die Konsumfunktion	19
2.3 Die Sparfunktion	26
2.4 Das Modell einer stationären Volkswirtschaft ohne Staat: $Y^d = C$	29
2.5 Der Anpassungsprozeß zum Gleichgewicht	33
2.6 Veränderungen des Konsums und der Ersparnis	36
3 Nettoinvestition in einer geschlossenen Volkswirtschaft ohne Staat - Modell: $Y^d = C(Y^s)+I(i)$	**41**
3.1 Die Investitionsfunktion	41
3.2 Das Gleichgewichtseinkommen im Modell: $Y^d = C(Y^s)+I^a$	42
3.3 Ex-ante Gleichgewicht versus ex-post Gleichheit (Exkurs)	48
3.4 Der Investitionsmultiplikator – oder: Wie verändert sich das Volkseinkommen, wenn die Investitionen dauerhaft steigen?	52
3.5 Warum ist die Investitionsfunktion zinselastisch?	60
3.6 Worauf ist die Erhöhung der Investitionen um ΔI zurückzuführen?	67
3.7 Die Ableitung der IS-Kurve: Das Gütermarktgleichgewicht bei variablem Zinssatz	71
3.8 Zur Diskussion der IS Kurve	74
3.9 Zusammenfassung	80
4 Ökonomische Aktivitäten des Staates in einer geschlossenen Volkswirtschaft - Modell: $Y^d = C(Y^s)+I(i)+G$	**82**
4.1 Ökonomischen Aktivitäten des Staates	82
4.2 Einfluß der Steuer(funktion) auf Konsum- und Sparverhalten	84
4.3 Wie bestimmen sich die Gleichgewichtswerte unter Berücksichtigung von Steuern und Staatsausgaben?	89
4.4 Welche Auswirkungen haben Veränderungen von Investitionen, Steuern und Staatsausgaben auf das Gleichgewichtseinkommen?	94
4.5 Die IS-Kurve in einer geschlossenen Volkswirtschaft mit Staat	109

5 Export und Import in einer offenen Volkswirtschaft
– Modell: $Y^d = C+I+G+(Ex-Im)$ **115**
5.1 Die Gütertransaktionen mit dem Ausland   115
5.2 Wie bestimmen sich die Gleichgewichtswerte in einer offenen
Volkswirtschaft?   117
5.3 Wie verändern autonome Nachfrageänderungen das
Gleichgewichtseinkommen und den Außenbeitrag?   123
5.4 Die IS-Kurve in einer offenen Volkswirtschaft   129

6 Die Gütermarktmodelle im Vergleich   **135**

III Geldmarkt

1 Das Geldangebot   **141**
1.1 Was ist Geld?   141
1.2 Wie entsteht Geld?   149
1.3 Theorie des Geldangebots   157

2 Die Nachfrage nach Geld   **163**
2.1 Geldnachfrage zu Transaktionszwecken   163
2.2 Das Vorsichtsmotiv der Geldhaltung   168
2.3 Das Spekulationsmotiv der Geldnachfrage   169
2.4 Die gesamte Geldnachfrage   173

3 Der Geldmarkt im Gleichgewicht   **175**
3.1 Das Geldmarktgleichgewicht bei gegebenem Volkseinkommen   175
3.2 Das Geldmarktgleichgewicht bei variierendem Volkseinkommen:
Die LM-Kurve   178

IV Fiskal- und Geldpolitik im IS-LM-Modell und die aggregierte Güternachfrage

1 Güter- und Geldmarktgleichgewicht: Das IS-LM-Modell   **185**

2 Fiskal- und Geldpolitik im IS-LM-Modell   **193**
2.1 Fiskalpolitik   193
2.2 Geldpolitik   200

3 Problembereiche der Geld- und Fiskalpolitik   **203**
4 Die aggregierte Güternachfrage: $Y^d = Y^d(P)$ **205**
5 Zur Diskussion der aggregierten Nachfragekurve   **210**

6 Analytischer Anhang   **215**
6.1 Ein analytisches Beispiel zum Kapitel IV/1   215
6.2 Ein analytisches Beispiel zum Kapitel IV/2   217
6.3 Ein analytisches Beispiel zum Kapitel IV/5   222

V Arbeitsmarkt und gesamtwirtschaftliches Güterangebot

1 Überblick	227
2 Produktionsfunktion und Nachfrage nach Arbeit	228
3. Arbeitsnachfrage und aggregiertes Güterangebot: $Y^s = Y^s(P)$	236
4. Arbeitsangebot und Arbeitsmarkt	239
5. Zusammentreffen von Angebot und Nachfrage auf dem Arbeitsmarkt	242
6. Beschäftigungspolitische Optionen	244
7. Arbeitsmarkt und aggregiertes Güterangebot	248
8. Analytischer Anhang	264

VI Das Neo-Klassische Modell

1 Die Kontroverse zwischen Keynes und Neo-Klassik	271
2 Das Klassisch-Neoklassische Modell	275
3 Makro-Politiken im Neo-Klassischen Modell	286

VII Neo-Klassisch-Keynesianische Synthese

1 Modell-Mix aus Keynes und Neo-Klassik	295
2 Gesamtwirtschaftliche Reaktionen auf „externe Schocks"	303
2.1 Expansive Fiskalpolitik im Flexlohnmodell	303
2.2 Expansive Fiskalpolitik im Festlohnmodell	306
2.3 Expansive Geldpolitik im Flexpreismodell	311
2.4 Expansive Geldpolitik im Festlohnmodell	313
2.5 Zunahme des Arbeits(kräfte)angebots	315
2.6 Erhöhung von Lohnnebenkosten	319
2.7 Steigende Arbeitsproduktivität durch technischen Fortschritt	323
2.8 Hysteresis: Kombinierter Fiskal- und Lohneffekt	326
3 Keynesianische Spezialfälle	329
Literaturverzeichnis	333
Stichwortverzeichnis	335

Abkürzungsverzeichnis[1]

A	Effizienzparameter / Anschaffungskosten / Auslandskonto
a	autonome Größen
AB	Außenbeitrag = Nettonachfrage des Auslandes
AZ	Arbeitszeit
B	Bonds = Wertpapiere / Geldbasis
B^d	Nachfrage nach Wertpapieren
B^s	Angebot an Wertpapieren
BD	Budgetdefizit
BS	Budgetsaldo
BÜ	Budgetüberschuß
b	marginale Investitionsquote
C	Konsum
C*	Konsum im Gleichgewicht
C^a	autonomer Konsum
C^d	geplante Konsumgüternachfrage
C^g	geplanter Konsum
C_H	Konsumgüternachfrage der privaten Haushalte
C^g_H	geplanter Konsum der Haushalte
C^g_U	erwarteter (geplanter) Konsum von Unternehmen
C_{St}	Eigenverbrauch des Staates
C_T	Minderkonsum durch Steuern
C^{ug}	ungeplanter Konsum
c	marginale Konsumquote
C/P	realer Konsum
C/Y	durchschnittliche Konsumquote
D	Abschreibung auf dem Kapitalstock
d	demand = Nachfrage
DCQ	durchschnittliche Konsumquote
DG	Definitionsgleichung
E	Nettoeinnahmen / Erlöse
e	Wechselkurs
EK	Eigenkapital
Ex	Export
Ex^a	autonome Exporte
F	Forderung
FS	Finanzierungssaldo des privaten Sektors
F^{St}_P	öffentliche Kreditaufnahme beim Publikum
F^{St}_{ZB}	öffentliche Kreditaufnahme bei der Zentralbank
F_{ZB}	inländische Forderungen der Zentralbank
G	Geldbetrag / Staatsausgaben / Gewinn(funktion)

---

[1] Dasselbe Symbol kann in verschiedenen Teilen des Buches unterschiedliche Bedeutung annehmen.

G^a	autonome Staatsausgaben
GE	Geldeinheiten / Grenzerlös
GG	Gleichgewichtsgleichung / Grenzgewinn
GGS	Giralgeldschöpfung
GK	Grenzkosten
GL	Grenzleid
GLS	Grenzleid des Sparens
GN	Grenznutzen
GNS	Grenznutzen des Sparens
GV	Geldvermögen
GV/P	reales Geldvermögen
H	Haushalte
HK	Humankapital
I	Investitionen
$\overline{I}$	Injektionen
I^a	autonome Investitionen
I^b	Bruttoinvestition
I^g	geplante Investitionen
I^g_U	geplante Investition der Unternehmen
I^m	maximale Nettoinvestition bei einem Zinssatz von Null
I_{St}	Nettoinvestitionen des Staates
I_U	Nettoinvestitionen der Unternehmung
I^{ug}	ungeplante Investitionen
I^{ug}_U	ungeplante Investition der Unternehmen
i	(Markt-) Zinssatz
i*	Gleichgewichtszinssatz
i^a	autonomer Zinssatz
i_{eff}	effektiver Zinssatz (Rendite)
i_G	Geldmarktzinssatz
i_k	kritischer Zinssatz
i_{min}	Minimalzins
i_n	nominaler Zinssatz
IG	institutionelle Gleichung
Im	Import
Im^a	autonomer Import
IS	Gleichgewicht auf dem Gütermarkt
K	Kapitalbestand / Kosten / Sachkapitalausstattung einer Volkswirtschaft / Kapitalwert der Investition / Kurs des Wertpapiers / optimaler Kapitalbestand
$\overline{K}$	konstantes Kapital
k	Kalkulationszinsfuß / Kassenhaltungskoeffizient
Kr	Kredite
L	Geldnachfrage
l	marginale Geldnachfrage nach Spekulationskasse
L_S	Nachfrage nach Spekulationskasse

L_T	Nachfrage nach Transaktionskasse
L_V	Nachfrage nach Vorsichtskasse
LAZ	Leid der Arbeitszeit
LM	Gleichgewicht auf dem Geldmarkt
LS	Leid des Sparens
M	Geldmenge
M^a	autonome Geldmenge
M^s	Geldangebot
M^d	Geldnachfrage
M^r	reale Geldmenge
m	marginale Importquote / Geldschöpfungsmultiplikator
M/P	reale Geldmenge
MR	Mindestreserve
N	Arbeitskräfte
N^d	Nachfrage nach Arbeit
N^s	Arbeitsangebot
NAZ	Nutzen der Arbeitszeit
NR	natürliche Ressourcen
NS	Nutzen des Sparens
P	Preisniveau / Produktionskonto
PS	politisches System
q	Bargeldeinlagenquote des Publikums
R	Reserve
RVÄ	Reinvermögensänderungskonto
r	interner Zinssatz / Mindestreservequote
S	Ersparnis
SE	sozio-kulturelle Eigenschaften einer Gesellschaft
$\overline{S}$	Sickerverluste
$\underline{s}$	marginale Sickerquote
S^g	geplante Ersparnis
S_T	Minderersparnis durch Steuern
St	Staat
S/Y	durchschnittliche Sparquote
s	supply = Angebot als Index / marginale Sparquote
T	Steuern (Tax)
TN	Technologie
t	Steuersatz / Zeit
T^a	autonome Steuer
T_C	Steueraufkommen durch Minderkonsum
T_S	Steueraufkommen durch Minderersparnis
T_Y	Einkommensteuer
Tr	Transferzahlungen
Tr^a	autonome Transferzahlungen
U	Unternehmungen
ü	freie Liquiditätsquote

ÜR	Überschußreserve
Y^r	reales Sozialprodukt
Y	nominales Sozialprodukt
$\bar{Y}$	Vollbeschäftigungseinkommen
Y^*	Gleichgewichtseinkommen
Y^d	aggregierte, gesamtwirtschaftliche Güternachfrage
Y^g_H	geplantes Einkommen der Haushalte
Y^g_U	geplantes Einkommen der Unternehmen
Y^s	aggregiertes, gesamtwirtschaftliches Güterangebot, Einkommen der Haushalte
Y^v_H	verfügbares Einkommen der Haushalte
Y/P	reales Einkommen
VG	Verhaltensgleichung
WR	Währungsreserve
w	nominaler Lohnsatz
$w/P = w^r$	realer Lohnsatz = Reallohn
Z	Subventionen
α	Distributionsparameter / Rendite
ε	Elastizität

I Einführung

1 Theorien, Modelle, Märkte

In dem Lehrbuch Makroökonomie I entwickelten wir die zum Verständnis einer modernen Volkswirtschaft erforderlichen makroökonomischen Definitionen, Kategorien und Kreislaufzusammenhänge. Diese Betrachtungsweise nannten wir "ex - post", d.h. wir konzentrierten uns auf die möglichst präzise und vollständige Erfassung vergangener, ökonomisch relevanter, empirischer Tatbestände. Die dabei überwiegend angewendete Methode war die der doppelten Buchhaltung. Im Zentrum unserer Analyse stand die Ermittlung des **Sozialprodukts (Y)** sowie der einzelnen Komponenten: **privater Konsum (C), private Investitionen (I), Staatsausgaben für Güter und Dienstleistungen (G), Export (Ex) und Import (Im):**

Das Sozialprodukt bzw. Volkseinkommen:

Bei einem Vergleich empirischer Zahlenangaben über mehrere Perioden lassen sich Veränderungen der einzelnen Komponenten des Sozialproduktes hinsichtlich seiner Entstehung, Verteilung und Verwendung bestimmen. Doch vermag die ex - post Betrachtung keine Antworten auf Fragen zu geben wie die folgenden:

- Warum sind diese Komponenten des Sozialproduktes ökonomisch relevant?
- Warum haben das Sozialprodukt insgesamt und seine einzelnen Komponenten gerade die in der ex - post Rechnung ausgewiesene Höhe?
- Warum verändern sich diese Größen?
- Warum kann die Güternachfrage das Sozialprodukt beeinflussen?
- Warum kann die Geldmenge das Sozialprodukt verändern?
- Warum kann sich trotz stabiler Löhne das Preisniveau erhöhen?
- Warum können durch technologischen Fortschritt die Lohnsätze steigen?
- Warum entstehen Arbeitslosigkeit und Inflation?

- Warum sind mal die Geldpolitik und mal die Fiskalpolitik wirksam oder unwirksam?
- Warum ist mal die Angebots- und mal die Nachfragepolitik effizienter?

Dieses Buch ist der makro - ökonomischen Theorie gewidmet und versucht auf diese und andere Fragen Antworten zu geben. Es nimmt sich vor, Ursachen zu erforschen, die das Sozialprodukt und seine Bestandteile determinieren. Dieses analytische Vorgehen nennen wir „ex - ante" Betrachtung.

Diese Betrachtungsweise hebt ab auf ökonomische Verhaltensweisen der Wirtschaftssubjekte, wie sie sich in ihren Wirtschaftsplänen niederschlagen. Sie versucht diese zu erklären, indem sie die beobachteten Verhaltensweisen (als Wirkungen) mit vermuteten Bestimmungsfaktoren (als Ursachen) durch Hypothesen verknüpft. Diese Hypothesen werden logischen und empirischen Tests unterworfen, denn sie dürfen nicht tautologisch sein wie z.B. die Aussage: "Wenn der Hahn kräht auf dem Mist, ändert sich das Wetter oder es bleibt wie es ist". Sie müssen vielmehr empirisch gehaltvoll sein, d.h. wissenschaftliche Aussagen müssen prinzipiell falsifizierbar[1] sein, also die logische Möglichkeit enthalten, falsch zu sein. Wenn sie sich bei der Konfrontation mit der empirischen Wirklichkeit tatsächlich als falsch herausstellen, handelt es sich um eine unwahre Hypothese. Scheitert die Hypothese nicht am empirischen Test, ist sie also verifiziert, gilt sie als vorläufig wahr. Sie wird damit zu einer Theorie.

Die ökonomische Theorie (wie alle Theorien) bedient sich zur Erfassung der Wirklichkeit der Konstruktion von Modellen. Modelle sind nie die Wirklichkeit, sondern stets nur eine - bestimmten Erkenntniszwecken dienende - Abbildung eines Ausschnitts der Wirklichkeit (z.B. der Globus oder die Landkarte als Modell der Erde). Ökonomische Modelle sind in der Regel mathematisch formalisiert, sie bestehen aus funktionalen Beziehungen zwischen ökonomischen Variablen und Beziehungen zwischen den Funktionen. Die funktionalen Zusammenhänge sind primär auf Ursa-

---

[1] Die wissenschaftstheoretische Forderung des Falsifikationskriteriums geht auf K.R. Popper zurück. Dieses Lehrbuch folgt diesem Wissenschaftsverständnis.

che-Wirkungsverhältnisse ausgerichtet und nur sekundär auf definitorische Zusammenhänge (wie sie in der ex - post Betrachtung dominieren). Die Auswahl der jeweils "relevanten" Funktionen hängt von der zu behandelnden, ökonomischen Fragestellung ab.

Funktionale Beziehungen bestehen aus:

1. **Annahmen** über

    1.1 Verhaltensweisen der Wirtschaftssubjekte

    (z.B. wird die Frage, warum die Konsumenten ein bestimmtes Konsumniveau realisieren und was sie bewegt dieses zu verändern durch eine sog. „Konsumfunktion" erfaßt)

    1.2 technische Zusammenhänge

    (z.B. wird die Frage, welche Gütermenge in einer Volkswirtschaft produziert werden kann, die mit einem gegebenen Bestand an Kapital, Arbeitskräften und Boden ausgestattet ist, durch eine technische „Produktionsfunktion" beantwortet)

    1.3 institutionelle Zusammenhänge

    (z.B. wird die Frage, wovon die Steuererhebung abhängt und was das Steueraufkommen verändert von einer „Steuerfunktion" beantwortet).

2. **Definitionsgleichungen** (z.B. kann das Einkommen der Haushalte von ihnen entweder gespart oder nicht gespart werden)

3. **Gleichgewichtsbedingungen** (das geplante Angebot auf einem Markt stimmt im Gleichgewicht mit der geplanten Nachfrage überein).

In marktwirtschaftlich orientierten Volkswirtschaften werden die wirtschaftlichen Aktivitäten durch das Zusammentreffen von Angebot und Nachfrage auf den verschiedenen Märkten koordiniert. In der Makroökonomie werden die einzelnen Teilmärkte zu makroökonomischen Gesamtmärkten zusammengefaßt. Märkte regeln sich (idealtypischerweise) alleine durch Mengen und Preise. Das ist auf dem Kartoffelmarkt nicht anders als auf dem Devisenmarkt, auf dem Immobilienmarkt nicht anders als auf dem Arbeitsmarkt, auf dem Kreditmarkt nicht anders als auf dem Gebrauchtwagenmarkt oder dem für Future Options. Die Preise der verschiedenen Märkte tragen lediglich unterschiedliche Bezeichnungen: Bei Gütermärkten spricht man von Güterpreisen, auf dem Geldmarkt von Zinssätzen, auf dem Arbeitsmarkt von Lohnsätzen, auf dem Devisenmarkt von Wechselkursen. Diese **Märkte** sind:

1. Gütermarkt	Y^s	Y^d	Güterpreis **P**
2. Geldmarkt	M^s	$M^d = L$	Geldmarktzinssatz **i**
3. Arbeitsmarkt	N^s	N^d	Lohnsatz **w**
4. Kapitalmarkt (Markt für Schuldverschreibungen)	B^s	B^d	Kapitalzinssatz i_K
5. Devisenmarkt (bei offenen Volkswirtschaften)	$\$^s$	$\$^d$	Wechselkurs **e**

Y= Sozialprodukt, M = Geldmenge, N = Arbeitskräfte, B = Bonds = Wertpapiere
„s" = „supply"= Angebot, „d"= „demand" = Nachfrage, L = Liquiditätsnachfrage

Unsere Modelle beginnen mit radikalen Vereinfachungen im Vergleich zur Wirklichkeit: Zunächst unterstellen wir, alle Preise seien fest, dann lassen wir nach und nach die Flexibilisierung einzelner Preise und schließlich aller Preise zu. Wir beginnen mit der Partialanalyse des Gütermarktes, es folgen Geld- und Arbeitsmarkt und schließlich fügen wir die makroökonomischen Partialmodelle zu einem Totalmodell zusammen, das eine ganze Volkswirtschaft abbildet.

Die makroökonomischen Theorien, die hier vorgestellt werden, folgen zwei sehr unterschiedlichen und in der Vergangenheit auch sehr streitbaren Schulen. Der Konflikt ist bis auf den heutigen Tag unter Ökonomen und Wirtschaftspolitikern lebendig. Es geht darum, ob das Güterangebot oder die Güternachfrage im Zentrum der Erklärung gesamtwirtschaftlicher Zusammenhänge steht und ob die (theoretisch fundierte) Wirtschaftspolitik eher angebots- oder nachfrageorientiert sein soll. Während in den sechziger und siebziger Jahren die nachfrageorientierte Wirtschaftspolitk à la Keynes triumphale Erfolge feierte, reüssierte in den achtziger Jahren die Angebotsorientierung à la Neo-Klassik. Mittlerweile scheinen sich die extremen Pendelausschläge etwas zu glätten. Dieses Lehrbuch jedenfalls überführt diese beiden Theorielinien zu einer gemeinsamen „neo-klassisch-keynesianischen Synthese". Damit soll einer mehr pragmatischen Sicht gefolgt werden, die beide Schulen für relevant hält aber ihre gegenseitige Ausschließlichkeit ablehnt.

Die Klassik und Neo-Klassik betont das uneingeschränkte Funktionieren des Marktes, das (bei nur temporären Abweichungen) stets für ein gesamtwirtschaftliches Gleichgewicht bei Vollbeschäftigung sorgt. Auf den Punkt gebracht wurde diese These von J.B. Say mit der Aussage: „Jedes Angebot schaffe sich seine eigene Nachfrage".

J.M. Keynes hielt dagegen: es ist die Nachfrage, die das Angebot bestimmt. Sollte in Zeiten einer allgemeinen Rezession und hoher Unterbeschäftigung die Nachfrage der privaten Wirtschaftssubjekte zu gering sein, um das Vollbeschäftigungseinkommen zu realisieren, muß nach Keynes der Staat diese Nachfragelücke schließen und eine expansive Fiskalpolitik betreiben.

Sie sehen, diese Gedanken beherrschen auch die aktuelle wirtschaftpolitische Diskussion. Damit Sie sachkundig mitdiskutieren können, müssen Sie Ihr makroökonomisches Verständnis gründlich schulen. Dazu will Ihnen dieses Lehrbuch eine Hilfe sein.

Von den in der Übersicht zusammengestellten Märkten werden in diesem Lehrbuch nicht alle behandelt. Wir verzichten auf den Devisenmarkt und beschränken die außenwirtschaftliche Betrachtung allein auf Gütertransaktionen. Der Kapitalmarkt bleibt unberücksichtigt. Hier folgt das Lehrbuch einer weithin (zumindest für das Grundstudium) akzeptierten Überlegung: Sollten in einer geschlossenen Volkswirtschaft von den 4 relevanten, makroökonomischen Märkten drei im Gleichgewicht sein, so muß es auch notwendigerweise der vierte. Die hier vorgelegte Arbeit beschränkt sich auf die "Gleichgewichtsanalyse".

2 Aufbau und Inhalt des Buches

Dieses Buch versteht sich als eine Einführung in die makroökonomische Theorie- und Modellwelt entlang der soeben beschriebenen Linien. Es konzentriert sich auf die Grundlagen der keynes'schen und neo-klassischen Theorie, die systematisch erarbeitet und abschließend zu einer Synthese miteinander verbunden werden. Nicht Mehr und nicht Weniger: Es bietet also keinen umfassenden Überblick auch über aktuelle moderne Weiterentwicklungen der makroökonomischen Theorie - sie bleibt dem Hauptstudium vorbehalten (Makroökonomie III....) - und es stutzt theoretische Verzweigungen auf den Stamm zurück, zugunsten einer klaren Linienführung. Die gezielte Begrenzung des Stoffes nur auf das wirtschaftswissenschaftliche Grundstudium folgt der Intention, das theoretische Fundament solide zu gründen: Weniger (Umfang) aber mehr Tiefgang. Haben Sie erst auf der „kalten theoretischen Eisdecke" die Pflichtübung des Grundstudiums mit Bravour absolviert, so werden Sie auch bei „theoretischen Pirouetten" in der Kür des Hauptstudiums nicht einbrechen. Die Entwicklung der Modelle schreitet von sehr einfachen zu komplexer werdenden voran. Neben allgemeinen mathematischen Funktionen werden didaktische Zahlenbeispiele eingesetzt, anhand derer die Gedankengänge konkret nachgerechnet werden können, wodurch das Lehrbuch zu einem „Lernbuch" wird. Auch die Zahlenbeispiele erstrecken sich textbegleitend über mehrere Kapitel. Viele Schaubilder illustrieren die analytischen Abhandlungen. Sie sind didaktisch unentbehrlich. In die Boxen wurde das verbannt, was im jeweiligen Kontext zwar interessant, aber für den Fortgang des Studiums und das weitere Verständnis des Stoffes entbehrlich ist.
Da ein Lehr- oder Lernbuch ja kein Roman ist, werden auch Sie es vermutlich nicht in einem Stück lesen, sondern bestenfalls kapitelweise durcharbeiten oder es vielleicht nach geraumer Zeit erneut in die Hand nehmen. Ein ausführliches Stichwort- und Abkürzungsverzeichnis wird Ihnen behilflich sein, sich zu orientieren.

Doch ist auch die Abgrenzung der einzelnen Kapitel so gewählt, daß Sie von komplexen Modellen leicht auf einfache zurückgreifen können, aber als fortgeschrittener Student auch den umgekehrten Weg einschlagen können.

In <u>Teil II</u> werden „reine Güternachfragemodelle" vorgestellt. Die Modelle beginnen mit der „Abbildung" einer „geschlossenen Volkswirtschaft ohne Staat und ohne Nettoinvestitionen". Über mehere Zwischenstationen gelangen wir zu einer „offenen Volkswirtschaft mit staatlichen ökonomischen Aktivitäten". Wir folgen in diesem Teil der traditionellen keynes'schen Theorie, wonach die Güternachfrage eine Funktion des Angebots ist: $Y^d = Y^d(Y^s)$. Zum Abschluß eines jeden Modells entwickeln wir die Bedingungen des „güterwirtschaftlichen Gleichgewichts" als Kombination variierender Zinssätze und Sozialprodukte, die sogenannte IS-Kurve: $I(i) = S(Y)$. Der Teil II ist relativ ausführlich. Wer zügiger vorankommen möchte, kann nach dem „Modell einer geschlossenen Volkswirtschaft mit positiver Nettoinvestition" sofort mit dem Teil III fortfahren.

Der <u>Teil III</u> untersucht den Geldmarkt und geht der Frage nach, warum die Wirtschaftssubjekte Geld nachfragen, wie das Geldangebot zustande kommt und gesteuert wird und unter welchen Bedingungen der Geldmarkt im Gleichgewicht ist. Aus dieser Analyse erhalten wir einen weiteren wichtigen Modellbaustein: die sogenannte LM-Kurve: $L(Y,i) = M^s$, die die Kombinationen zwischen Zinssatz und Volkseinkommen angibt, bei denen der Geldmarkt im Gleichgewicht ist.

Mit Hilfe dieser aus den Teilen II und III gewonnenen Bausteine diskutieren wir in <u>Teil IV</u> theoretische Implikationen der Geld- und Fiskalpolitik: Was passiert in einer Volkswirtschaft, wenn die Zentralbank die Geldmenge oder der Staat die Staatsausgaben erhöht? Am Ende dieses Teils lernen wir einen weiteren wichtigen funktionalen Zusammenhang kennen: die aggregierte Güternachfrage in Abhängigkeit vom Preisniveau: $Y^d = Y^d(P)$.

Das „Gegenstück" zur aggregierten Güternachfrage ist das aggregierte Güterangebot, das ebenfalls vom Preisniveau abhängt: $Y^s = Y^s(P)$. Diese Zusammenhänge leiten wir über den Arbeitsmarkt und die gesamtwirtschaftliche Produktionsfunktion in Teil V ab. Wir vollziehen in diesem Abschnitt einen „Paradigmenwechsel" von der bis dahin dominanten „nachfrageorientierten" Wirtschaftstheorie à la Keynes hin zur „angebotsorientierten" Wirtschaftstheorie der Neo-Klassik.

In Teil VI werden die einzelnen Modellbausteine der Neo-Klassik entwickelt und zu einem volkswirtschaftlichen Totalmodell verdichtet. Die am Anfang getroffenen restriktiven Annahmen fester Preise haben sich ins Gegenteil verkehrt: Alle Preise sind auf allen Märkten vollkommen flexibel. Die Volkswirtschaft tendiert dazu, von der „unsichtbaren Hand des Marktes" in die Vollbeschäftigung gesteuert zu werden. Da aber auch dieses bestenfalls nur ein marktwirtschaftliches Ideal aber nicht die Wirklichkeit abbildet, werden wir noch ein weiteres Kapitel studieren müssen.

Im abschließenden Teil VII werden Modellbausteine aus der Welt der angebotsorientierten Theorie der Neo-Klassik mit solchen der nachfrageorientierten Theorie von Keynes zu einer „neo-klassisch-keynesianischen Synthese" miteinander verbunden. Dieses volkswirtschaftliche Totalmodell gestattet makroökonomische Analysen, wie eine Volkswirtschaft auf angebots- oder nachfrageseitige „Schocks" reagiert und diese intern absorbiert. Beispiele aus der aktuellen wirtschaftspolitischen Diskussion runden diesen Teil ab und führen zum Teil zu überraschenden Erkenntnissen.

Am Ende des Studiums dieses Buches sollten Sie imstande sein, das Zusammenspiel der makroökonomischen Aggregate einer Volkswirtschaft, ihre Strukturen, Gleichgewichte und wirtschaftspolitischen Einflüsse analysieren und beurteilen zu können. Doch bleibt Ihnen auch außerhalb der Kenntnisse dieser Modellwelten ein wichtiges „Abfallprodukt" dieses Studiums erhalten: die Schulung Ihres analytischen Denkvermögens. Ein für das Verständnis notwendiger Input besteht in ausreichenden Mathematikkenntnissen, die aber die höhere Schulmathematik an keiner Stelle überschreiten.

Schaubild I/1: Schematische Übersicht der makroökonomischen Modelle

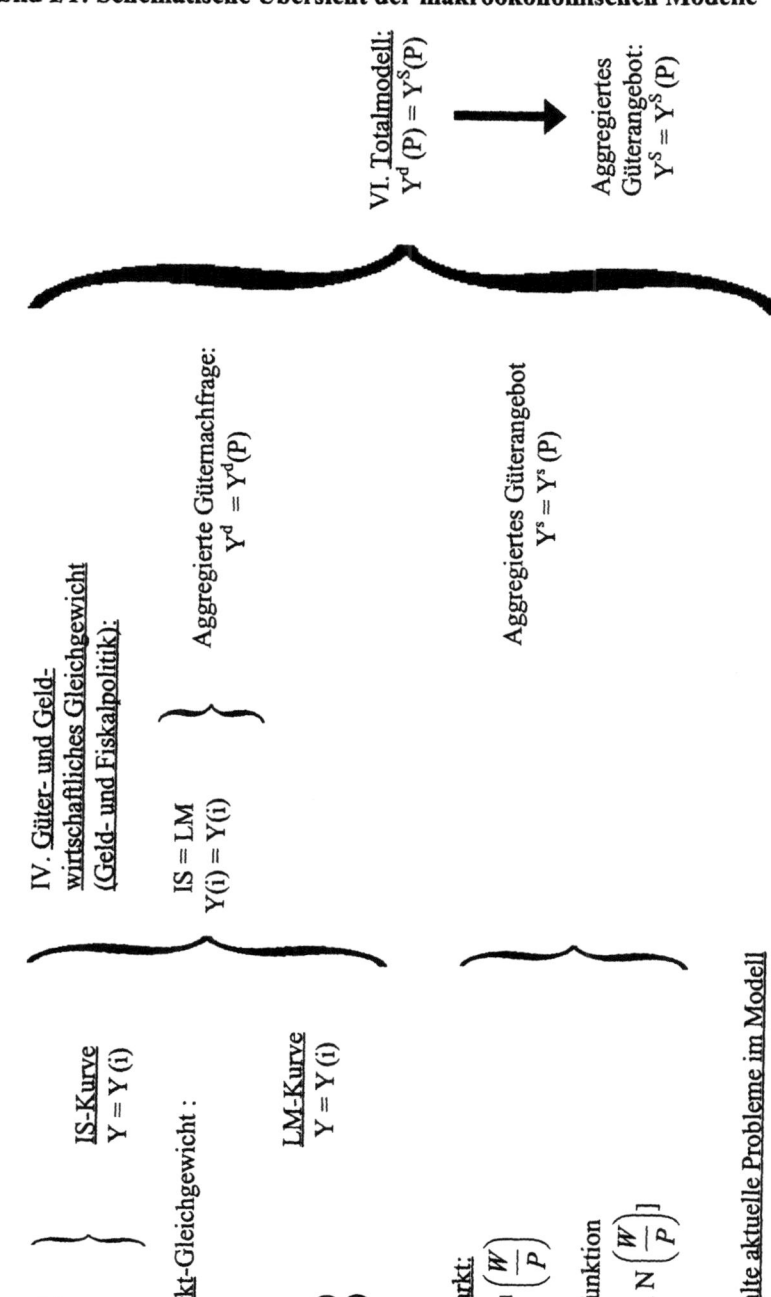

II Gütermarkt

1 Überblick

In diesem Teil des Buches widmen wir uns dem makroökonomischen Gütermarkt. Die Güter, die auf einem solchen Markt angeboten und nachgefragt werden ergeben zusammengenommen das Sozialprodukt (Y) einer Volkswirtschaft. Dieses zerfällt in die (u.a. aus Makroökonomie I bekannten) Komponenten: Konsum- und Investitionsgüter. Bei außenwirtschaftlicher Öffnung der Volkswirtschaft treten noch Export- und Importgüter hinzu.

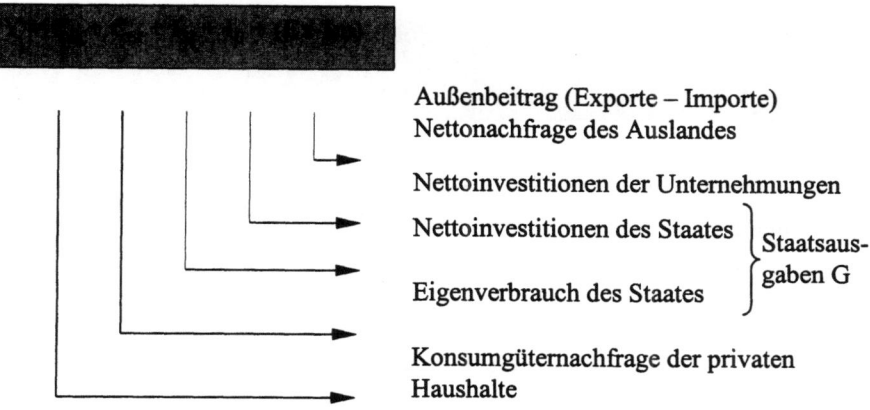

Werden die Staatsausgaben mit „G" zusammengefaßt, läßt sich diese Gleichung auch wie folgt schreiben:

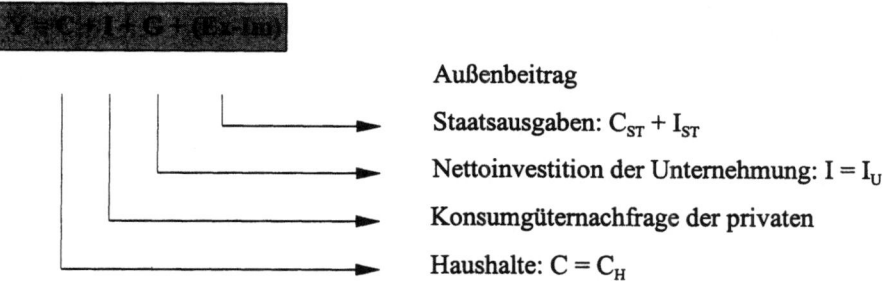

In diesem Teil des Buches werden wir uns auf die Nachfrageseite der genannten Gütermärkte konzentrieren und speziell folgenden Fragen nachgehen, die wir mit Hilfe des analytischen Instrumentariums der keynes'schen Theorie beantworten:

- Was determiniert die einzelnen Nachfragekomponenten des Sozialproduktes?
- Wie bestimmt die Nachfrage die Höhe des Sozialproduktes?
- Welchen Einfluß nehmen Änderungen der Nachfrage auf das Sozialprodukt?
- Wann befindet sich der Gütermarkt im Gleichgewicht?

Wir werden den Gütermarkt schrittweise in verschiedenen Modellen untersuchen. Die Modelle bauen aufeinander auf und liefern jedes für sich genommen bestimmte Erkenntnisfortschritte, die eine wachsende Realitätsnähe ermöglichen. Doch bleibt zu beachten, daß hier nie die Realität selbst, sondern lediglich Modelle zur Diskussion stehen. Folgende Modelle werden diskutiert:

In diesen Gütermarktmodellen unterstellen wir, daß das Preisniveau konstant und auf 1 normiert sei, so daß nominale und reale Größen identisch sind. Später werden wir diese Annahme wieder aufheben. Die in dieser Weise definierten Modellannahmen sind typisch für die keynesianische Theorie. J. M. Keynes hatte die bis dahin allgemein akzeptierte, klassische These von J. B. Say: „jedes Angebot schaffe sich seine eigene Nachfrage" umgedreht in die These: „die Nachfrage bestimmt das Angebot", denn es werde nur das produziert, was auch nachgefragt werde. Schauen wir uns zunächst diese Zusammenhänge auf einem einfachen Gütermarkt an (vgl. Schaubild II/1/1):

a) Steigen auf einem einfachen Gütermarkt die Preise, steigt normalerweise das Güterangebot und die Güternachfrage geht zurück. Die Angebotskurve hat daher einen positiv steigenden, die Nachfragekurve einen negativ fallenden Verlauf. Im Schnittpunkt beider Kurven ist der Markt im Gleichgewicht: Angebot und Nachfrage sind größengleich. Im Fall b) sind die Unternehmer bereits zum Preis P_0 jede nachgefragte Gütermenge anzubieten. Man sagt, ihr Angebot sei vollkommen preiselastisch. Erhöht sich jetzt die Güternachfrage um Δx^d bewirkt das im Schaubild eine entsprechende Verschiebung der Nachfragekurve auf x'^d. Im Fall a) steigt daraufhin der Preis (und die nachgefragte Gütermenge geht preisinduziert wieder etwas zurück), im Fall b) bleibt der Preis unverändert und das Güterangebot steigt um $\Delta x^s = \Delta x^d$.

Schaubild II/1/1: Einfacher Gütermarkt des Gutes x

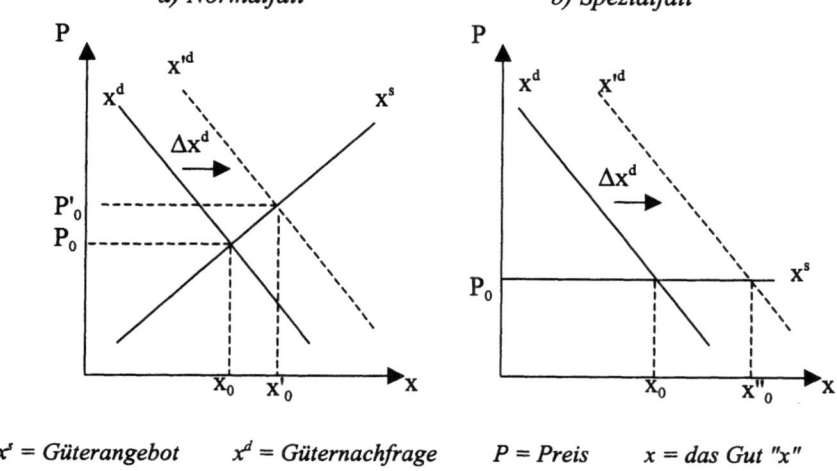

x^s = Güterangebot x^d = Güternachfrage   P = Preis   x = das Gut "x"

In Analogie zu diesem einfachen Gütermarkt interpretieren wir zunächst auch den volkswirtschaftlichen Gütermarkt als einen Markt auf dem das "Gut" Sozialprodukt angeboten und nachgefragt wird. Hinsichtlich der Angebotsseite des Sozialproduktes treffen wir in Übereinstimmung mit Keynes eine sehr vereinfachende Annahme: es paßt sich zu konstanten Preisen vollkommen flexibel der Güternachfrage und seinen Veränderungen an. Diese Annahme eines vollkommen preiselastischen Güterangebots ist in einer unterbeschäftigten Volkswirtschaft zu vertreten.

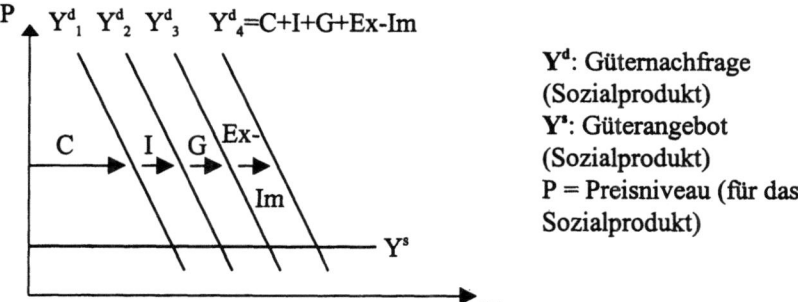

Y^d: Güternachfrage (Sozialprodukt)
Y^s: Güterangebot (Sozialprodukt)
P = Preisniveau (für das Sozialprodukt)

2 Konsum und Sparen in einer geschlossenen Volkswirtschaft ohne ökonomische Aktivitäten des Staates – Modell: $Y^d=C(Y^s)$

2.1 Das Kreislaufmodell

Wir beginnen mit dem einfachsten makroökonomischen Modell, das wir bereits in Makroökonomie I als Basiskreislauf studiert haben.[1] Die Volkswirtschaft besteht aus einem Unternehmenssektor U und den privaten Haushalten H. Die Unternehmen produzieren Konsumgüter und tätigen Bruttoinvestitionen in Höhe der Abschreibungen, die Haushalte beziehen die dabei entstehende Wertschöpfung in Höhe des Volkseinkommens (Y^s) und verwenden das Volkseinkommen zum Erwerb der Konsumgüter. Geplante Ersparnisse und Nettoinvestitionen treten (im Gleichgewicht) nicht auf, die Volkswirtschaft ist stationär in Bezug auf den Wert des Kapitalstocks. Es besteht folgende Kreislaufbeziehung (ex post):

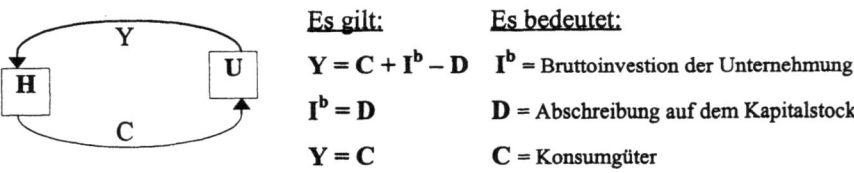

Es gilt: Es bedeutet:

$Y = C + I^b - D$ I^b = Bruttoinvestion der Unternehmung

$I^b = D$ D = Abschreibung auf dem Kapitalstock

$Y = C$ C = Konsumgüter

Der ex post Kreislaufzusammenhang vermag keine Auskunft zu geben, wovon die Konsumentscheidungen der Haushalte und die Produktionsentscheidungen der Unternehmen abhängen, wie die Wirtschaftspläne dieser beiden unterschiedlichen Gruppen von Wirtschaftssubjekten in Übereinstimmung gebracht werden, ob ein einmal erreichtes Gleichgewicht stabil ist und wodurch es sich gegebenenfalls verändert. In diesem (und den folgenden Modellen) unterstellen wir, daß die Nachfrager nach Gütern (hier Haushalte) letztlich bestimmen was und wieviel produziert wird und die Anbieter (Unternehmer) flexibel auf die Nachfrage reagieren.

---

[1] Vgl. Hans-Peter Nissen "Makroökonomie I", Kap.2, neueste Auflage.

2.2 Die Konsumfunktion

Die Verhaltensweise der Konsumenten wird modelltheoretisch in der Konsumfunktion abgebildet. Wir fragen uns, welche ökonomischen Größen beeinflussen die gesamtwirtschaftliche Konsumgüternachfrage? Aus der Vielfalt aller denkbaren Faktoren wollen wir zunächst auf einen als dominant angesehenen Einflußfaktor abstellen: Das verfügbare Einkommen der privaten Haushalte Y_H^v.

Da wir in diesem Modell vom Staat und Steuerzahlungen absehen ist das verfügbare Einkommen in diesem Fall identisch mit dem Volkseinkommen Y^s. Es wird angenommen, daß die Konsumausgaben mit steigendem Einkommen zunehmen:

Allgemeine Konsumfunktion: *Lineare Konsumfunktion:*

      wobei gilt $\dfrac{dC}{dY^s} > 0$

Wir unterstellen im folgenden eine lineare Konsumfunktion, die wir aus der „Punktwolke" empirisch beobachteter Werte mit Hilfe einer Regressionsanalyse gewinnen.

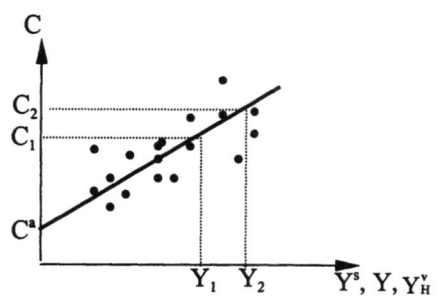

$Y_H^v = Y^s$

$C = C^a + cY^s = C^d$

    = Konsumgüternachfrage

C^a = autonomer Konsum

c = marginale Konsumquote

Y^s = Einkommen der Haushalte

Y_H^v = verfügbares Einkommen der Haushalte

Y^s sei das Einkommen, das die Haushalte als Einkommen vom Unternehmenssektor beziehen. Das Einkommen bestimmt die Höhe ihrer Konsumausgaben: sollte es z.B. Y_1 betragen, werden die Haushalte C_1 konsumieren bei Y_2 entsprechend C_2. Wie sich noch zeigen wird, kann aber höchstens eine der Kombinationen C/Y ein Gleichgewicht darstellen bei dem gelten muß, daß die geplante Konsumgüternachfrage (C^d) gleich der geplanten Wertschöpfung (Y^s) ist, also: $Y^{geplant} = C^{geplant}$ bzw. $Y^d = C^d = Y^s$ gilt.

Studieren wir die Eigenschaften dieser Konsumfunktion etwas detaillierter: Die zentrale Hypothese, die dieser Konsumfunktion zugrunde liegt, lautet: Der Konsum aller (privaten) Haushalte einer Volkswirtschaft hängt von der Höhe des Einkommens der Haushalte ab. Steigt das Einkommen, steigt auch der Konsum, sinkt das Einkommen, sinkt der Konsum. Die grafische Darstellung dieser Funktion finden Sie im Schaubild II/2/1. Ihre einzelnen Elemente lassen sich wie folgt interpretieren:
a) Der autonome Konsum C^a wird unabhängig von der Einkommenshöhe nachgefragt. Sollte es sich um die Konsumfunktion nur eines einzelnen Haushalts handeln, könnte man C^a als das (kulturelle) Existenzminimum interpretieren, das dieser Haushalt auch bei einem Einkommen von Null konsumiert. Zur Finanzierung dieses Konsums müßte er eigene Ersparnisse auflösen oder Kredite aufnehmen. Der autonome Konsum einer gesamtwirtschaftlichen Konsumfunktion ist lediglich als mathematisch bzw. statistisch bedingter Abschnitt der Konsumfunktion zu interpretieren, der sich durch die Regressionsanalyse bei einem Einkommen von Null ergibt, wenn die Verhaltensweisen der Konsumenten (ausgehend von einem Einkommen, das deutlich höher ist als Null)[1] extrapoliert werden. Eine isolierte, empirisch gehaltvolle Interpretation von C^a verbietet sich aus zwei Gründen: zum einen wird das Einkommen nicht auf Null sinken, zum anderen würden sich bei einem nachhaltigen Rückgang des Einkommens auch die Konsumentenverhaltensweisen ändern, denn für alle sozial-ökonomischen Gesetzmäßigkeiten gilt nur eine Raum-Zeit bedingte Gültigkeit.[2]
b) Die marginale Konsumquote c gibt an, um welchen Betrag der Konsum wächst, wenn das Einkommen z.B. um 1 Einheit zunimmt. Mathematisch handelt es sich um die 1. Ableitung der Konsumfunktion. In der grafischen Darstellung der Kon-

---

[1] Das Volkseinkommen Westdeutschlands betrug 1994 2.200 Mrd. DM, der private Verbrauch 1.644 Mrd. DM. Ein Rückgang auf Y = 0 wäre faktisch unmöglich!
[2] Vgl. auch die Box über alternative Konsumfunktionen.

sumfunktion entspricht die marginale Konsumquote der Steigung der Konsumkurve, also dem Tangens des Winkels α. Dieser gilt bei einer linearen Konsumkurve (aber auch nur bei dieser) für den gesamten Kurvenverlauf. Als „fundamental psychologisches Gesetz" der Verhaltensweise der Konsumenten hat Keynes[3] angenommen, daß die Höhe der marginalen Konsumquote zwischen $0<c<1$ liegt. Ökonomisch bedeutet das, daß die Haushalte Einkommenszuwächse nie vollständig in gleich hohe zusätzliche Konsumausgaben überführen, sondern ihre Konsumausgaben unterproportional steigern und in Höhe der Differenz (Y-C) Ersparnisse bilden.

c) Die durchschnittliche Konsumquote (DCQ) gibt das Verhältnis des Konsums zum Einkommen an. Mathematisch ausgedrückt ist es der Quotient C/Y. Grafisch wird die DCQ durch den Tangens des Winkels des Fahrstrahls vom Nullpunkt an die Konsumfunktion dargestellt. Es ist zu beachten, daß dieser Winkel β mit steigendem Y kleiner wird. D.h. die durchschnittliche Konsumquote wird bei steigendem Einkommen geringer, während die marginale Konsumquote konstant bleibt. Machen Sie sich diese Zusammenhänge unbedingt ganz klar anhand des Schaubildes und der zugehörigen Berechnung.

d) Bei einer linearen Konsumfunktion ist die marginale Konsumquote konstant, sie verändert sich mit steigendem Einkommen nicht. Ökonomisch heißt das, daß die Konsumenten ihren Konsum stets um den gleichen absoluten Betrag erhöhen, sollte ihr Einkommen z.B. um 100 GE steigen, unabhängig davon, wie hoch ihr Einkommensniveau ist: Beträgt das Einkommen 400 GE und erhöht es sich um 100 GE steigt der Konsum bei einer marginalen Konsumquote von $c = 0{,}8$ um 80 GE. Beträgt das Ausgangseinkommen z.B. 500 GE und erhöht es sich um 100 GE, so steigern die Konsumenten ihre Konsumgüternachfrage wiederum um 80 GE. Die durchschnittliche Konsumquote nimmt hingegen mit steigendem Einkommen ab.

---

[3] J.M. Keynes: The General Theory of Employment, Interest and Money, London 1936.

Schaubild II/2/1: Die lineare Konsumfunktion $C = C^a + cY^s = 100 + 0.8\,Y^s$

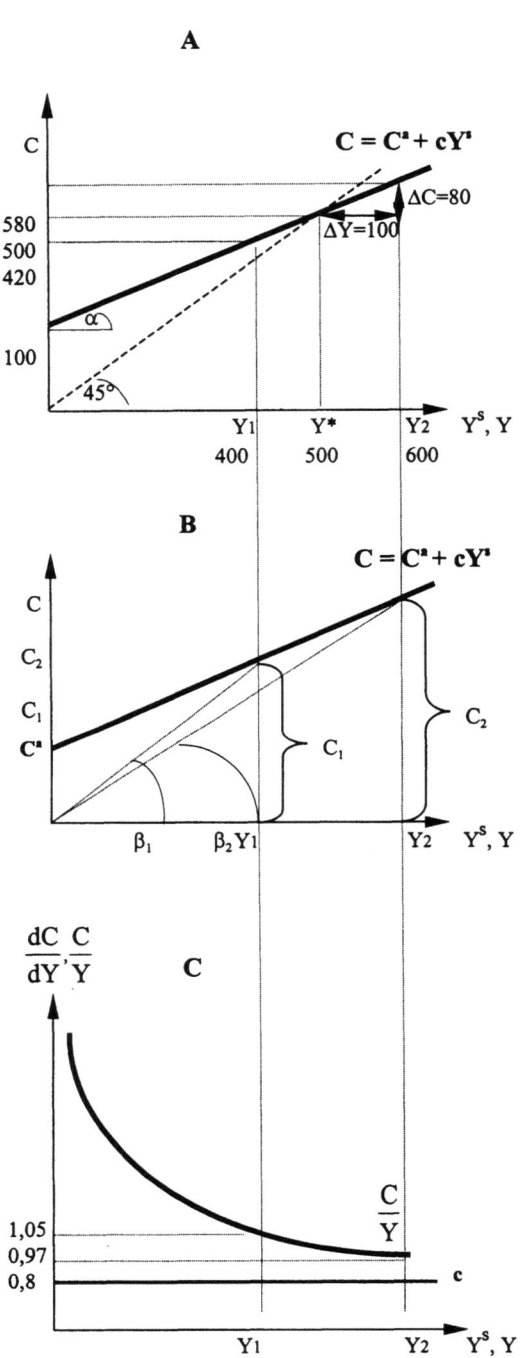

A) Der **Konsum** beträgt für:

$Y_1 = 400$:

$C_1 = 100 + 0.8\, Y_1 = 420$

$Y_2 = 600$:

$C_2 = 100 + 0.8\, Y_2 = 580$

$Y^* = 500$:

$C^* = 100 + 0.8\, Y^* = 500$

$C^a = 100$

Die **marginale Konsumquote** c ist:

$$c = \frac{\Delta C}{\Delta Y} = \frac{80}{100} = 0.8 = \tan\alpha$$

B) Die **durchschnittliche Konsumquote** berechnet sich:

$$\frac{C}{Y} = \frac{C^a + cY}{Y} = \tan\beta$$

für Y_1:

$$\frac{C_1}{Y_1} = \frac{420}{400} = 1.05 = \tan\beta_1$$

für Y_2:

$$\frac{C_2}{Y_2} = \frac{580}{600} = 0.97 = \tan\beta_2$$

für Y^*: $\dfrac{C^*}{Y^*} = \dfrac{500}{500} = 1.0$

C) Die **marginale Konsumquote** bei steigendem Y:

$c = 0.8 \qquad \dfrac{dc}{dY} = 0$

Die **durchschnittliche Konsumquote** bei steigendem Y:

$$\frac{C}{Y} = \frac{C^a + cY}{Y} \qquad \frac{d\left(\frac{C}{Y}\right)}{dY} = -\frac{C^a}{Y^2}$$

2.2 Die Konsumfunktion

Die Frage, wie sich die marginale Konsumquote verändert, wenn das Einkommen zunimmt, läßt sich mathematisch genau beantworten durch die 1. Ableitung der marginalen Konsumquote nach Y:

$$(1)\quad \frac{d\left(\frac{dC}{dY}\right)}{dY} = \frac{d\left(\frac{d(C^a + cY)}{dY}\right)}{dY} = 0$$

Es zeigt sich, daß sich die marginale Konsumquote nicht verändert.

Die Frage, wie sich die durchschnittliche Konsumquote mit steigendem Einkommen ändert, wird entsprechend durch die 1. Ableitung der Funktion des Durchschnittskonsums bestimmt:

$$(2)\quad \frac{d\left(\frac{C}{Y}\right)}{dY} = \frac{d\left(\frac{C^a + cY}{Y}\right)}{dY} = -\frac{C^a}{Y^2}$$

d.h. die durchschnittliche Konsumquote nimmt mit wachsendem Einkommen ab. Die Kurve der durchschnittlichen Konsumquote nähert sich asymptotisch der marginalen Konsumkurve an.

Die Beziehungen zwischen marginaler und durchschnittlicher Konsumquote sehen wir folgt aus:

(3) $Y < Y^*$ gilt $\quad c < 1 < C/Y$ und bei
(4) $Y > Y^*$ $\quad\quad\quad c < C/Y < 1$.

Das Einkommen Y^* ist das Einkommen, bei dem der von den Haushalten geplante Konsum genauso groß ist, wie die von den Unternehmungen geplante Produktion. In unserem Zahlenbeispiel also $Y^* = 500$ und $C^* = 500$.

Box II/2/1: Empirische Konsumfunktion für die BRD

Geschätzt wurde für die (alte) BRD eine kurzfristige Konsumfunktion und eine langfristige Konsumfunktion. Für „C" wurde der reale private Verbrauch genommen und für „Y" das reale verfügbare Einkommen der privaten Haushalte. Die geschätzten Konsumfunktionen sehen folgendermaßen aus:

- kurzfristige Konsumfunktion: $C^{kurz} = 353{,}51 + 0{,}60\ Y^{verf}$
(1983 bis 1989) $\quad\quad\quad\quad\quad\quad\quad\quad\quad$ (.001) $\quad\quad$ (.000)

$\quad\quad\quad\quad\quad\quad\quad\quad\quad\quad\quad\quad\quad\quad\quad\quad\quad\quad\quad\quad\quad R^2 = .98,\ DW = 2.2$

- langfristige Konsumfunktion: $C^{lang} = -60{,}85 + 0{,}90\ Y^{verf}$
(1960 bis 1991) $\quad\quad\quad\quad\quad\quad\quad\quad\quad$ (.002) $\quad\quad$ (.000)

Statistische Kennzahlen: R^2 = erklärte Varianz, DW = Durbin-Watson-Test. Die Zahlen in den Klammern geben die Signifikanzniveaus an. Quelle: Grunddaten SVR, eigene Berechnungen.

Die **kurzfristige Konsumfunktion** besagt, daß eine Erhöhung des realen verfügbaren Einkommens um eine Einheit mit einer Erhöhung des realen Konsums um 0,6 Einheiten einhergeht und daß der reale autonome Konsum 353,51 Mrd. DM beträgt. Die Daten des realen verfügbaren Einkommens für die geschätzte Regressionsgerade liegen zwischen 1.000 und 1.500 Mrd. DM. Ökonomische Interpretationen außerhalb dieses Intervalls sind nur bedingt möglich.

Die **langfristige Konsumfunktion** weist aus, daß eine Erhöhung des realen verfügbaren Einkommens um eine Einheit mit einer Erhöhung des realen Konsums um 0,9 Einheiten einhergeht und das bei einem Einkommen von Null der reale autonome Konsum (statistisch) - 60,85 Mrd. DM beträgt, also real entspart würde. Daraus ergibt sich, daß die marginale Konsumquote in etwa gleich der durchschnittlichen Konsumquote ist.

Bei der Interpretation der vorliegenden Daten ist zu berücksichtigen, daß die Rechnungen auf ex-post Daten und nicht auf ex-ante Werten beruhen. Die ex-post Daten sagen nichts darüber aus, ob die Pläne der Wirtschaftssubjekte in der jeweiligen Periode übereinstimmten. Weiter ist zu berücksichtigen, daß der private Verbrauch (abhängige Variable) ein Teil des verfügbaren Einkommens (unabhängige Variable) ist und es somit zu einer Scheinkorrelation kommt.

Empirische Konsumfunktionen für die BRD (in Preisen von 1991, Mrd. DM)

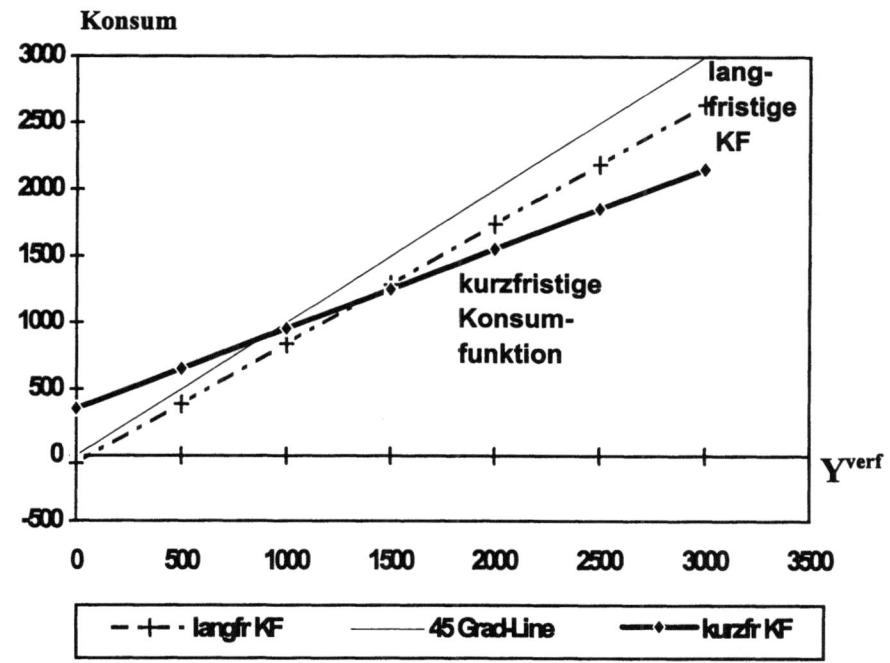

Die kurzfristige Konsumfunktion genügt allen gängigen statistischen Anforderungen. Das Ergebnis lautet: Für kurzfristige Zeiträume kann das „fundamentale Gesetz" von Keynes als bestätigt angesehen werden. Die langfristige Konsumfunktion muß dagegen vorsichtig interpretiert werden. Sie bestätigt das Gesetz von Keynes nur teilweise.

Das ausgewiesene empirische Ergebnis ist theoretisch (sowie wirtschaftspolitisch) bedeutsam und hat zu neuen Hypothesen über das Konsumverhalten geführt. Für die Kurzfristige Konsumfunktion gilt eine (mit steigendem Einkommen) sinkende durchschnittliche Konsumquote. D.h. ein wachsendes Einkommen würde mit einem zunehmenden Nachfrageausfall einhergehen, wodurch die Wachstumsmöglichkeiten begrenzt blieben. Bei der langfristigen Konsumfunktion bleibt die durchschnittliche Konsumquote praktisch konstant. D.h. mit wachsendem Einkommen geht kein Nachfrageausfall einher! Dieser Unterschied wird in der Formulierung alternativer Konsumhypothesen zu klären gesucht. Vgl. Box II/2: Alternative makroökonomische Konsumfunktionen.

2.3 Die Sparfunktion

Die Ersparnis hängt wie der Konsum vom verfügbaren Einkommen der Haushalte ab, das – da es in einem Modell ohne Staat auch keine Steuern gibt – mit dem Volkseinkommen identisch ist. Auch hier gilt, daß die Ersparnis mit steigendem Einkommen zunimmt.

Allgemeine Sparfunktion: *Lineare Sparfunktion:*

Aus der Konsumfunktion läßt sich die zugehörige Sparfunktion ableiten, denn die Ersparnis ergibt sich als Differenz zwischen Einkommen und Konsum:

Zahlenbeispiel:

$Y^s = C + S$

$S = Y^s - C$

$C = C^a + c\,Y^s$ $C = 100 + 0{,}8 Y^s$

$S = Y^s - C^a - c\,Y^s$ $S = Y^s - 100 - 0{,}8 Y^s$

$S = -C^a + (1-c)\,Y^s$ $s = 1 - c$ $S = -100 + 0{,}2 Y^s$

                                    $s = 1 - c = 1 - 0{,}8 = 0{,}2$

Zur Interpretation der Sparfunktion (vgl. Sie auch Schaubild II/2/2): Der negative Ausdruck (-C^a) gibt die maximale negative Ersparnis (Entsparen) bei einem Einkommen von Null an. Wie Sie aus Makroökonomie I wissen[1] kann in einer geschlossenen Volkswirtschaft die negative Ersparnis maximal den Wert der Abschreibungen (D) annehmen. Doch weder in der Konsum- noch der Sparfunktion lassen sich der autonome Konsum mit den Abschreibungen gleichsetzen, denn die

---

[1] Vgl. H.P. Nissen, Makroökonomie I, 3. Aufl. 1995, Teil I, Kap. 2. Ex - post gilt: $Y = C + I^b - D$, $Y = C + S$, $S = I^b - D$ und bei $I^b = 0 \rightarrow S = -D$.

2.3 Die Sparfunktion

Schaubild II/2/2: Die lineare Sparfunktion $\quad S = -C^a + sY^s = -100 + 0{,}2Y^s$

A) Die marginale Sparquote

$S = -C^a + sY = -100 + 0{,}2Y^s$

$\dfrac{dS}{dY} = s = 0{,}2$

$\tan\alpha = \dfrac{\Delta S}{\Delta Y} = \dfrac{S_2 - S_1}{Y_2 - Y_1}$

$\tan\alpha = s = 0{,}2$

B) Die durchschnittliche Sparquote

$\dfrac{S}{Y} = \dfrac{-C^a + sY}{Y}$

$\dfrac{S}{Y} = -\dfrac{C^a}{Y} + s$

$\tan\beta_1 = \dfrac{S_1}{Y_1} = \dfrac{-C^a + sY_1}{Y_1}$

$ = \dfrac{20}{600} = 0{,}033$

$\tan\beta_2 = \dfrac{S_2}{Y_2} = \dfrac{-C^a + sY_2}{Y_2}$

$ = \dfrac{60}{800} = 0{,}075$

C)

$\dfrac{d\left(\dfrac{dS}{dY}\right)}{dY} = 0$

$\dfrac{d\left(\dfrac{S}{Y}\right)}{dY} = \dfrac{d\left(\dfrac{-C^a + sY}{Y}\right)}{dY} = \dfrac{C^a}{Y^2}$

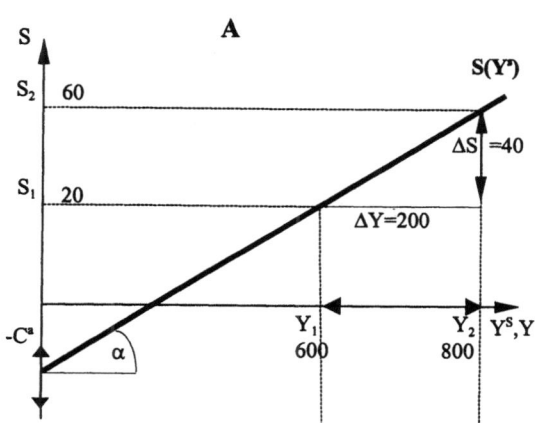
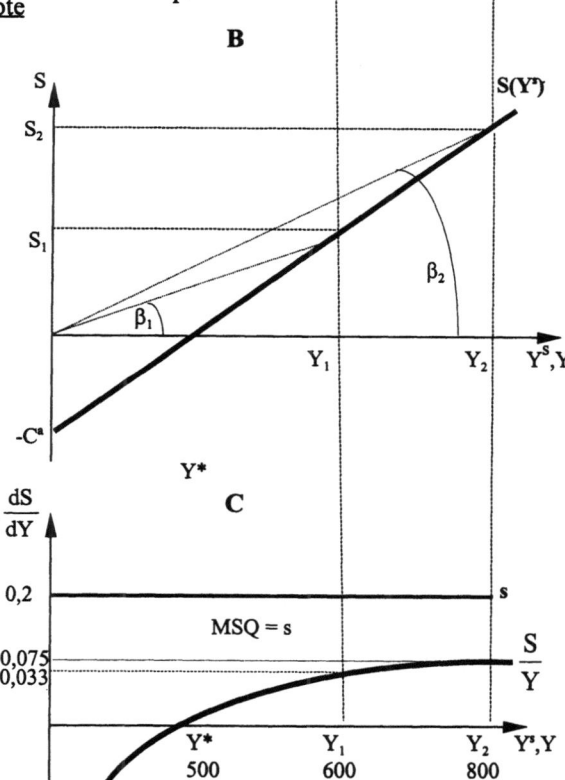

eine Größe wird von den Haushalten und die andere im Unternehmenssektor bestimmt. Der Abschnitt -C^a ist in diesem Sinne nicht ökonomisch gehaltvoll zu interpretieren. Er ergibt sich als Konsequenz der mathematischen Formulierung der Verhaltensweisen der Konsumenten respektive Sparer für einen empirisch beobachteten und ökonomisch relevanten Einkommensbereich und ihrer Extrapolation auf ein Einkommen von Null. Ein Einkommen, das gegen unendlich ginge, wäre ebenfalls durch die Funktion abgedeckt, hätte aber auch keine empirische Relevanz![2] Die marginale Sparquote (s) gibt an, um welchen Betrag sich die Ersparnis erhöht, wenn das Einkommen um eine Einheit steigt (A). Mathematisch handelt es sich um die 1. Ableitung der Sparfunktion, grafisch gesehen um die Steigung der Sparkurve, gemessen durch den Winkel $\tan \alpha$.

b) Die durchschnittliche Sparquote ($\frac{S}{Y}$) setzt die Ersparnis ins Verhältnis zum jeweiligen Einkommen, grafisch gemessen durch den Winkel des Fahrstrahls an die Sparkurve (B). Es ist bemerkenswert, daß die durchschnittliche Sparquote mit steigendem Einkommen steigt, der Winkel ß also größer wird.

c) Die Verläufe der marginalen und durchschnittlichen Sparkurven sind noch einmal gesondert dargestellt worden (C). Es wird dabei deutlich, daß die marginale Sparquote eine Parallele zur Y^s-Achse darstellt. Der Verlauf der durchschnittlichen Sparkurve ist hingegen durchgehend hyperbolisch steigend mit asymptotischen Annäherungen an die marginale Sparkurve einerseits und die Ordinate andererseits. Da das gesamte Einkommen Y sich auf die beiden Verwendungen C und S aufteilt, muß sich auch das zusätzliche Einkommen ΔY auf die Komponenten ΔC und ΔS vollständig aufteilen: Die marginalen Quoten ergänzen sich zu 1:

$Y = C + S$ $\qquad \Delta Y = \Delta C + \Delta S \qquad$ beide Seiten dividiert durch ΔY

$1 = \frac{\Delta C}{\Delta Y} + \frac{\Delta S}{\Delta Y} \qquad \frac{\Delta C}{\Delta Y} = c; \quad \frac{\Delta S}{\Delta Y} = s \qquad 1 = c + s$

---

[2] Für die einzelnen Haushalte kann es allerdings sehr wohl eine negative Ersparnis geben: er finanziert bei sehr niedrigem Einkommen seinen gewünschten Konsum über Kreditaufnahme oder durch Vermögensauflösung.

2.4 Das Modell einer stationären Volkswirtschaft ohne Staat: $Y^d = C$

Unser einfachstes Modell geht von folgenden Wirtschaftsplänen (Verhaltensweisen) aus: Die Konsumenten planen, ihr Einkommen (das in diesem Modell das Volkseinkommen ist) gemäß ihrer Konsumfunktion für Konsumausgaben zu verwenden. Die Unternehmer planen, keine Nettoinvestitionen zu tätigen, sondern lediglich ihr Produktivvermögen zu erhalten d.h. in Höhe der Abschreibungen Re-Investitionen zu tätigen. Die im Unternehmenssektor entstehende Wertschöpfung wird vollständig an die privaten Haushalte als Faktoreinkommen ausgeschüttet. Bei welchem Volkseinkommen sind die Wirtschaftspläne der Produzenten mit denjenigen der Konsumenten kompatibel? Wann stimmen also der geplante Konsumgüterabsatz mit der geplanten Konsumgüternachfrage überein? Es gelten:[1]

Allgemein: *Zahlenbeispiel:*

$Y^d = C + I$ DG   Definitionsgleichung

$I = 0$ VG   Verhaltensgleichung

$C = C^a + c\,Y^s$ VG   Verhaltensgleichung $C = 100 + 0{,}8\,Y^s$

$Y^d = Y^s = Y$ GG   Gleichgewichtsgleichung $Y = 100 + 0{,}8Y$

$Y\ \ \ = C^a + cY$

Gleichgewichtseinkommen

Das Wirtschaftssystem tendiert dazu, sich automatisch zu den Gleichgewichtswerten hin zu entwickeln, solange die <u>Stabilitätsbedingung</u> gilt: Die Konsumenten insgesamt dürfen bei steigendem Einkommen ihren Konsum nur um einen geringeren Betrag ausdehnen als die Einkommenserhöhung beträgt. D.h. die marginale Konsumquote muß positiv aber kleiner als 1 sein: $0 < c < 1$. Im Schaubild II/2/3 sind die Konsum- und die Sparfunktion gemeinsam dargestellt. Auf der Ordinate (A) ist die Güternachfrage abgetragen, die in diesem Modell ausschließlich aus Konsumgütern

---

[1] Y^d = dasjenige Einkommen, das nachfragewirksam wird (d=demand=Nachfrage), Y^s = dasjenige Einkommen, das als Faktoreinkommen aus dem Produktionsprozeß „angeboten" wird (s=supply=Angebot).

besteht: $Y^d = C$. Auf der Abszisse findet sich das Güterangebot, das der Wertschöpfung und damit dem Volkseinkommen entspricht (Y^s). Entlang der 45°-Linie wäre stets die Nachfrage gleich dem Angebot. Es gibt aber nur einen Punkt bei dem die geplante Konsumgüternachfrage gleich dem Angebot ist: im Schnittpunkt der Y^d-Kurve mit der 45°-Linie. Hier ist $Y^d = Y^s$, d.h. $C^* = Y^*$. In der Grafik B erkennt man, daß die Sparkurve beim Gleichgewichtseinkommen Y^* die Y^s-Achse schneidet. Bei Y^* ist $S = S^* = 0$! Bei (temporären) Abweichungen von Y^* übersteigt entweder die Konsumgüternachfrage das Einkommensangebot ($Y^d_1 > Y^s_1$), so daß die Ersparnis bei diesem Einkommen negativ wird, oder die Nachfrage bleibt hinter dem Einkommen zurück ($Y^d_2 < Y^s_2$), wodurch sich eine positive Ersparnis einstellt. Ein Vergleich unseres bisherigen Modells mit dem Modell des Wirtschaftskreislaufs[2] zeigt, wie auch bei Abweichungen von den Gleichgewichtswerten der Wirtschaftskreislauf stets ausgeglichen bleibt.[3] Der Ausgleich erfolgt durch ungeplante Werte, in unserem Fall durch ungeplante Investition.

a) Das Gleichgewichtseinkommen ist durch die marginale Konsumquote und den einkommensunabhängigen Konsum C^a bestimmt. Nur bei Y^* wird das gesamte geplante Einkommen konsumiert. Es ist $Y^* = C^*$.

b) Sollte die Güterproduktion und das daraus resultierende Einkommen in einer Periode beispielsweise lediglich Y_1 betragen ($Y_1 < Y^*$), dann beläuft sich der daraus resultierende Konsum auf einen höheren Betrag als das zugehörige Einkommen ($C_1 > Y_1$), mit der Folge, daß der U-Sektor kurzfristig einen ungewollten Lagerabbau hinnehmen und in zukünftigen Perioden die Produktion und damit das Einkommen ausdehnen wird, bis $Y^d = C^d$ wiederhergestellt ist. Das aber ist nur im Gleichgewicht der Fall bei: $Y^* = C^*$.

c) Sollte hingegen die Produktion (und das Einkommen) einmal über das Gleichgewichtseinkommen hinausgehen ($Y_2 > Y^*$), so wird die Konsumgüternachfrage bei diesen Einkommen geringer sein als die Konsumgüterproduktion.

---

[2]Vgl. H.P. Nissen "Makroökonomie I", Kap. 2.

[3]Zum Unterschied der Begriffe "Ausgleich" und "Gleichgewicht" siehe ebd. Kap. 2.4.

2.4 Das Modell einer stationären Volkswirtschaft ohne Staat: $Y^d = C$

Schaubild II/2/3: Modell 1: $Y^d = C$

(1) $Y^d = C$ (DG)
(2) $C = C^a + cY^s$ (VG)
(3) $Y^d = Y^s = Y$ (GG)
(4) $Y = C^a + cY$

(5) $Y^* = \dfrac{1}{1-c} C^a$

Gleichgewichtseinkommen

(6) $C^* = C^a + cY^* = Y^*$

Konsum im Gleichgewicht

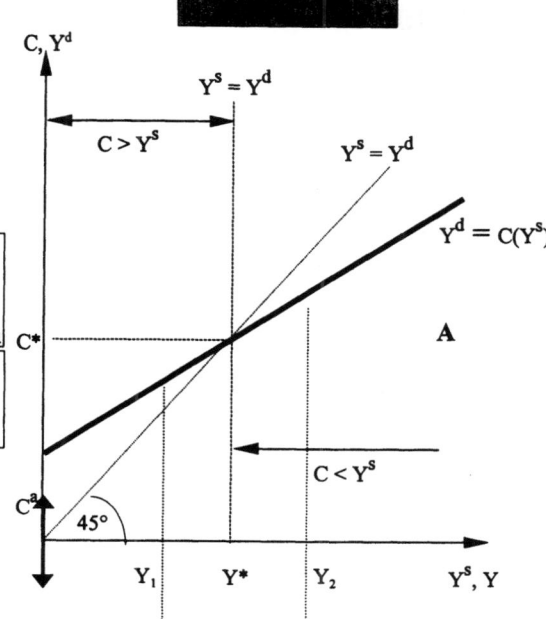

(7) $S = Y^s - C$
(8) $S = Y^s - C^a - cY^s$
(9) $S = -C^a + (1-c)Y^s$

Sparfunktion

(10) $s = 1-c$
(11) $S^* = -C^a + sY^* = 0$

Ersparnis bei Y^*

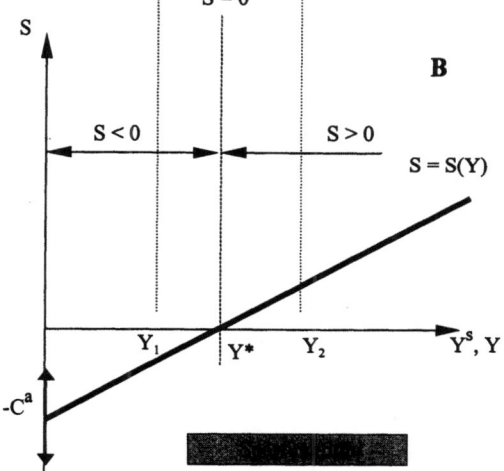

Zahlenbeispiel:

Für $C = 100 + 0{,}8\, Y^s$

ergibt sich:

$Y^* = 500,\ C^* = 500,\ S^* = 0$

Schaubild II/2/4: Modellvergleich ex ante – ex post

<u>ex ante Modell</u>   <u>ex post Wirtschaftskreislauf</u>

$Y^d = C^d(Y^s)$
$C^d = 100 + 0{,}8 Y^s$

a) Gleichgewicht: $Y^s = Y^d$ $\Rightarrow$ keine ungeplanten Größen

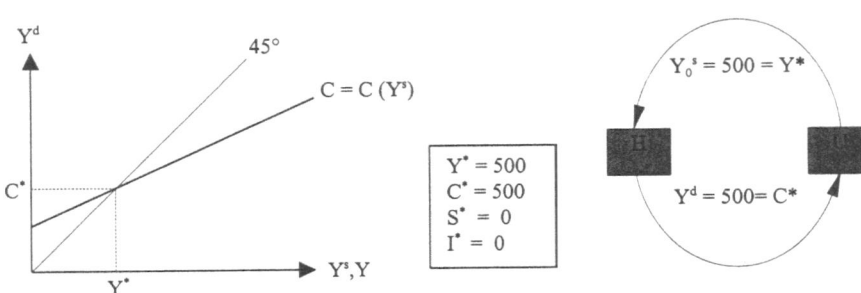

b) Ungleichgewicht: $Y^s < Y^d$ $\Rightarrow$ ungeplante Investitionen

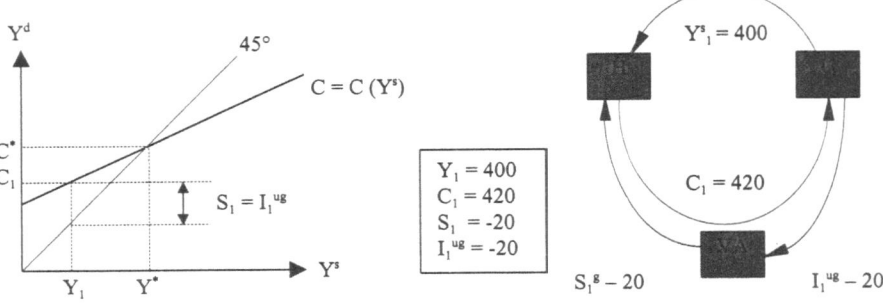

c) Ungleichgewicht: $Y^s > Y^d$ $\Rightarrow$ ungeplante Investitionen

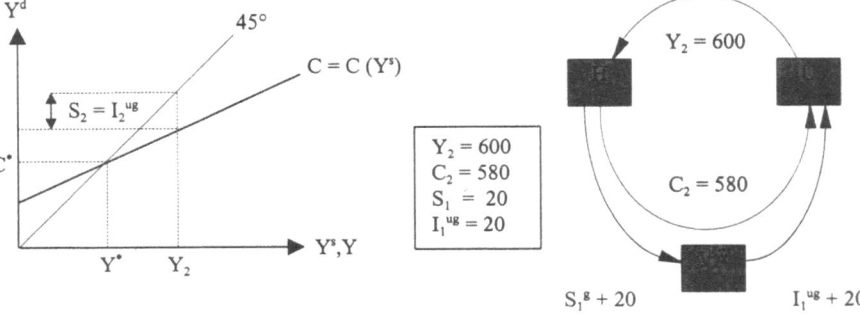

2.5 Der Anpassungsprozeß zum Gleichgewicht

Eine Abweichung vom Gleichgewichtseinkommen kann bei der zugrunde gelegten Verhaltensweise der Konsumenten nicht von Dauer sein. Die Stabilitätsbedingung $0 < c < 1$ garantiert, daß Ungleichgewichte nur temporären Charakter haben können und modellintern automatisch beseitigt werden.

Schaubild: II/2/5: Anpassung an das Gleichgewicht

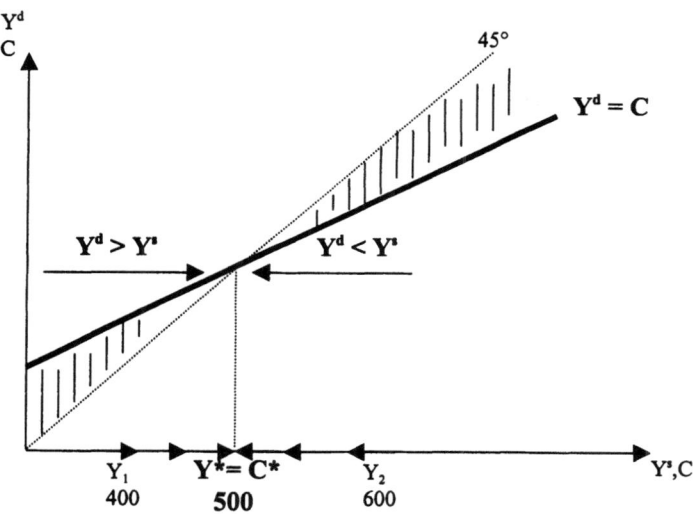

Nehmen wir an, in der Ausgangssituation wäre das Modell im Gleichgewicht: Das produzierte Einkommen wird vollkommen für Konsumgüterausgaben verwendet. Plötzlich verändern die Konsumenten ihr Verhalten und senken den autonomen Konsum. Die Unternehmer produzieren mehr Güter als nachgefragt werden ($Y^s > Y^d$). Sie rechnen zum Beispiel mit einem Konsumgüterabsatz in Höhe von 600 GE und realisieren ihre Produktion in dieser Höhe. Die Haushalte konsumieren jedoch gemäß ihrer Konsumfunktion bei einem Einkommen von 600 GE lediglich in Höhe von 580 GE und realisieren eine Ersparnis von 20 GE. Die Unternehmer ihrerseits stellen fest, daß sie zwar 600 GE Konsumgüter produziert haben aber lediglich 580 GE absetzen konnten. In Höhe der Differenz müssen sie unfreiwillig Lagerbestände (Nettoinvestitionen) bilden. In der darauffolgenden Periode werden sie von vornherein nur in Höhe von 580 GE Konsumgüter produzieren, so daß sich auch das Einkommen, das sie an die Haushalte ausschütten, auf 580 GE reduziert. Die Haushalte passen ihren Konsum (gemäß unveränderter Konsumfunktion) an dieses geringere Einkommen an und reduzieren ihren Konsum auf nunmehr 564 GE. Die Unternehmer daraufhin...usw. usw. Einkommen und Konsum nehmen Schritt für Schritt ab, bis sich bei 500 GE[1] ein dauerhaftes Gleichgewicht einstellt (mathematisch streng genommen erst nach unendlich vielen Anpassungsrunden). Schauen wir uns dieses Beispiel sowohl rechnerisch als auch in einer Grafik und einer Verlaufstabelle an, wobei wir unterstellen, daß das Einkommen der laufenden Periode dem Konsum der Vorperiode gleich ist.

a) Die analytische Betrachtung

1) $Y^s_t = C_{t-1}$

2) $C_t = C^a + cY^s_t$ ➡ $120 + 0{,}8 Y^s_t$

Gleichgewicht in der Ausgangslage:

3) $C^*_0 = C^a + c\, Y^s_0 = Y^*_0$

4) $Y^*_0 = \dfrac{C^a}{1-c} = \dfrac{120}{1-0{,}8} = 600$

5) $C^*_0 = Y^*_0 = 600$

Veränderung der Konsumfunktion: $\Delta C^a = -20$

6) $C'_t = C^a + \Delta C^a + cY^s_t$

Gleichgewicht nach unendlich vielen Anpassungsschritten:

7) $C^*_\infty = C^a + \Delta C^a + cY^*_\infty = Y^*_\infty$

8) $C^*_\infty = \dfrac{C^a + \Delta C^a}{1-c} = \dfrac{120-20}{1-0{,}8} = 500$

9) $C^*_\infty = Y^*_\infty = 500$

---

[1] Bei den Zahlenbeispielen handelt es sich stets um „Geldeinheiten" (GE). Es wird deshalb zukünftig auf den Zusatz „GE" verzichtet.

b) Die grafische Darstellung

Die Anpassungssequenz nach dem im Zeitpunkt t = 0 der autonome Konsum um $\Delta C^a = -20$ zurückgeht.

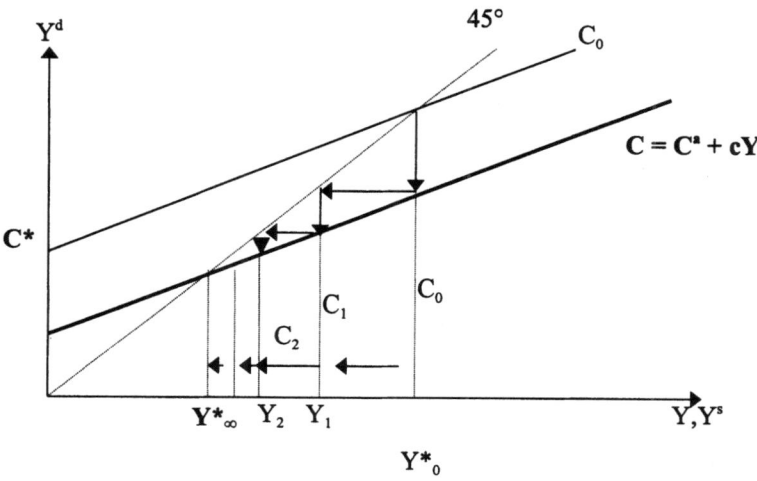

Tabelle II/2/1: Anpassungssequenz

Periode	$C_t = C^a + c\,Y_t$ $= 100 + 0{,}8Y_t$	$Y_t = C_{t-1}$	I^{ie}	$S_t = -C^a + sY_t$ $= -100 + 0{,}2Y_t$
0*	$C^*_0 = 600$	$600 = Y^*_0$	0	
0	$C_0 = 580$	$600 = Y_0$	+20	+20
1	$C_1 = 564$	$580 = Y_1$	+16	+16
2	$C_2 = 551$	$564 = Y_2$	+13	+13
3	$C_3 = 540$	$551 = Y_3$	+11	+11
.	$C_4 = 532$	$540 = Y_4$	+8	+8
.	.	.	.	.
.	.	.	.	.
∞	$C^* = 500$	$500 = Y^*$	0	0

2.6 Veränderungen des Konsums und der Ersparnis

a) Konsumfunktion

Wir fragen uns, auf welche Einflußfaktoren Veränderungen der Konsumgüternachfrage zurückzuführen sind. Um die richtige Antwort zu erhalten, müssen wir mathematisch <u>das totale Differential der Konsumfunktion</u> bilden:

Allgemein: *Zahlenbeispiel:*

$$C = C^a + cY$$

$$\boxed{dC = dC^a + Y\,dc + c\,dY}$$
$$\;\;(1)\quad\;(2)\quad\;(3)$$

$C = 100 + 0{,}8Y \qquad Y^*_0 = 500$

Wenn bei der gegebenen Konsumfunktion der Konsum um $\Delta C = 10$ zunehmen soll, dann muß entweder (vgl. Sie dazu das Schaubild II/3/5):

1) der autonome Konsum um $\Delta C^a = 10$ zunehmen, oder
2) die marginale Konsumquote um $\Delta c = 0{,}02$ oder
3) das Einkommen um $\Delta Y = 12{,}5$.

b) Sparfunktion

Welche Faktoren bewirken eine Steigerung der Ersparnis? Die Antwort gibt uns zunächst das totale Differential der Sparfunktion:

$$S = -C^a + sY$$

$$\boxed{dS = -dC^a + Y\,ds + s\,dY}$$
$$\;\;(4)\quad\;(5)\quad\;(6)$$

Wenn bei der gegebenen Sparfunktion die Ersparnis um $\Delta S = 20$ zunehmen soll, dann muß entweder (vgl. Sie dazu das Schaubild II/3/6):

4) der autonome Konsum um $-\Delta C^a = 20$ zurückgehen, oder
5) die marginale Sparquote um $\Delta s = 0{,}04$ steigen, oder
6) das Einkommen um $\Delta Y = 100$ wachsen.

Schaubild II/2/6: Veränderung des Konsums

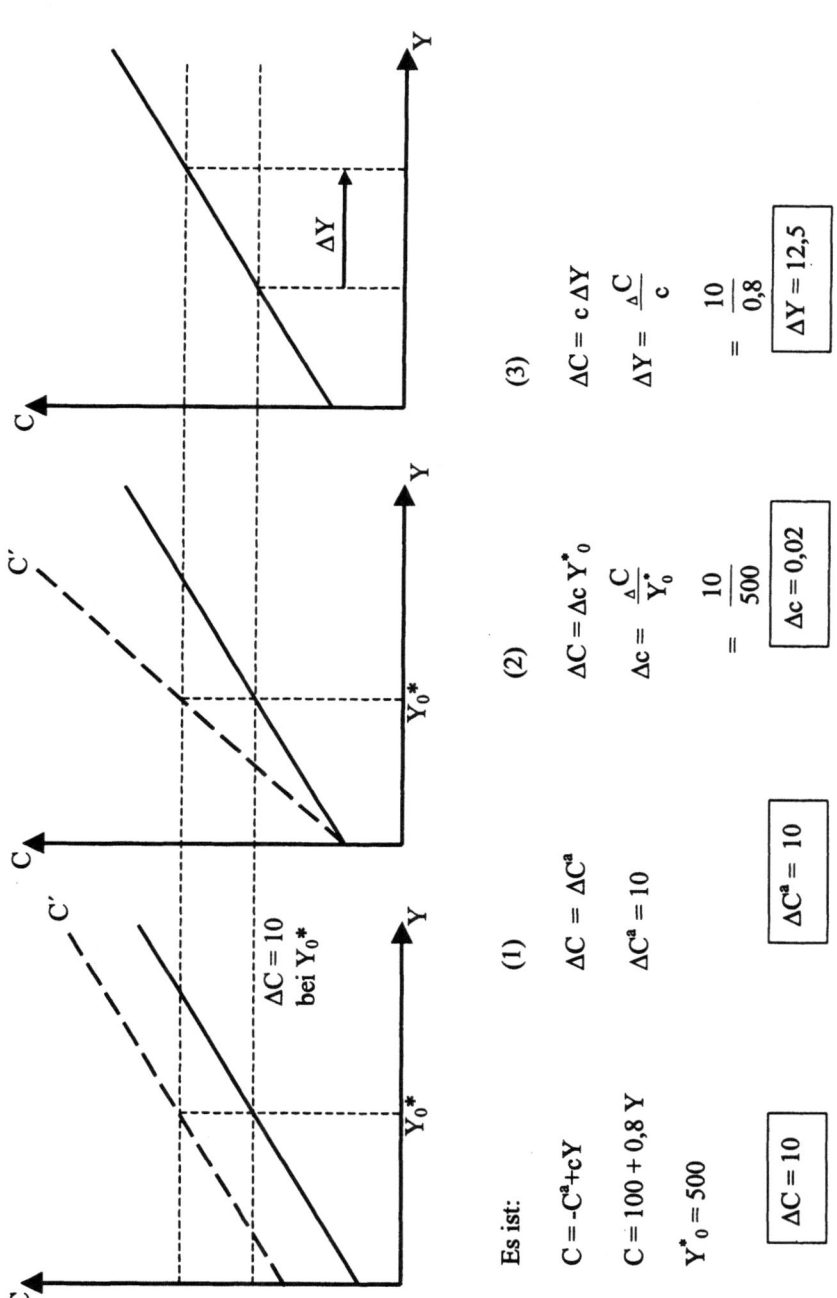

Schaubild II/2/7: Veränderung der Ersparnis

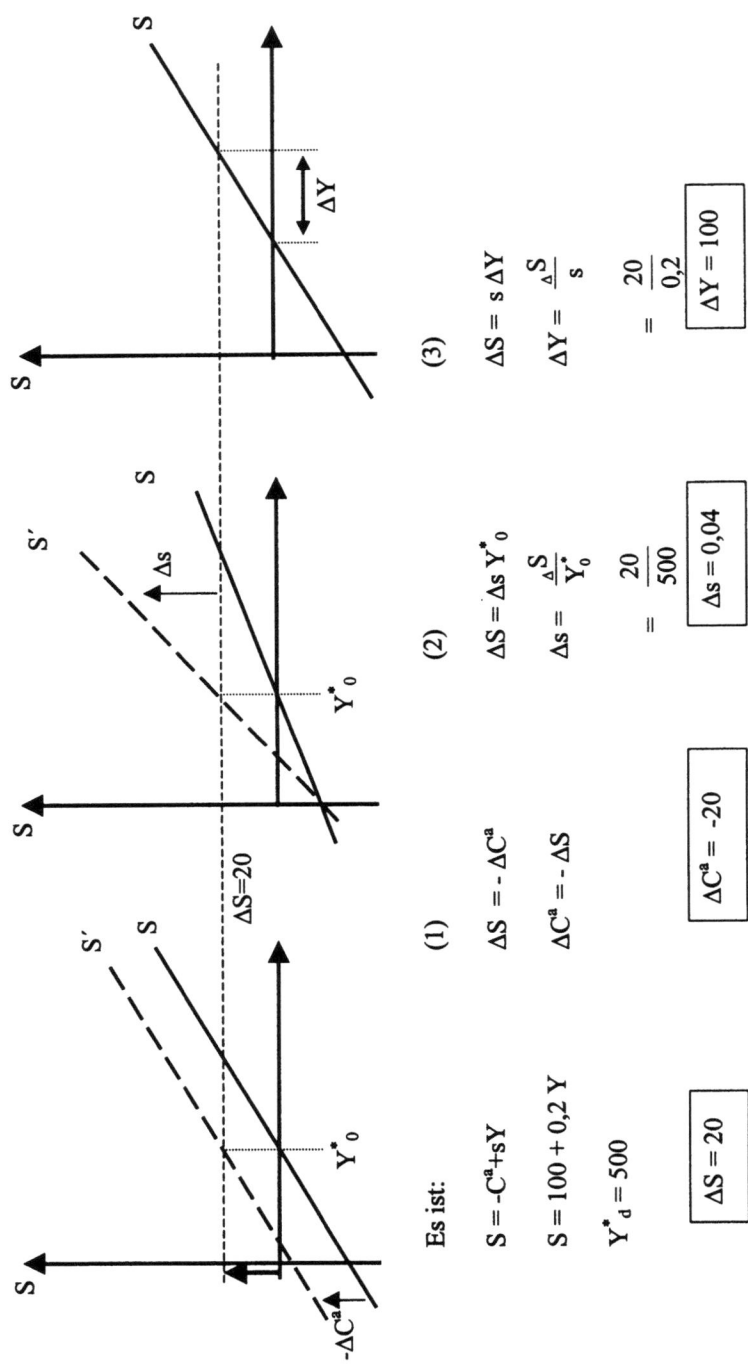

2.6 Veränderungen des Konsums und der Ersparnis

Box II/2/2: Alternative makro - ökonomische Konsumhypothesen

1. Die empirischen Konsumfunktionen, wie wir sie für die Bundesrepublik schätzten decken sich nicht mit der theoretisch abgeleiteten Konsumfunktion à la Keynes. Eine empirische Beobachtung, die bereits S. Kuznets im Jahre 1946 gemacht hatte. Die Unterscheidung in eine „kurzfristige" und in eine „langfristige" Konsumfunktion ist zumindest erklärungsbedürftig. Die **absolute Einkommenshypothese** negiert die Existenz der langfristigen Konsumfunktion und die daraus abgeleitete Konstanz der durchschnittlichen Konsumquote. Aus der Sicht dieser Hypothese verschieben sich die kurzfristigen Konsumfunktionen laufend nach oben mit dauerhaft steigendem Einkommen.

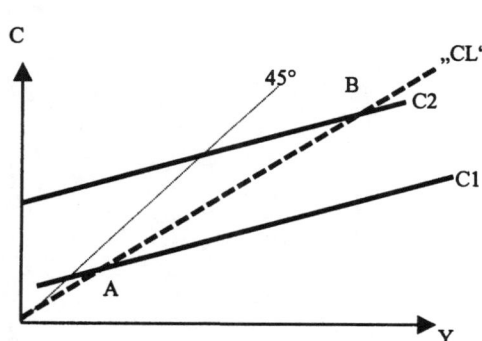

2. Die **relative Einkommenshypothese** akzeptiert die Existenz kurz- und langfristiger Konsumfunktionen und versucht diese durch sozialökonomische Verhaltensweisen zu erklären: Danach hängt der Konsum der Haushalte u.a. von der relativen Position ab, die der Haushalt innerhalb der Einkommenspyramide einnimmt und von dem maximalen Einkommen, das er in der Vergangenheit bezogen hat. Die Formulierung dieser Hypothese geht auf die Forscher Duesenberry und Modigliani und das Jahr 1949 zurück.

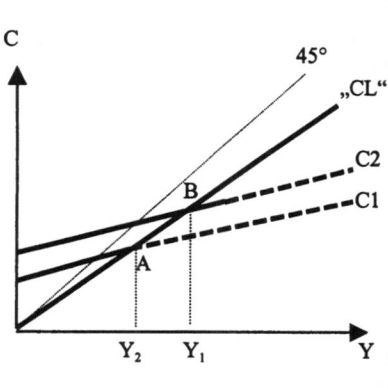

3. Die **permanente Einkommenshypothese** berücksichtigt neben dem laufenden Einkommen eines Haushalts auch die zukünftig zu erwartenden „permanenten" Einkommen, die ihrerseits u.a. stark vom Vermögen und seiner Verzinsung abhängen. Das Kapital eines Haushalts besteht allerdings nicht nur aus Sach- und Geldvermögen sondern vor allem auch aus Humankapital, also der persönlichen Fähigkeit, Einkommen erzielen zu können. Die Formulierung dieser Hypothese geht auf M. Friedman und das Jahr 1957 zurück:

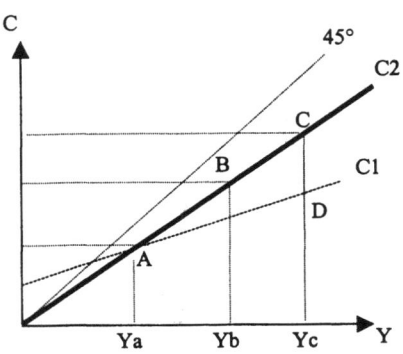

4. Die **Lebenszeit-Einkommenshypothese** macht die Konsumausgaben vom erwarteten Lebenseinkommen abhängig. Die laufenden Konsumausgaben sind auch hier (wie unter 3.) davon abhängig, wie hoch der Bestand des realen Vermögens und der erwarteten realen Arbeitseinkommen ist. Kurzfristige Einkommensschwankungen schlagen mithin nur in abgeschwächter Form auf den Konsum durch, ähnlich wie wir es unter der „permanenten" Einkommenshypothese untersucht haben. Die Lebenszeit-Einkommenshypothese ist insbesondere von Modigliani formuliert worden (1954/1963).

Literatur:
Claasen, E.M., "Grundlagen der Makroökonomischen Theorie", München 1980.
Friedman, M., "A Theory of the Consumption Function", NBER, New York, 1957.
Duesenbery, J.S., "Income, Saving and the Theory of Consumer Bahavior", Cambridge, 1949.

3 Nettoinvestition in einer geschlossenen Volkswirtschaft ohne Staat – Modell: $Y^d = C(Y^r) + I(i)$

3.1 Die Investitionsfunktion

In diesem Modell besteht die gesamtwirtschaftliche Nachfrage aus Konsum- und Investitionsgütern. Investitionsgüter werden in Form von Wohnungen und Wohnhäusern, Anlageinvestitionen oder Lagerinvestitionsgütern nachgefragt[1]. Insbesondere die letzteren können auch ungeplant sein, wenn eine Unternehmung z.B. die produzierten und für den Absatz bestimmten Güter nicht verkaufen konnte und sie diese dann (notgedrungen) auf Lager nehmen muß. Die Bedeutung der Investitionen liegt zum einen in ihrem (kurzfristigen) Nachfrage- und Beschäftigungseffekt: die nachgefragten Investitionsgüter werden produziert und es entsteht in gleicher Höhe Volkseinkommen verbunden mit entsprechenden Beschäftigungseffekten. Zum zweiten haben die Investitionen (mit Ausnahme der Lagerinvestitionen) einen langfristigen Kapazitätseffekt: es erhöht sich das produktive Anlagevermögen, wodurch in zukünftigen Perioden das Wachstumspotential des Sozialproduktes zunimmt. Die hier zugrundegelegte Betrachtung ist kurzfristig (der Kapazitätseffekt bleibt unberücksichtigt)[2]. Wir unterstellen eine Investitionsfunktion, die zinsabhängig ist und zwar derart, daß mit sinkenden Zinssätzen die Investitionsgüternachfrage steigt.[3]

Investitionsfunktion (allgemein):   *Lineare Investitionsfunktion:*

   mit $\dfrac{dI}{di} < 0$

Zur Vereinfachung nehmen wir an, daß der Zinssatz autonom vorgegeben ist (i=iª), wodurch auch die Investitionen zu einer autonomen Größe werden (I = Iª), die sich

---

[1] Zur Definition des Begriffes "Investition" vergleiche auch H.P. Nissen, Makroökonomie I, Kap.3.
[2] Dieser spielt in der Wachstumstheorie eine entscheidende Rolle.
[3] Zur genauen Begründung und Ableitung der Zinsabhängigkeit siehe Kap. II/3.5.

Schaubild II/3/1: Die Ableitung der autonomen Investitionen: I = Iᵃ

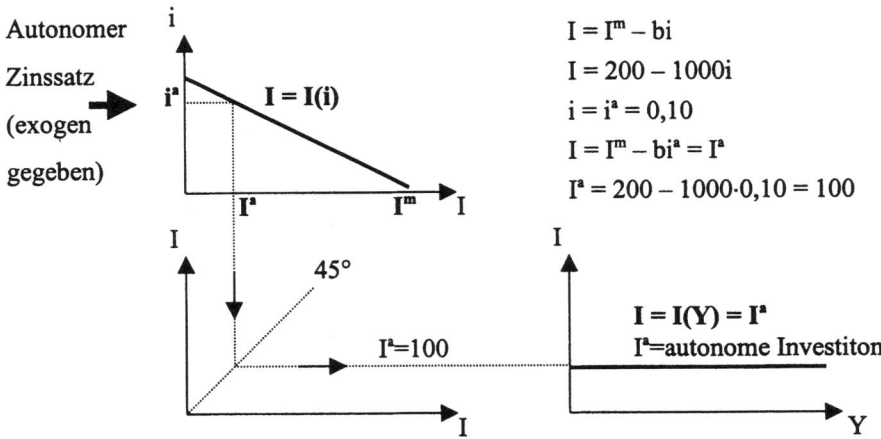

Die Frage nach den Ursachen der Bestimmungsfaktoren der geplanten Investitionsgüternachfrage stellen wir zunächst noch zurück und konzentrieren uns an dieser Stelle auf die Analyse der Auswirkungen der Investitionen.

Folgende Fragen werden uns beschäftigen:
- Wie beeinflussen die Investitionen das Volkseinkommen im Gleichgewicht?
- Wie verändert sich das Volkseinkommen, wenn sich die Investitionen erhöhen?
- Wie ist die Zinsabhängigkeit der Investitionen zu begründen?
- Unter welchen Bedingungen ist der Gütermarkt im Gleichgewicht, wenn die Zinssätze variieren (Ableitung der IS-Funktion)?

3.2 Das Gleichgewichtseinkommen im Modell: $Y^d = C(Y^s) + I^a$

Der Gütermarkt einer geschlossenen Volkswirtschaft mit positiver Nettoinvestition befindet sich dann im Gleichgewicht, wenn das gesamte „angebotene" Volkseinkommen (Y^s) so verwendet wird, daß es vollständig in geplanter Konsumgüter- und geplanter Investitionsgüternachfrage aufgeht. Das ist gleichbedeutend mit der Aussage, daß die geplante Ersparnis größengleich ist der geplanten Nettoinvestition. Die gesamtwirtschaftliche Güternachfrage setzt sich in diesem Modell aus Konsum- und Investitionsgütern zusammen.

$Y^d = C(Y^s) + I^a$ mit $C = C^a + cY^s$ und $I = I^a$

Schauen wir uns gleich das analytische Modell und die zugehörige Modellskizze im Schaubild II/3/2 an: (A) zeigt die bisherige Konsumfunktion, zu der die Investitionsgüternachfrage hinzuaddiert (grafisch "superponiert") wird, um zu der gesamtwirtschaftlichen Nachfrage zu gelangen. Wir erreichen das, indem wir die autonome Investition exakt an den autonomen Konsum anschließen und die Konsumfunktion um I^a parallel verschieben. Gleichgewicht herrscht bei $Y^d = Y^s = Y^*$, d.h. dort, wo die Y^d-Kurve die 45°-Linie d.h. die $(Y^s=Y^d)$- Kurve schneidet.

Das Modell:

$C = C^a + cY^s$

$I = I^a$

$Y^d = Y^s = Y$

$s = 1-c$

Zahlenbeispiel

$C = 100 + 0,8\ Y^s$

$I = 100$

$c = 0,8$ $s = 0,2$

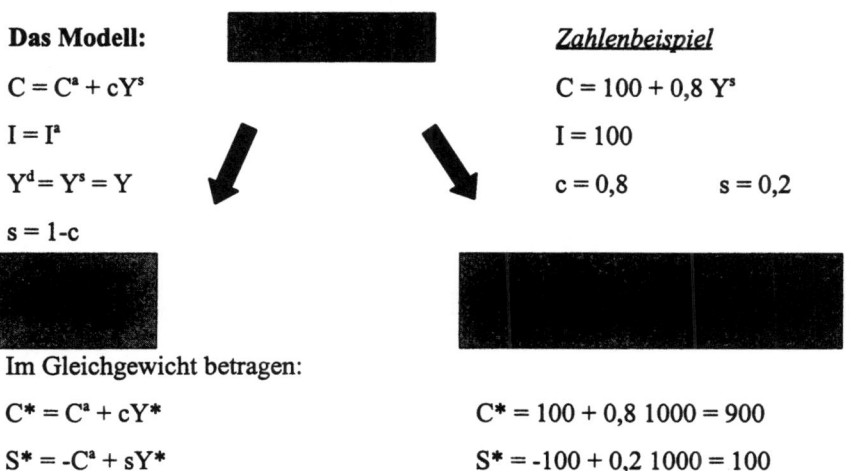

Im Gleichgewicht betragen:

$C^* = C^a + cY^*$ $C^* = 100 + 0,8 \cdot 1000 = 900$

$S^* = -C^a + sY^*$ $S^* = -100 + 0,2 \cdot 1000 = 100$

Die Gleichgewichtsbedingung läßt sich alternativ formulieren, indem Sie die Einkommensentstehung der Einkommensverwendung gegenüberstellen: Es ist:

$Y^s = C + S = C + I = Y^d$ daraus folgt:

$-C^a + sY^* = I^a$ $-100 + 0,2\ Y^* = 100$

Schaubild II/3/2: Das Modell 2: $Y^d = C(Y^s) + I^a$

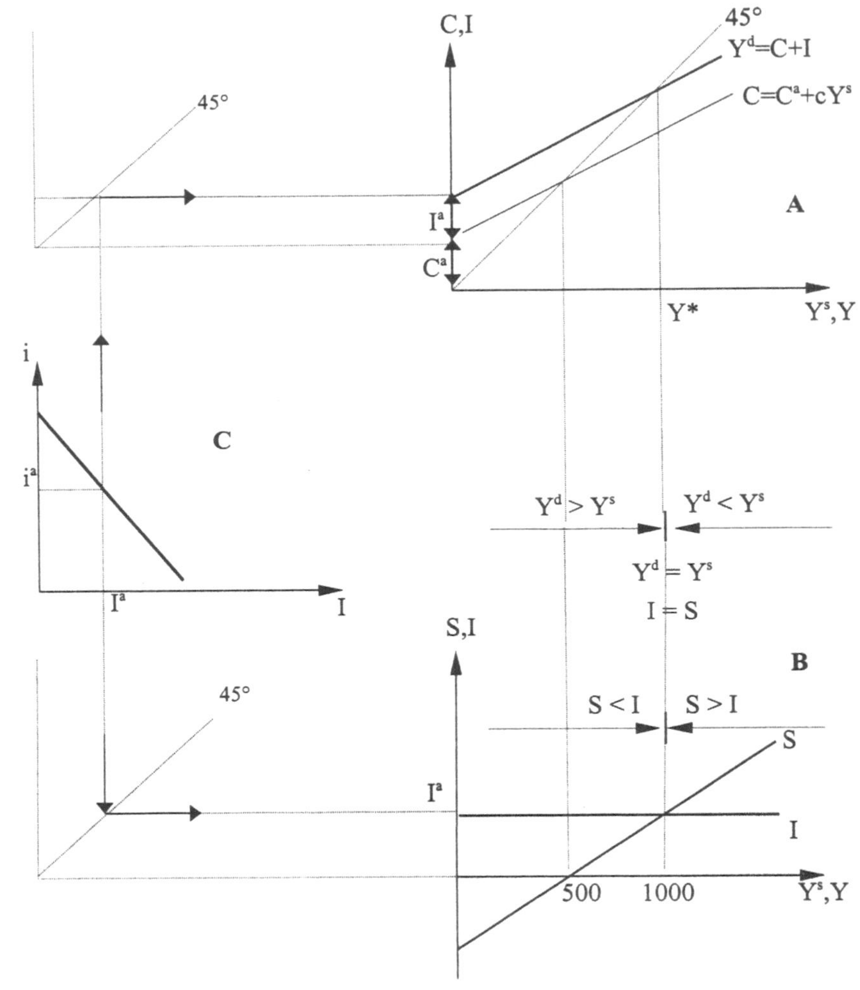

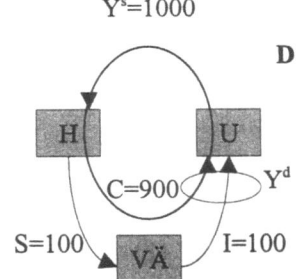

Im Gleichgewicht stimmen ex-post und ex-ante Werte überein:

$S^* = I^* = 100$ $\qquad Y^{s*} = Y^{d*} = 1000$

3.2 Das Gleichgewichtseinkommen im Modell: $Y^d = C(Y^s) + I^a$

Gleichgewicht herrscht auch dann, wenn die geplante Ersparnis größengleich der geplanten Nettoinvestition ist. Gemäß Sparfunktion ist das bei Y* in der Grafik (B) der Fall. Die Kurve der Sparfunktion schneidet die autonome Investitionsfunktion im Gleichgewichtseinkommen Y*. (C) Stellt die Investitionsfunktion dar. Bei gegebenen Zinssatz i^a ergibt sich die autonome Investition I^a. Der ex-post Wirtschaftskreislauf (D) enthält im Gleichgewicht nur geplante Größen.

Die Stabilität des Gleichgewichts zeigt sich darin, daß das Gleichgewicht bei einer zeitweisen Abweichung automatisch wieder erreicht wird. Denn die Stabilitätsbedingung (0 < c < 1, siehe Modell: $Y^d = C(Y^s)$) gilt auch hier. Betrachten Sie in der Modellskizze nacheinander die Gütermarktsituationen bei Ungleichgewichten:

(1) Im Bereich $Y^d > Y^s$ bzw. $S^g < I^g$ gilt folgendes: Sollte die Nachfrage das laufende Einkommen übersteigen, so wird die höhere Nachfrage zunächst durch einen ungewollten Lagerabbau befriedigt. Die tatsächlich durchgeführten Nettoinvestitionen sind also insgesamt geringer als die geplanten. Der ungewollte Lagerabbau führt dazu, daß die Güterproduktion in den folgenden Perioden erhöht wird, um die Lagerbestände auf das gewollte Niveau zurückzuführen und um der laufenden Nachfrage zu entsprechen. Aus der erhöhten Produktion erwächst ein höheres Einkommen. Der Prozeß kommt bei Y^*_1 zum Stillstand, da bei diesem Einkommen genau soviel gespart wird, wie zur Finanzierung der Nettoinvestitionen erforderlich ist bzw. genau so viele Güter nachgefragt wie angeboten werden (vgl. Schaubild II/3/3).

(2) Im Bereich $Y^d < Y^s$ bzw. $S^g > I^g$ haben wir folgende Situation: Das Güterangebot übersteigt die geplante Güternachfrage. Die Unternehmungen haben zuviel produziert und müssen ungeplante Lagerinvestitionen tätigen. Das wird sie veranlassen, ihre Produktion zukünftig zu drosseln bis beim Gleichgewichtseinkommen das von ihnen geplante Güterangebot auch geplant nachgefragt wird (vgl. Schaubild II/3/4).

Schaubild II/3/3: Die Güternachfrage übersteigt das Angebot – Modell: $Y^d > Y^s$

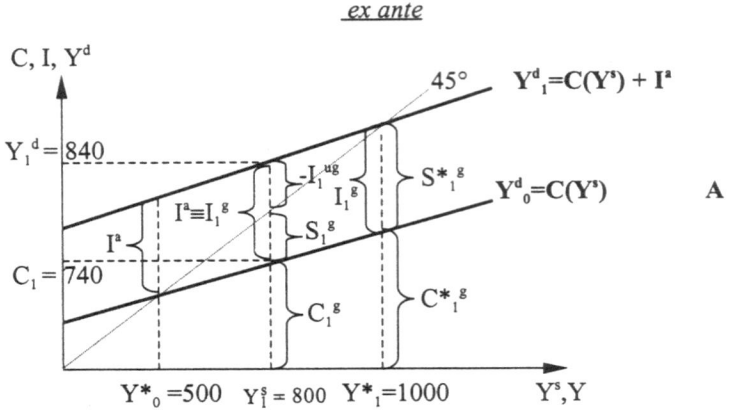

A

ex-ante		$Y_1^s = 800 = Y_1$
(1) $C_1^g = C^a + c Y_1^s$	=	$100 + 0{,}8 \cdot 800 = 740$
(2) $S_1^g = -C^a + s Y_1^s$	=	$-100 + 0{,}2 \cdot 800 = 60$
(3) $I_1^g = I^a = 100$	>	60
(4) $I_1^g = 100$	>	$S_1^g = 60 = S_1$

Wir unterstellen für das Zahlenbeispiel unseres Modells ein Einkommen von $Y^s = Y_1 = 800$.

B

ex-post

$Y_1 = C + I$
$Y_1 = 740 + 60 = 800$
$S_1 = Y_1 - C_1$
$S_1 = 800 - 740 = 60$
$S = I$
$60 = 60$

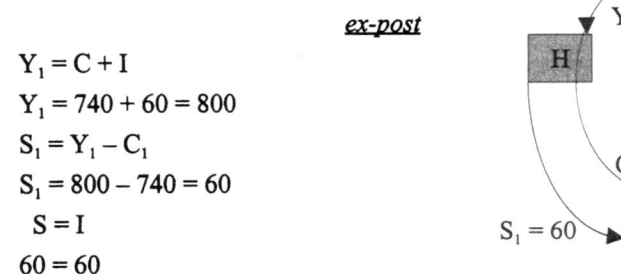

3.2 Das Gleichgewichtseinkommen im Modell: $Y^d = C(Y^s) + I^a$

Schaubild II/3/4: Einkommensangebot übersteigt die Güternachfrage: $Y^d < Y^s$

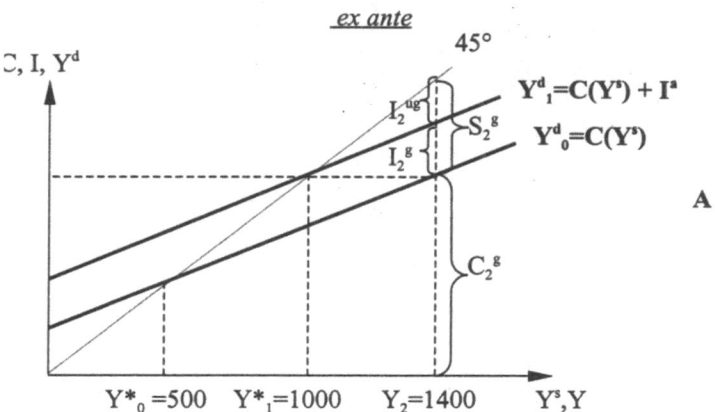

A

ex ante	$Y_2^s = 1400 = Y_2$
(1) $C_2^g = C^a + c\,Y_2^s$ =	$100 + 0,8 \cdot 1400 = 1220$
(2) $S_2^g = -C^a + s\,Y_2^s$ =	$-100 + 0,2 \cdot 1400 = 180$
(3) $I_2^g = I^a = 100$ <	$S_2^g = 180$
(4) $I_2^{ug} = 80$ =	$S_2^g - I_2^g = 180 - 100$

Wir unterstellen für das Zahlenbeispiel unseres Modells ein Einkommen von $Y_2^s = 1400$.

ex-post B

$C_2 = 1200$
$S_2 = 180$
$I_2 = I_2^g + I_2^{ug}$
$I_2 = 100 + 80 = 180$

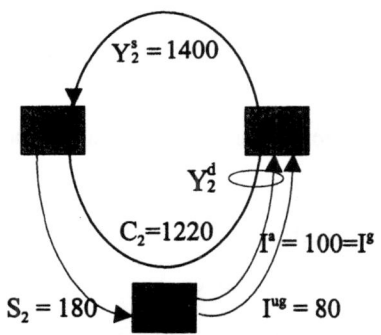

3.3 Ex-ante Gleichgewicht versus ex-post Gleichheit (Exkurs)

Wir übernehmen das letzte Beispiel (vgl. Schaubild II/3/4) und stellen es der ex-post Betrachtung gegenüber: in einer **geschlossenen Volkswirtschaft ohne Staat** gilt immer (d.h. zu jedem Zeitpunkt!):

(1) $Y = C + I$ (Produktionskonto)

(2) $Y = C + S$ (Einkommenskonto)

(3) $S = I$ (Vermögensänderungskonto)

```
                    1220
  ┌──────────────────────────────────────────────────────────┐
  │ Einkommenskonto    Produktionskonto   Vermögensänderungskonto │
  │  ┌───┐                ┌───┐                              │
  │  │ C │    1400        │ C │    180         ┌─────┐       │
  │  │   │ ◄──────────    │   │ ◄──────────    │ I │ S │     │
  │  │ S │                │ I │                └─────┘       │
  │  └───┘                └───┘                              │
  └──────────────────────────────────────────────────────────┘
```

Der Unterschied zur ex-ante Betrachtung ist außerordentlich wichtig und muß Ihnen von Anfang an deutlich werden: In der ex-post Betrachtung handelt es sich immer um die am Ende einer Wirtschaftsperiode <u>tatsächlich realisierten</u> Größen. In der ex ante-Analyse betrachten wir die von den Wirtschaftssubjekten vor Beginn einer Wirtschaftsperiode <u>geplanten</u> Größen! In einer Volkswirtschaft, in der mehrere Millionen Unternehmen individuell ihr jeweiliges Güterangebot und ihre eigene Investitionsgüternachfrage planen und ca. 20-30 Millionen Haushalte individuell ihre Konsumgüternachfrage und ihre Ersparnisse planen, werden sämtliche Angebots- und Nachfragepläne nur bei einem außerordentlich unwahrscheinlichen Zufall übereinstimmen können. Der Ausgleich der tatsächlich realisierten Größen ist mithin nur durch <u>ungeplante</u> Konsum- oder Investitionsnachfrage möglich. Lediglich im Spezialfall des Gleichgewichts treten keine ungeplanten Größen auf und die ex-post

3.3 Ex-ante Gleichgewicht versus ex-post Gleichheit (Exkurs)

und ex-ante Werte stimmen überein. Allgemein gelten folgende Beziehungen für eine geschlossene Volkswirtschaft ohne staatliche, ökonomische Aktivitäten:

ex post gilt: **dabei ist:**

$$Y^{\text{tatsächlich}}_{\text{realisiert}} = C^{\text{tatsächlich}}_{\text{realisiert}} + I^{\text{tatsächlich}}_{\text{realisiert}}$$

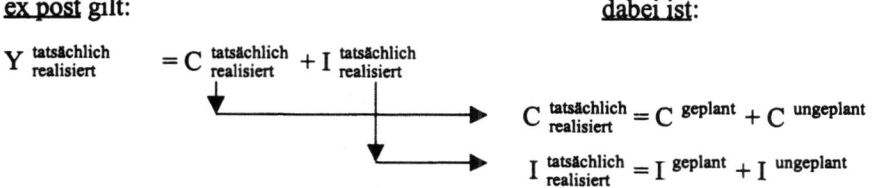

$$C^{\text{tatsächlich}}_{\text{realisiert}} = C^{\text{geplant}} + C^{\text{ungeplant}}$$

$$I^{\text{tatsächlich}}_{\text{realisiert}} = I^{\text{geplant}} + I^{\text{ungeplant}}$$

In der ex-ante Analyse betrachten wir die Wirtschaftspläne d. h. die von den Wirtschaftssubjekten geplanten Größen (g = geplant).

Die Haushalte (H) planen folgende Größen: Y_H^g, C_H^g, S_H^g

Wir unterstellen, daß das von ihnen geplante Einkommen der tatsächlich in den Unternehmungen entstandenen Wertschöpfung entspricht (und die Unternehmer diese auch vollkommen an die Haushalte ausschütten): $Y_H^g = Y_U^g$

Der Unternehmenssektor (U) plant und realisiert ein bestimmtes Produktionsvolumen und eine entsprechende Einkommensentstehung (Wertschöpfung). Er rechnet mit einem bestimmten Konsumgüter- und Investitionsgüterabsatz:

$$Y_U^g = Y^s = C_U^g + I_U^g$$

In der ex ante Betrachtung stellen wir das geplante Güterangebot (und das daraus resultierende gleich große Einkommen) Y^s der geplanten Güternachfrage Y^d gegenüber.[1] Dabei gilt: $Y^s = C_U^g + I_U^g$ und $Y^d = C_H^g + I_U^g$

Gleichgewicht herrscht auf dem Gütermarkt, wenn die tatsächlich realisierten Größen mit den geplanten übereinstimmen, ungeplante Größen also gleich Null sind. Wenn also gilt: $Y^d = Y^s$.

---

[1] „s" = supply = Angebot, „d" = demand = Nachfrage

Immer wenn die von den Unternehmungen oder von den Haushalten geplanten Größen nicht mit den tatsächlich realisierten Größen übereinstimmen, werden die betroffenen Wirtschaftssubjekte aus diesen Überraschungen lernen und ihre Pläne für zukünftige Perioden entsprechend revidieren. Solange die Wirtschaftspläne nicht realisiert sondern revidiert werden, spricht man von einem Ungleichgewicht. Hat z.B. der Unternehmenssektor insgesamt ein Produkt von 1400 erstellt in der Absicht, davon 1300 an die Haushalte zu verkaufen und 100 selbst zu investieren, und stellt sich am Ende der Periode (ex-post) heraus, daß die Haushalte lediglich 1220 Einheiten nachgefragt haben, dann muß der U-Sektor (wohl oder übel) die zuviel produzierten Konsumgüter in Höhe von 80 auf Lager nehmen, also eine ungeplante Investition in dieser Höhe durchführen.

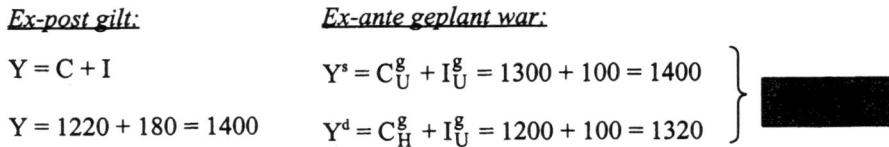

Ex-post gilt: *Ex-ante geplant war:*

$Y = C + I$ $Y^s = C_U^g + I_U^g = 1300 + 100 = 1400$

$Y = 1220 + 180 = 1400$ $Y^d = C_H^g + I_U^g = 1200 + 100 = 1320$

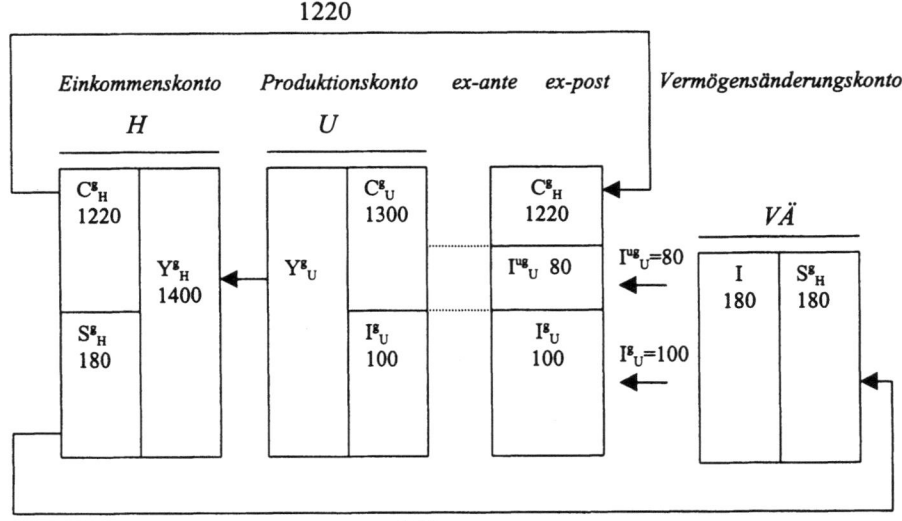

3.3 Ex-ante Gleichgewicht versus ex-post Gleichheit (Exkurs)

Obgleich das geplante und realisierte Einkommen übereinstimmt besteht kein Gleichgewicht. Die Überraschung besteht darin, daß die Unternehmen mehr investieren müssen als sie beabsichtigen und weniger Konsumgüter verkaufen können als sie planen. Es entstehen ungeplante Größen im Unternehmenssektor:

ungeplante (ug) Nettoinvestition: $\quad I_U^{ug} = I - I_U^g = 180 - 100 = 80$

ungeplanter (ug) Konsumgüterabsatz: $\quad C_U^{ug} = C - C_H^g = 1220 - 1300 = -80$

Die Höhe des geplanten Sozialprodukts stimmt zwar mit der Höhe des tatsächlichen Sozialprodukts überein. Dennoch ist dieses Sozialprodukt kein Gleichgewichtswert, sondern wird sich zukünftig ändern (verringern), da der U-Sektor seine Wirtschaftspläne revidieren wird: Die Unternehmer werden versuchen, die ungeplanten Lagerinvestitionen wieder abzubauen, sie keinesfalls erhöhen. Sie werden dieses Ziel (unter sonst unveränderten Umständen) nur dadurch erreichen, daß sie die Produktion entsprechend einschränken. Dadurch sinkt aber auch das Einkommen der Haushalte, die dann zukünftig entsprechend weniger konsumieren und sparen.

3.4 Der Investitionsmultiplikator - oder: Wie verändert sich das Volkseinkommen, wenn die Investitionen dauerhaft steigen?

Wenn die Unternehmungen entscheiden, dauerhaft mehr zu investieren (aus welchen Gründen auch immer), muß bei der zinsabhängigen Investitionsfunktion entweder a) der autonome Zinssatz um Δi sinken, oder b) sich die Investitionsfunktion um ΔI^m verschieben. Die erhöhte Investitionsgüternachfrage wird die Produktion entsprechend steigern und das daraus resultierende Einkommen erhöhen. Die Frage ist, um welchen Betrag wird sich das Volkseinkommen durch die Nachfragesteigerung nach Investitionsgütern erhöhen, bis es wieder ein Gleichgewichtseinkommen ist? Eine Analyse wie diese, die lediglich den Ausgangszustand mit dem Endzustand vergleicht, nennen wir <u>komparativ-statisch</u>. Schauen wir uns die Auswirkung im Modell an. Das neue Gleichgewichtseinkommen bezeichnen wir mit Y^*_2. Das Modell verändert sich wie folgt (vgl. auch Schaubild II/3/5):

Allgemein:

$Y^d = C + I$

$C = C^a + cY^s$

$I = I^a + \Delta I$

$Y^d = Y^s = Y$

$Y = C^a + cY + I^a + \Delta I$

$Y^*_2 = \dfrac{1}{1-c}\left(C^a + I^a + \Delta I\right)$

$Y^*_1 = \dfrac{1}{1-c}\left(C^a + I^a\right)$

$\Delta Y = Y^*_2 - Y^*_1 = \dfrac{1}{1-c}\Delta I$

Zahlenbeispiel:

$C = 100 + 0{,}8Y$

$I^a = 100$

$\Delta I = 20$

$Y = 100 + 0{,}8Y + 120$

$Y^*_2 = \dfrac{220}{1-0{,}8} = 1100$

$Y^*_1 = 1000$

$\Delta Y = 1100 - 1000 = 100$

Wie die Veränderung der Investitionen das Gleichgewichtseinkommen verändert, läßt sich aber viel einfacher berechnen, indem man die Ausgangsgleichung des

3.4 Der Investitionsmultiplikator

Schaubild II/3/5: Auswirkungen einer dauerhaften Investitionserhöhung auf das Gleichgewichtseinkommen

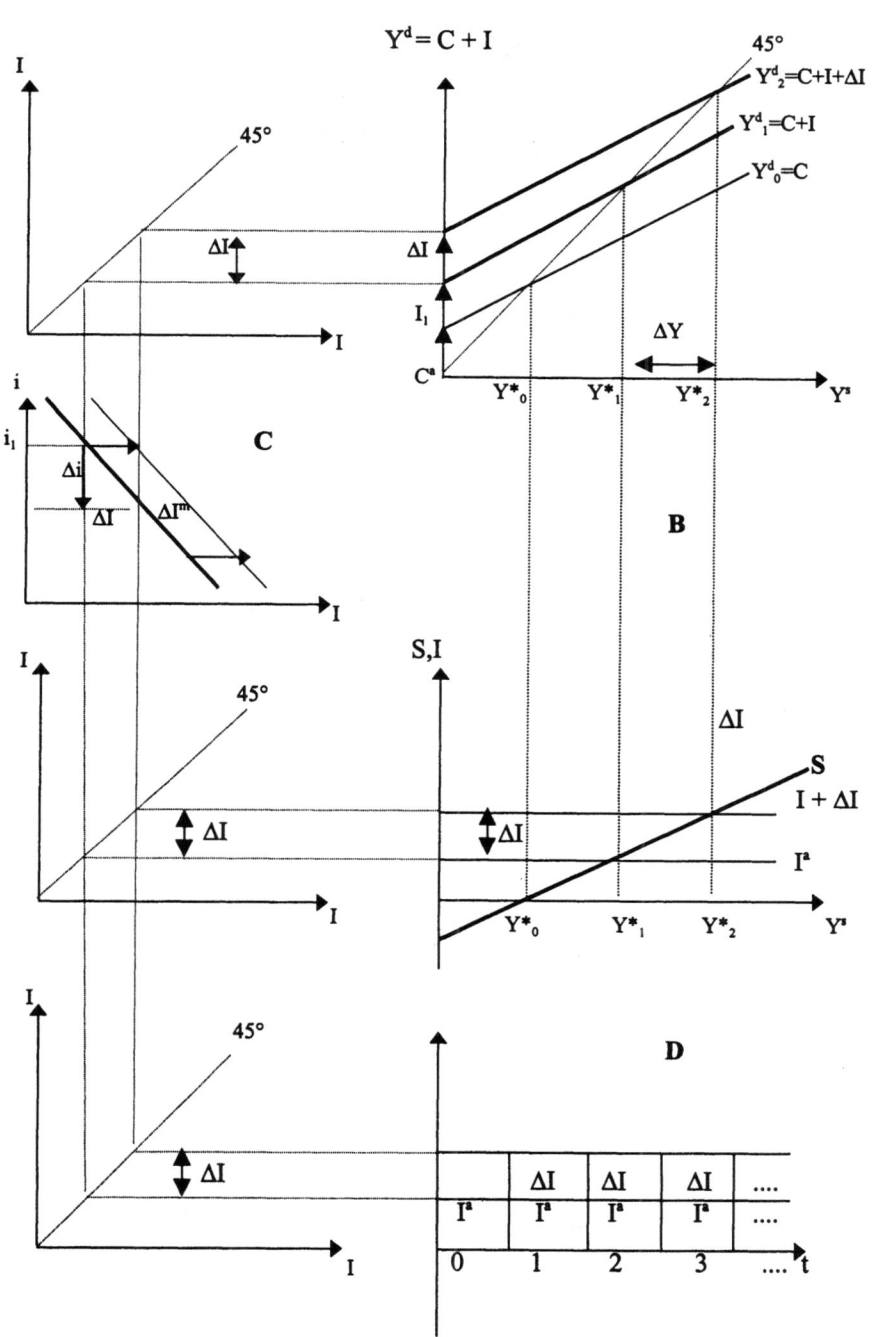

Gleichgewichtseinkommens nach I differenziert. Bei kontinuierlichen Funktionen, wie wir sie in unseren Modellen annehmen, bilden wir einfach die erste Ableitung.

$$Y^* = \frac{1}{1-c}(C^a + I^a) \quad \rightarrow \quad dY^* = \frac{1}{1-c}dI \text{ bzw.} \quad \rightarrow \quad \Delta Y^* = \frac{\Delta I}{1-c}$$

Der Ausdruck $\frac{1}{1-c}$ heißt <u>Investitionsmultiplikator</u>. Er gibt an, um welches Vielfache sich das Gleichgewichtseinkommen ändert, wenn die Investitionen um eine Einheit zunehmen. Da für c gilt: $0 < c < 1$, ist $\frac{1}{1-c} > 1$. Das heißt, die Einkommenssteigerung, die aus ΔI resultiert, ist ein Vielfaches von ΔI. In unserem Zahlenbeispiel beträgt der Investitionsmultiplikator $\frac{1}{1-0{,}8} = 5$ (vgl. Schaubild II/3/5).

Die Ausgangslage ist in (A) durch die Nachfragekurve Y^d_1 gekennzeichnet. Es stellt sich das Gleichgewichtseinkommen Y^*_1 ein. In (C) erfolgt eine Nachfrageerhöhung nach Investitionsgütern um ΔI, hervorgerufen entweder durch einen sinkenden Zinssatz Δi oder eine Verschiebung der Investitionsnachfrage um ΔI^m. Diese verschiebt in (A) Y^d_1 auf Y^d_2, wodurch sich ein neues Gleichgewicht bei Y^*_2 ergibt. (B) zeigt, daß die beim neuen Gleichgewichtseinkommen geplante Ersparnis größengleich der Nettoinvestition $I + \Delta I$ ist. (D) illustriert die Dauerhaftigkeit der Investitionserhöhung.

Neben der mathematischen und grafischen Modellanalyse dürfen Sie nie die <u>ökonomische Interpretation</u> vergessen! Wie also kommt es dazu, daß eine Nachfragesteigerung $\Delta Y^d = \Delta I$ zu einer Einkommenssteigerung $\Delta Y^* > \Delta I$ führt? Stellen Sie sich vor, es handelt sich bei ΔI um Bauinvestitionen: es werden zusätzliche Fabrikgebäude, Lagerhallen, Bürohäuser gebaut im Werte von ΔI. Die Investitionsgüterindustrie, die diese Güter produziert (hier die Bauwirtschaft), wird die Produktion und die Beschäftigtenzahl erhöhen, höhere Löhne[1], Gehälter und Gewinne abwerfen. Denn es werden jetzt z.B. mehr Steine, mehr Zement, mehr Fenster, mehr Misch-

---

[1] Nicht notwendigerweise höhere „Lohnsätze".

maschinen usw. benötigt. Die in diesen Branchen Beschäftigten erzielen höhere Einkommen, die sie (entsprechend ihrer Konsumfunktion) zur Steigerung der Konsumgüternachfrage verwenden. Dieses führt in der Folge auch in der Konsumgüterindustrie zu steigender Produktion und steigenden Einkommen usw. Die Sequenz "Nachfragesteigerung - Produktionssteigerung - Einkommenssteigerung - Nachfragesteigerung...." läuft zeitlich streng genommen unendlich lange, jedoch wird die Wirkung immer geringer. Quantitativ und wirtschaftlich relevant sind nur die ersten Perioden. Worin liegt diese abnehmende Wirkung begründet?

Die durch die ursprünglichen zusätzlichen Investitionen angestoßene Produktions- und Einkommenssteigerung führt in der darauffolgenden Periode der Einkommensverwendung zu einer Steigerung der Konsumgüternachfrage, aber nicht in gleichem Umfang der Einkommenssteigerung, sondern nur gemäß der marginalen Konsumquote, und die ist kleiner 1! Die aus der Einkommenserhöhung resultierende Nachfrage ist also stets geringer als die Einkommenserhöhung selbst. Gesamtwirtschaftlich endet dieser Prozeß erst dann, wenn die aus dem höheren Einkommen resultierende geplante Ersparnis größengleich ist der ursprünglichen (geplanten und realisierten) Investitionserhöhung. Die soeben beschriebene Verlaufssequenz stellt eine <u>dynamische Betrachtungsweise</u> dar. Präzisieren wir sie noch einmal anhand unseres Modells: Bei einer dynamischen Analyse müssen die Variablen, die die Verhaltensweisen der Wirtschaftssubjekte beschreiben, unterschiedlichen Zeitpunkten zugeordnet sein. Wir unterstellen, daß die Haushalte ihre Konsumausgaben der laufenden Periode in Abhängigkeit vom Einkommen der Vorperiode planen. Es gilt dann: <u>*Allgemein:*</u> <u>*Zahlenbeispiel:*</u>

$Y_t^d = C_t + I_t$

$C_t = C^a + c Y_{t-1}^s$ $\qquad$ $C_t = 100 + 0,8\, Y_{t-1}$

$I_t = I^a \quad \text{für } t \leq t_0$ $\qquad$ $I_t = I^a = 100, \quad \text{für } t \leq t_0$

$I_t = I^a + \Delta I \quad \text{für } t > t_0$ $\qquad$ $\Delta I = 20, \quad \text{für } t > t_0$

$Y_0^d = Y_0^s = Y_0^*$ $\qquad$ $Y_0^* = 1000$

$Y_\infty^d = Y_\infty^s = Y_\infty^*$ $\qquad$ $Y_\infty^* = 1100$

Schauen Sie sich diese Beziehungen in der zugehörigen Modellskizze und Tabelle der Verlaufssequenz genau an.

Im Zeitpunkt t_1 erfolgt die "Störung" des Modells (des volkswirtschaftlichen Gleichgewichts) durch ΔI. Die Produktion dieser zusätzlichen Investitionsgüter läßt sofort das Einkommen um den gleichen Betrag steigen von Y_0 auf Y_1. Aber erst mit einer Zeitverzögerung von einer Periode reagieren die Konsumenten auf diese Einkommenssteigerung und erhöhen (gemäß ihrer Konsumfunktion) ihre Konsumausgaben. Dieses führt in der Periode 2 zu einer zusätzlichen Einkommenserhöhung usw. Es gilt also:

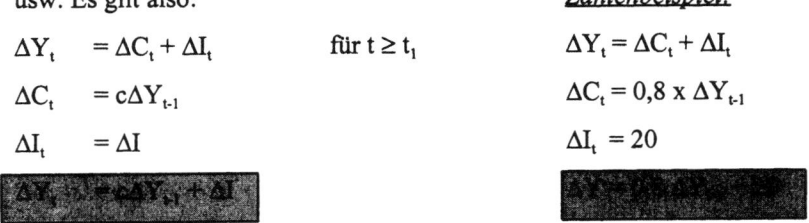

ΔY_t	$= \Delta C_t + \Delta I_t$	für $t \geq t_1$		$\Delta Y_t = \Delta C_t + \Delta I_t$	
ΔC_t	$= c \Delta Y_{t-1}$			$\Delta C_t = 0{,}8 \times \Delta Y_{t-1}$	
ΔI_t	$= \Delta I$			$\Delta I_t = 20$	

Zahlenbeispiel:

In einer Tabelle der Verlaufssequenz einer dauerhaften Investitionssteigerung lassen sich diese Beziehungen nochmals veranschaulichen:

0	0	0	= 0
1	20	0	= 20
2	20	16	= 36
3	20	16 + 12,8	= 48,2
4	20	16 + 12,8 + 10,2	= 59
5	20	16 + 12,8 + 10,2 + 8,1	= 67,1
6	20	16 + 12,8 + 10,2 + 8,1 + 6,4	= 73,5
...	...	...	...
∞	20	+ 80	= 100

3.4 Der Investitionsmultiplikator

Schaubild II/3/6: Dynamischer Verlauf der Einkommenssteigerung durch dauerhaft steigende Investition ΔI

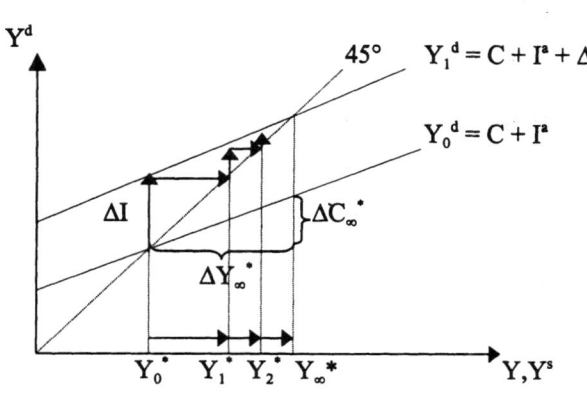
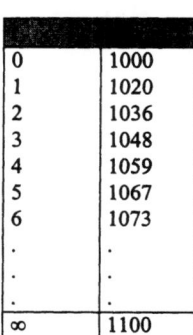

0	1000
1	1020
2	1036
3	1048
4	1059
5	1067
6	1073
.	.
.	.
.	.
∞	1100

Die Tabelle und das Schaubild sind wie folgt zu lesen:

Zeitpunkt t_0:

Die Volkswirtschaft befindet sich im Ausgangsgleichgewicht. ($Y_0^* = 1000$, $C_0^* = 900$, $S_0^* = 100$, $I^a = 100$)

Zeitpunkt t_1:

Die Unternehmen erhöhen ihre Investitionen um $\Delta I^a = 20$. Diese zusätzlichen Investitionen werden sowohl nachgefragt als auch produziert. Es steigt mithin das Volkseinkommen in t_1 um 20. Die Haushalte reagieren auf das höhere Einkommen nicht mit einer Steigerung des Konsums, sondern bilden ungeplante Ersparnisse in Höhe von $\Delta S_1 = \Delta Y_1 = 20 \qquad \Delta C_1 = 0$.

Zeitpunkt t_2:

Die Unternehmer steigern auch in dieser (und in allen folgenden) Periode die Investition um 20. Das führt aus dem gleichen Grunde wie unter t_1 zu einer sofortigen Einkommenserhöhung. Die Haushalte entfalten in dieser Periode eine zusätzliche Konsumgüternachfrage aufgrund der Einkommenssteigerung der Vorperiode und zwar im Umfang: $\Delta C_2 = c \, \Delta Y_{t-1} = 0{,}8 \cdot 20 = 16$.

Da auch diese Konsumgüter produziert werden, entsteht eine zusätzliche Wertschöpfung. Das zusätzliche Einkommen dieser Periode beläuft sich auf:

$\Delta Y_2 = \Delta C_2 + \Delta I^a = 16 + 20 = 36$.

Wie Sie anhand der Tabelle sehen, ist bereits nach nur 6 Perioden fast 75 % des insgesamt zu erwartenden Einkommenseffektes realisiert. Für die restlichen 25% Einkommenssteigerung werden rein mathematisch gesehen noch unendlich viele Perioden benötigt. Wirtschaftlich bzw. wirtschaftspolitisch relevant sind aus diesem Grunde lediglich die ersten Perioden mit den größten Effekten.

3.4 Der Investitionsmultiplikator

Box II/3/1: Wie entwickelt sich das Gleichgewichtseinkommen bei einer einmaligen Investitionserhöhung?

Eine einmalige Investitionserhöhung ist dadurch gekennzeichnet, daß sie nur in einer Periode erfolgt. Danach fällt das Investitionsvolumen auf das alte Niveau zurück. Eine derartige "Störung" bewirkt, wie Sie aus der zugehörigen Modellskizze schnell ersehen können, keine nachhaltige Einkommenserhöhung. Vielmehr fällt das Einkommen auf das Ausgangsniveau zurück, allerdings auch erst nach mehreren Perioden, da zwischenzeitlich Einkommenssteigerungen durch die Konsumgüternachfragesteigerung entstehen. Streng mathematisch genommen würde auch dieser Prozeß unendlich lange dauern, doch ökonomisch interessant, (d.h. quantitativ bedeutsam) sind lediglich die ersten Perioden. Machen Sie sich diese Zusammenhänge noch einmal ganz deutlich anhand des Modells:

Wir gehen von dem bereits bekannten Modell aus:

$Y_t = C_t + I_t$
$C_t = C^a + cY_{t-1} \qquad = 100 + 0{,}8\, Y_{t-1}$
$I_t = I^a \qquad\qquad = 100$
$\Delta I_1 = \Delta I^a \qquad\qquad = 20$
$\Delta I_2 = 0 \qquad\qquad = 0$

Das Gleichgewichtseinkommen in der Ausgangslage ist:

$$Y_0^* = \frac{1}{1-c}\left(C^a + I^a\right) \quad = \frac{1}{1-0{,}8}(100+100) \quad = 1000$$

$dY = \dfrac{1}{1-c}\, dI \qquad$ da dI dauerhaft = 0 ist, wird dY = 0

Das Gleichgewichtseinkommen am Ende aller Anpassungsprozesse ist genauso groß wie zu Beginn. Der dynamische Prozeß läuft wie folgt ab:

0	0	0		0	1000
1	20	0		20	1020
2	0	16		16	1016
3	0	0	12,8	12,8	1013
4	0	0	0 10,2	10,2	1008
5	0	0	0 0 8,1	8,1	...
	...			...	...
∞	0	0		0	1000

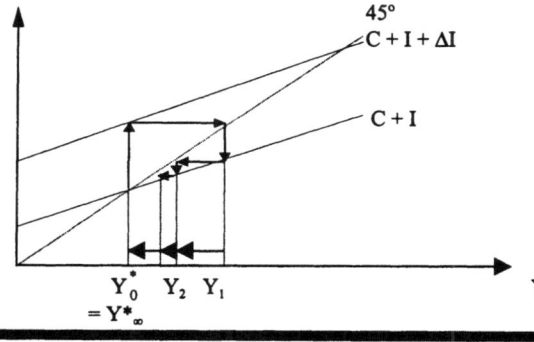

3.5 Warum ist die Investitionsfunktion zinselastisch?

Die Investitionsgüternachfrage haben wir bisher als autonom gegeben angenommen. Damit konnten wir bereits wesentliche Effekte, die von ihr auf das Volkseinkommen ausgehen, untersuchen. Die Höhe der Investitionen ist aber ihrerseits wiederum abhängig von ökonomischen Determinanten. Um diese identifizieren zu können, wollen wir das Investitionskalkül einer Unternehmung nachzeichnen. Ein Investitionsobjekt wird nur dann realisiert, wenn es sich für den Investor lohnt. Wann also ist eine Investition lohnend?

Ein Investitionsobjekt ist dadurch charakterisiert, das zum Zeitpunkt der Anschaffung für den Investor „Anschaffungskosten" (A) entstehen. Über die ökonomische Lebenszeit der Investition hinweg (n Jahre) stehen sich laufende Ausgaben und Einnahmen gegenüber, die aus der Nutzung der getätigten Investition resultieren und sich zu Nettoeinnahmen (E) saldieren. Das ökonomische Kalkül ist einfach: Die über die Lebenszeit einer Investition akkumulierten Nettoeinnahmen müssen die Anschaffungskosten übersteigen! Die genaue Berechnung dieses Kalküls ist allerdings komplizierter, denn die Nettoeinnahmen fallen erst in der Zukunft an, die Anschaffungskosten aber sofort. Es stellt sich die Frage: Welchen Gegenwartswert haben die zukünftigen Nettoeinnahmen (um sie mit den Anschaffungskosten vergleichen zu können) und wie hoch ist die Rendite der zu tätigenden Investition?

Um die Rendite bzw. den internen Zinsfuß einer Investition berechnen zu können, machen wir zunächst einige weitere vereinfachende Annahmen: Die Anschaffungskosten kann der Investor entweder durch Eigenmittel oder durch aufzunehmende Kredite finanzieren. Bei der Aufnahme von Krediten entstehen Zinskosten. Bei Finanzierung durch Eigenmittel unterstellen wir, daß der Investor diese alternativ auf den Finanzmärkten anlegen kann und zwar zum selben Marktzinssatz (i), den er auch bei der Kreditaufnahme entrichten müßte, so daß seine Finanzierungs- oder Alternativkosten identisch sind. Desweiteren wollen wir annehmen, daß die Nettoeinnahmen, die aus der Nutzung des Investitionsgutes resultieren, stets am Ende einer Periode (eines Jahres) anfallen. Die finanzmathematische Aufgabe besteht

3.5 Warum ist die Investitionsfunktion zinselastisch?

nunmehr lediglich darin, die zukünftigen Nettoeinnahmen auf den Zeitpunkt unmittelbar vor Anschaffung der Investition abzudiskontieren und den internen Zinssatz (r) zu berechnen. Der ergibt sich für den Fall, daß der Kapitalwert der Investition (K) gleich Null ist. D.h. wir berechnen den Zinssatz, bei dem die abdiskontierten Nettoerträge größengleich der Anschaffungssumme der Investition sind. Der Zinssatz, bei dem das der Fall ist, wird auch interner Zinsfuß, Grenzleistungsfähigkeit des Kapitals (Keynes), rate of return over cost (Fisher) oder internal rate of return (Boulding) genannt. Die Investition ist im ökonomischen Sinne lohnend, wenn der interne Zinssatz (r) größer oder gleich dem Marktzinssatz (i) ist: r>i:

 ➡ r

Sollte der Marktzinssatz höher sein als der interne, dann unterbleibt die Investition. Die zur Finanzierung vorgesehenen Eigenmittel würden in diesem Falle vorteilhafter auf den Finanzmärkten angelegt werden. Wir vereinfachen diese Formel indem wir annehmen es sei: $E_1 = E_2 = E_3 = .. = E_n = E$ und erhalten für K = 0:

 ➡ r

Aus dieser Formel läßt sich mit Hilfe einer Diskontierungstabelle bei gegebenen Werten für A und E der interne Zinssatz r bestimmen. Jede einzelne Unternehmung bildet eine Auflistung der möglichen Investitionsprojekte nach der Höhe ihrer internen Zinssätze. Die Erfahrungen zeigen, daß die Investitionsmöglichkeiten mit der Höhe der Rendite abnehmen. Wir ordnen die einzelnen Investitionsprojekte nach der Höhe ihrer internen Verzinsung. Dabei korrespondieren I_1 mit r_1, I_2 mit r_2 usw. wobei gilt $r_1 > r_2 > ... > r_5$. Wie sich zeigt, steigen die Investitionsmöglichkeiten mit abnehmendem internen Zinssatz. Welches Investitionsvolumen jedoch realisiert wird, bestimmt der Marktzins! Bei einem Marktzinssatz von $i_0 = r_2$ käme lediglich das Investitionsprojekt I_1 zum Zuge. Das Projekt I_2 würde nur dann noch realisiert, wenn die Unternehmer eine Präferenz für Real- vor Finanzinvestitionen hätten. Bei einem Marktzinssatz von $r_4 < i_1 < r_3$ werden die Investitionsprojekte I_1 bis I_3 realisiert (vgl. Schaubild II/3/7).

Zur Diskussion der Investitionsfunktion:

Aus diesem mikroökonomisch abgeleiteten Zusammenhang läßt sich durch Aggregation über alle Investoren eine gesamtwirtschaftliche Investitionsfunktion formulieren. Sie ist eine in Abhängigkeit vom Marktzinssatz fallende Funktion. Sinkt der Zinssatz erhöht sich das Investitionsvolumen und umgekehrt. Wir werden die Investitionsfunktion, um sie leichter in unsere anderen Modellannahmen einzupassen und mit ihr rechnen zu können, als lineare Funktion ausbilden. Sie hat dann folgendes Aussehen:  mit $\frac{dI}{di} < 0$ bzw. als lineare Funktion:

Schaubild II/3/7: Investitionen, interner Zinsfuß (r) und Marktzins (i)

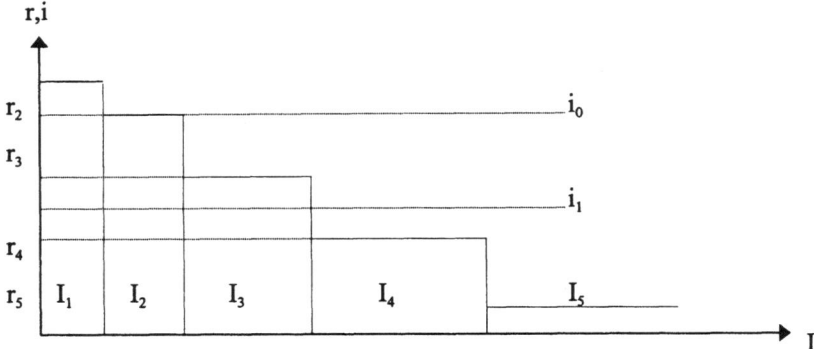

Bevor wir diese Funktion in unser bisheriges Modell integrieren, sollten wir zunächst ihre Eigenschaften etwas näher studieren. Zu beachten ist insbesondere, daß wir sie in einem i/I-Diagramm darstellen. Die unabhängige Variable „i" findet sich damit auf der Ordinate, die abhängige Variable „I" auf der Abszisse! Sie werden schon sehr schnell erkennen, aus welchem Grunde wir die Achsen "vertauscht" haben. Die Lage der Investitionsfunktion wird durch den Streckenabschnitt I^m bestimmt: er gibt das bei einem Zinssatz von Null "maximale" Investitionsvolumen an.[1] Die marginale Investitionsneigung in Bezug auf den Zinssatz (auch *Zinsreagi-*

---

[1] "m" = maximal

3.5 Warum ist die Investitionsfunktion zinselastisch?

bilität der Investitionen genannt) dI/di gibt an, um welchen Betrag die Investitionen zunehmen, wenn der Zinssatz um eine Einheit (z.B. einen Prozentpunkt) sinkt. In der Grafik ist es der Winkel tan γ ! Eine hohe Zinsreagibilität bedeutet einen großen Winkel γ. Die Kurve der Investitionsfunktion verläuft relativ flach. Eine Zinssatzsenkung induziert vergleichsweise hohe zusätzliche Investitionen (vgl. auch Box II/3/4).

Schaubild II/3/8: Zinsabhängige Investitionsfunktion[2]

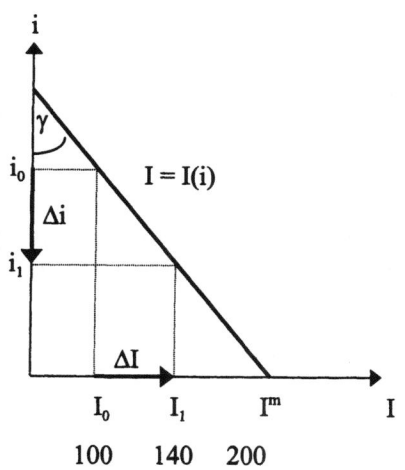

$I = I^m - bi$ ➡ $I = 200 - 1000i$

i	I
0	200
0,06	140
0,10	100
0,20	0

Die Investitionsgüternachfrage beträgt $I_0 = 100$ bei einem Zinssatz von $i_0 = 0,10$ und $I_1 = 140$ bei einem Zinssatz von $i_1 = 0,06$. D.h. die Veränderung des Zinssatzes $\Delta i = i_1 - i_0 = -0,04$ bewirkt eine Erhöhung der Investitionen um $\Delta I = +40$.

$I = I^m - bi$ $\qquad\qquad$ $I = 200 - 1000i$

marginale Investitonsquote

$dI/di = -b = -1000$

$\tan \gamma = b$ $\qquad\qquad$ $\Delta I = -1000 \, \Delta i = -1000 \, (-0,04) = 40$

---

[2] Bedenken Sie, daß bei den grafischen Darstellungen ökonomischer Funktionen häufig die Achsen „vertauscht" sind: auf der Ordinate wird die unabhängige Variable, auf der Abszisse die abhängige dargestellt! Auch die Formulierung der Investitionsfunktion vertauscht die abhängige und unabhängige Variable. Aus diesem Grunde wird die Steigung durch den Winkel γ gemessen.

Box II/3/2: Verzinsung einer Geldanlage

Zum Zeitpunkt t_0 steht der Geldbetrag G_0 zur Verfügung. Er wird fest verzinslich angelegt und mit dem Zinssatz i verzinst. Wie hoch ist der Geldwert zum Zeitpunkt $t_1, t_2, t_3 \ldots t_n$?

$G_1 = G_0 + G_0(i) = G_0(1+i)$ $\qquad G_0 = \dfrac{G_1}{1+i}$

$G_2 = G_1 + G_1(i) = G_0(1+i)^2$ $\qquad G_0 = \dfrac{G_2}{(1+i)^2}$

$G_3 = G_2 + G_2(i) = G_0(1+i)^3$ $\qquad G_0 = \dfrac{G_3}{(1+i)^3}$

... $\qquad$ ...

$G_n = G_{n-1} + G_{n-1}(i) = G_0(1+i)^n$ $\qquad G_0 = \dfrac{G_n}{(1+i)^n}$

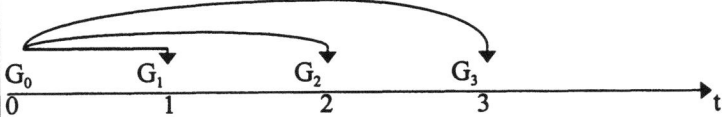

Wir drehen dieses Beispiel jetzt um: Von einer (festverzinslichen) Anlage wissen Sie, welche Erträge diese Anlage in den zukünftigen Perioden einbringt. Wie hoch ist der Gegenwartswert dieser zukünftigen Erträge?

Wir lösen jetzt das Gleichungssystem nach G_0 auf. Es ist:

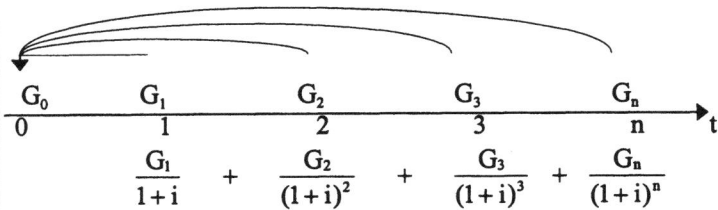

Für den Fall, daß die Erträge der einzelnen Periode größengleich sind also $G_1 = G_2 = G_3 = G_n$ gilt, läßt sich diese geometrische Reihe wie folgt addieren:

$G_0 = \dfrac{G}{i}(1 - \dfrac{1}{(1+i)^n})$.

Bei einer unendlich langen Laufzeit (einer „ewigen" Anleihe) verkürzt sich diese Formel zu:

$G_0 = \dfrac{G}{i}$.

Sollte z.B. eine „ewige Anleihe" DM 50,-/Jahr einbringen und der derzeitige Marktzinssatz i = 0,05 betragen, so errechnet sich der Wert dieses Wertpapiers wie folgt:

$G_0 = \dfrac{G}{i} = \dfrac{50}{0,05} = 1000$.

Box II/3/3: Kapitalwert einer Investition

Wir wenden die Überlegung aus den Finanzanlagen auf reale Investitionen an und fragen uns, wie der Zinssatz auf die Investitionsentscheidung Einfluß nimmt.

Im Zusammenhang mit der Investitionsentscheidung stellt der Investor Überlegungen an, welche Erträge diese Investition zukünftig abwirft und ob diese Erträge höher sein werden, als diejenigen, die bei einer alternativen Kapitalanlage auf den Finanzmärkten (zum herrschenden Marktzins) zu erzielen sind.

Ein Unterschied bei der Übertragung unserer Überlegungen über die Verzinsung von Geldanlagen besteht darin, daß der Investor seine zukünftigen Erträge nur erwartet (aufgrund interner Kalkulationen). Sie sind also mit einem Risiko behaftet. Dem Risiko entsprechend wird der Investor die zukünftigen geschätzten Erträge mit einem mehr oder weniger hohen kalkulationszinsfuß „k" abdiskontieren, um den Gegenwartswert dieser Einnahmen berechnen zu können.

Der **Kapitalwert „K"** einer Investition „A" (in bezug auf den Zeitpunkt t_0 und beim Zinsfuß „k") ist die Summe aller auf den Zeitpunkt t_0 abdiskontierten Nettoeinnahmen „E", die nach dem Zeitpunkt t_0 anfallen:

$$K = -A + \frac{E_1}{1+k} + \frac{E_2}{(1+k)^2} + \frac{E_3}{(1+k)^3}$$

Beträgt die Investitionssumme $\qquad$ A = 20.000
der Kalkulationszinssatz $\qquad$ k = 0,08
die Amortisationsdauer $\qquad$ t = 3
und die Nettoeinnahmen jeweils $\qquad$ E = 8.000
so berechnet sich der Kapitalwert wie folgt:

$$K = -20.000 + \frac{8000}{1,08} + \frac{8000}{1,08^2} + \frac{8000}{1,08^3}$$

$$K = -20.000 + 7.407 + 6.858 + 6.350 = 615$$

<u>Ergebnis:</u> Der Kapitalwert ist positiv und die Investition damit vorteilhaft!

<u>Kriterium für die Vorteilhaftigkeit</u> einer Investition nach der **Kapitalwertmethode**:

K > 0

Box: II/3/4: Die Zinsreagibilität der Investitionsfunktion

Die Investitionsfunktion in Abhängigkeit vom Zinssatz kann einen sehr steilen Verlauf haben oder einen sehr flachen Verlauf. Wir sprechen im ersten Fall (A) von einer geringen Zinsreagibilität der Investitionen, im zweiten Fall (B) von einer hohen Zinsreagibilität der Investitionen. D.h. eine Zinssatzänderung bewirkt im ersten Fall nur eine sehr geringe Änderung des Investitionsvolumens, im zweiten Fall hingegen eine sehr hohe. Typischerweise sind Investitionen mit geringer Zinsreagibilität in der Industrie zu finden: Risikoreiche Investitionen, die sich relativ schnell innerhalb weniger Jahre amortisieren. Der Einfluß des Marktzinssatzes wird dominiert von anderen Einflußfaktoren. Typische Investitionen mit hoher Zinsreagibilität sind Bauinvestitionen (insbesondere der Wohnungsbau). Bei diesen Investitionen ist das Investitionsrisiko vergleichsweise gering, die Amortisation des eingesetzten Kapitals langfristig.

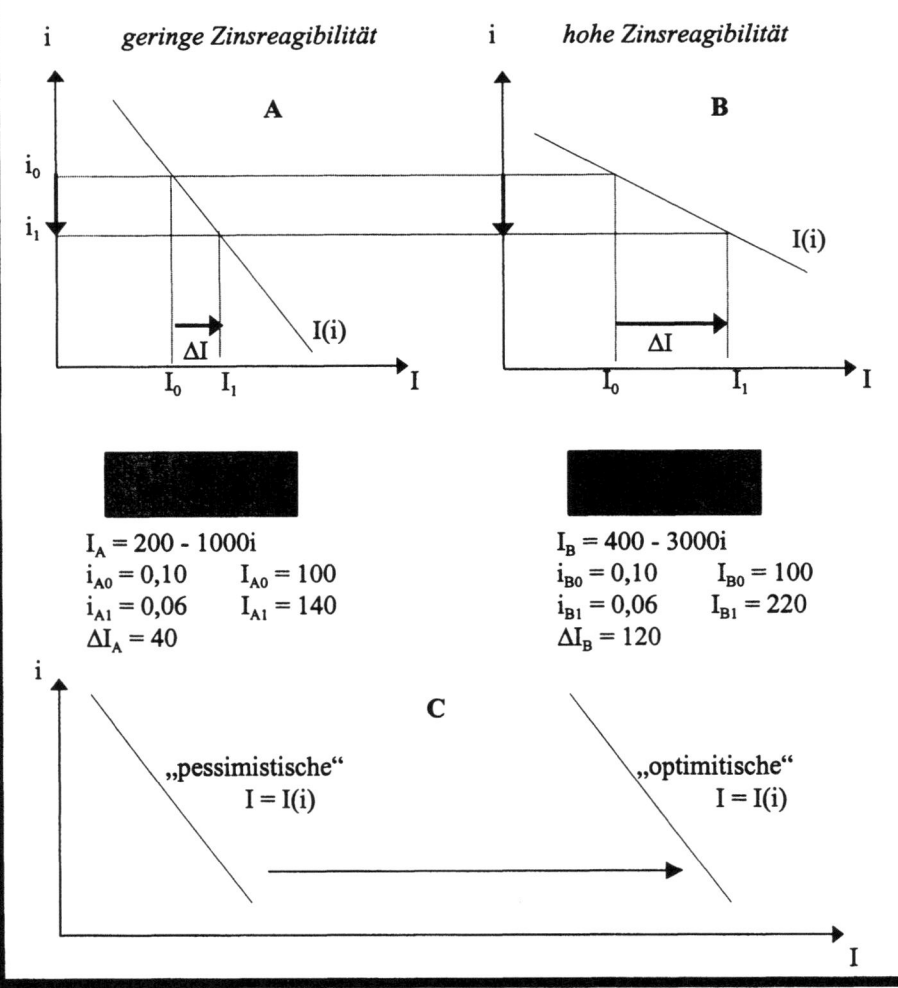

$I_A = 200 - 1000i$
$i_{A0} = 0{,}10$ $I_{A0} = 100$
$i_{A1} = 0{,}06$ $I_{A1} = 140$
$\Delta I_A = 40$

$I_B = 400 - 3000i$
$i_{B0} = 0{,}10$ $I_{B0} = 100$
$i_{B1} = 0{,}06$ $I_{B1} = 220$
$\Delta I_B = 120$

3.6 Worauf ist die Erhöhung der Investitionen um ΔI zurückzuführen?

Lautet die Investitionsfunktion $I = I^m - bi$ können für die Investitionssteigerung prinzipiell drei Faktoren ursächlich sein: Es können sich die Verhaltensweisen der Investoren ändern, indem sie z.B.

(a) bei jedem Zinssatz mehr investieren, oder

(b) ihre Investitionsneigung (in Abhängigkeit vom Zinssatz) verändern oder

(c) es kann sich bei unveränderter Verhaltensweise der Investoren der Zinssatz ändern.

Mit Hilfe des <u>totalen Differentials der Investitionsfunktion</u> lassen sich alle drei Effekte darstellen (vgl. Sie dazu Schaubild II/3/9):

I	$= I^m - bi$	(Investitionsfunktion)	$I = 200 - 1000i$
dI	$= dI^m - i\, db - b\, di$	(Totales Differential)	
Fall	(a) (b) (c)		

(a) Verändert sich lediglich I^m sind (b) und (c) gleich Null und es gilt: $\Delta I = \Delta I^m$

Für $\Delta I^m = 20$ gilt bei: *Ergebnis:* die I-Kurve verschiebt sich parallel

$i_0 = 0{,}10$ $\Delta I_0 = 20$ *nach rechts um ΔI^m.*

$i_1 = 0{,}06$ $\Delta I_1 = 20$

(b) Verändert sich nur die Investitionsreagibiliät bei unverändertem I^m (d.h. (a) und (c) sind gleich Null) erhält man: **dI = -i db**

Für $\Delta b = -200$ gilt bei: *Ergebnis:* die I-Kurve dreht sich im Punkt I^m

$i_0 = 0{,}10$ $\Delta I_0 = 20$ *auf der I-Achse nach rechts um Δb.*

$i_1 = 0{,}06$ $\Delta I_1 = 12$

(c) Verändert sich lediglich der Zinssatz, sind (a) und (b) Null und es ist: **dI = -bdi**

Für $\Delta i = -0{,}02$ gilt   *Ergebnis:* die I-Kurve bleibt unverändert. Die

$\Delta I = 20$ *Zinssatzänderung bewirkt eine Bewegung auf der Kurve.*

Schaubild II/3/9: **Erhöhung der Investitionen**

A) Externe Einflüsse verändern die Lage der I-Funktion. Z.B. steigt I^m in einer Hochkonjunktur. Die Investition erhöht sich um ΔI bei jedem Zinssatz: <u>Die Investitionsfunktion verschiebt sich nach rechts.</u>

B) Die Investitionsneigung wird steiler, bei Konstanz von I^m wird bei jedem Zinssatz mehr investiert: <u>Die Investitionsfunktion dreht sich um den Punkt I^m auf der I-Achse.</u>

C) Eine entsprechende Zinssatzsenkung erhöht die Investitionen: <u>Die Investitionsfunktion bleibt konstant.</u>

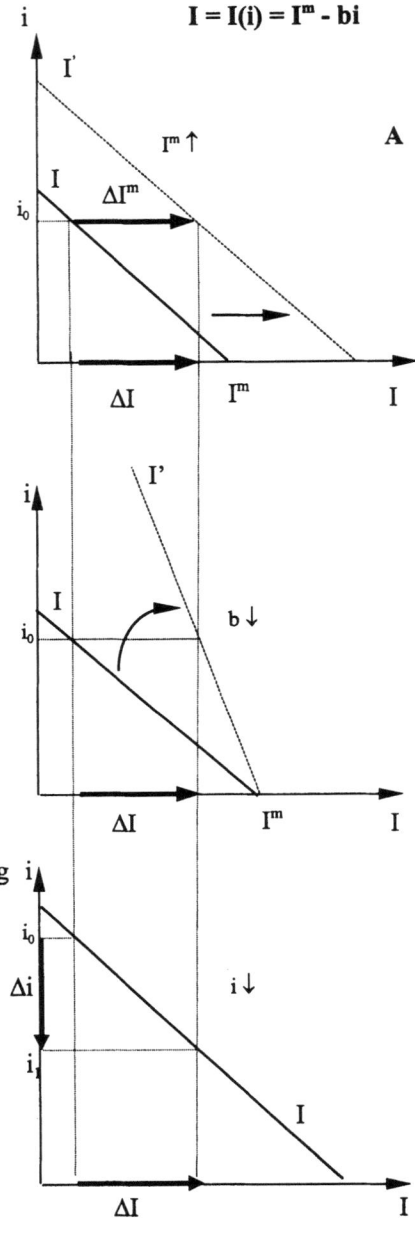

$I = I(i) = I^m - bi$

Box II/3/5: Empirische Investitionsfunktion für die BRD

Im Haupttext haben wir die Investitionsfunktion $I = I(i)$ bestimmt. Nehmen wir wieder einen linearen Ansatz, so lautet die Investitionsfunktion $I = I^a - b(i)$.

kurzfristige Investitionfunktion $\quad I^{br} = 645{,}19 - 34{.}51\,(i)$
(1986-1989) $\qquad\qquad\qquad\qquad\qquad$ (.00) $\quad\quad$ (.04)

$\qquad\qquad\qquad\qquad\qquad\qquad\qquad\qquad R^2 = .92,\ DW = 2.0$

Statistische Kennzahlen: R^2 = erklärte Varianz, DW = Durbin-Watson-Test. Die Zahlen in den Klammern geben die Signifikanzniveaus an.
Quelle: Grunddaten SVR und eigene Berechnungen.

Die Investitionsfunktion beruht auf den gesamten realen Bruttoinvestitionen der Unternehmen. Als realer Zinssatz (i) wurde der nominale Zinssatz für festverzinsliche Wertpapiere genommen, korrigiert um die Inflationsrate. Eine Erhöhung des realen Zinssatzes um 1 würde die realen Investitionen um 34,51 sinken lassen. In der grafischen Darstellung ist zu beachten, daß (im Gegensatz zu sonstigen Illustrationen im laufenden Text) die auf den Achsen abgetragenen Variablen vertauscht sind.

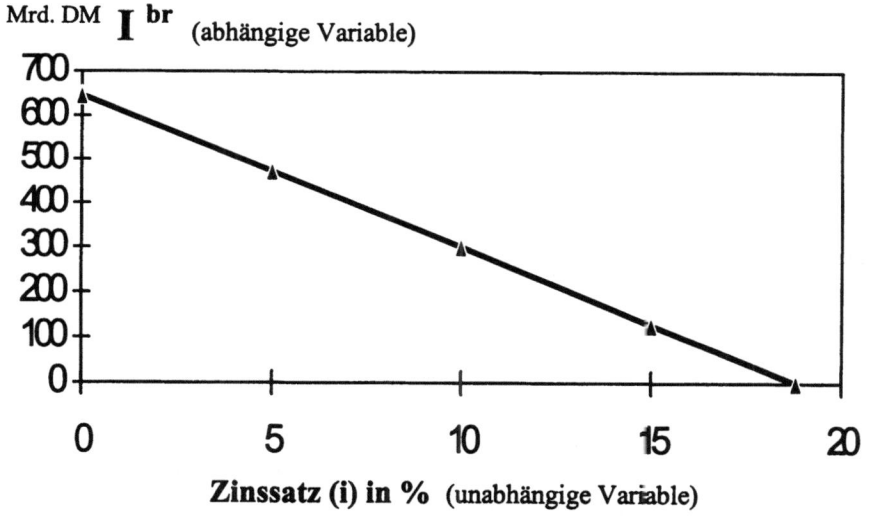

Quelle: Grunddaten SVR und eigene Berechnungen

Box II/3/6: Akzelerator

Der Akzelerator beschreibt eine alternative Investitionsfunktion, die sich sowohl von der keynes'schen als auch von der neo-klassischen Ableitung deutlich unterscheidet. Die grundlegende Annahme des Akzelerationsprinzips besteht in der einfachsten Formulierung darin, daß die Investitionen abhängig sind von der geplanten Veränderung des Volkseinkommens gegenüber der vorangegangenen Periode. Es ist:

(1) $I = \alpha \, \Delta Y$ \qquad : $\alpha > 0$: α = Akzelerator, $\Delta Y = Y - Y_0$

(2) $I = \alpha \, dY/dt$

Die Investitionen folgen den Zuwächsen des Volkseinkommens. Diese Zuwächse schwanken im Konjunkturzyklus, und infolgedessen schwanken auch die Investitionen, wie das Schaubild illustriert:

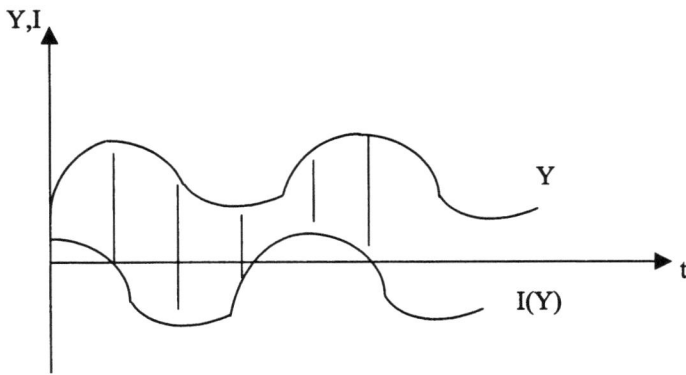

Die Investitionen werden mitunter auch in direkten Zusammenhang mit Veränderungen der Konsumausgaben gebracht. Die Funktion wird dann wie folgt formuliert:

(3) $I = \beta \, \Delta C$ \qquad : $\beta > 0$: = Akzelearator, wobei unterstellt wird:

(4) $C = C(Y)$ \qquad und

(5) $dC/dt = (dC/dY)(dY/dt)$ \quad : über den Konsum ist also auch in dieser Formulierung die geplante Veränderung des Volkseinkommens die entscheidende Variable, die das Investitionsverhalten determiniert.

3.7 Die Ableitung der IS-Kurve: Das Gütermarktgleichgewicht bei variablem Zinssatz

Wir wollen jetzt den Sonderfall aufheben, daß der Zinssatz autonom vorgegeben ist und damit auch die Investition als autonom gegeben angesehen werden muß. Zwar erfahren wir die Antwort auf die Frage, was letztlich die Höhe des Zinssatzes determiniert erst in Teil III, doch können wir bereits jetzt ermitteln, bei welcher Kombination von Zinssatz und Volkseinkommen der Gütermarkt im Gleichgewicht ist und warum es eine Kombination von Zinssatz und Volkseinkommen ist: Der Gütermarkt befindet sich im Gleichgewicht, wenn die geplante Güternachfrage größengleich dem geplanten Güterangebot ist. Dieser Sachverhalt läßt sich auch durch die Gleichgewichtsbedingung formulieren: Die geplante Ersparnis muß größengleich der geplanten Investition sein. Bei einer zinsabhängigen Investitionsfunktion verändern sich die Investitionen mit dem Zinssatz und die Ersparnis mit dem Volkseinkommen. Daher bedingt die bei einem bestimmten Zinssatz geplante Investition ein bestimmtes Volkseinkommen, das eine gleichgroße Ersparnis ermöglicht, bzw. die aus einem gegebenen Volkseinkommen resultierende Ersparnis entspricht nur dann einem Gleichgewicht, wenn der Zinssatz eine Höhe hat, der eine (der Ersparnis) gleichgroße Investition ermöglicht. Es ist:

 bzw.

Schauen wir uns die Zusammenhänge zunächst im Schaubild II/3/10 an und studieren sie anschließend analytisch. (A) zeigt uns die Investitionsfunktion I = I(i). Beim Zinssatz i_0 betragen die Investitionen I_0; beim Zinssatz i_1 betragen sie I_1. (B) enthält die Konsumfunktion C = C(Y). Beim Zinssatz i_0 wird zu dieser die Investition I_0 hinzuaddiert und es stellt sich das Gleichgewichtseinkommen Y^*_0 ein. Fällt der Zinssatz auf i_1 steigen die Investitionen auf I_1 und es stellt sich das höhere Gleichgewichtseinkommen Y^*_1 ein. Beachten Sie, daß in der Grafik die Kurve der Investitionsfunktion direkt an C^a gespiegelt wird.

Schaubild II/3/10: Graphische Ableitung der IS-Kurve

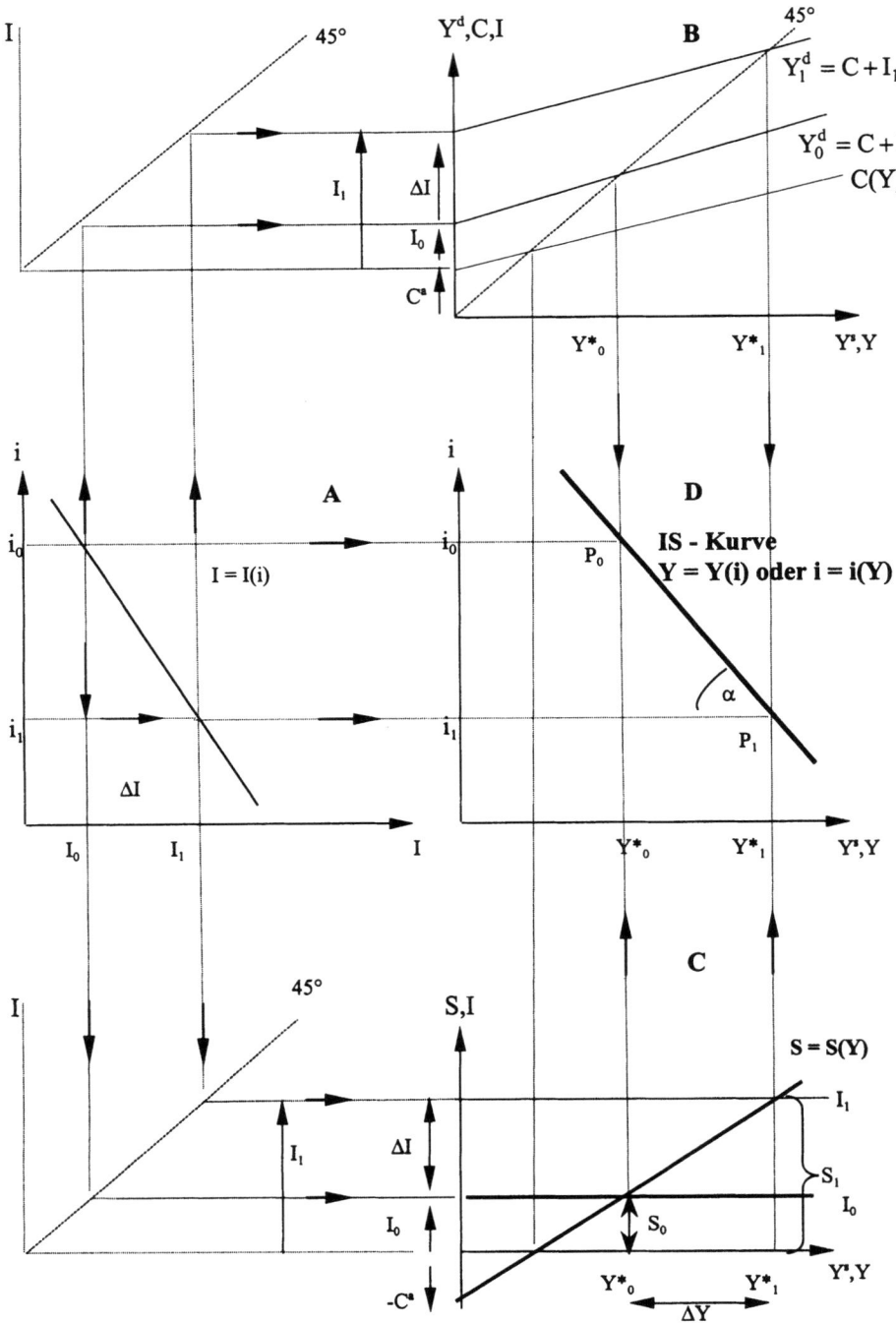

3.7 Die Ableitung der IS-Kurve: Das Gütermarktgleichgewicht bei variablem Zinssatz

Das Schaubild (C) zeigt die entsprechenden Gleichgewichtswerte für S(Y) = I(i), bei denen die geplante Ersparnis größengleich ist den für die Zinssätze i_0 und i_1 geplanten Nettoinvestitionen. Die Grafik (D) entwickelt am Beispiel von zwei Wertepaaren die Kombinationen zwischen Zinssatz und Volkseinkommen bei denen der Gütermarkt im Gleichgewicht ist. Von (A) übernehmen wir die Zinssätze i_0 und i_1, von (B) bzw. (C) die zugehörigen Gleichgewichtseinkommen Y^*_0 und Y^*_1. Auf der Kurve, die durch diese beiden Punkte verläuft, liegen sämtliche möglichen Gleichgewichtskombinationen von i und Y. Sie hat die Bezeichnung:

IS-Kurve: I(i)=S(Y). Die IS-Kurve läßt sich also zum einen über (A) und (B) und zum anderen über (A) und (C) ableiten. Aus dem ersten Fall wird deutlich, daß es sich um eine Gleichgewichtskombination des Gütermarktes handelt. Die zweite Herleitungsmöglichkeit ist nichts anderes als das Spiegelbild des Gütermarktes, allerdings läßt sie sich auch als Kapitalmarkt interpretieren.

Die funktionale Bestimmung der IS - Kurve: *Zahlenbeispiel*

$Y^d = C + I$

$Y^d = C^a + cY^s + I^m - bi$ $\qquad Y^d = 100+0{,}8Y^s+200-1000i$

$Y^d = Y^s = Y$ $\qquad Y = 300 + 0{,}8Y - 1000i$

$\boxed{Y=1500-5000i}$

$\boxed{i=0{,}3-\dfrac{1}{5000}Y}$

Zum gleichen Ergebnis kommen Sie auch, wenn Sie von der Gleichgewichtsbedingung ausgehen:

$S(Y) = I(i)$

$-C^a + sY = I^m - bi$ $\qquad -100+0{,}2Y = 200-1000i$

$\boxed{Y=1500-5000i}$

$\boxed{i=0{,}3-\dfrac{1}{5000}Y}$

Steigung der IS-Kurve: $\dfrac{di}{dY} = -\dfrac{1-c}{b} = -\dfrac{s}{b} = \tan \alpha$ $\qquad \dfrac{di}{dY} = -\dfrac{1}{5000}.$

3.8 Zur Diskussion der IS-Kurve

Wir untersuchen im i/Y-Schaubild jeweils einen Punkt, der oberhalb der IS-Kurve liegt (Punkt A) und einen Punkt, der unterhalb der IS-Kurve liegt (Punkt B). Für beide Punkte gilt: I ≠ S! Aber warum gilt für alle Punkte, die oberhalb liegen I < S bzw. $Y^d < Y^s$ und für alle Punkte unterhalb I > S bzw. $Y^d > Y^s$?

Schaubild II/3/11: Die IS-Kurve und ihr Umfeld I ≠ S

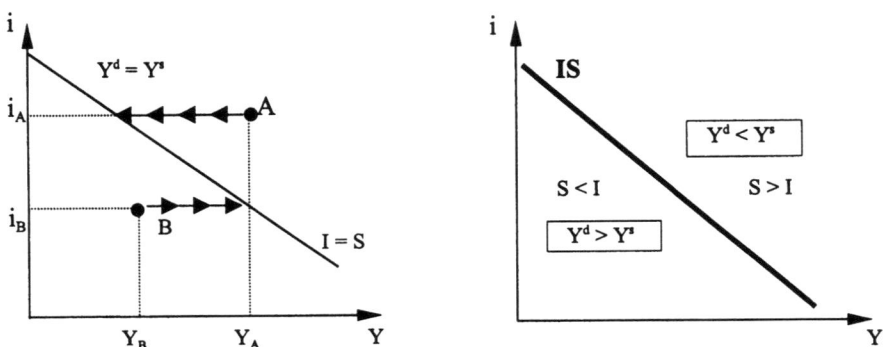

Der Punkt A stellt die Kombination zwischen einem relativ hohen Zinssatz i_A und einem relativ hohen Volkseinkommen Y_A dar. Bei dem hohen Zinssatz werden nur relativ geringe Investitionen durchgeführt, zu deren Finanzierung ein entsprechend geringes Sparvolumen ausreicht. Aus dem hohem Einkommen Y_A wird jedoch entsprechend der Sparfunktion verhältnismäßig viel gespart, so daß $S_A > I_A$ ist. Das ist gleichbedeutend mit der Aussage, daß die Güternachfrage im Vergleich zum Güterangebot (dem Einkommen) zu gering ist: $Y_A^d < Y_A^s$. Das Gleichgewicht ließe sich wieder herstellen durch eine Bewegung von A auf die IS-Kurve. Z.B. müßte bei Konstanz des Zinssatzes das Volkseinkommen sinken. Oder bei Konstanz des Volkseinkommens müßte der Zinssatz entsprechend zurückgehen, oder eine Kombination beider Veränderungen müßte so ausgestaltet sein, daß die IS-Kurve erreicht wird. Überlegen Sie entsprechend die Bedingungen, die den Punkt B determinieren.

Mit Hilfe der IS-Funktion können Sie u.a. folgende Fragen beantworten:

3.8 Zur Diskussion der IS-Kurve

- Wie verändert sich die Lage der IS-Kurve, wenn sich die Investitionen I^m oder der autonome Konsum C^a erhöhen?
- Wie verändert sich die Lage der IS-Kurve, wenn sich die Neigung der I- oder S-Kurve verändern?

Machen sie sich diese Fälle auch anhand des Schaubildes II/3/10 klar, in dem Sie jeweils eine neue Spar- und Investitionsfunktion darstellen und dann die zugehörige IS-Kurve entwickeln. Eine präzise Antwort gibt uns das totale Differential der IS-Funktion:

$$Y = 1500 - 5000i$$

und das totale Differential:

(a) (b) (c) (d) (e)

Das totale Differential behandelt die Veränderung des Volkseinkommens durch die Summe aller Einflußfaktoren. Normalerweise begnügen wir uns mit der Analyse der Veränderung jeweils nur eines Einflußfaktors unter Nullsetzung aller übrigen. Sehen wir sie uns der Reihe nach etwas detaillierter an (vgl. Schaubild II/3/12). In den Fällen (a) und (b) verschiebt sich die IS-Kurve parallel und zwar um ein Vielfaches von ΔI^m oder ΔC^a nach rechts. Der Fall (c) zeigt an, wie sich Y in Abhängigkeit vom Zinssatz verändert bei unveränderter IS-Funktion. Der Fall (d) bestimmt die Wirkung auf die IS-Kurve, die durch einen Anstieg der Investitionsreagibilität dI/di hervorgerufen wird: die ΔY-Änderung ist negativ, wird jedoch mit zunehmendem Zinssatz größer: die IS-Kurve erfährt eine Drehung. Der Fall (e) zeigt die Drehung der IS-Kurve an, die durch eine größere marginale Sparquote hervorgerufen wird: die ΔY-Verschiebung ist negativ, aber wird mit höheren Zinssätzen geringer - die IS-Kurve erfährt eine Drehung.

$$Y = \frac{200 + 100}{0,2} - \frac{1000}{0,2}i = 1500 - 5000i$$

Schaubild II/3/12: Veränderungen der IS-Kurve: $Y = \dfrac{I^m + C^a}{s} - \dfrac{b}{s}i$

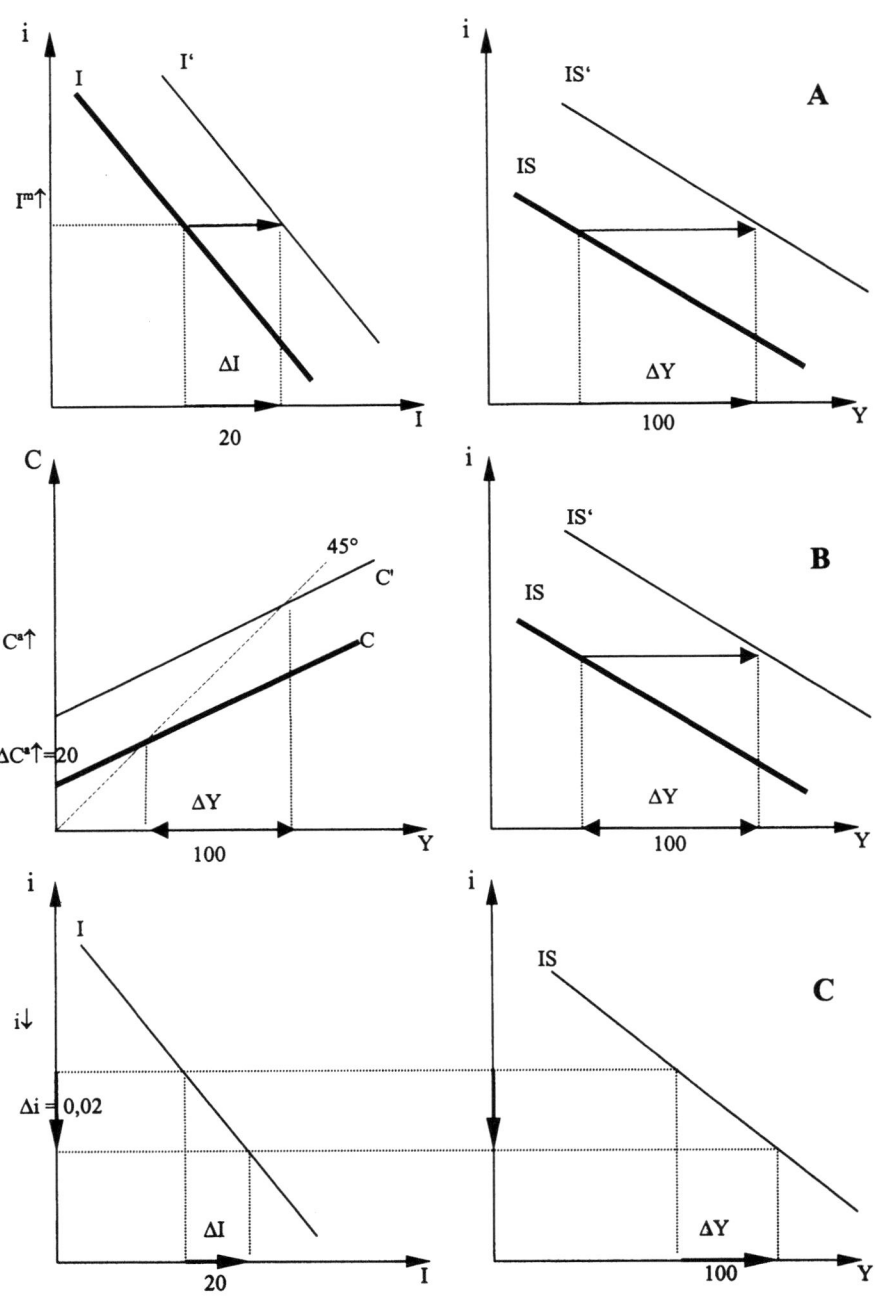

(a) Es erhöhen sich die Investitionen um $\Delta I^m = 20$:

$$\Delta Y = \frac{1}{s}\Delta I^m = \frac{20}{0{,}2} = 100$$

Ergebnis: Die Investitionskurve verschiebt sich zwar lediglich um 20 GE nach rechts und die Y^d – Kurve um diesen Betrag nach oben, die IS – Kurve jedoch um den fünffachen Betrag ! Das Ausmaß der Parallelverschiebung wird durch den Investitionsmultiplikator $\frac{1}{s}$ festgelegt (vgl. Grafik A).

(b) Die Konsumenten steigern ihre Konsumgüternachfrage um $\Delta C^a = 20$:

$$\Delta Y = \frac{1}{s}\Delta C^a = \frac{20}{0{,}2} = 100$$

Ergebnis: Die Konsumkurve verschiebt sich zwar lediglich um 20 GE parallel nach oben (respektive die Sparkurve entsprechend nach unten), die IS – Kurve verschiebt sich jedoch um den fünffachen Wert nach rechts. Der Multiplikator in Bezug auf Y ist identisch mit dem Investitionsmultiplikator im Beispiel a) (vgl. Grafik B).

(c) Der Zinssatz sinkt um $\Delta i = -0{,}02$:

$$\Delta Y = -\frac{b}{s}\Delta i = -\frac{1000}{0{,}2}(-0{,}02) = 100$$

Ergebnis: Sowohl die Spar- als auch die Investitionskurve und die daraus abgeleitete IS – Kurve bleiben unverändert. Der sinkende Zinssatz bewirkt eine Zunahme der Investitionen und des Gleichgewichtseinkommen (vgl. Grafik C).

d) Die Investitionsfunktion dreht sich um I^m. Die Zinsreagibilität der Investoren nimmt ab. Die Steigung dI/dI wird größer (der Kehrwert dI/di wird entsprechend kleiner). Die Investoren sind zwar bereit, bei jedem Zinssatz mehr zu investieren, eine Zinssatzsenkung führt jedoch zu geringeren zusätzlichen Investitionen. Die Drehung der Investitionskurve führt zu einer gleichgerichteten Bewegung der IS-Kurve. Wir berechnen die horizontalen Abstände zwischen alter und neuer Kurve für zwei Zinssätze (vgl. Schaubild II/2/12, Grafik D).

$I = I^m - bi = 200 - 1000i$

$\Delta I = -\Delta bi = -(-200)i$

$Y = \dfrac{I^m + C^a}{s} - \dfrac{b}{s}i = \dfrac{300}{0,2} - \dfrac{1000}{0,2}i$

$\Delta i = -\dfrac{i}{s}\Delta b = -\dfrac{i}{0,2}(-200)$

Die Veränderungen von I und Y variieren mit der Höhe des Zinssatzes (siehe Wertetabelle):

i	ΔI	ΔY
$i_0 = 0,10$	$\Delta I_0 = 20$	$\Delta Y_0 = 100$
$i_1 = 0,06$	$\Delta I_1 = 12$	$\Delta Y_1 = 60$

Ergebnis: *Die Investitionskurve erfährt eine Drehung, die auf die IS – Kurve übertragen wird. Je höher der Zinssatz, desto stärker ist der Anstieg der Investitionen und des Gleichgewichtseinkommens. Die IS – Kurve dreht sich um ihren Schnittpunkt mit der Y-Achse nach rechts (vgl. Grafik D).*

Schaubild II/3/13: Grafik D

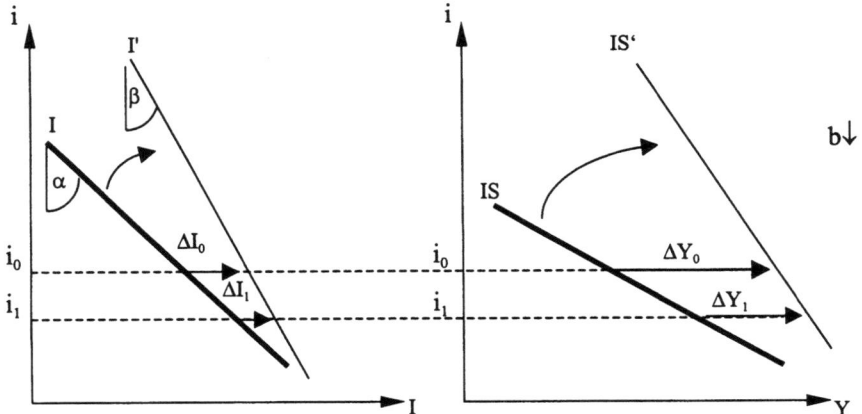

e) Die Sparer erhöhen ihre marginale Sparneigung um $\Delta s = 0,05$, d.h. bei jedem Einkommen wird mehr gespart und von jeder Einkommenserhöhung wird ein grö-

3.8 Zur Diskussion der IS-Kurve

ßerer zusätzlicher Betrag gespart: Die Sparkurve dreht sich um ihren Schnittpunkt mit der S-Achse (vgl. Schaubild II/3/12, Grafik E). Die Sparfunktion lautet:

$S = -C^a + s_1 Y = -100 + 0,2 Y \qquad S' = -C^a + s_2 Y = -100 + 0,25 Y$

Schaubild II/3/14: Grafik E

1) $Y = \dfrac{I^m + C^a}{s} - \dfrac{b}{s} i$

2) $dY = -\dfrac{I^m + C^a - bi}{s^2} ds$

3*) $\Delta Y = -\dfrac{100 + 200 - 1000i}{0,2 \cdot 0,25} 0,05$

4) $\boxed{\Delta Y = -(300 - 1000i)}$

5) $S = -C^a + sY$

6) $Y = \dfrac{S + C^a}{s}$

7) $dY = -\dfrac{S + C^a}{s^2} ds$

8*) $\Delta Y = -\dfrac{S + 100}{0,2 \cdot 0,25} 0,05$

9) $\boxed{\Delta Y = -(S + 100)}$

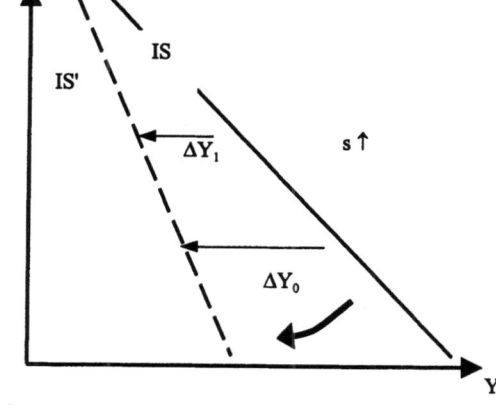

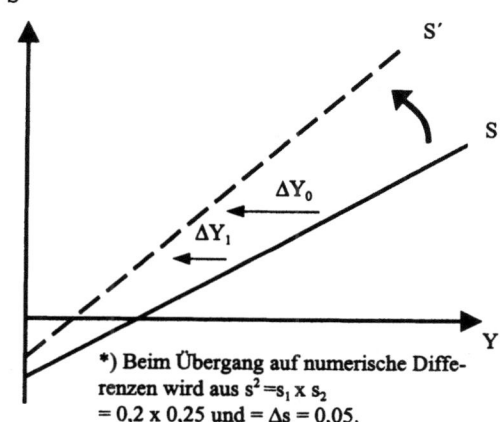

*) Beim Übergang auf numerische Differenzen wird aus $s^2 = s_1 \times s_2$ = 0,2 x 0,25 und = Δs = 0,05.

Für verschiedene Zinssätze ergeben sich aus der Investitionsfunktion die zugehörigen Investitionen $I = I^m - b_i = 200 - 1000i$. Diese müssen im Gleichgewicht der Ersparnis entsprechen. Aus der Sparfunktion läßt sich das Gleichgewichtseinkommen ermitteln. Es wird getrennt für $s_1 = 0,2$ und $s_2 = 0,25$ ausgewiesen. Die Einkommensdifferenz läßt sich auch sofort mit Hilfe der Gleichungen (4) und (9) errechnen.

i	I	=	S	Y_0	Y'_0	ΔY
0,06	140		140	1200	960	-240
0,10	100		100	1000	800	-200
0,16	40		40	700	560	-140

3.9 Zusammenfassung

Wir haben in diesem Modell der geschlossenen Volkswirtschaft ohne Staat insbesondere die Auswirkungen der Investitionen auf das Gleichgewichtseinkommen einer Volkswirtschaft studiert. Als wichtigste Ergebnisse halten wir fest:

- Eine Volkswirtschaft ist im Gleichgewicht, wenn die geplante Ersparnis gleich der geplanten Nettoinvestition ist:

$$\boxed{S(Y) = I(i)}$$

- Werden die Investitionen dauerhaft erhöht, steigt das Volkseinkommen um ein Mehrfaches dieser Investitionssteigerung gemäß Investitionsmultiplikator $\frac{1}{1-c}$:

$$\boxed{\Delta Y = \frac{1}{1-c} \Delta I}$$

- Eine einmalige Investitionssteigerung bewirkt keine dauerhafte Erhöhung des Volkseinkommens.

Wir haben dabei drei <u>Analysetechniken</u> bzw. <u>analytische Betrachtungsweisen</u> kennengelernt:

- <u>Statisch</u> nennt man die Analyse, wenn sich sämtliche ökonomischen Variablen eines Modells auf denselben Zeitpunkt beziehen. Wir wenden sie bei der Berechnung der Gleichgewichtswerte an:

$$\boxed{Y^* = \frac{1}{1-c}\left(C^a + I^a\right)}$$

- <u>Komparativ-statisch</u> heißt die Betrachtungsweise dann, wenn das Modell zu zwei verschiedenen Zeitpunkten analysiert und verglichen wird. Etwa das Gleichgewichtseinkommen vor einer Investitionserhöhung und nach vollständiger Auswirkung auf das neue Gleichgewichtseinkommen. Die Veränderungen ergeben:

$$\boxed{\Delta Y^* = \frac{1}{1-c} \Delta I}$$

- **Dynamisch** ist die Betrachtungsweise dann, wenn bestimmte ökonomische Variable des Modells sich auf unterschiedliche Zeitpunkte beziehen, die durch eine Verhaltensfunktion miteinander verbunden und imstande sind, Entwicklungsprozesse im Zeitablauf abzubilden. Wie z.B.

$$C_t = C^a + cY_{t-1}$$

Unsere Modelle sind stets kurzfristige Modelle, die lediglich die (Beschäftigungs- und) Einkommenswirkungen der Investitionen betrachten, <u>nicht</u> ihre langfristigen Kapazitäts- und Wachstumseffekte. Die Möglichkeit z.B. zusätzliche Investitionsgüter produzieren zu können, ist nur dadurch gegeben, daß die vorhandenen Produktionsfaktoren Kapital, Boden, Arbeit bei dem alten Gleichgewichtseinkommen nicht voll ausgelastet bzw. beschäftigt sind.

Eine Nachfragesteigerung zieht unter diesen Umständen eine entsprechende Ausdehnung des Angebots (und das heißt auch des Einkommens) nach sich. Nur so ist es möglich, daß z.B. die Zunahme der Investitionen bei Erreichen des neuen Gleichgewichtseinkommens durch eine entsprechende Zunahme der Ersparnis finanziert wird, denn S ist hier eine Funktion des Einkommens. Man kann mit Keynes deshalb sagen: „... die Nachfrage schafft sich ihr Angebot".

Die zum Abschluß des Kapitels entwickelte IS-Funktion wird für die weitere Analyse noch außerordentlich bedeutsam. Es ist deshalb wichtig, sie bereits an dieser Stelle gründlich zu studieren. Sie wird uns zunächst am Ende eines jeden Kapitels in diesem Teil wieder begegnen und dabei mit jedem Modell modifiziert werden. Diese Veränderungen beziehen sich jedoch lediglich auf die Lage und Neigung der IS-Kurve im i/Y-Diagramm. Der grundlegende Zusammenhang bleibt erhalten: Die Ersparnisse S (in den weiteren Modellen die „Sickerverluste", die dem Wirtschaftskreislauf Mittel entziehen) sind einkommensabhängig, während die Investitionen I (in den weiteren Modellen „Injektionen", die dem Wirtschaftskreislauf nachfragewirksam Mittel zuführen) zinsabhängig sind. Im Gleichgewicht müssen beide Größen übereinstimmen. Das ist nur bei bestimmten Kombinationen von Volkseinkommen und Zinssatz erreichbar.

4 Ökonomische Aktivitäten des Staates in einer geschlossenen Volkswirtschaft – Modell: $Y^d = C(Y^s) + I(i) + G$

4.1 Ökonomische Aktivitäten des Staates

Wir erweitern das bisherige Modell einer geschlossenen Volkswirtschaft um den Staat und werden uns in diesem Abschnitt insbesondere darauf konzentrieren zu untersuchen, wie sich die staatlichen, ökonomischen Aktivitäten auf die Höhe des Volkseinkommens (das Gleichgewichtseinkommen) auswirken. Aus Makroökonomie I wissen wir, daß der Staat folgende ökonomischen Aktivitäten entfaltet:

Aktivitäten	*Annahmen*
1. Erhebung von Steuern (T),	$T = tY^s$
2. Zahlung von Subventionen (Z),	$Z = 0$
3. Leistung von Transferzahlungen (Tr),	$Tr = 0$
4. Einkauf von Gütern und Dienstleistungen ($G = C_{St} + I_{St}$),	$G = G^a$

In unserem Modell wollen wir von indirekten Steuern und Subventionen[1] absehen und unterstellen, daß die gesamten Steuereinnahmen als Einkommensteuer direkt bei den Haushalten erhoben werden. Dadurch entfällt u.a. die Unterscheidung des Sozialprodukts zu Marktpreisen und zu Faktorkosten. Zur weiteren Vereinfachung sehen wir zunächst von Transferzahlungen an Haushalte ab, bzw. denken uns, daß diese durch eine "Netto"-Steuerfunktion berücksichtigt werden, indem die von den Haushalten gezahlten "Brutto"-Steuern gegen die empfangenen Transfers[2] saldiert werden. Die staatlichen, ökonomischen Aktivitäten reduzieren sich damit auf die Steuerfunktion, die vom Volkseinkommen abhängen soll und die Staatsausgabenfunktion, die als autonom politisch determiniert angenommen wird.

---

[1] Wie Sie aus Makroökonomie I wissen, werden indirekte Steuern (wie z.B. die Mehrwertsteuer) von Unternehmen an den Staat abgeführt, aber i.d.R. über höhere Preise an die Nachfrager weitergewälzt. Subventionen sind Unterstützungszahlungen des Staates an die Unternehmen.

[2] Transferzahlungen (wie z.B. Arbeitslosenunterstützung, Sozialhilfe, Renten) fließen vom Staat (zu dem auch die "parafiskalischen" Versicherungsträger gehören) an die privaten Haushalte.

4.1 Ökonomische Aktivitäten des Staates

Die ökonomischen Aktivitäten des Staatews werden im sogenannten "Staatsbudget" erfaßt. Im Staatsbudget werden die geplanten Steuereinnahmen den geplanten Staatsausgaben gegenübergestellt.[3] T ist die Steuereinnahme, t ist der (marginale und durchschnittliche) Steuersatz, der angibt, um welchen Betrag die Steuereinnahmen steigen, wenn sich das Einkommen erhöht bzw. welchen Anteil die Steuern am jeweiligen Einkommen ausmachen. Der marginale Steuersatz liegt zwischen Null und Eins ($0<t<1$), er könnte z.B. $t = 0,25$ sein. In diesem Fall wären stets 25 % des Einkommens als Steuern abzuführen. Grafisch dargestellt ist diese Steuerfunktion eine Gerade durch den Ursprung in einem Koordinatensystem von T und Y. Die tatsächliche Steuerfunktion in der BRD ist komplizierter, doch für die hier interessierenden Erkenntnisse reichen diese vereinfachten Annahmen vollkommen aus. Die staatlichen Ausgaben unterstellen wir als politisch determiniert, also als autonom und vom Einkommen unabhängige Nachfragekomponente.

Das Staatsbudget läßt sich damit in folgender Grafik wiedergeben:

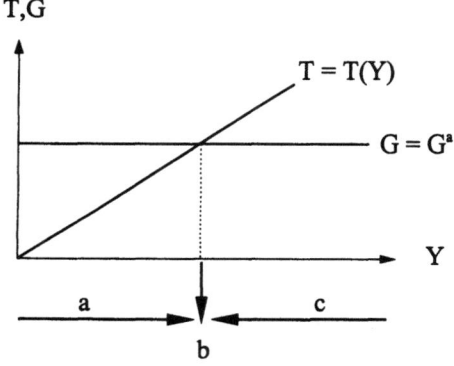

a) Budgetdefizit: $G > T$

b) ausgeglichenes Budget: $G = T$

c) Budgetüberschuß: $G < T$

Im Verlauf dieses Kapitels interessieren uns insbesondere folgende Fragen:
- Welchen Einfluß hat die Steuer auf das Konsum- und Sparverhalten?
- Wie bestimmen sich die Gleichgewichtswerte?
- Welchen Einfluß haben Veränderungen von Steuern und/oder Staatsausgaben auf das Gleichgewichtseinkommen und die IS-Kurve?

---

[3] Das Staatsbudget unterscheidet sich vom Staatshaushalt dadurch, daß es "geplante" (also ex-ante) Größen enthält, während der Staatshaushalt die ex-post Werte gegenüberstellt.

4.2 Einfluß der Steuer(funktion) auf Konsum- und Sparverhalten

Durch die Erhebung von Steuern verbleibt den privaten Haushalten ein geringeres verfügbares Einkommen ($Y_H^v < Y^s$). Konsumausgaben und Ersparnisse der Haushalte orientieren sich nicht am Volkseinkommen (Y^s) sondern an ihrem "verfügbaren" Einkommen. Im vorangegangenen Modell ohne Staat waren beide identisch. Jetzt müssen die Konsumfunktion $C = C(Y_H^v)$ und die Sparfunktion $S = S(Y_H^v)$ neu formuliert werden.

Die **Konsumfunktion** lautet:

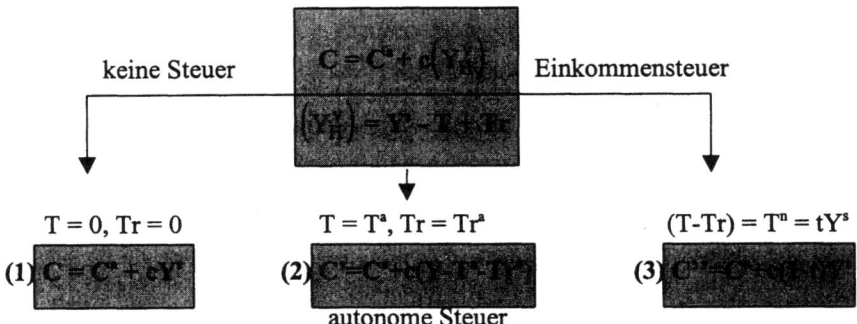

Veränderung des Konsums durch Einkommenserhöhung:

$$\frac{dC}{dY^s} = c \qquad = \qquad \frac{dC'}{dY^s} = c \qquad > \qquad \frac{dC''}{dY^s} = c(1-t)$$

Veränderung des Konsums nach Einführung einer Steuerfunktion

$$\frac{dC'}{dT^a} = -c \qquad \frac{dC''}{dt} = -cY^s$$

$$\Delta C' = -c\Delta T^a \qquad \Delta C'' = -cY^s \Delta t$$

Die Konsumfunktion (1) kennen wir aus dem vorangegangenen Modell. Die Funktion (2) behandelt „autonome" Steuern und Transferzahlungen, die zwar relativ untypisch für moderne Volkswirtschaften sind, aber einfacher zu handhaben sind und dennoch interessante Erkenntnisse liefern. Im Haupttext konzentrieren wir uns je-

4.2 Einfluß der Steuer(funktion) auf Konsum- und Sparverhalten

doch auf die Funktion (3), die durch die (Netto-) Steuerfunktion $T^n = tY^s$ gekennzeichnet ist. Lohn- und Einkommensteuern sind Steuerfunktionen dieses Typs.

Es zeigt sich, daß die Steigung der Konsumfunktion (3) geringer ist als die der ersten beiden, die im übrigen identisch sind. Erhöht sich im Fall (2) die autonome Steuer um ΔT^a verschiebt sich die Konsumkurve parallel um $-c\Delta T^a$. Erhöht sich hingegen im Fall (3) der marginale Steuersatz um Δt dreht sich die Kurve um ihren Schnittpunkt mit der C-Achse.

Entsprechendes gilt auch für die **Sparfunktion:**

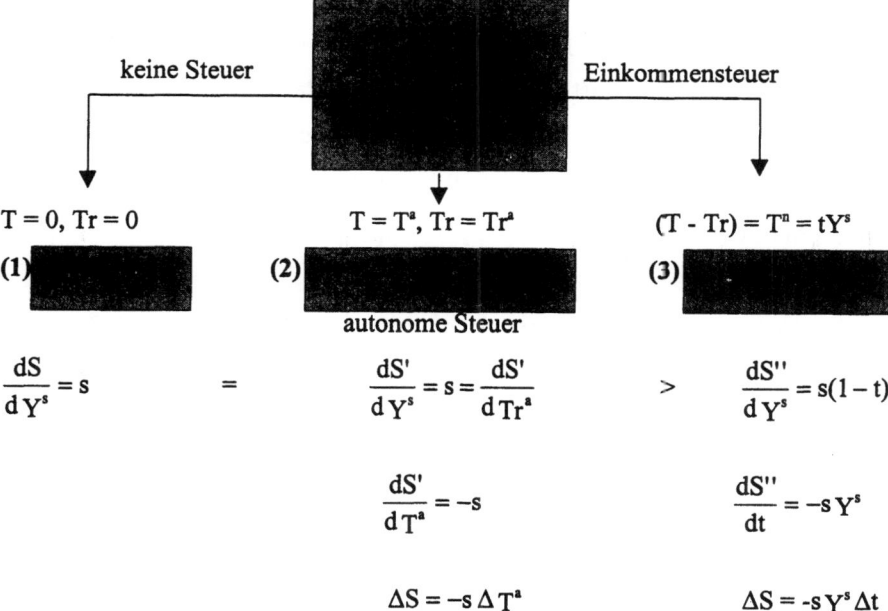

Es zeigt sich, daß sowohl die Konsumfunktion (3) als auch die Sparfunktion (3) eine geringere Steigung haben als die entsprechenden Funktionen in der Formulierung (1) ohne Steuern und daß die Funktionen (2) zwar die gleiche Steigung wie (1) besitzen, aber parallel nach unten verschoben sind! Der flachere Kurvenverlauf nach Einführung einer Steuer ist Ausdruck dafür, daß bei jedem Volkseinkommen weniger konsumiert und weniger gespart wird. Sowohl durch den Minderkonsum (C_T) als auch die Minderersparnis (S_T) werden die Mittel freigesetzt, die als Steuern (T) aufgebracht werden müssen. Die Steuer insgesamt setzt sich demzufolge zusammen aus dem Anteil, der durch den Minderkonsum T_C und dem Anteil, der durch Minderersparnis T_S aufgebracht wird. Schauen wir uns diese Zusammenhänge zunächst für den Fall einer autonomen und dann für den Fall einer einkommensabhängigen Steuer, an.

Studieren wir zunächst den einfachen Fall einer autonomen Steuer (vgl. Schaubild II/4/1). Das Schaubild zeigt die Konsum- und Sparkurve vor und nach der Erhebung einer autonomen Steuer. Sie Steuerfunktion ist damit vom Einkommen abhängig. Grafik (A) zeigt, wie sich die Konsumkurve parallel um cT^a nach unten verschiebt. Unabhängig von der Einkommenshöhe fragen die Konsumenten $C_T=-cT^a=-80$ Einheiten weniger Konsumgüter nach. (B) zeigt wie sich die Sparfunktion parallel nach unten um sT^a verschiebt. Bei jedem Einkommen geht die Ersparnis einheitlich um $S_T=-sT^a=-20$ zurück. In (C) ist die Steuerfunktion als Parallele zur Y-Achse im Abstand $T=T^a=100$ eingetragen. Dieser Steuerbetrag setzt sich zusammen aus einem Anteil der der Minderersparnis ($T_s=20=-S_T$) und einem Anteil der dem Minderkonsum ($T_c=80=-C_T$) entspricht. Es ist $T^a=T_s+T_c=-S_T-C_T= 20+80=100$.

Nun kommen wir zur dem Fall einer einkommensabhängigen Steuer (vgl. Schaubild II/4/2). In (A) wird deutlich, wie sich die Konsumkurve nach rechts unten dreht. Die vertikalen Achsenabschnitte wachsen mit steigendem Volkseinkommen und steigendem Steuersatz nach der Formel: $\Delta C''=-cY\Delta t$. In (B) erkennt man die Drehung der Sparkurve nach rechts unten um $\Delta S''=-sY^s\Delta t$. (C) zeigt die einkommensabhängige Steuerfunktion als Kurve. Die Steuereinnahmen betragen jeweils 0,25 des Einkommens. Im Zahlenbeispiel werden zwei unterschiedliche Werte des Volkseinkommens angenommen und für diese die Veränderungen berechnet, die sich aus der Einführung einer einkommensabhängigen Steuer ergeben.

Schaubild II/4/1: Der Einfluß autonomer Steuer auf Konsum und Ersparnis

Die Konsumfunktion

ohne T: $C = 100 + 0{,}8\,Y$

mit T: $C' = 100 + 0{,}8(Y-T^a)$

für: $Y = 500$

Y	C	C'	$C_T = -cT^a$
500	500	420	-80

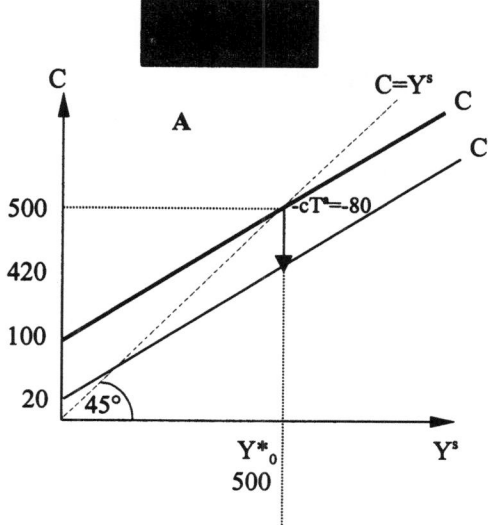

Die Sparfunktion

vor Steuern: $S = -100 + 0{,}2\,Y^s$

nach Steuern: $S' = -100 + 0{,}2(Y-T^a)$

Y	S	S'	$S_T = -sT^a$
500	0	-25	-20

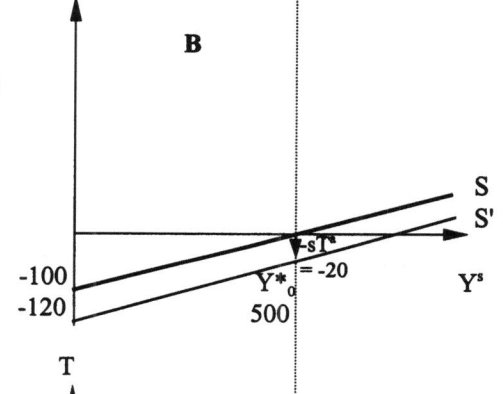

Die Steuerfunktion lautet

$T = T^a = 100$

$Tr = 0$

Y	T_C	T_S	T
500	80	20	100

$T = T_C + T_S = -(C_T + S_T)$

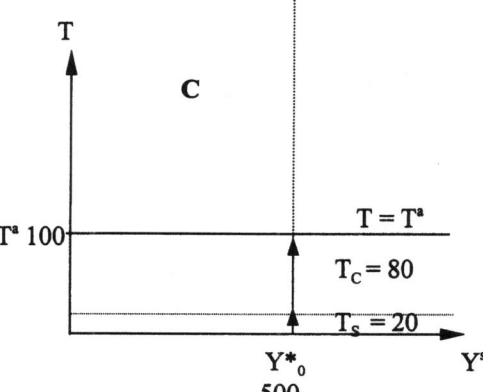

Schaubild II/4/2: Der Einfluß der einkommensabhängigen Steuer auf Konsum und Ersparnis

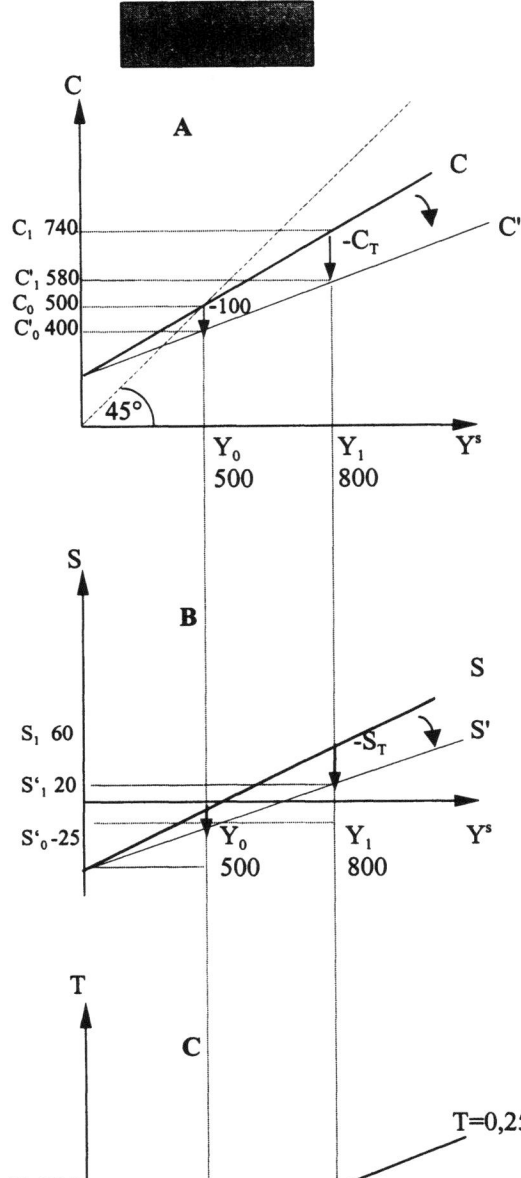

Die Konsumfunktion

ohne T: C = 100 + 0,8 Y

mit T: C' = 100 + 0,6 Y

Y	C	C"	C_T
Y_0=500	500	400	-100
Y_1=800	740	580	-160

Die Sparfunktion

vor Steuern : S = -100 + 0,2 Y

nach Steuern: S" = -100 + 0,15 Y

Y	S	S"	S_T
Y_0=500	0	-25	-25
Y_1=800	60	20	-40

Die Steuerfunktion lautet

$T = tY^S = 0,25 Y^S$

Y	T_C	T_S	T
Y_0=500	100	25	125
Y_1=800	160	40	200

4.3 Wie bestimmen sich die Gleichgewichtswerte unter Berücksichtigung von Steuern und Staatsausgaben?

Wir fragen uns, bei welchem Volkseinkommen herrscht unter Berücksichtigung der staatlichen Aktivitäten Gleichgewicht? Der Gleichgewichtszustand ist ganz offensichtlich dann erreicht, wenn die geplante Güternachfrage, die sich in diesem Modell aus den Konsumgütern, Investitionsgütern und der staatlichen Güternachfrage G zusammensetzt, größengleich ist dem geplanten Güter- bzw. Einkommens"angebot". Gleichgewicht heißt nicht, daß das Staatsbudget ausgeglichen sein muß! Da der zentrale Unterschied zum Modell 2 in den staatlichen Aktivitäten G und T liegt, gilt unsere besondere Aufmerksamkeit der Frage, wie diese Aktivitäten das Gleichgewichtseinkommen beeinflussen. Die Steuern reduzieren, wie wir gesehen haben, die Nachfrage nach Konsumgütern. Für sich genommen wird eine Abnahme der Nachfrage nach Konsumgütern auch zu einer Reduktion des Güterangebots führen, so daß das Gleichgewichtseinkommen entsprechend sinken wird. Allerdings wird der Staat diese Steuereinnahmen in aller Regel nicht "stillegen", sondern sie für staatliche Ausgaben (Güter und Dienstleistungen) verwenden. Dadurch erhöht sich die gesamtwirtschaftliche Nachfrage und das Gleichgewichtseinkommen wird größer sein als ohne G.

Schauen wir uns diese Zusammenhänge im Modell an. Da die Staatsausgaben G sowohl staatlicher Konsum C_{St} als auch staatliche Investitionen I_{St} sein können, indizieren wir auch die entsprechenden Nachfragekomponenten der privaten Haushalte mit „H" und der Unternehmen mit „U":

Das Modell in Gleichungen:

<u>allgemein</u>[1]   <u>Zahlenbeispiel</u>

(1) $Y^d = C_H + I_U + G$ [DG]

(2) $C_H = C_H^a + cY_H^v$ [VG] $C_H = 100 + 0{,}8 Y_H^v$

---

[1] DG: Definitionsgleichung, VG: Verhaltensgleichung, IG: institutionelle Gleichung, GG: Gleichgewichtsgleichung.

(3) $Y_H^v = Y^s - T$ [DG]

(4) $T = t\, Y^s$ [IG] $T = 0{,}25 Y^s$

(5) $I_U = I_U^a$ [VG] $I_U^a = 100$

(6) $G = G^a = C_{St}^a + I_{St}^a$ [IG] $G^a = 200 = 100 + 100$

(7) $Y^d = Y^s = Y$ [GG]

Es gelten: $0 < c < 1$ $c = 0{,}8$

           $0 < t < 1$ $t = 0{,}25$

a)   Zur Berechnung des <u>Gleichgewichtseinkommen</u> Y* setzen Sie die Funktionen in Gleichung (1) ein und erhalten:

(8) $Y = C_H^a + c(Y-T) + I_U^a + G^a$ $Y = 100 + 0{,}8(Y-T) + 100 + 200$

(9) $= c(Y - tY) + C_H^a + I_U^a + G^a$ $= 0{,}8(Y - 0{,}25Y) + 400$

(10) $= c(1-t)Y + C_H^a + I_U^a + G^a$ $= 0{,}8 \cdot 0{,}75Y + 400$

(11) $\boxed{Y^* = \dfrac{1}{1 - c(1-t)}\left(C_H^a + I_U^a + G^a\right)}$ ⟹ $\boxed{Y^* = \dfrac{100 + 100 + 200}{1 - 0{,}8(1 - 0{,}25)} = 1000}$

(12) $Y^* = \dfrac{400}{0{,}4} = 2{,}5 \cdot 400 = 1000$

Der <u>Multiplikator der autonomen Ausgaben</u> $C^a + I^a + G^a$ lautet:

$$\frac{1}{1 - c(1-t)} = \frac{1}{0{,}4} = 2{,}5$$

b)   Das <u>Gleichgewichtseinkommen</u> läßt sich auch anders berechnen:

Wir setzen in die Gleichgewichtsbedingung (7) die entsprechenden Funktionen ein:

(13) $Y^s \quad = \quad Y^d$

(14) $C + S + T \quad = \quad C + I + G$

(15) $S + T \quad = \quad I + G$ $/\, S + T = \overline{S} = \overline{I} = I + G$

(16) $\bar{S} = \bar{I}$

"Sickerverluste" = "Injektionen"

Wir nennen S + T auch "Sickerverluste", weil sie kreislauftheoretisch aus dem Basiskreislauf "versickern" und keine Nachfrage erzeugen (wodurch der Basis-Kreislauf schrumpfen müßte). Die Größe I + G nennen wir auch "Injektionen", weil diese Größen den Basiskreislauf verstärken und nachfragewirksam sind. Eine Volkswirtschaft ist nur dann im Gleichgewicht, wenn die geplanten Sickerverluste größengleich den geplanten Injektionen sind. $\bar{S} = \bar{I}$ ist eine Gleichgewichtsbedingung!

<u>Beim Gleichgewichtseinkommen sind die Sickerverluste gleich den Injektionen.</u>

(17) $S + T = I^a + G^a$

(18) $-C^a + s(Y - tY) + tY = I^a + G^a$

(19) $s(1-t)Y + tY = I^a + G^a + C^a$

(20) $Y[s(1-t) + t] = I^a + G^a + C^a$

(21) Gleichgewichtseinkommen:

(22) $\boxed{Y^* = \dfrac{C^a + I^a + G^a}{s(1-t) + t}} \quad = \quad \boxed{Y^* = \dfrac{400}{0,4} = 1000}$

Sie sehen, ob Sie das Gleichgewichtseinkommen nach der Formel a) $Y^d = C + I + G = Y^s$ oder nach der Formel b) S+T=I+G bestimmen, bleibt sich gleich. Die Multiplikatoren in (22) und in (12) sind identisch, genauso wie die Summe der autonomen Größen. Bestimmen Sie anhand des Zahlenbeispiels sämtliche Gleichgewichtswerte: $C_H^*, S_H^*, T^*, S_{St}^*$, BS* (Budgetsaldo).

Schaubild II/4/3: Geschlossene Volkswirtschaft mit Staat

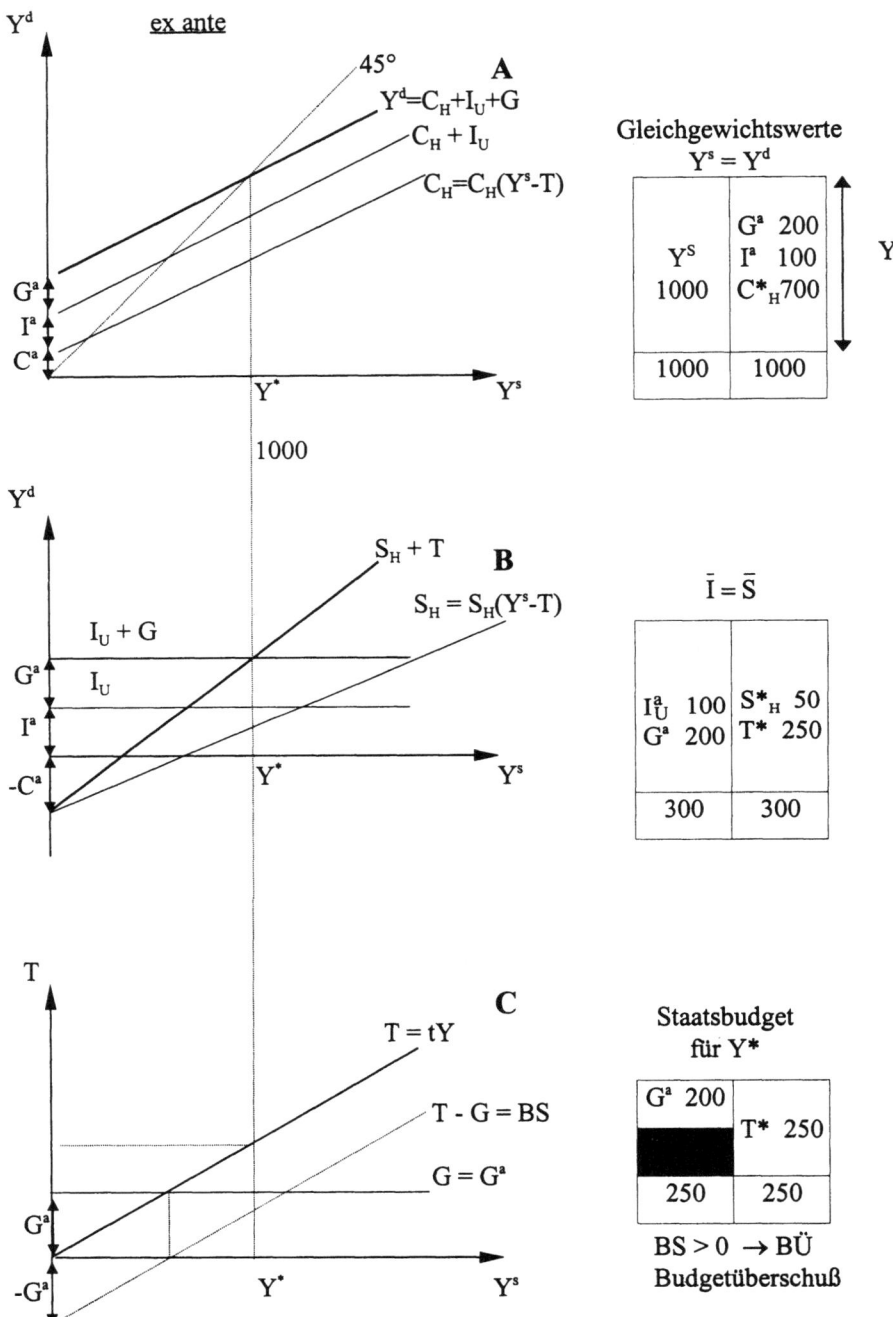

Box II/4/1: Der Ex-post Kreislauf für eine geschlossene Volkswirtschaft mit Staat - ex - ante interpretiert

Die Kreislaufbetrachtung der volkswirtschaftlichen Gesamtrechnung VGR zeigt noch einmal die hier betrachteten Zusammenhänge im Überblick: Der Pol „P" umfaßt die gesamtwirtschaftliche Güterproduktion, die sich aus der Güterproduktion der privaten Unternehmungen aber auch der des Staates zusammensetzt (der Staat produziert selbst seinen staatlichen Konsum C_{St}). Die im Produktionsprozeß entstehende Wertschöpfung fließt als Volkseinkommen Y^s den Haushalten zu. Den Haushalten verbleibt nach Abzug der Steuern das für Konsumausgaben C_H oder Ersparnis S_H verfügbare Einkommen Y_H^v. Der Staat verwendet seine Steuereinnahmen, um den Staatsverbrauch C_{St} zu finanzieren. Bei $T > C_{St}$ ergibt sich eine positive staatliche Ersparnis S_{St}, die gemeinsam mit den privaten Ersparnissen die Vermögensbildung in Form der Nettoinvestitionen ($I_U + I_{St}$) finanziert. Die in einem Wirtschaftskreislauf zusammengestellten Größen sind ex-post Werte. Um dieses Modell auch als eine ex-ante Betrachtung verwenden zu können müssen wir die ökonomischen Variablen in geplante und ungeplante differenzieren, denn lediglich die geplanten Größen bestimmen, ob die Volkswirtschaft im Gleichgewicht ist oder nicht. Befindet sie sich aber im Gleichgewicht, so gibt es keine ungeplanten Größen und die ex-ante Größen sind gleich den ex-post Werten. (In diesem Fall sind also $Y^d = Y^s = Y^*$ und $C_H^{ug} = 0$ und $I_U^{ug} = 0$).

Wenn es in der makroökonomischen Analyse nicht auf die detaillierte Bestimmung der gesamtwirtschaftlichen Vermögensbildung und ihrer Finanzierung ankommt sondern lediglich auf das Staatsbudget abgestellt wird, dann kann man die Steuereinnahmen T den Staatsausgaben G gegenüberstellen und den Saldo als Finanzierungsdefizit bzw. -überschuß über die Reinvermögensänderung fließen lassen. Ein Budgetüberschuß ist aber nicht identisch mit staatlicher Ersparnis. Sie unterscheidet sich durch die Höhe der staatlichen Investitionen:

S_{St} = $T - C_{St}$
BS = $T - G = T - C_{St} - I_{St}$
$S_{St} - BS$ = I_{St}

Basis - Kreislauf

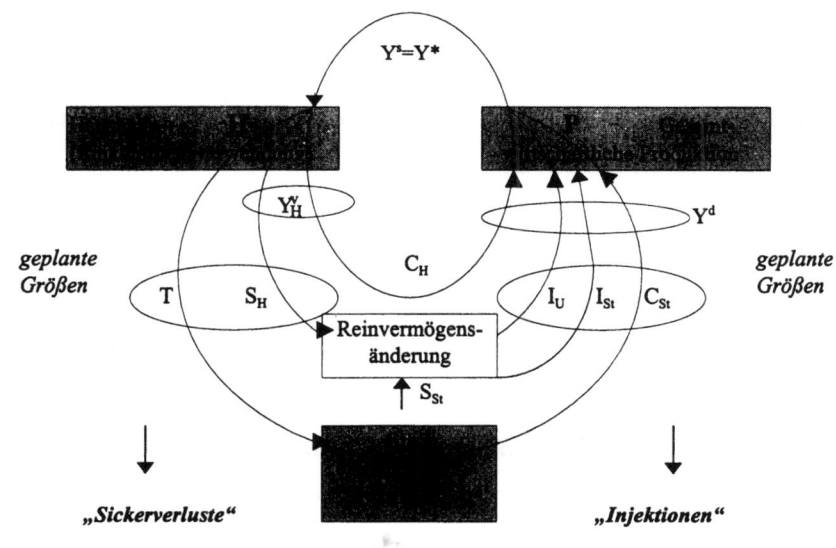

4.4 Welche Auswirkungen haben Veränderungen von Investitionen, Steuern und Staatsausgaben auf das Gleichgewichtseinkommen?

Wir fragen uns jetzt, wie verändert sich das Gleichgewichtseinkommen (und damit sämtliche Gleichgewichtswerte) durch Fiskalpolitik. Ihre Instrumente bestehen aus einer Variation

- der Staatsausgaben (ΔG),
- der Steuern (ΔT), oder
- einer Kombination aus Staatsausgaben und Steuern (mit dem Sonderfall $\Delta G = \Delta T$)
- und schließlich einer Beeinflussung des „Investitionsklimas".

Wie also verändern diese Variationen das Gleichgewichtseinkommen Y^* und sämtliche anderen Variablen?

(1) Erhöhung der privaten Investitionen ($\Delta I^a = 80$)

Betrachten wir zunächst den letzten Fall: Angenommen die privaten Investoren rechnen bei der (neuen) Regierung mit einer ihre Interessen unterstützenden Wirtschaftspolitik (z.B. Abbau der Lohnnebenkosten, Senkung der Gewinnsteuern und der Steuern insgesamt, Förderung des privaten Sektors). Die Investoren schätzen die (konjunkturelle) Entwicklung optimistisch ein, erwarten erhöhte Gewinnmöglichkeiten, und reagieren auf das positive Investitionsklima mit der Durchführung zusätzlicher Investitionen. Wie wirken diese sich in unserem Modell aus? Das Gleichgewichtseinkommen ist definiert als:

$$Y^* = \frac{C^a + I^a + G^a}{1 - c(1-t)} \quad \Longrightarrow \quad Y^* = \frac{1}{0,4} 400 = 1000$$

Die Veränderung des Gleichgewichtseinkommens ist:

$$\Delta Y^* = \frac{\Delta I^a}{1 - c(1-t)} \quad \Longrightarrow \quad \Delta Y = \frac{1}{0,4} 80 = 200$$

Als Ergebnis erhalten wir einen positiven Investitionsmultiplikator, der uns angibt, daß das Gleichgewichtseinkommen um ein Vielfaches der Investitionserhöhung steigt. Dieser Multiplikator ist aber kleiner als derjenige, den wir in dem Modell ohne Staat (d.h. ohne Steuerfunktion) errechnet haben. Vergleichen wir die Multiplikatoren, so ergibt sich:

Modell ohne Steuern		Modell mit Steuern	Zahlenbeispiel
$\dfrac{1}{1-c}$	$>$	$\dfrac{1}{1-c(1-t)}$	$\dfrac{1}{1-0,8} > \dfrac{1}{1-0,8(1-0,25)}$
			$5 > 2,5$

Durch die zusätzlichen Investitionen steigt das Gleichgewichtseinkommen und damit steigen auch die Steuereinnahmen. Die Steuern reduzieren das verfügbare Einkommen und damit die Nachfrage der privaten Wirtschaftssubjekte (der Haushalte). Kreislauftheoretisch entstehen zusätzlich „Sickerverluste" im Umfang der Steuereinnahmen, die aber annahmegemäß nicht durch zusätzliche Staatsausgaben („Injektionen") ausgeglichen werden. Vielmehr werden diese zusätzlichen Steuereinnahmen vom Staat „stillgelegt", d. h. zur Verbesserung des Staatsbudgets eingesetzt. Eine einkommensabhängige Steuerfunktion wirkt mithin wie ein <u>automatischer Stabilisator,</u> der die wirtschaftlichen Aktivitäten im Konjunkturverlauf (sowohl expansive als auch kontraktive Nachfrageänderungen) in ihren Auswirkungen auf das Volkseinkommen dämpft.

Konjunkturzyklus

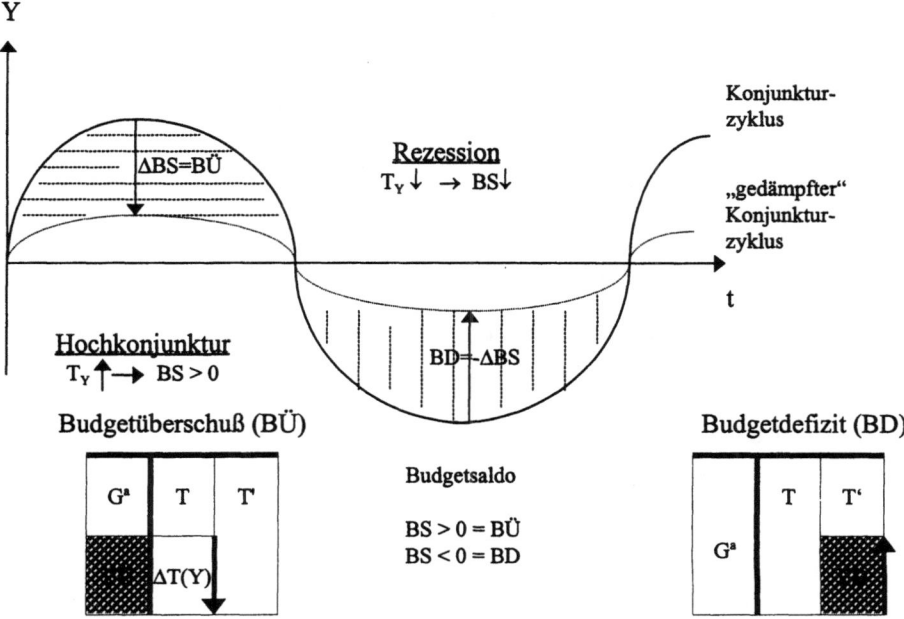

Lassen Sie uns mit Hilfe des Zahlenbeispiels die Auswirkungen innerhalb dieses Modells berechnen: Es sei $\Delta I^a = 80$

Wie verändert sich das Gleichgewichtseinkommen?

1. $\Delta Y^* = \dfrac{1}{1-c(1-t)} \Delta I^a = 2{,}5 \times 80 = \mathbf{200}$

Wie verändert sich der Konsum der privaten Haushalte?

2. $\Delta C_H = c(1-t) \Delta Y^* = 0{,}6 \times 200 = \mathbf{120}$

Wie verändert sich die Ersparnis der privaten Haushalte?

3. $\Delta S_H = (1-c)(1-t) \Delta Y^* = 0{,}15 \times 200 = \mathbf{30}$

Wie verändern sich die Steuereinnahmen?

4. $\Delta T = t\Delta Y^* = 0{,}25 \times 200 = \mathbf{50}$

Wie verändert sich der Saldo des Staatsbudgets?

5. $\Delta BS = \Delta T - \Delta G = 50 - 0 = \mathbf{50}$

Wie verändert sich die staatliche Ersparnis?

6. $\Delta S_{St} = \Delta T - \Delta C_{St} = \Delta BS = 50 - 0 = \mathbf{50}$

Wie verändert sich die gesamtwirtschaftliche Ersparnis?

7. $\Delta S = \Delta S_H + \Delta S_{St} = 30 + 50 = \mathbf{80}$

Wie verändern sich die gesamtwirtschaftlichen Investitionen?

8. $\Delta I = \Delta I_U + \Delta I_{St} = 80 + 0 = \mathbf{80}$

Wie verändern sich die „Sickerverluste" und die „Injektionen"?

9. $\Delta \bar{S} = \Delta \bar{I}$

$\Delta S_H + \Delta T = \Delta I_U + \Delta G$

$30 + 50 = 80 + 0$

In (A) (Schaubild II/4/4) verschiebt sich die gesamtwirtschaftliche Nachfragekurve Y_0^d um ΔI nach Y_1^d. Das Gleichgewichtseinkommen steigt daraufhin gemäß Multiplikator auf Y_1^*. (B) zeigt die Erhöhung der „Injektionen" durch die Verschiebung der Investitionskurve. (C) zeigt den durch das wachsende Einkommen hervorgerufenen Anstieg der Steuereinnahmen. Es wird deutlich, daß der bereits bei Y_0^* gegebene positive Budgetsaldo sich bei Y_1^* um ΔT verbessert.

4.4 Welche Auswirkungen haben Veränderungen von Investitionen, Steuern

Schaubild II/4/4: Die Unternehmungen erhöhen ihre Investitionen

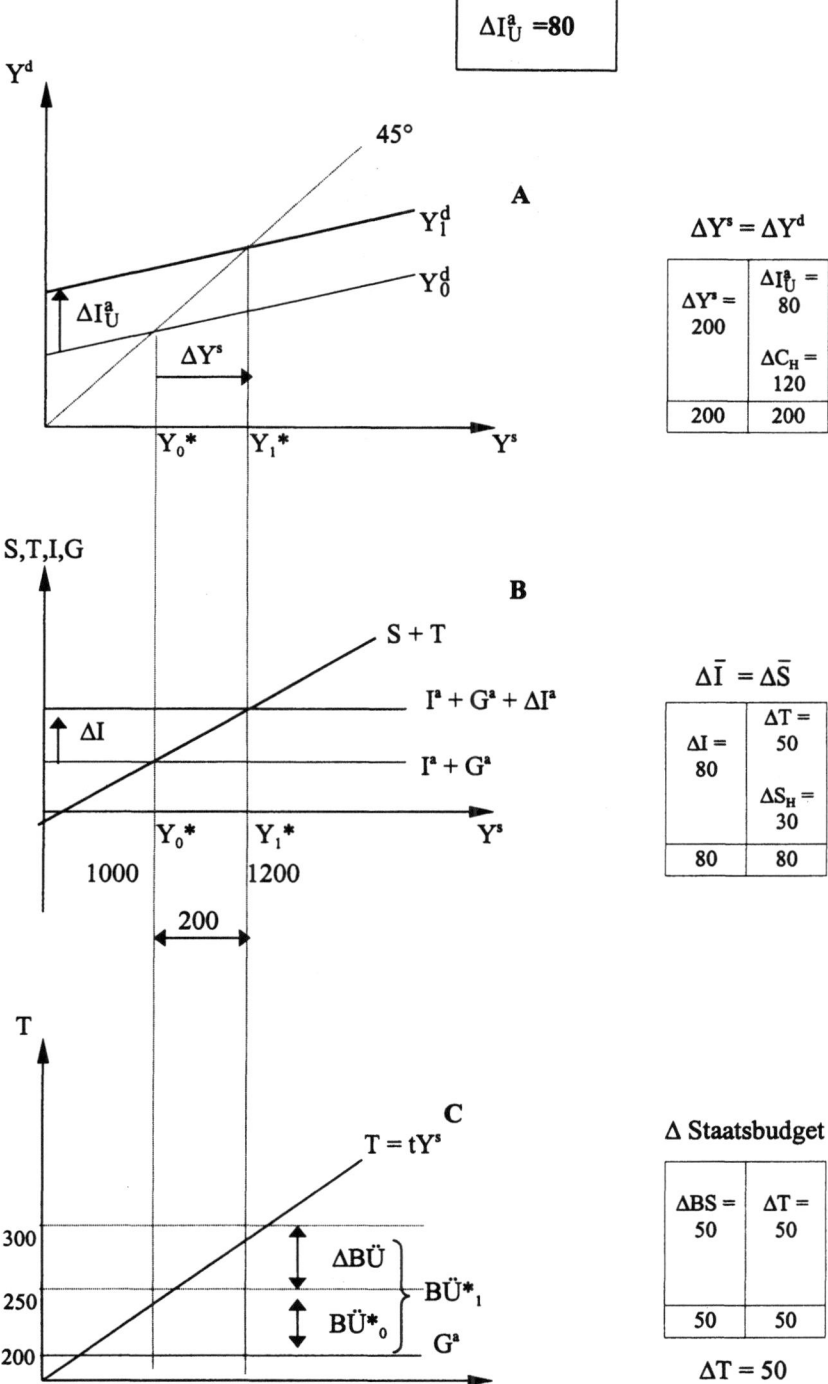

(2) Der Staat erhöht ausschließlich die staatlichen Ausgaben ($\Delta G^a = 80$)

Es ist leicht zu erkennen, daß der Staatsausgabenmultiplikator in bezug auf das Volkseinkommen identisch ist mit dem soeben behandelten Investitionsmultiplikator. Damit ergeben sich auch keine Veränderungen bei den direkt einkommensabhängigen Variablen. Unterschiede entstehen jedoch im staatlichen Bereich.
Wie verändert sich das Gleichgewichtseinkommen?

1. $\Delta Y^* = \dfrac{1}{1-c(1-t)} \Delta G^a = 2{,}5 \times 80 = \mathbf{200}$

Wie verändert sich die Steuereinnahme?

2. $\Delta T = t \Delta Y^* = 0{,}25 \times 200 = \mathbf{50}$

Wie verändert sich der Saldo des Staatsbudgets?

3. $\Delta BS = \Delta T - \Delta G = 50 - 80 = \mathbf{-30}$

Wie verändern sich „Sickerverluste" und „Injektionen"?

4. $\Delta S_H + \Delta T = \Delta I_U + \Delta G^a \implies 30 + 50 = 0 + 80$
$\qquad\qquad\qquad\qquad\qquad\qquad\qquad\quad \mathbf{\mathit{80}} = \mathbf{\mathit{80}}$

Die Veränderung des Budgetsaldos ist negativ: bestand zuvor ein Überschuß, so wird dieser reduziert, ein Defizit wird entsprechend größer. Zwei gegenläufige Effekte sind dafür verantwortlich: die steigenden Staatsausgaben wirken zunächst in voller Höhe defizitär. Gleichzeitig sorgen sie für ein wachsendes Einkommen. Dadurch erzielt der Staat zusätzliche Steuereinnahmen, die das Defizit reduzieren.

Die Frage, wie sich staatliche und gesamtwirtschaftliche Ersparnis verändern, läßt sich ohne zusätzliche Informationen nicht beantworten. Welche Informationen benötigen Sie? Es macht einen Unterschied, ob die zusätzlichen Staatsausgaben für den zusätzlichen staatlichen Konsum verwendet werden, oder ob sie die staatlichen Investitionen erhöhen. Warum? Eine Erhöhung des staatlichen Konsums vermindert die staatliche Ersparnis, eine Erhöhung der staatlichen Investitionen erhöht den staatlichen Finanzierungsbedarf. Für den Saldo des Staatsbudgets ist diese Unterscheidung irrelevant, da hier nur die Steuereinnahmen den Staatsausgaben insgesamt gegenübergestellt werden, für die Berechnung der gesamtwirtschaftlichen Er-

4.4 Welche Auswirkungen haben Veränderungen von Investitionen, Steuern

sparnis aber nicht. Unterstellen wir zunächst, die zusätzlichen Staatsausgaben bestünden aus staatlichem Konsum:

a) $\Delta G = \Delta C_{St} = 80$.

5. Wie verändert sich die staatliche Ersparnis?

ΔS_{St} = $\Delta T - \Delta C_{St}$ = 50 - 80 = ***-30***

6. Wie verändert sich die gesamtwirtschaftliche Ersparnis?

ΔS = $\Delta S_H + \Delta S_{St}$ = 30 - 30 = ***0***

7. Wie verändert sich die gesamtwirtschaftliche Investition?

ΔI = $\Delta I_U + \Delta I_{St}$ = 0 = ΔS = ***0***

Die gesamtwirtschaftliche Ersparnis ändert sich nicht. Das entspricht der Tatsache, daß auch die gesamtwirtschaftliche Investition unverändert bleibt: $\Delta I = \Delta S = 0$. Es hat lediglich eine Umschichtung in der Ersparnisbildung stattgefunden: Die privaten Haushalte sparen mehr, die öffentlichen Haushalte weniger. Der öffentliche Haushalt hat seinen Finanzierungsüberschuß reduziert, der private Sektor hat sein Finanzierungsdefizit reduziert.

Angenommen, der Staat erhöht statt des Konsums die Investitionen:

b) $\Delta G = \Delta I_{St} = 80$.

Wie verändern sich jetzt staatliche und gesamtwirtschaftliche Ersparnis?

8. ΔS_{St} = $\Delta T - \Delta C_{St}$ = 50 - 0 = ***50***

9. ΔS = $\Delta S_H + \Delta S_{St}$ = 30 + 50 = ***80***

Die Veränderung der gesamtwirtschaftlichen Ersparnis muß der Veränderung der gesamtwirtschaftlichen Nettoinvestitionen entsprechen:

10. ΔI = $\Delta I_U + \Delta I_{St}$ = 0 + 80 = ***80***

11. ΔI = ΔS = ***80***

4 Ökonomische Aktivitäten des Staates in einer geschlossenen Volkswirtschaft

Schaubild II/4/5: Der Staat erhöht die Staatsausgaben

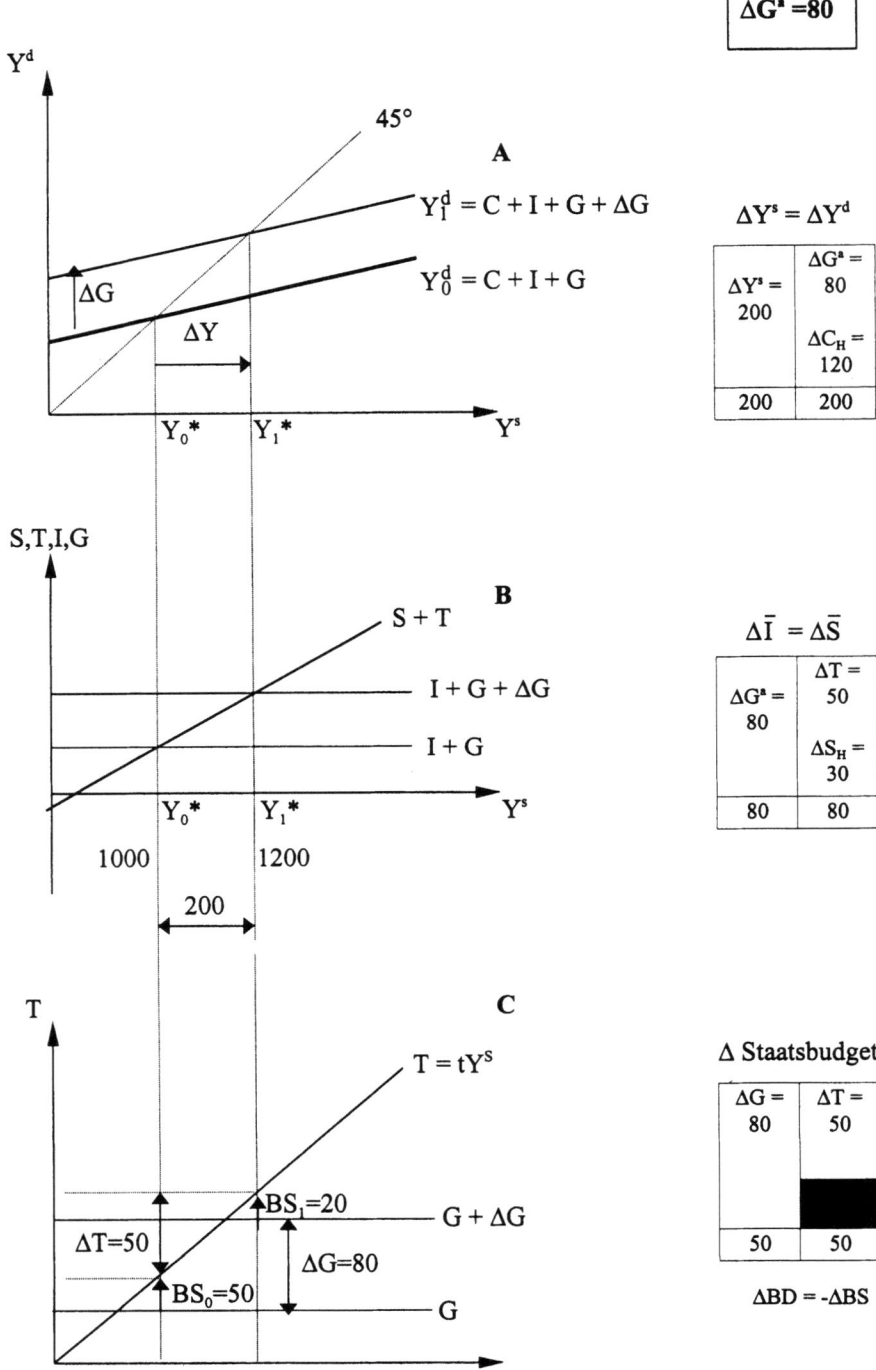

(3) Der Staat erhöht ausschließlich den Steuersatz t

Die Erhöhung des marginalen Steuersatzes bedeutet, daß bei jedem Volkseinkommen ein größerer Steuerbetrag abzuführen ist und das verfügbare Einkommen entsprechend verringert wird. Die Güternachfragekurve dreht sich nach unten, das neue Gleichgewichtseinkommen verringert sich (vgl. Schaubild II/4/6). Auf die Steuereinnahmen wirken zwei gegenläufige Effekte: Das sinkende Volkseinkommen reduziert die Steuereinnahmen, die Erhöhung des marginalen Steuersatzes steigert sie (B). Je nach dem welcher Teileffekt überwiegt, wird sich der Budgetsaldo vergrößern oder verkleinern.

Schaubild II/4/6: $\Delta t = 0{,}05$

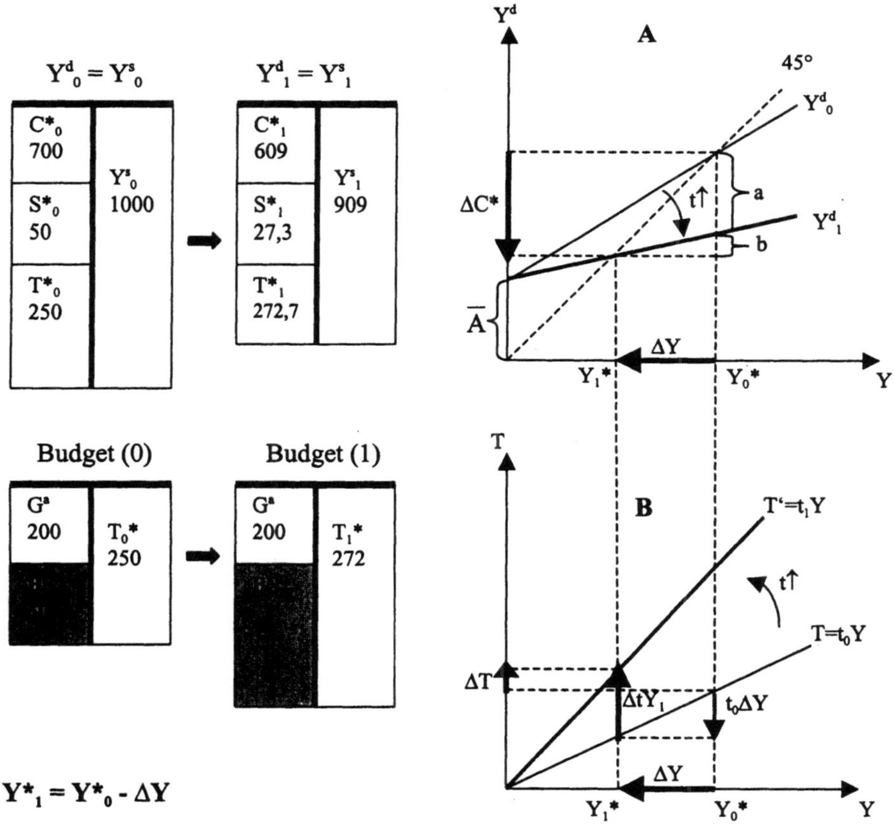

$Y^*_1 = Y^*_0 - \Delta Y$

102   4 Ökonomische Aktivitäten des Staates in einer geschlossenen Volkswirtschaft

Im folgenden werden wir diese Effekte analytisch bestimmen und mit einem Zahlenbeispiel quantitativ aufzeigen. Wir beziehen uns dabei auf das im Kapitel 4.3 aufgeführte Modell. Ausgangspunkt ist die Gleichung (12): Der Steuersatz wird von $t_0 = 0{,}25$ auf $t_1 = 0{,}3$ um $\Delta t = 0{,}05$ angehoben. Der Staat verändert seine Staatsausgaben nicht ($\Delta G = 0$). Wir berechnen die Auswirkungen der Steuersatzerhöhung: Das <u>Volkseinkommen</u> nimmt ab, da der Staat die Nachfrage des privaten Sektors reduziert, selbst aber keine zusätzliche Nachfrage entfaltet:

(1) $Y^* = \dfrac{C^a + I^a + G^a}{1 - c(1-t)}$ für $t_0 = 0{,}25$: $Y_0^* = \dfrac{400}{0{,}4} = 1000$

für $t_1 = 0{,}3$: $Y_1^* = \dfrac{400}{0{,}44} = 909$

(2) $\dfrac{dY}{dt} = -\dfrac{(C^a + I^a + G^a)}{[1 - c(1-t)]^2} c$

$\boxed{\Delta Y = Y_1^* - Y_0^* = -91}$

(3) $\Delta Y = -\dfrac{(C^a + I^a + G^a) c \cdot \Delta t}{[1 - c(1-t_0)][1 - c(1-t_1)]}$ ⟶ $\Delta Y = \dfrac{400 \cdot 0{,}8 \cdot 0{,}05}{0{,}4 \cdot 0{,}44} = -91$

Die <u>Steuereinnahmen</u> verändern sich laut Steuerfunktion:

(4) $T = tY$

(5) $dT = dt\, Y + t\, dY$

(6) $\Delta T = \Delta t(Y_0 + \Delta Y) + t_0 \Delta Y = 0{,}05 (1000 - 91) + 0{,}25 (-91) = 45{,}45 - 22{,}75 = 22{,}7$

Das <u>Staatsbudget</u> verbessert sich um den Betrag der Steuermehreinnahmen:

(7) $\Delta BS = \Delta T - \Delta G^a = 22{,}70 - 0 = 22{,}7 = \Delta S_{St}$

Die <u>Konsumausgaben</u> der privaten Haushalte verringern sich wie folgt:

(8) $C_H = C^a + c(1-t)Y$

(9) $\Delta C_H = c(1-t)\Delta Y - cY\Delta t = 0{,}8(1-0{,}3)(-91) - 0{,}8 \cdot 1000 \cdot 0{,}05 = -91$

Die <u>Ersparnis</u> der privaten Haushalte sinkt ebenfalls:

(10) $S_H = -C^a + s(1-t)Y$

(11) $\Delta S_H = s(1-t)\Delta Y - sY\Delta t = 0{,}2(1-0{,}3)(-91) - 0{,}2 \cdot 1000 \cdot 0{,}05 = -22{,}7$

Die <u>volkswirtschaftliche Ersparnis</u> bleibt unverändert:

(12) $\Delta S = \Delta S_{St} + \Delta S_H = +22{,}7 - 22{,}7 = 0$

Wie man sehen kann, ist der Einkommensrückgang in voller Höhe durch einen Rückgang der Konsumgüternachfrage entstanden. Die Steuern sind ausschließlich durch einen Rückgang der privaten Ersparnis finanziert worden. Sie verbessern das Staatsbudget und erhöhen die staatliche Ersparnis. Die gesamtwirtschaftliche Ersparnis bleibt unverändert. Sie hat sich aber in ihrer Struktur neu zusammengesetzt: einem höheren staatlichen Anteil steht ein geringerer Anteil der privaten Haushalte gegenüber.

(4) Der Staat erhöht Staatsausgaben und Steuereinnahmen:
Der Staat betreibt eine <u>Parallelpolitik</u> und erhöht gleichzeitig die Steuern (mit Hilfe einer Erhöhung des Steuersatzes) und die Staatsausgaben um den gleichen Betrag, so daß der Budgetsaldo unverändert bleibt. Welche Effekte gehen von dieser Politik auf das Volkseinkommen aus? Es ist:

(1) $Y = c(1-t)Y + (C^a + I^a + G^a)$

(2) $dY = c\,dY - ct\,dY - cY\,dt + dG$

(3) $(1-c)dY = -c(t\,dY + Y\,dt) + dG$

(4) $T = tY$ und

(5) $dT = t\,dY + Y\,dt$, damit wird (3) zu (6)

(6) $dY = -\dfrac{c\,dT}{1-c} + \dfrac{dG}{1-c} = \dfrac{dG - c\,dT}{1-c}$

(7) $dY = \dfrac{1-c}{1-c}dT = dG$ \qquad bei $dT = dG$

(8)

Der Multiplikator einer derartigen Parallelpolitik ist, wie Gleichung (8) zeigt, gleich eins. Das heißt, der Staat wirkt auch dann expansiv auf das Volkseinkommen, wenn er seine zusätzlichen Staatsausgaben vollständig mit zusätzlichen Steuereinnahmen finanziert. Dieses Theorem heißt nach dem norwegischen Ökonom, der es zum ersten Mal ableitete: *Haavelmo - Theorem.* Zwei gegenläufige Effekte sind zu berücksichtigen: die zusätzlichen Staatsausgaben wirken expansiv, die zusätzlichen Steuern bremsen diese expansive Wirkung.

Eine weitere wichtige Schlußfolgerung läßt sich aus dem Haavelmo - Theorem ableiten: Schwankt das Volkseinkommen (bei konstantem Steuersatz „t") verursacht

104   4 Ökonomische Aktivitäten des Staates in einer geschlossenen Volkswirtschaft

durch Veränderungen der autonomen Größen des privaten Sektors (z.B. Konjunkturschwankungen) und verfolgt der Staat eine Politik des stets ausgeglichenen Staatsbudgets, dann verstärkt er diese Schwankungen! Aus der Sicht der keynesianischen Theorie wirkt ein ausgeglichenes Staatsbudget prozyklisch. Sie schlägt eine anti-zyklische Fiskalpolitik vor: In der Hochkonjunktur sollte das Staatsbudget einen Überschuß und in der Rezession ein Defizit aufweisen. Auf diese Weise würden die Konjunkturschwankungen gedämpft und die wirtschaftliche Entwicklung stabilisiert werden.

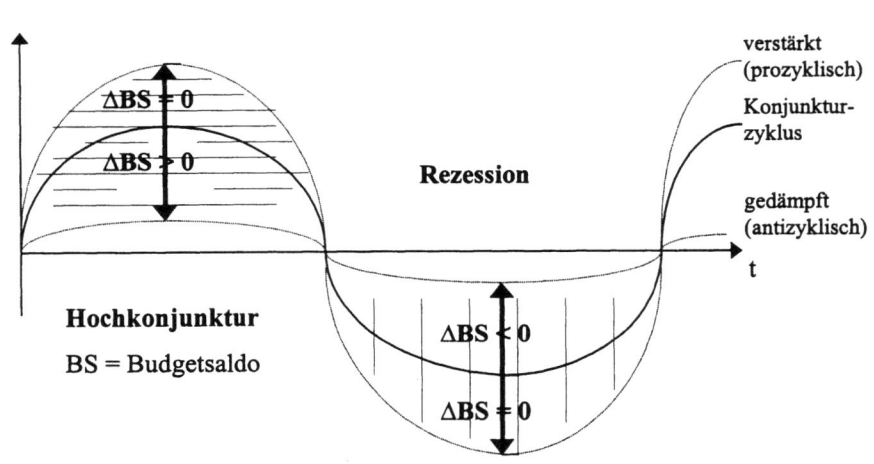

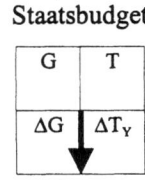 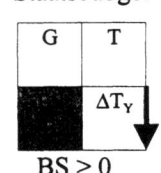 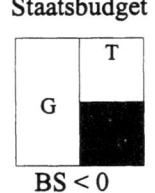 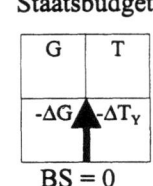

Zahlenbeispiel:

Nehmen wir an, der Staat betreibt eine Parallelpolitik und erhöht gleichzeitig $\Delta G = \Delta T = 80$. Welchen Einfluß hat diese Politik auf die bisher untersuchten Variablen?

(1) $\Delta Y = \Delta G = \Delta T = $ **80**

Der „springende Punkt" liegt in der Erhöhung des Steuersatzes. Er muß so gewählt werden, daß die Summe aus einkommensinduzierten und steuersatzinduzierten Steuermehreinnahmen den zusätzlichen Staatsausgaben entsprechen:

(2) $T = tY \implies T_0 = t_0 Y_0 \qquad T_2 = t_2 Y_2$

(3) $\Delta T = t\Delta Y + Y\Delta t = t_0 \Delta Y + Y_2 \Delta t = T_2 - T_0$

(4) $\Delta T = t_0 \Delta Y + (\Delta Y + Y_0)\Delta t \qquad Y_2 = Y_0 + \Delta Y$

(5) $\Delta t = \dfrac{\Delta T - t_0 \Delta Y}{\Delta Y + Y_0} = \dfrac{80 - 0{,}25 \cdot 80}{1000 + 80} = \mathbf{0{,}055}$

Damit ist der neue marginale Steuersatz $t_2 = t_0 + \Delta t = 0{,}25 + 0{,}055 = \mathbf{0{,}3055}$ bestimmt. Die weiteren Variablen berechnen Sie wie gewohnt.

Das Schaubild II/4/6 illustriert die Zusammenhänge einer Parallelpolitik. In der Grafik A verschiebt sich die Y^d_0-Kurve um ΔG parallel nach oben auf Y^d_1. Die verschobene Kurve erfährt eine Drehung nach unten um Δt. Das Ausmaß von Δt bestimmt sich grafisch dadurch, daß Sie vom Punkt a (in der Grafik A) die Strecke $\Delta Y = \Delta G = ab$ abtragen und dann vertikal auf die 45°-Linie „hochloten". Sie erhalten den Punkt c, durch den die Y^d_2-Kurve hindurchlaufen muß. Zwischen den Punkten: a, b, c bildet sich ein rechtwinkliges Dreieck für das gilt ab = bc bzw. $\Delta Y = \Delta G$.
Für die Steuerfunktion gilt entsprechend $\Delta T = \Delta Y$, so daß die Steuerfunktion T_2 durch den Punkt c (in der Grafik B) laufen muß. Sie erhalten diesen Punkt, indem Sie die Stecke ab im Punkt b vertikal abtragen. Die Steuermehreinnahmen zerfallen in zwei Komponenten: eine einkommensinduzierte ($= t_0 \Delta Y$) und ein steuersatzinduzierte ($= \Delta t (Y_0 + \Delta Y)$).

Schaubild II/4/7: Parallelpolitik des Staates

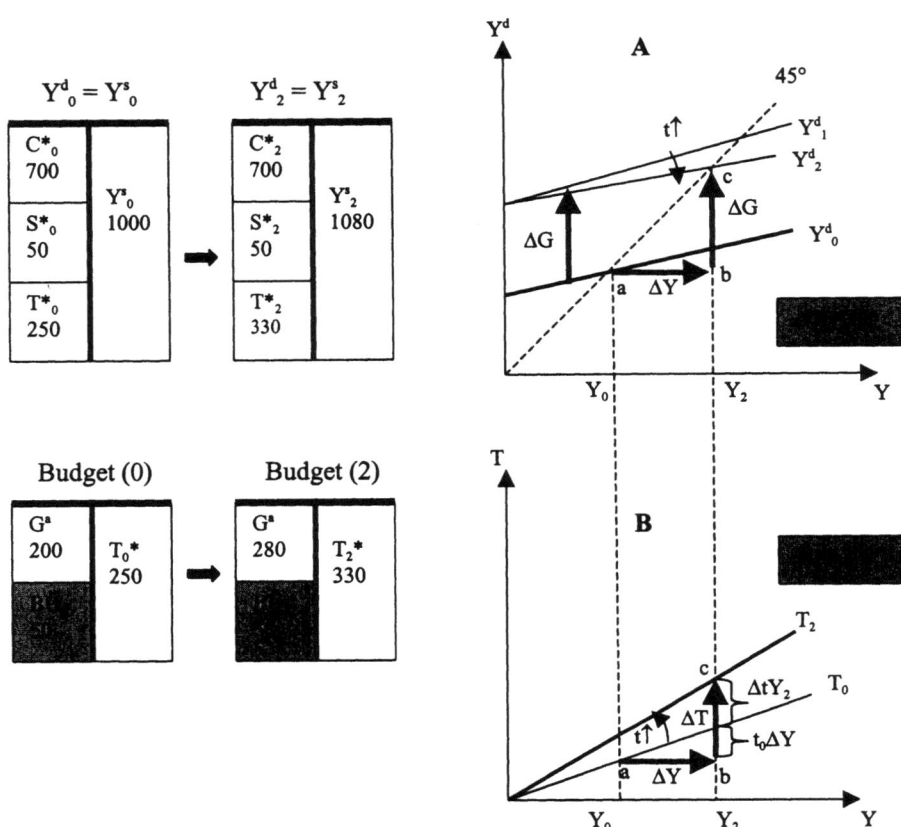

Box II/4/2 Der Staat leistet Transferzahlungen

Wir haben bereits zu Beginn dieses Kapitels darauf hingewiesen, daß zu den staatlichen, ökonomischen Aktivitäten auch die Transferzahlungen an private Haushalte gehören (z.B. Arbeitslosengeld, Rentenzahlungen, Sozialhilfe, Bafög). Diese Transfers werden von sogenannten „Parafiski" (z.B. der Renten- oder Arbeitslosenversicherungsanstalt) geleistet, die aber Bestandteil des konsolidierten Staatsbudgets sind. Wir modellieren diese Volkswirtschaft unter der vereinfachten Annahmen, daß sowohl die Steuereinnahmen als auch die Transferzahlungen „autonom" gegeben sind.

Zahlenbeispiel

$Y^d = C_H + I_U + G$ $\qquad$ $T^a = 300$ $\quad C_H^a = 100$
$C_H = C^a + cY_H^v$ $\qquad$ $Tr^a = 50$ $\quad G^a = 200$
$Y_H^v = Y^a - T + Tr$ $\qquad$ $I_U^a = 100$ $\quad c = 0,8$
$T = T^a \qquad Tr = Tr^a$
$I_U = I_U^a \qquad G = G^a$
$\overline{A} = C^a + I_U^a + G^a$
$Y^d = c(Y^a - T + Tr) + \overline{A}$
$Y^d = Y^a = Y$

$$Y^* = \frac{c}{1-c}(Tr - T) + \frac{1}{1-c}\overline{A}$$

$\Delta Y = \dfrac{c}{1-c}\Delta Tr$ $\qquad$ Transferzahlungsmultiplikator: $\dfrac{c}{1-c} = 4$

$\Delta Y = -\dfrac{c}{1-c}\Delta T$ $\qquad$ Steuermultiplikator: $-\dfrac{c}{1-c} = -4$

$\Delta Y = \dfrac{1}{1-c}\Delta G^a$ $\qquad$ Staatsausgabenmultiplikator: $\dfrac{1}{1-c} = 5$

Wie man unschwer erkennt, ist der Staatsausgabenmultiplikator größer als der Transfer- oder Steuermultiplikator. Für die Entwicklung des Volkseinkommens macht es mithin einen großen Unterschied, ob der Staat seine Staatsausgaben oder z. B. die Transferzahlungen erhöht. Auf das konsolidierte Staatsbudget haben diese Alternativen hingegen einen identischen (hier defizitär wirkenden) Effekt. Im einzelnen erhalten wir für:

$\Delta Tr = 80, \Delta Y = 320$ $\qquad$ $\Delta T = 80, \Delta Y = -320$ $\qquad$ $\Delta G = 80, \Delta Y = 400$

a) Was passiert, wenn der Staat seine Staatsausgaben erhöht und gleichzeitig die Transferzahlungen budgetneutral senkt ($\Delta Y = ?, \Delta G = 80, -\Delta Tr = 80, \Delta BS = 0$)?

$$\Delta Y = \frac{c}{1-c}(-\Delta Tr) + \frac{1}{1-c}\Delta G = -4 \cdot 80 + 5 \cdot 80 = 80$$

Die Budgetgleichung des Staates ist jetzt:

Staatsausgaben	=	*Staatseinnahmen*
$G + Tr$	=	$T + BS$
$\Delta G + \Delta Tr$	=	$\Delta T + \Delta BS$
ΔBS	=	$\Delta G + \Delta Tr - \Delta T$
ΔBS	=	$80 - 80 - 0 = 0$

b) Wir wollen uns jetzt überlegen, was passiert, wenn der Staat die Steuern erhöht und diese (budgetneutral) für zusätzliche Transferzahlungen verwendet. Es ist: $\Delta Y^* = \dfrac{c}{1-c}\Delta Tr - \dfrac{c}{1-c}\Delta T$.

Wenn $\Delta Tr = \Delta T$ ist, ist der Effekt auf das Volkseinkommen gleich Null. Wir wollen jetzt allerdings unterstellen, daß die Transferzahlungsempfänger (A) typischerweise eine sehr hohe marginale Konsumquote c_A habe, während die zusätzlichen Steuereinnahmen bei hohen Einkommensbeziehern erhoben werden, die sich durch eine geringe marginale Konsumquote auszeichnen c_B. Dann ist:

$\Delta Y^* = \dfrac{c_A}{1-c_A}\Delta Tr - \dfrac{c_B}{1-c_B}\Delta T$. Da $c_A > c_B$ ist, ergibt sich durch diese Umverteilungspolitik ein expansiver Effekt. Bei $\Delta T = \Delta Tr = 80$ und $c_A = 0,9, c_B = 0,2$ erhält man: $\Delta Y^* = 720 - 20 = 700$

Box II/4/3: Der Staat erhebt eine Pauschalsteuer $T = T^a$

Unterstellen wir, die Steuer wäre einkommensunabhängig und autonom vorgegeben. Welchen Einfluß hätte die Erhöhung der Staatsausgaben in diesem Fall? Es ist:

$Y^d = C_H + I_U + G$
$C_H = C^a + c(Y^a - T)$
$T = T^a$
$I_U = I_U^a$

$$Y^* = \frac{1}{1-c}(-cT^a + C^a + I_U^a + G) \qquad \Delta Y^* = \frac{1}{1-c}\Delta G$$

$G = G^a$
$Y^d = Y^a = Y^*$

<u>Ergebnis:</u> Der Staatsausgabenmultiplikator ist größer als im Falle einer einkommensabhängigen Steuerfunktion. (Er ist identisch mit dem Investitionsmultiplikator des Modells II.3).
Die <u>Begründung</u> dafür lautet, daß die durch zusätzliche Staatsausgaben indizierte Einkommenssteigerung nicht zu proportional steigenden Steuereinnahmen führt, die die Konsumgüternachfrage beeinträchtigen.
<u>Aufgabe:</u> Berechnen Sie eigenständig die Werte aller Variablen und bestimmen Sie die Unterschiede im Vergleich zu einer einkommensabhängigen Steuer.
Bei einer staatlichen Parallelpolitik $\Delta G = \Delta T^a$ ergibt sich:

$$\Delta Y = -\frac{c}{1-c}\Delta T^a + \frac{1}{1-c}\Delta G \qquad \Delta Y = \frac{1-c}{1-c}\Delta G = \Delta G \qquad \Delta Y = \Delta G^a = \Delta T^a = 80$$

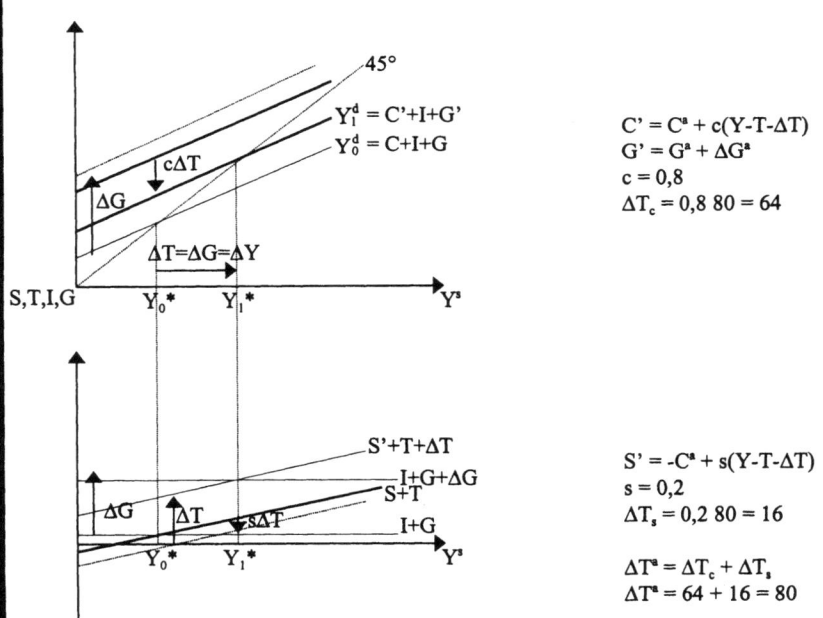

Staatliche Parallelpolitik: ($\Delta G = \Delta T$)

$C' = C^a + c(Y-T-\Delta T)$
$G' = G^a + \Delta G^a$
$c = 0,8$
$\Delta T_c = 0,8 \cdot 80 = 64$

$S' = -C^a + s(Y-T-\Delta T)$
$s = 0,2$
$\Delta T_s = 0,2 \cdot 80 = 16$

$\Delta T^a = \Delta T_c + \Delta T_s$
$\Delta T^a = 64 + 16 = 80$

4.5 Die IS-Kurve in einer geschlossenen Volkswirtschaft mit Staat

Geben wir in diesem Modell die restriktive Annahme autonomer privater Investitionen auf, stellt sich das Gütermarktgleichgewicht wiederum als IS-Kurve dar, wie wir sie schon im Kapitel II/3.7 entwickelt haben. Allerdings unterscheiden sich die Nachfragefunktionen und mithin auch der Verlauf der neuen IS-Kurve. Um auf diesen Unterschied hinzuweisen, schreiben wir für die IS-Kurve mit Staat: $\overline{IS}$

Wir untersuchen folgendes Modell:

Zahlenbeispiel

(1) $Y^d = C + I + G$ $0 < c < 1$

(2) $C = C^a + cY^v$ $0 < t < 1$ $C = 100 + 0,8Y^v$

(3) $Y^v = Y^s - T$

(4) $T = tY^s$ $T = 0,25Y^s$

(5) $I = I^m - bi$ *Zinsabhängigkeit!* $I = 200 - 1000i$

(6) $G = G^a$ $G = 200$

(7) $Y^d = Y^s = Y$

$\quad - bi + G^a$

Das Gleichgewichtseinkommen berechnet sich jetzt wie folgt:

$\overline{IS}$-Funktion: $Y = Y(i)$

(a) $$Y = \frac{C^a + I^m + G^a}{1 - c(1-t)} - \frac{b}{1 - c(1-t)} i \qquad Y = \frac{100 + 200 + 200}{1 - 0,8(1 - 0,25)} - \frac{1000}{1 - 0,8(1 - 0,25)} i$$

oder

IS-Funktion: $i = i(Y)$ a) $Y = 1250 - 2500i$

(b) $$i = \frac{C^a + I^m + G^a}{b} - \frac{1 - c(1-t)}{b} Y \qquad b) \quad i = \frac{1}{2} - \frac{1}{2500} Y$$

Diese $\overline{IS}$-Funktion gibt sämtliche Kombinationen zwischen Zinssatz und Volkseinkommen an, bei denen der Gütermarkt im Gleichgewicht ist. Kombinationen von i und Y, die oberhalb der $\overline{IS}$-Kurve liegen, zeigen an, daß das Güterangebot (und das daraus resultierende Einkommen) höher ist als die gesamte Güternachfrage. Für

110   4 Ökonomische Aktivitäten des Staates in einer geschlossenen Volkswirtschaft

Schaubild II/4/8: $\overline{\text{IS}}$**-Kurve mit Staat**

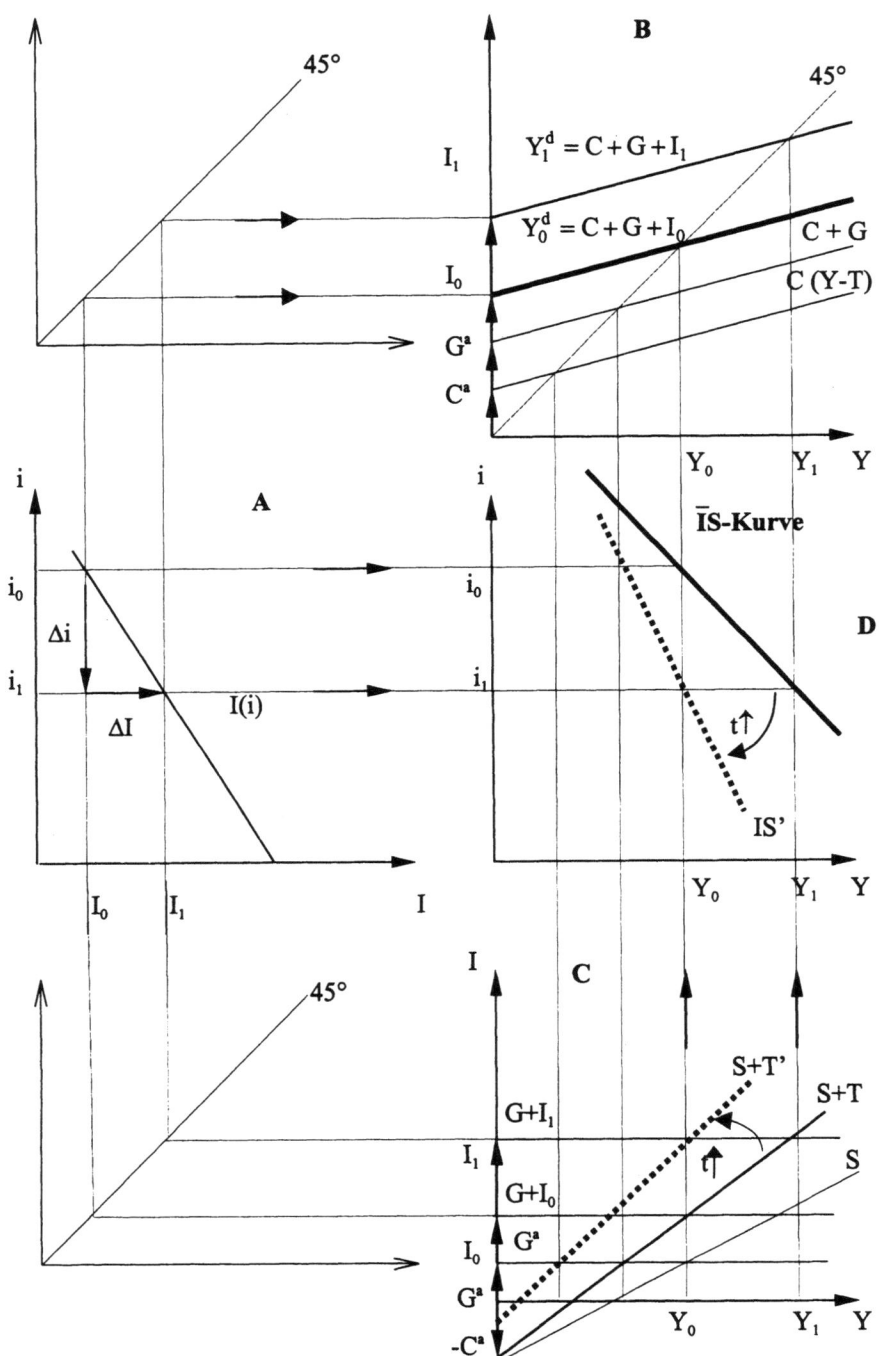

4.5 Die $\overline{\text{IS}}$ – Kurve in einer geschlossenen Volkswirtschaft mit Staat

Kombinationen unterhalb gilt das Umgekehrte. Nur die $\overline{\text{IS}}$-Kurve selbst markiert ein Gleichgewicht.

Im Schaubild II/4/8 (A) ist die zinsabhängige Investitionsfunktion abgebildet. In (B) findet sich die gesamtwirtschaftliche Nachfrage unter Berücksichtigung der Staatsausgaben und der Steuern, die beim Zinssatz i_0 durch die Kurve Y^d_0 erfaßt ist, beim Zinssatz i_1 gilt die Kurve Y^d_1. In (D) erhält man die $\overline{\text{IS}}$-Kurve durch Übernahme der Gleichgewichtseinkommen Y_0 und Y_1 (aus B) und der zugehörigen Zinssätze i_0 und i_1 (aus A). Die Verbindungslinie der Punkte i_0/Y_0 und i_1/Y_1 ist die $\overline{\text{IS}}$-**Kurve**. Sie können die $\overline{\text{IS}}$-Kurve auch über die Grafik (C) ableiten, denn für das Gleichgewicht gilt auch: S+T = I+G. Die gestrichelten Linien gelten für den Fall veränderter Staatsausgaben bzw. Steuersätze.

Zum Abschluß dieses Kapitels stellen wir uns die Frage: <u>wie verändert sich die Lage der $\overline{\text{IS}}$-Kurve durch die Änderung staatlicher ökonomischer Aktivitäten?</u> Wie also verändert eine Erhöhung a) der Staatsausgaben oder eine Erhöhung b) des Steuersatzes die $\overline{\text{IS}}$-Kurve? Eine klare Antwort liefert uns die Funktion der $\overline{\text{IS}}$-Kurve (vgl. Schaubild II/4/9):

Ad a) *Zahlenbeispiel*

Für $\Delta G = 80$

$$Y = \frac{1}{1-c(1-t)}(C^a + I^m + G^a) - \frac{b}{1-c(1-t)}i$$

$$\Delta Y = \frac{1}{1-c(1-t)}\Delta G$$

$$\Delta Y = \frac{1}{1-0{,}8(1-0{,}25)}80$$

$$\Delta Y = \frac{1}{0{,}4}80 = 200$$

<u>Antwort</u>: Bei jedem Zinssatz i verschiebt sich die IS-Kurve um ΔY nach rechts. Der Gütermarkt ist dann wieder im Gleichgewicht, wenn durch die staatliche Nachfrageerhöhung eine entsprechende Einkommenserhöhung stattgefunden hat gemäß Multiplikatoreffekt (Grafik A).

Ad b) Für die Beantwortung der zweiten Frage, ist es günstiger, die $\overline{\text{IS}}$-Funktion in der Formulierung i = i(Y) zu nehmen und diese nach t zu differenzieren:

$$i = \frac{C^a + I^m + G^a}{b} - \frac{1-c(1-t)}{b}Y \quad \Rightarrow \quad di = -\frac{c}{b}Ydt \quad \Rightarrow \quad \Delta i = -\frac{0{,}8}{1000}Y\Delta t$$

Antwort: Die $\overline{IS}$-Kurve dreht sich nach unten und zwar sind die Ordinatenabstände Δi desto größer, je größer Y ist. Die ökonomische Erklärung ist folgende: Erhöht der Staat den marginalen Steuersatz, entzieht er den privaten Haushalten Kaufkraft und senkt deren Konsumgüternachfrage und Ersparnis. Da der Staat die Steuermehreinnahmen annahmegemäß nicht für staatliche Ausgaben verwendet sondern seine staatliche Ersparnis entsprechend erhöht, kann es zu einem neuen güterwirtschaftlichen Gleichgewicht nur kommen, wenn die privaten Investitionen sowohl die fehlende (Konsum-) Güternachfrage ausgleichen als auch die zusätzliche staatliche Ersparnis absorbieren. Eine zusätzliche Investitionsgüternachfrage stellt sich aber nur bei sinkenden Zinssätzen ein. Da die Steuereinnahmen proportional mit der Höhe des Volkseinkommens steigen, müssen (um das Gleichgewicht auf dem Gütermarkt zu gewährleisten) die Investitionen ebenfalls bei höherem Einkommen stärker zunehmen, was cet. par. nur möglich ist, wenn die Zinssätze stärker sinken.

Schaubild II/4/9: Veränderung der $\overline{IS}$-Kurve durch staatliche Aktivitäten

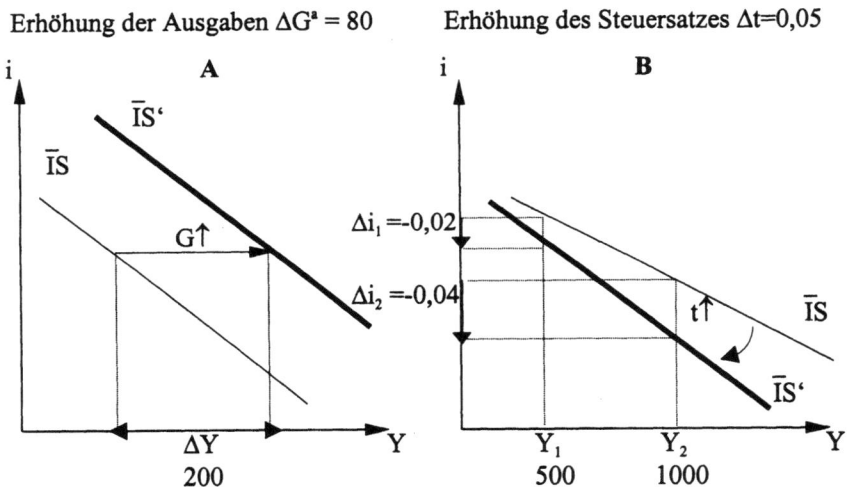

4.5 Die $\overline{\text{IS}}$ – Kurve in einer geschlossenen Volkswirtschaft mit Staat

Box II/4/4: Die Entwicklung der Staatsverschuldung seit der deutschen Vereinigung

Die Staatsschuld hat seit Beginn der neunziger Jahre vor allem wegen der fiskalpolitischen Folgen der deutschen Vereinigung sprunghaft zugenommen. Zwar wurde ein Teil der erforderlichen Aufwendungen für die Integration der neuen Bundesländer durch die Erhöhung von Steuern und Sozialabgaben sowie durch Ausgabeneinsparungen vor allem beim Bund aufgefangen, doch trug die Kreditaufnahme wesentlich zur Finanzierung bei. Angesichts der gravierenden vereinigungsbedingten Anforderungen auch den Weg einer stärkeren Verschuldung zu beschreiten, ist freilich nur für einen begrenzten Zeitraum vertretbar. Andernfalls droht eine Verschuldungsfalle, in der das Staatsdefizit und der Schuldenstand sich infolge schnell wachsender Zinsbelastungen aus sich selbst heraus nähren. Um eine solche Entwicklung zu vermeiden, muß der von der Finanzpolitik eingeschlagene Konsolidierungskurs strikt durchgehalten werden. Dies ist auch deshalb notwendig, um die für die Teilnahme an der Europäischen Währungsunion erforderliche Solidität der öffentlichen Finanzen dauerhaft zu gewährleisten.

Haushaltspolitische Konsequenzen des Verschuldungsanstiegs

Eine starke Inanspruchnahme der Kreditmärkte durch die öffentliche Hand kann nicht nur zu Verdrängungseffekten am Kapitalmarkt führen, sondern sie beschränkt mittel- und längerfristig auch den haushaltswirtschaftlichen Spielraum der Gebietskörperschaften selbst. Bei einer hohen Kreditfinanzierungsquote wächst die Gefahr, daß der Verschuldungsprozeß infolge anschwellender Zinslasten außer Kontrolle gerät; der Konsolidierungskurs, der erforderlich ist, um die Schuldenquote zumindest zu stabilisieren, muß dann je später desto schärfer ausfallen.

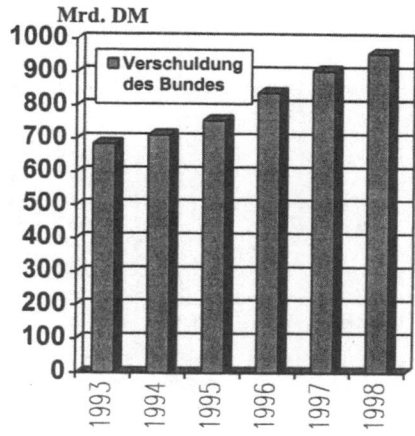

Quelle: Deutsche Bundesbank, Monatsbericht, Februar 1999.

114   4 Ökonomische Aktivitäten des Staates in einer geschlossenen Volkswirtschaft

Quelle: Deutsche Bundesbank, Monatsbericht, März 1997

5 Export und Import in einer offenen Volkswirtschaft
– Modell: $Y^d = C + I + G + (Ex-Im)$

5.1 Die Gütertransaktionen mit dem Ausland

Wir kommen zu dem Modell einer offenen Volkswirtschaft, d.h. wir beziehen jetzt die Gütertransaktionen mit dem Ausland in unser Modell ein. Unter Berücksichtigung der Exporte und Importe werden sämtliche Gleichgewichtswerte erneut verändert. Von besonderem Interesse sind darüber hinaus die Auswirkungen auf die Zahlungsbilanz. Exporte und Importe sind als Außenbeitrag Bestandteil der Leistungsbilanz. Es wird uns daher auch interessieren, wie sich der Außenbeitrag verändert. Abschließen werden wir dieses Kapitel mit einer Untersuchung der IS-Kurve unter Berücksichtigung des Außenbeitrages.

Doch zunächst zu den neuen Funktionen. Wovon hängen Export und Import ab? Wir unterstellen hier, daß der Export autonom durch das Ausland gegeben ist (und nicht vom Inland beeinflußt werden kann). Für die Importe hingegen nehmen wir an, daß sie vom inländischen Volkseinkommen abhängen und zwar derart, daß bei steigendem Volkseinkommen der Importwert steigt. Andere Einflußfaktoren wie z.B. terms of trade[1], Wechselkurse, Inflationsraten usw. klammern wir hier aus, indem wir diese Einflußfaktoren als konstant und gleich 1 ansehen. Es sind:

Exportfunktion: $Ex = Ex^a$

Importfunktion: $Im = Im^a + mY^s$

wobei Im^a der autonome Import ist, der unabhängig von der Höhe des Volkseinkommens importiert wird, "m" die marginale Importquote, die angibt, um welchen Betrag sich der Import erhöht, wenn das Volkseinkommen um eine Einheit steigt und Ex^a der autonome Export.

---

[1] Das Austauschverhältnis der Güter ausgedrückt durch das Preisverhältnis der Exportgüterpreise zu den Importgüterpreisen.

Der *Außenbeitrag* ist definiert als: $\quad$ **AB = Ex - Im**

$$AB = Ex^a - Im^a - mY^s$$

Der Außenbeitrag ist ausgeglichen: $\quad$ **AB = 0** $\quad$ bei $Y = \dfrac{Ex^a - Im^a}{m}$

Schaubild II/5/1: Export/Import/Außenbeitrag

$\qquad\qquad\qquad\qquad\qquad\qquad\qquad\qquad\qquad\qquad$ *Zahlenbeispiel*

Importfunktion: $\quad$ $Im = Im^a + mY^s$ $\qquad\qquad$ $Im = 50 + 0{,}2Y$

marginale Importquote: $\quad \dfrac{d\,Im}{d\,Y^s} = m = \tan\alpha$

Exportfunktion: $\quad$ $Ex = Ex^a$ $\qquad\qquad\qquad\qquad$ $Ex = 250$

Außenbeitrag: $\quad$ $AB = Ex - Im$ $\qquad\qquad\qquad$ $AB = 250 - 50 - 0{,}2Y$

$\qquad\qquad\qquad = Ex^a - Im^a - mY^s$ $\qquad\qquad\quad\; = 200 - 0{,}2Y$

marginaler Außenbeitrag: $\quad \dfrac{dAB}{d\,Y^s} = -m = -\tan\alpha$

Ausgeglichener $\quad$ $AB = 0 \;\Rightarrow\; Ex = Im \;\Rightarrow\;$ $Ex^a = Im^a - mY^s$

Außenbeitrag $\qquad\qquad\Rightarrow\; Y_0 = \dfrac{Ex^a - Im^a}{m} = \dfrac{200}{0{,}2} = 1000$

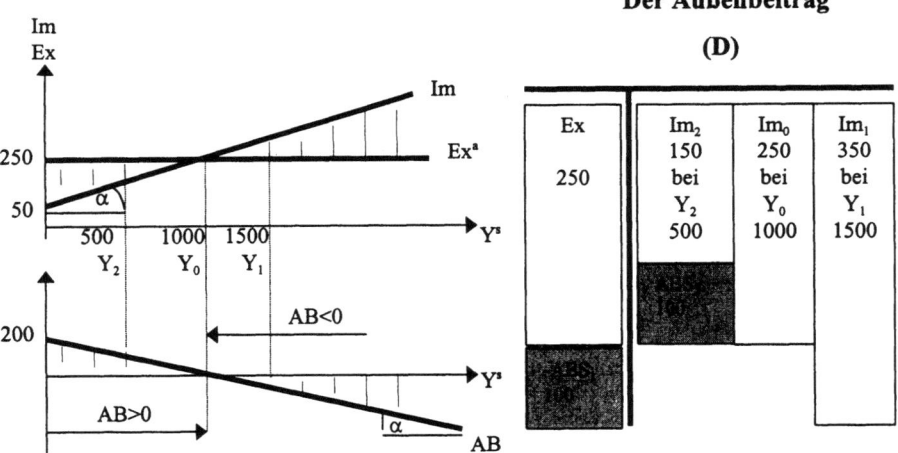

Der Außenbeitrag

Saldo Außenbeitrag

$ABS = Ex - Im$

Veränderungen des Außenbeitrags

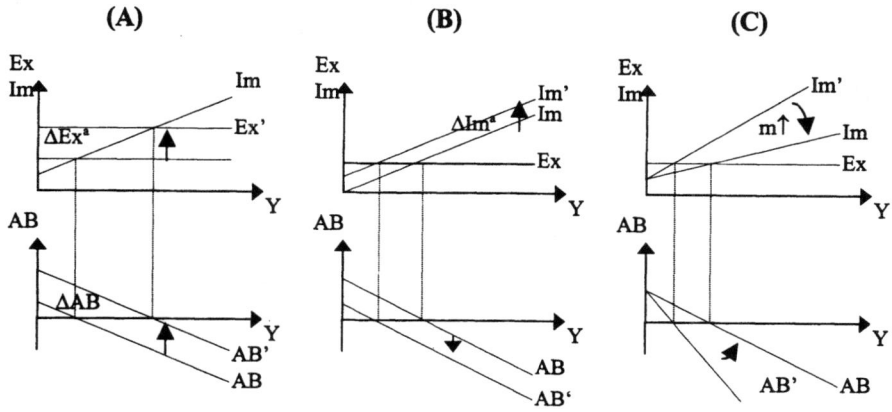

Die Frage, wodurch sich der Außenbeitrag verändert, können wir mathematisch beantworten, indem wir das totale Differential bilden:

AB = Ex^a - Im^a - mY $\longrightarrow$ d(AB) = dEx^a - dIm^a - Y dm - m dY

 (A) (B) (C) (D)

Der Außenbeitrag nimmt zu, wenn die autonomen Exporte steigen (A), in allen anderen Fällen nimmt er ab. Der Fall (D) erklärt sich endogen aus dem Modell heraus.

5.2 Wie bestimmen sich die Gleichgewichtswerte in einer offenen Volkswirtschaft?

Der Unterschied zu den bisher behandelten „geschlossenen" Volkswirtschaften liegt darin, daß die Gütertransaktionen mit dem Ausland einbezogen werden: Das Ausland tritt als Nachfrager inländischer Güter auf und erhöht dadurch die gesamtwirtschaftliche Nachfrage, was für sich genommen expansiv auf das Volkseinkommen wirkt. Gleichzeitig importiert das Inland Güter vom Ausland. Zu dem einheimischen Güterangebot tritt jetzt das Güterangebot des Auslandes hinzu, wodurch das heimische Angebot zurückgedrängt wird. Mithin stehen sich eine expansive und eine kontraktive Wirkung gegenüber. Im Außenbeitrag werden diese Effekte zu einem

Nettonachfrageeffekt saldiert. Schauen wir uns jetzt diese Zusammenhänge einmal genauer in dem **_Modell einer offenen Volkswirtschaft_** an:

unter Berücksichtigung der spezifischen Funktionen wird diese Formel zu:

$Y^d = C^a + c(1-t)Y^s + I^m - bi + G^a + Im^a + mY^s - Ex^a$

$Y^d = \underbrace{C(Y^s)}_{} + \underbrace{I(i)}_{} + G^a + \underbrace{Im(Y^s)}_{} - Ex^a$

Zahlenbeispiel

(1)	Y^d	=	$C + I + G + Ex - Im$	Nachfragefunktion	C^a	=	100
(2)	C	=	$C^a + cY_H^v$	Konsumfunktion	I^a	=	100
(2a)	C	=	$C^a + c(1-t)Y$	(3 + 4 in 2)	G^a	=	200
(3)	Y_H^v	=	$Y^s - T$	Def. Gleichung	Ex^a	=	250
(4)	T	=	tY^s	Steuerfunktion	Im^a	=	50
(5)	I	=	I^a	Investitionsfunktion	c	=	0,8
(6)	G	=	G^a	Staatsausgabenfkt.	t	=	0,25
(7)	Ex	=	Ex^a	Exportfunktion	m	=	0,2
(8)	Im	=	$Im^a + mY^s$	Importfunktion			
(9)	Y^d	=	$Y^s = Y$	Gleichgewicht			
(10)	Y^d	=	$C^a + c(Y^s - tY^s) + I^a + G^a + Ex^a - Im^a - mY^s = Y^s = Y$				

Das Gleichgewichtseinkommen Y* ist:

(11)

Im Vergleich zum Modell einer geschlossenen Volkswirtschaft ist der Multiplikator in einer offenen Volkswirtschaft kleiner:

geschlossene Volkswirtschaft	*Multiplikator*	*offene Volkswirtschaft*
$\dfrac{1}{1-c(1-t)}$	$>$	$\dfrac{1}{1-c(1-t)+m}$

5.2 Wie bestimmen sich die Gleichgewichtswerte in einer offenen Volkswirtschaft?

Eine zweite Methode zur Bestimmung des Gleichgewichtseinkommens ergibt sich durch die Gegenüberstellung der „Sickerverluste" und „Injektionen". Es ist:

(12) $Y^s = Y^d$

(13) $C+S+T = C+I+G+Ex - Im$

C steht auf beiden Seiten der Gleichung und wird gekürzt. Die Importe bringen Sie auf die linke Seite, so daß dort alle einkommensabhängigen Funktionen stehen, die kreislauftheoretisch als "Sickerverluste" den Wirtschaftskreislauf verkleinern. Die rechte Seite enthält die "Injektionen", die den Wirtschaftskreislauf stärken:

(14) $S(Y) + T(Y) + Im(Y) = I^a + G^a + Ex^a$

$$\bar{\bar{S}} = \bar{\bar{I}}$$

Wir setzen die Funktionen ein und ermitteln das **Gleichgewichtseinkommen Y***:

(15) $-C^a + (1-c)(1-t)Y^s + tY^s + Im^a + mY^s = I^a + G^a + Ex^a$ $\qquad Y^s = Y^d = Y^*$

(16) $Y^* [(1-c)(1-t)+t+m] = C^a - Im^a + G^a + Ex^a - Im^a$

(17) $\boxed{Y^* = \dfrac{C^a + I^a + G^a + Ex^a - Im^a}{1 - c(1-t) + m}}$ $\qquad \boxed{Y^* = \dfrac{600}{1 - 0{,}8(1-0{,}25) + 0{,}2} = 1000}$

Aus dem Gleichgewichtseinkommen ergeben sich durch Einsetzen in die entsprechenden Funktionen sämtliche Gleichgewichtswerte. Diese Gleichgewichtswerte können wir noch einmal in einem Modell und in einem Wirtschaftskreislauf zusammenstellen. Dabei wird deutlich, daß beim Gleichgewichtseinkommen weder das Staatsbudget (St) noch der Außenbeitrag (AB) ausgeglichen sein müssen, sondern in der Regel Salden aufweisen. Diesen Salden entsprechen Finanzierungsüberschüsse oder Defizite dieser Sektoren.

<u>Welche Werte haben das Staatsbudget und der Außenbeitrag beim Gleichgewichtseinkommen?</u>

Wir unterstellen, daß sich die Staatsausgaben zu gleichen Teilen auf staatlichen Konsum und staatliche Investitionen aufteilen: $G = C_{St} + I_{St} = 100 + 100 = 200$. Diese Unterscheidung spielt zwar bei der Ermittlung des Budgetsaldos keine Rolle, ist aber für die Ermittlung der staatlichen Ersparnis unverzichtbar.

a) Das Staatsbudget und die staatliche Ersparnis bei Y*.

Das Staatsbudget hat den Budgetsaldo (BS):

BS   = T - G = tY* - G^a = 0,25 · 1000 - 200 = **50**

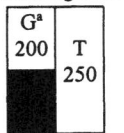

Staatsbudget bei Y*

Die staatliche Ersparnis ist:

S$_{St}$ = T - C$_{St}$ = 250 - 100 = **150**

Staatliche Einkommensverwendung

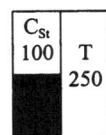

Sie ergibt sich auch wie folgt:

BS   = T - G = T - C$_{St}$ - I$_{St}$ = S$_{St}$ - I$_{St}$

S$_{St}$ = BS + I$_{St}$ = 50 + 100 = **150**

b) Außenbeitrag und ausländische Ersparnis[2]:

AB   = Ex - Im

AB   = Ex^a - Im^a - mY*

AB* = 250 - 50 - 0,2 · 1000 = **0**

S$_A$ = -AB* = 0

Außenbeitrag

Ex	Im
250	250

c) Die Ersparnis der privaten Haushalte:

S$_H$ = -C^a + s(1-t)Y*

     = -100 + 0,2(1-0,25)1000 = **50**

d) Die gesamtwirtschaftliche Ersparnis:

S   = S$_H$ + S$_{St}$ = I + (Ex - Im)

    = 50 + 150 = 200 + 0

Einkommensverwendung

T	
250	Y^a
C$_H$	1000
700	

Reinvermögensänderung

I$_U$	S$_H$	
100	50	
I	S$_{St}$	S
200	150	200
I$_{St}$		
100		

e) Sickerverluste = Injektionen

S$_H$ + T + Im = I$_U^a$ + G^a + Ex^a

50 + 250 + 250 = 100 + 200 + 250

550 = 550

---

[2] Anmerkung: In dem gewählten Zahlenbeispiel ergibt sich bei Y* ein ausgeglichener Außenbeitrag und damit eine ausländische Ersparnis von Null.

Schaubild II/5/2: Das Modell einer offenen Volkswirtschaft

$Y_0^d = C + I + G$ (geschlossene Volksw.)

$Y_1^d = Y_0^d + AB$ (offene Volksw.)

$Y_1^d = C + I + G + (Ex - Im)$

$Y^s = Y^d = Y^*$

250	T	C_H	700
700	C_H	I	100
50	S_H	G	200
		Ex-Im	0
1000		1000	

$\bar{\bar{I}}$ $\quad\quad$ $\bar{\bar{S}}$

„Injektionen" = „Sickerverluste"

100	I^a	250	T
200	G^a	250	Im
250	Ex	50	S_H
550		550	

Außenbeitrag

| 250 | Ex | 250 | Ex |

Im unterstellten Zahlenbeispiel ist der Außenbeitrag bei Y^* gerade Null. Aus diesem Grunde dreht sich Y^d in (A) um den Schnittpunkt mit der 45° Linie, ist in (B) $S+T=I+G$ bei Y^* und in (C) Ex = Im bzw. AB = 0 bei Y^*.

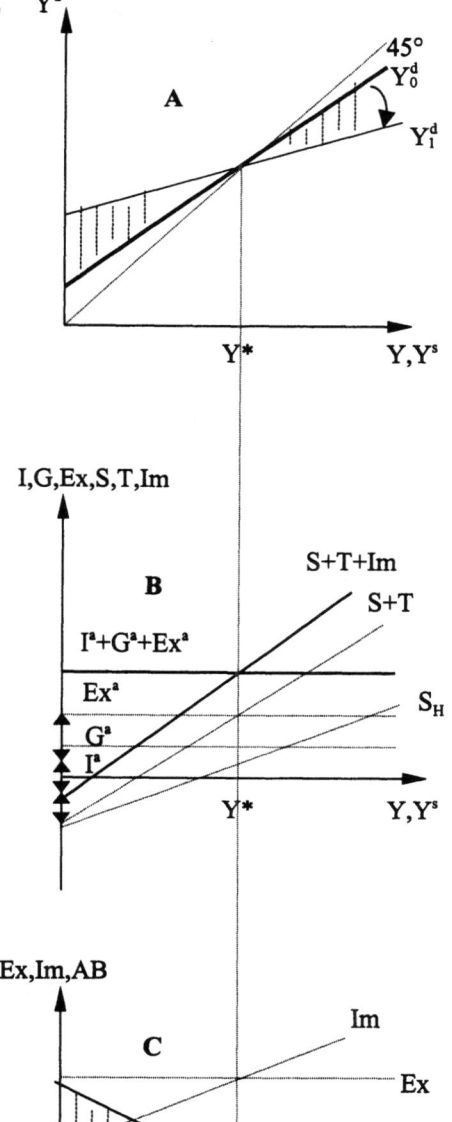

Schaubild II/5/3: Kreislaufmodell: Offene Volkswirtschaft mit Staat

$G = C_{St} + I_{St} = 100 + 100 = 200 \qquad Y^s = Y^d = Y^* = 1000$

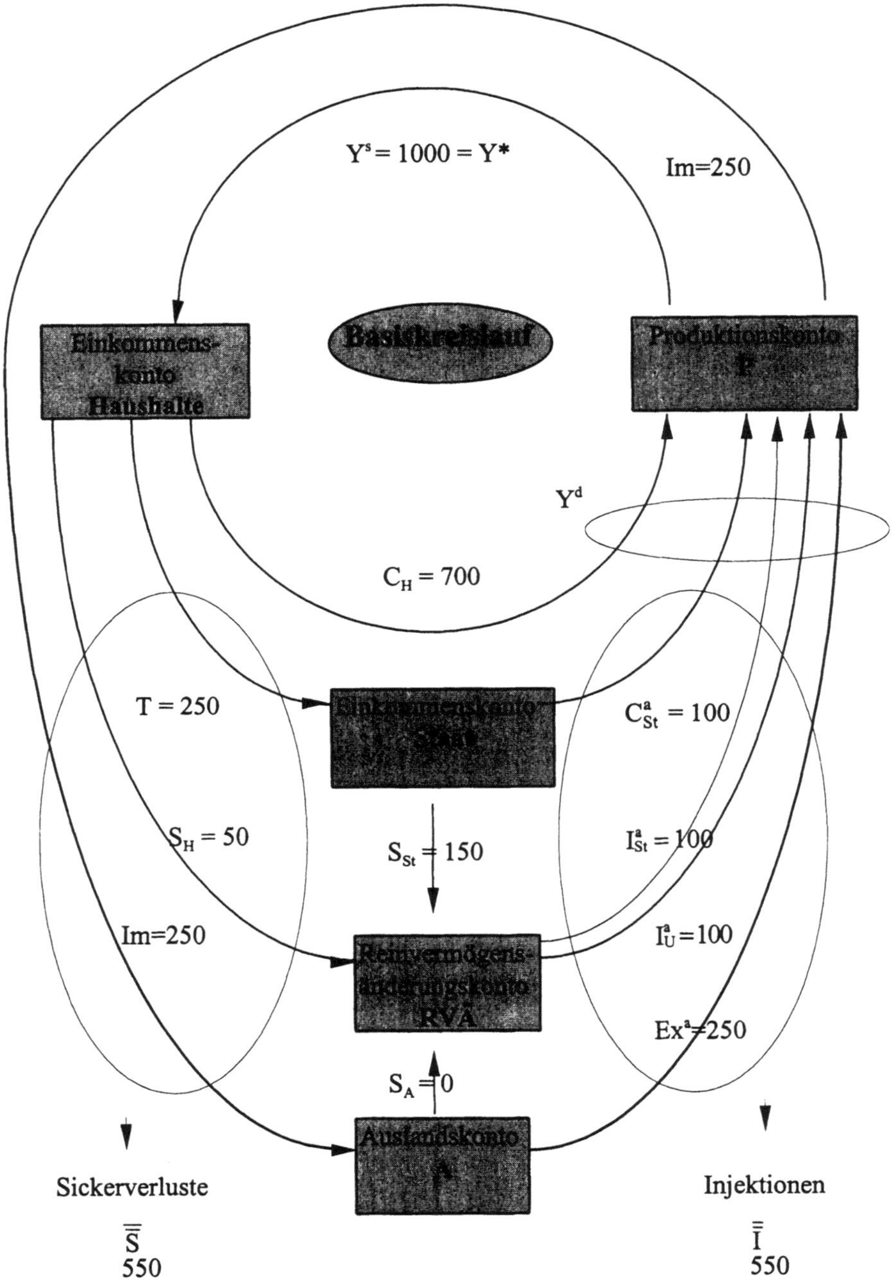

$Y^s = 1000 = Y^*$

$Im = 250$

Einkommens-konto Haushalte

Basiskreislauf

Produktionskonto P

Y^d

$C_H = 700$

$T = 250$

Einkommenskonto Staat

$C_{St}^a = 100$

$S_H = 50$

$S_{St} = 150$

$I_{St}^a = 100$

$Im = 250$

Reinvermögens-änderungskonto RVA

$I_U^a = 100$

$Ex^a = 250$

$S_A = 0$

Auslandskonto A

Sickerverluste

$\overline{\overline{S}}$
550

Injektionen

$\overline{\overline{I}}$
550

5.3 Wie verändern autonome Nachfrageänderungen das Gleichgewichtseinkommen und den Außenbeitrag?

Wir gehen vom ursprünglichen Gleichgewichtseinkommen aus und untersuchen dann eine "Störung" dieses Gleichgewichts, die durch die Veränderung einer autonomen Größe hervorgerufen wird.

(17) $$Y^* = \frac{C^a + I^a + G^a + Ex^a - Im^a}{1 - c(1-t) + m}$$ *Gleichgewichtseinkommen*

(18) $$\Delta Y = \frac{\Delta C^a + \Delta I^a + \Delta G^a + \Delta Ex^a - \Delta Im^a}{1 - c(1-t) + m}$$ *Veränderung des Gleichgewichtseinkommens durch Veränderung der autonomen Größen*

a) <u>Wie wirkt sich eine Erhöhung der Investitionsgüternachfrage auf das Gleichgewichtseinkommen und auf den Außenbeitrag aus ($\Delta I^a = 60$)?</u>

(19) $$\Delta Y = \frac{\Delta I^a}{1 - c(1-t) + m} = \frac{60}{0,6} = 100$$

(20) $\Delta AB = \Delta Ex - \Delta Im = \Delta Ex^a - \Delta Im^a - m\Delta Y = 0 - 0 - 0,2 \cdot 100 = -20$

In unserem Zahlenbeispiel ist der ursprüngliche Außenbeitrag bei Y_0^* gerade Null. Steigt das Volkseinkommen, wird der Außenbeitrag negativ. Der Grund dafür ist folgender: die erhöhten Investitionen bewirken via Multiplikator eine Steigerung des Volkseinkommens. Das höhere Volkseinkommen bewirkt gemäß der marginalen Importquote einen Anstieg der Importe, der Export bleibt konstant (vgl. Schaubild II/5/4).

b) <u>Wie wirkt sich eine autonome Exportsteigerung $\Delta Ex^a = 60$ aus?</u>
Die autonomen Exporte können z.B. steigen, weil im Ausland (z.B. USA) Hochkonjunktur herrscht und dort verstärkt deutsche Exportgüter nachgefragt werden.

(21) $$\Delta Y = \frac{\Delta Ex^a}{1 - c(1-t) + m} = \frac{60}{0,6} = 100$$
(22) $\Delta AB = \Delta Ex - \Delta Im = \Delta Ex^a - \Delta Im^a - m\Delta Y = 60 - 0 - 0,2 \cdot 100 = 40$

Schaubild II/5/4: Auswirkungen einer Erhöhung der Investitionen auf Volkseinkommen und Außenbeitrag ($\Delta I = 60$)

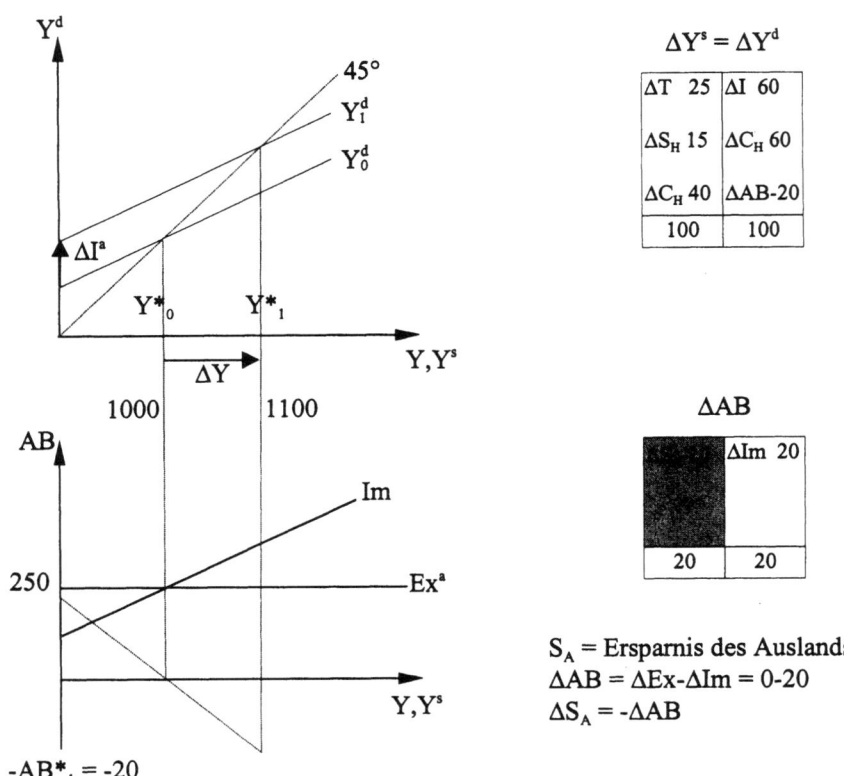

Die Auswirkung auf das Volkseinkommen ist identisch mit derjenigen, die von einer gleich großen Investitionssteigerung ausgeht. Die Wirkung auf den Außenbeitrag unterscheidet sich allerdings.

Durch die Zunahme des Exports um ΔEx^a verbessert sich der Außenbeitrag. Die Verbesserung ist jedoch (nach Erreichen des neuen Gleichgewichtseinkommens) geringer als die Zunahme der autonomen Exporte, da aus dem gestiegenen Volkseinkommen ein höherer Import entsprechend der marginalen Importquote resultiert, wodurch der zunächst entstandene Exportüberschuß wieder reduziert wird (vgl. Schaubild II/5/5).

Schaubild II/5/5: Auswirkungen einer Erhöhung der Exporte auf Volkseinkommen und Außenbeitrag ($\Delta Ex^a = 60$)

$$\Delta Y = \frac{1}{\bar{s}+m} \Delta Ex \quad \Rightarrow \quad \Delta Im = \frac{m}{\bar{s}+m} \Delta Ex \quad \Rightarrow \quad \Delta AB = \frac{\bar{s}}{\bar{s}+m} \Delta Ex$$

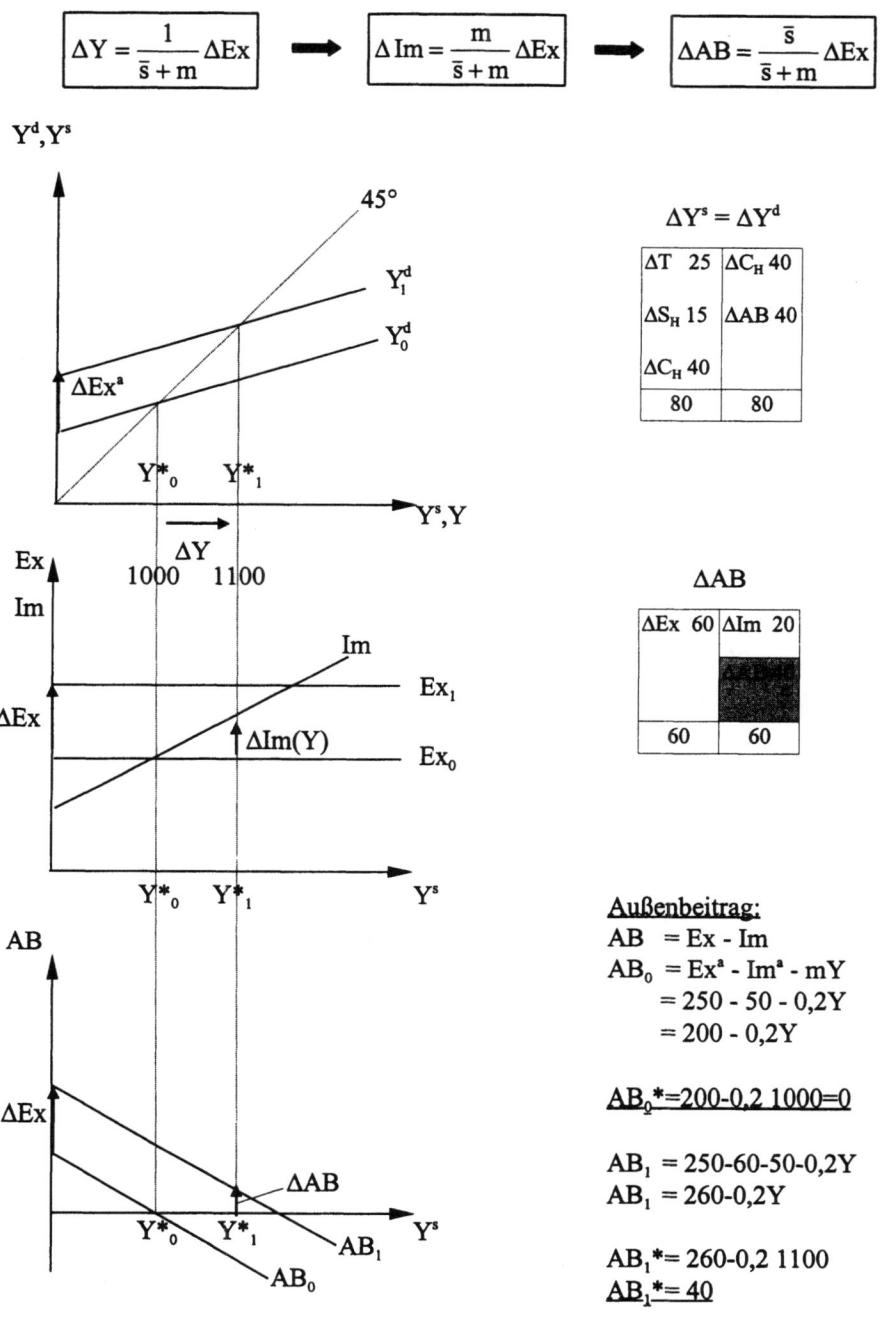

Außenbeitrag:
AB = Ex - Im
AB_0 = Ex^a - Im^a - mY
  = 250 - 50 - 0,2Y
  = 200 - 0,2Y

$\underline{AB_0^* = 200 - 0{,}2 \cdot 1000 = 0}$

AB_1 = 250 - 60 - 50 - 0,2Y
AB_1 = 260 - 0,2Y

AB_1^* = 260 - 0,2 · 1100
$\underline{AB_1^* = 40}$

c) Wie wirkt sich eine Erhöhung der autonomen Importe ($\Delta Im^a = 60$) aus?

Die Erhöhung autonomer Importe kann beispielsweise durch Preissteigerungen erfolgen. Ein markantes Beispiel ist der 1973/74 und 1989/90 von den OPEC-Staaten durchgesetzte Preisanstieg für Erdöl. Da diese zusätzlichen Importausgaben sozusagen ans Ausland versickern, also nicht mehr für die inländische Nachfrage zur Verfügung stehen, sinkt das Volkseinkommen um mehr als ΔIm^a. Auf den Außenbeitrag hat das folgende Effekte:

(23) $$\Delta Y = \frac{-\Delta Im^a}{1 - c(1-t) + m} = \frac{-60}{0,6} = -100$$

(24) $\Delta AB = \Delta Ex - \Delta Im = \Delta Ex^a - \Delta Im^a - m\Delta Y = 0 - 60 - 0,2 \cdot (-100) = -40$

Der Außenbeitrag verringert sich (bzw. wird negativer), jedoch um einen geringeren Betrag als ΔIm^a. Warum? Aus der autonomen Importsteigerung resultiert eine Einkommenskontraktion, durch die wiederum die einkommensabhängigen Importe zurückgehen. Im Zahlenbeispiel steigen die autonomen Importe um 60, das Volkseinkommen sinkt um insgesamt 100 und die einkommensabhängigen Importe gehen daraufhin um 20 zurück, so daß die Importe insgesamt lediglich um 40 steigen. Der Außenbeitrag wird entsprechend negativ.

d) Die marginale Importquote m steigt um $\Delta m = 0,2$ von $m_0 = 0,2$ auf $m_1 = 0,4$. Wie verändert sich daraufhin das Gleichgewichtseinkommen und der Außenbeitrag?

(25) $$Y = \frac{C^a + I^a + G^a + Ex^a - Im^a}{1 - c(1-t) + m}$$

(26) $$\Delta Y = \frac{(C^a + I^a + G^a + Ex^a - Im^a)\Delta m}{[1 - c(1-t) + m_0][1 - c(1-t) + m_1]} = -\frac{600 \cdot 0,2}{0,6 \cdot 0,8} = -250$$

(27) $AB = Ex^a - (Im^a + mY)$

(28) $\Delta AB = \Delta Ex^a - \Delta Im^a - m_1 \Delta Y - Y_0 \Delta m = 0 - 0 - 0,4 \cdot (-250) - 1000 \cdot 0,2 = -100$

Schaubild II/5/6: Auswirkungen der Veränderung der marginalen Importquote auf Volkseinkommen und Außenbeitrag

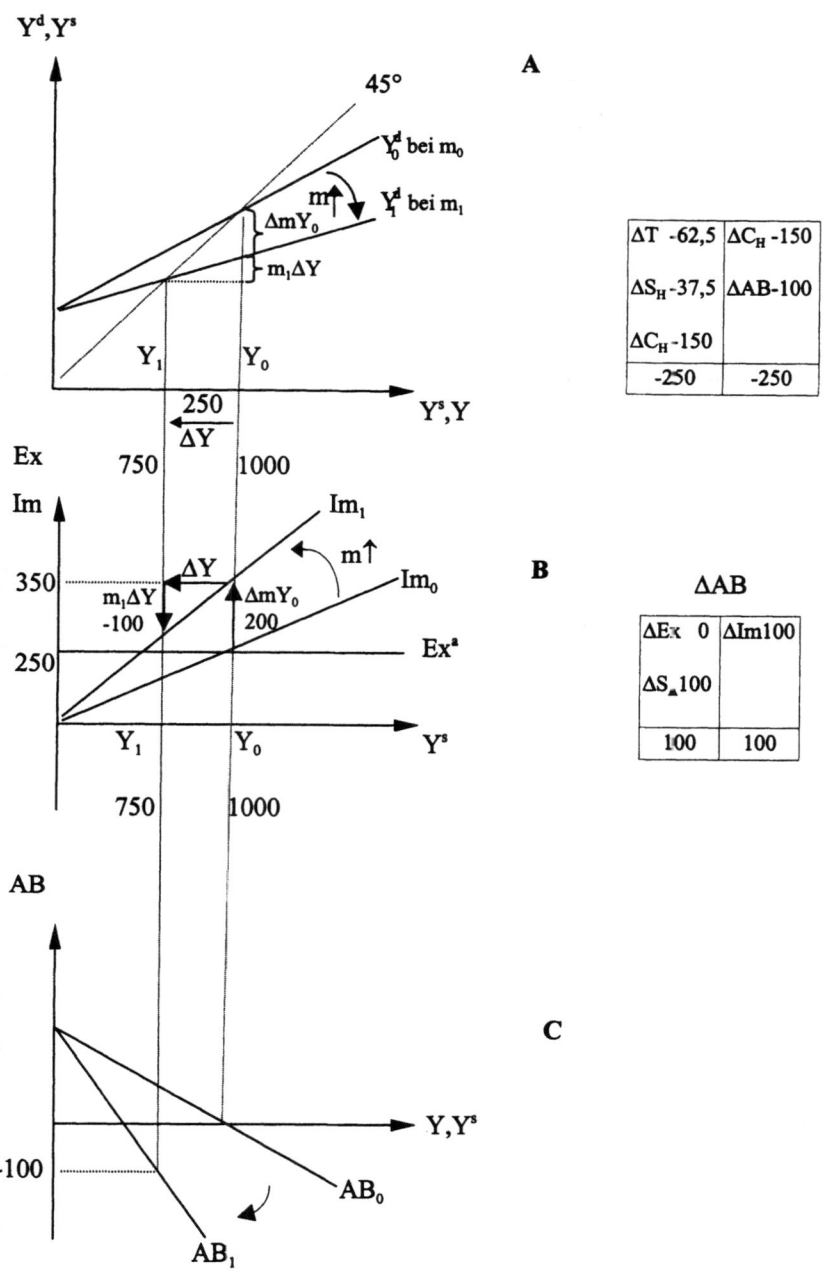

Die Zusammenhänge sind im Schaubild II/5/6 illustriert. (A) Aufgrund der höheren Importquote dreht sich die gesamtwirtschaftliche Nachfragekurve nach unten und weist ein geringeres Gleichgewichtseinkommen aus. (B) Die Importnachfrage dreht sich nach oben: Beim alten Gleichgewichtseinkommen Y_0 um $\Delta m Y_0 = 200$. Das rückläufige Einkommen induziert eine ebenfalls rückläufige Importnachfrage um $m_1 \Delta Y = 0{,}4(-250) = -100$. (C) Der Außenbeitrag betrug anfangs Null. Die Kurve AB dreht sich so, daß sie bei Y^*_1 negativ wird ($AB_1 = -100$). Berechnen Sie das Einkommen bei dem der Außenbeitrag unter der neuen Importfunktion Null ist.

Box II/5/1: Empirische Importfunktion für die BRD

Wir unterstellen eine Importfunktion der Form $Im = Im^a + m(BIP)$. Die geschätzte Importfunktion sieht wiefolgt aus::

Importfunktion $Im = -325{,}64 + 0{,}38\ BIP\cdot$
(1982-1988)*   (.00)   (.00)
   $R^2 = .99$, DW = 2.2

Statistische Kennzahlen: R^2 = erklärte Varianz, DW = Durbin-Watson-Test.
Die Zahlen in den Klammern geben die Signifikanzniveaus an.
Quelle: Grunddaten SVR, BBk und eigene Berechnungen (* ohne 1985).

Die Regressionsschätzung beruht auf dem realen Bruttoinlandsprodukt und den realen Importen der alten Bundesrepublik (Preise 1991). Die marginale Importquote beträgt 0,38: eine Erhöhung des realen BIP um eine Einheit führt zu einer Erhöhung der realen Importe um 0,38.

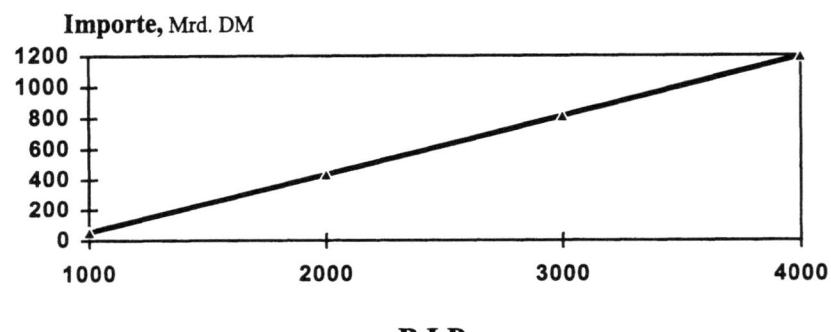

Quelle: Grunddaten SVR und eigene Berechnungen.

5.4 Die IS-Kurve in einer offenen Volkswirtschaft

Unter der Annahme einer zinsabhängigen Investitionsfunktion gilt es – wie in den vorangegangenen Modellen auch - die Kombination zwischen Volkseinkommen und Zinssatz zu bestimmen, unter der der Gütermarkt einer offenen Volkswirtschaft mit Staat im Gleichgewicht ist. Wir benutzen dazu das unter 5.2 formalisierte Modell und verändern lediglich die Verhaltensfunktion der Investoren. Die Gleichung I = I^a wird zu:

(1) $I = I^m - bi$ ➡ $I = 200 - 1000i$

Die Bedingung für das <u>gesamtwirtschaftliche Gleichgewicht</u> lautet:

(2) $Y^d = Y^s = Y = C + I + G + Ex - Im$

(3) $Y = C^a + c(1-t)Y + I^m - bi + G^a + Ex^a - Im^a - mY$

➡ $\overline{IS}$ – Funktion : $Y = Y(i)$

➡ $i = i(Y)$

Die Zusammenhänge sind im Schaubild II/5/7 illustriert. Sie haben die grafische Ableitung der IS-Kurve in den vorangegangenen Modellen so oft geübt, daß Sie sie an dieser Stelle eigenständig nachvollziehen können !

<u>Wie beeinflussen außenwirtschaftliche Veränderungen die Lage der IS-Kurve?</u> Die außenwirtschaftlichen Veränderungen können Exporte oder Importe betreffen:

(6) $AB = Ex - Im = Ex^a - Im^a - mY$ ➡ $\Delta Ex^a = 60$

(7) $dAB = dEx^a - dIm^a - Ydm - mdY$ $\Delta Im^a = 60$

    (a)   (b)   (c)   (d) $\Delta m = 0,2$

Betrachten wir, wie sich diese Veränderungen in der IS-Funktion und ihrer grafischen Darstellung niederschlagen: Die Fälle (a) und (b) betreffen die autonomen Größen, der Fall (c) die marginale Größe m und (d) schließlich ist endogen im Modell zu ermitteln. Wir differenzieren die $\overline{IS}$ - Funktion wie folgt:

130   5 Export und Import in einer offenen Volkswirtschaft

Schaubild II/5/7: Die IS-Kurve in einer offenen Volkswirtschaft mit Staat

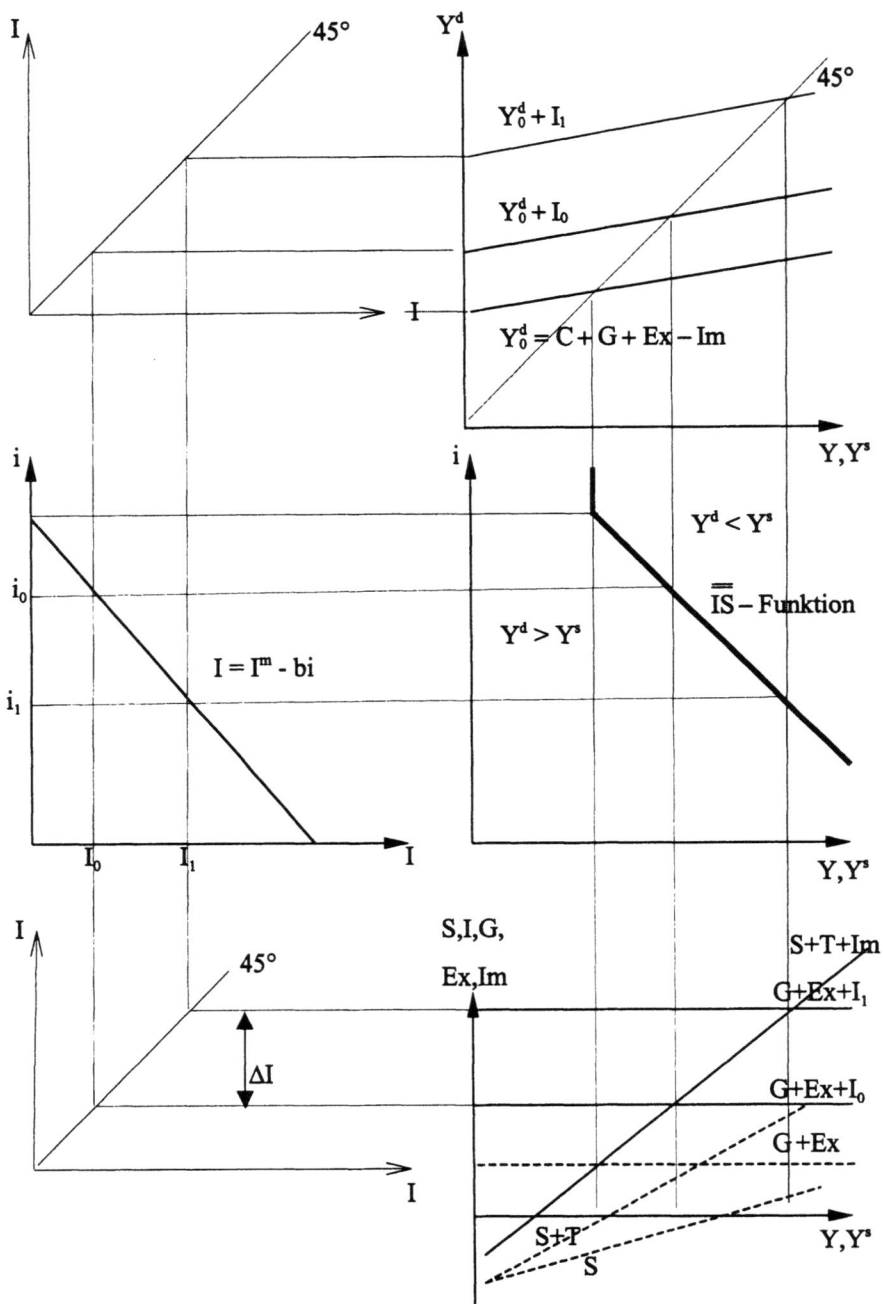

5.4 Die IS-Kurve in einer offenen Volkswirtschaft

(8) ▬▬▬ laut (4)

(9) $\Delta Y = \dfrac{\Delta Ex^a}{1-c(1-t)+m} = \dfrac{60}{0,6} = 100$ Fall (a)

(10) $\Delta Y = \dfrac{-\Delta Im^a}{1-c(1-t)+m} = \dfrac{-60}{0,6} = -100$ Fall (b)

Vergleichen Sie auch Schaubild II/5/8, Grafik A. In den Fällen (a) und (b) erfährt die $\overline{\overline{IS}}$- Kurve eine Parallelverschiebung um den Faktor $\Delta Y = 1,66$ multipliziert mit der ursprünglichen Veränderung der autonomen Exporte bzw. Importe.

Bei der Veränderung von m ist die Berechnung leichter durchzuführen, wenn wir die $\overline{\overline{IS}}$-Funktion in der Form $i = i(Y)$ verwenden:

(11) ▬▬▬ laut (5)   Fall (c)

(12) $\Delta i = -\dfrac{Y}{b}\Delta m = -\dfrac{\Delta m}{b}Y = -\dfrac{0,2}{1000}Y$

Die IS-Kurve verschiebt sich nach unten in Abhängigkeit von Y. Bei einem hohen Einkommen sinkt der Zinssatz stärker als bei einem niedrigen:

bei $Y_1 = 1000$ ➡ $\Delta i_1 = -\dfrac{0,2}{1000} \cdot 1000 = -0,2$

bei $Y_1 = 500$ ➡ $\Delta i_2 = -\dfrac{0,2}{1000} \cdot 500 = -0,1$

Die $\overline{\overline{IS}}$-Funktion dreht sich um ihren Schnittpunkt mit der Y-Achse (vgl. Schaubild II/5/8 B). Höhere autonome Exporte verschieben die IS-Kurve genauso parallel nach rechts wie eine entsprechende Abnahme der autonomen Importe: Der Gütermarkt ist (bei jeder Höhe des Zinssatzes) nur dann im Gleichgewicht, wenn die gestiegene Güternachfrage auch angeboten wird, das Volkseinkommen muß also entsprechend steigen. Eine höhere marginale Importquote bedeutet, daß bei jedem Volkseinkommen ein höherer Betrag importiert wird und damit als inländische Nachfrage entfällt. Ein bestimmtes Gleichgewichtseinkommen Y_0 kann nach einer Erhöhung der marginalen Importquote nur dann aufrecht erhalten werden, wenn der Zinssatz sinkt und eine entsprechende zusätzliche Investitionsgüternachfrage induziert wird. Diese Zinssatzsenkung muß desto höher ausfallen, je größer das Gleichgewichtseinkommen ist, da mit höherem Einkommen höhere Importe zu kompensieren sind.

Schaubild II/5/8: Veränderungen der IS-Kurve durch außenwirtschaftliche Einflußfaktoren

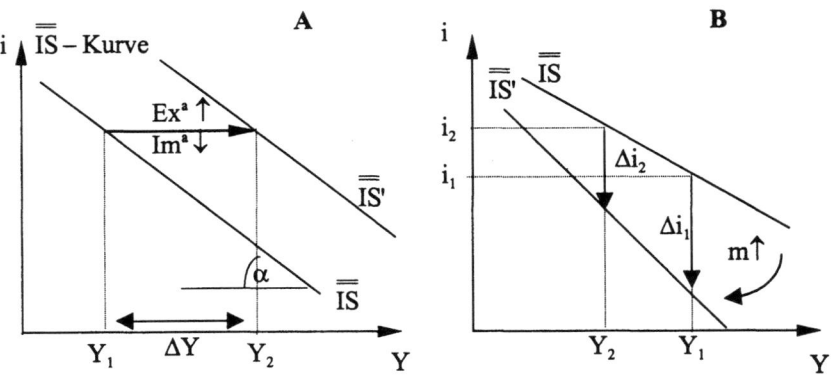

Box II/5/2 Berühmte Ökonomen

Die im vorliegenden Buch vorgestellten einzelnen Theorien (Schulen) und deren Synthese sind das Ergebnis eines sich über Jahrhunderte erstreckenden Entwicklungsprozesses. Sie beruhen wesentlich auf den Werken wichtiger Ökonomen, deren Namen im Text bereits zum Teil explizit aufgetaucht sind. Deren Einordnung in die Entwicklung der VWL soll nun kurz besprochen werden.

Adam SMITH (1723-1790)   David RICARDO (1772-1823)   Jean-Baptiste SAY (1776-1832)

Der Schotte **A. Smith** wird oft als der Vater der Ökonomie bezeichnet. Seine Theorien sind noch heute die Grundlage ökonomischer Denkweise. Er studierte in Glasgow und lehrte dann in Oxford (England), in Edinburgh (Schottland) und zuletzt in Glasgow. Sein Lehrfach war allerdings nicht Ökonomie sondern (Moral-) Philosophie. Smith postulierte zu Beginn der industriellen Revolution die Lenkung der Wirtschaft durch den freien Markt (Wirtschaftsliberalismus) und nicht durch den Staat, wie es zuvor die Merkantilisten taten. Sein Hauptwerk „An Inquiry into the Nature and Causes of the Wealth of Nations" erschien 1776 und war schon damals ein großer Erfolg.

D. Ricardo wurde in den Niederlanden geboren. Die Familie verließ das Land und siedelte nach London über. Sein Vater war ein wohlhabender Banker, bei dem er in die Lehre ging. Ricardo studierte Mathematik, Chemie, Mineralogie und – zuletzt (1799) - Ökonomie. Sein ökonomisches Hauptwerk „On the Principles of Political Economy and Taxation" erschien 1817. Hierin entwickelt er *seine* Preistheorie.

Der Franzose **J. B. Say** war ein Anhänger von A. Smith und verbreitete dessen Lehre in Kontinental-Europa. Ein berühmter Lehrsatz der Klassik, der von Say stammt, ist: "Jedes Angebot schafft sich seine eigene Nachfrage." Die "ökonomische Klassik" wurde in der Folge weiterentwickelt u.a. von Walras, Marshall, Arrow und Debreu. Das Prinzip der Marginalanayse setzte sich durch.

Die klassische Ökonomie postuliert, daß es bei völlig flexiblen Preisen auf allen Märkten zu einem Gleichgewicht kommt. Sowohl eine allgemeine Überproduktion als auch eine wegen zu geringer Nachfrage sich einstellende gesamtwirtschaftliche Unterbeschäftigung kann es nicht geben. Geld ist nur ein Schleier, der über den realen Vorgängen liegt. Realer und monetärer Sektor sind voneinander unabhängig (klassische Dichotomie).

John Maynard KEYNES
(1883-1946)

J.M. Keynes wurde am 5.7.1883 in Cambridge geboren. Sein Vater war Moralwissenschaftler an der Cambridge-Universität. Keynes erhielt eine Ausbildung gemäß seiner Schicht: Eton und King's College in Cambridge. Er studierte u.a. die Fächer Mathematik, Ethik, Psychologie und Volkswirtschaft. Seine erste Anstellung war 1906 im Indien-Amt. 1908 wurde er Dozent in Cambridge. Während der beiden Weltkriege arbeitete er im englischen Schatzamt. Er nahm an den Versailler Friedensverhandlungen teil und war der Vertreter Englands bei den Gründungsverhandlungen zum Internationalen Währungsfonds (IWF). Er spekulierte an der Börse und verlor 1924 sein ganzes Vermögen, was er jedoch im Laufe der Zeit zurückgewann. 1925 heiratete er eine Ballerina und war aufgeschlossen für Kunst und Theater.

Am 24.10.1929 brach die New Yorker Börse zusammen. Folge war die größte weltweite Wirtschaftskrise der neueren Zeit. (Deutschland wurde mit 6 Mio. Arbeitslosen besonders stark getroffen.) Die herrschende Lehre konnte dieses Phänomen nicht erklären. Ihre Prognose, daß langfristig wieder Vollbeschäftigung herrscht, war nicht befriedigend (Keynes: "langfristig sind wir alle tot"). J.M. Keynes lenkte das Augenmerk auf die zu geringe gesamtwirtschaftliche Nachfrage, die für die Krise verantwortlich sei und auf seine Therapie, daß die Geld- und Fiskalpolitik zur Krisenüberwindung eingesetzt werden soll. In seinem 1936 geschriebenem Welterfolg „The General Theory of Employment Interest und Money" stellt er –ohne jegliche grafische Darstellung und mit sehr wenig Mathematik- seine revolutionären Gedanken vor. Dies war beabsichtigt, denn Keynes wollte sich von den Klassikern (damit meinte er alle Ökonomen vor ihm) absetzen. „Ein allzu großer Teil jüngster „mathematischer" Volkswirtschaftslehre ist ein bloßes Gebräu, so ungenau wie die anfänglichen Voraussetzungen, auf denen sie beruhen, und welche dem Autor erlauben, die Verwicklungen und gegenseitigen Abhängigkeiten der wirklichen Welt in einem Wust anmaßender und nutzloser Symbole aus dem Geist zu verlieren" (Deutsche Ausgabe der General Theory, S: 252). Allerdings ist in der Diskussion nicht der Originaltext relevant, sondern seine Interpretation. So geht unser bekanntes IS-LM-Schema auf J. Hicks zurück.

Im Zuge der beiden Ölkrisen und dem neu auftretenden Phänomen der „Stagflation" geriet der Keynesianismus schnell in den Hintergrund. Es setzten sich die Neoklassiker und die Monetaristen durch. In den USA und in GB begann in den 80er Jahren die Stunde der Angebotsökonomen.

Milton FRIEDMAN
(Nobelpreis 1976)

"Milton is often described as a conservative economist, but that's a misrepresentation. He is a radical, in the sense of being disposed to change existing views, habits and institutions because they don't measure up to what he envisions they could be." (A. J. Schwartz)

M. Friedman, geb. 1912 in New York, ist der Sohn armer Immigranten. Er studierte u.a. in Chicago und an der Columbia University. 1946 wurde er Professor für Ökonomie in Chicago. Er wurde einer der bekanntesten Vertreter der freien Marktwirtschaft und der Geldpolitik der letzten Dekaden.

6 Die Gütermarktmodelle im Vergleich

Wir haben in diesem Abschnitt II die keynesianischen Gütermarktmodelle sehr intensiv studiert und sind bei diesem Studium nach der Methode abnehmender Abstraktion vorgegangen. Ausgehend von der Nachfrage der privaten Haushalte nach Konsumgütern erweiterten wir die Modelle durch Hinzunahme der Investitionsgüternachfrage, der Nachfrage des Staates nach Investitions- und Konsumgütern sowie der Nettonachfrage des Auslands. Die Modelle haben wir in zwei Varianten untersucht: für den Fall autonom fixierter Zinssätze und damit autonom gegebener Nettoinvestitionen und für den Fall flexibler Zinssätze und damit auch variierender Nettoinvestitionen. Für den zweiten Fall interessierte uns die Fragestellung, unter welchen Kombinationen von Zinssatz und Einkommen der Gütermarkt im Gleichgewicht ist. Diese Gleichgewichtssituationen wurden in den einzelnen Modellen durch unterschiedliche IS-Funktionen erfaßt. Die noch offene Frage ist: was bestimmt eigentlich die Höhe des Zinssatzes (und damit die Höhe der Investitionen und die Höhe des nachgefragten Sozialproduktes)? Der Teil III ist speziell dieser Frage gewidmet, kann sie aber noch nicht endgültig beantworten.

Das Schaubild II/6/1 zeigt die Gütermarktmodelle im Überblick. In der Grafik (A) sind die Kurven so gewählt, daß sie alle ein einheitliches Gleichgewichtseinkommen bei Y^*_0 haben. Dadurch wird deutlich erkennbar, wie ihre Steigung mit der Komplexität der Modelle abnimmt. Die Erklärung findet sich darin, daß die güterwirtschaftliche Nachfrage von Modell zu Modell durch weitere einkommensabhängige Nachfragekomponenten ergänzt wird. Die Grafik (B) zeigt die korrespondierenden IS-Kurvenverläufe. Mit zunehmender Modellkomplexität wird der Verlauf der IS-Kurve steiler, da sich die einkommensabhängigen Sickerverluste erhöhen: Die Zinssenkung von i_0 auf i_1 bewirkt zwar in allen drei Modellen einen identischen Anstieg der Investitionsgüternachfrage führt aber im Ergebnis zu unterschiedlichen Veränderungen der Gleichgewichtseinkommen: Der Investitionsmultiplikator ist im

Modell 1 größer als im Modell 2 und dieser ist wiederum größer als derjenige des Modell 2. Im Fall 2 versickert ein Teil der durch den Investitionsmultiplikator hervorgerufenen Einkommenssteigerung in Form von Steuern an den Staat, im Fall 3 zusätzlich durch Importe an das Ausland.

Die abschließende Tabelle stellt die bisher behandelten Modelle noch einmal systematisch zusammen und betont dabei besonders die Gemeinsamkeit in der Struktur ihres Aufbaus.

Struktur der Gütermarktmodelle

Modelle:

$Y_0 = C$ → $S = 0$

$Y_1 = C + I$ → $S = I$

$Y_2 = C + I + G$ → $S + T = I + G$

$Y_3 = C + I + G + Ex - Im$ → $S + T + Im = I + G + Ex$

Gleichgewichte:

$Y_0^* = \dfrac{C^a}{1-c}$ → $-C^a + sY = 0$

$Y_1^* = \dfrac{C^a + I^a}{1-c}$ → $-C^a + sY = I^a$

$Y_2^* = \dfrac{C^a + I^a + G^a}{1-c(1-t)}$ → $-C^a + sY + tY = I^a + G^a$

$Y_3^* = \dfrac{C^a + I^a + G^a + Ex^a - Im^a}{1-c(1-t)+m}$ → $-C^a + sY + tY + mY = I^a + G^a + Ex^a - Im^a$

IS-Funktionen:

$IS_1 : Y = \dfrac{C^a + I^m}{s} - \dfrac{b}{s} i$ → $i = \dfrac{C^a + I^m}{b} - \dfrac{s}{b} Y$

$IS_2 : Y = \dfrac{C^a + I^m + G^a}{1-c(1-t)} - \dfrac{b}{1-c(1-t)} i$ → $i = \dfrac{C^a + I^m + G^a}{b} - \dfrac{\bar{s}}{b} Y$

$IS_3 : Y = \dfrac{C^a + I^m + G^a + Ex^a - Im^a}{1-c(1-t)+m}$ → $i = \dfrac{C^a + I^m + G^a + Ex^a - Im^a}{b}$

$- \dfrac{b}{1-c(1-t)+m} i$ $- \dfrac{\bar{s}+m}{b} Y$

Schaubild II/6/1: Vergleich der Gütermarktmodelle

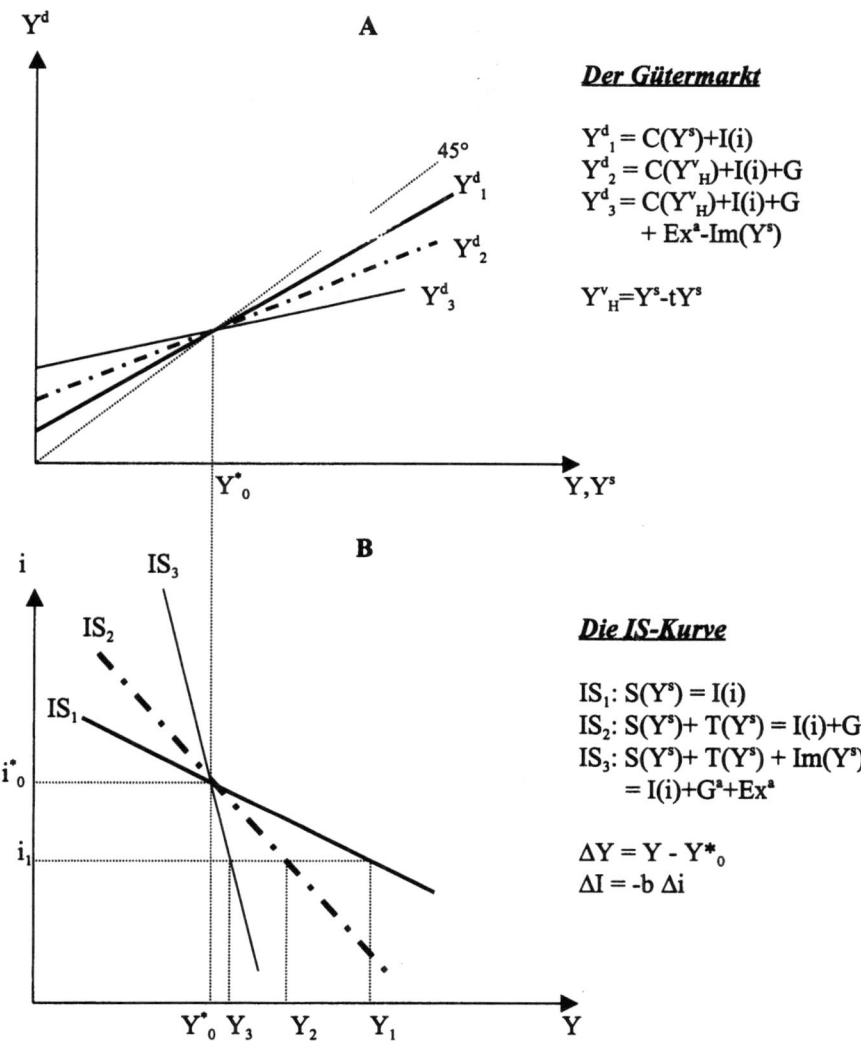

Der Gütermarkt

$Y^d_1 = C(Y^s) + I(i)$
$Y^d_2 = C(Y^v_H) + I(i) + G$
$Y^d_3 = C(Y^v_H) + I(i) + G + Ex^a - Im(Y^s)$

$Y^v_H = Y^s - tY^s$

Die IS-Kurve

$IS_1: S(Y^s) = I(i)$
$IS_2: S(Y^s) + T(Y^s) = I(i) + G$
$IS_3: S(Y^s) + T(Y^s) + Im(Y^s) = I(i) + G^a + Ex^a$

$\Delta Y = Y - Y^*_0$
$\Delta I = -b \, \Delta i$

Veränderungen der Gleichgewichtseinkommen:

$$\Delta Y_1 = \frac{1}{1-c} \Delta I \quad = \frac{1}{s} \Delta I$$

$$\Delta Y_2 = \frac{1}{1-c(1-t)} \Delta I \quad = \frac{1}{s} \Delta I$$

$$\Delta Y_3 = \frac{1}{1-c(1-t)+m} \Delta I \quad = \frac{1}{s+m} \Delta I$$

$\boxed{\begin{array}{c} \Delta Y_1 > \Delta Y_2 > \Delta Y_3 \\ s = 1-c(1-t) \end{array}}$

III Geldmarkt

1 Das Geldangebot

1.1 Was ist Geld?[1]

Ökonomen definieren Geld als ein Medium, das drei ökonomische Funktionen erfüllt und in diesen Funktionen von allen Wirtschaftssubjekten akzeptiert wird. Diese <u>Funktionen des Geldes</u> sind:
- *allgemeine Recheneinheit,*
- *allgemeines Tauschmittel,*
- *Wertaufbewahrungsmittel.*

Eine geldwirtschaftlich organisierte Volkswirtschaft hat gegenüber primitiven, ausschließlich auf Naturaltausch basierenden Wirtschaften den Vorteil, daß sich die Preise aller Güter- und Dienstleistungen (ohne zusätzliche Informationskosten) unmittelbar vergleichen lassen, da sie in „Geldeinheiten" ausgedrückt werden. Diese übereinstimmende **Recheneinheit** erleichtert sämtliche Tauschgeschäfte: Es muß nicht Gut gegen Gut getauscht werden, vielmehr wird jedes Gut gegen Geld getauscht, und das Geld kann wiederum gegen jedes x-beliebige andere Gut eingetauscht werden. Erst die Erfindung des Geldes als allgemeines **Tauschmittel** machte die zunehmende arbeitsteilige Produktionsweise ökonomisch möglich, da dadurch die Transaktionskosten gesenkt wurden und ein Auseinanderfallen von Kauf und Verkauf ermöglicht wurde. Das allerdings hat zur Voraussetzung, daß die beim Verkauf erworbenen Geldeinheiten zum Zeitpunkt ihrer Verwendung für den Kauf eines anderen Gutes ihren ursprünglichen Wert behalten. Die **Wertaufbewahrungs**funktion ermöglicht es, Geld statt anderer Wertgegenstände als Vermögen zu halten. Zur erfolgreichen Erfüllung dieser Funktionen muß das Medium, das als Geld fungieren soll, einige Charakteristika erfüllen: Es muß in hinreichend kleine Einheiten teilbar sein, darf bei der Verwendung für Transaktionszwecke kein zu ho-

---

[1] Lesen Sie dazu auch in H.-P. Nissen, Makroökonomie I, Kap. 17 „Geld und Geldmengen".

hes Eigengewicht haben, hat wertstabil zu sein und muß von den Wirtschaftssubjekten als Geld erkannt und anerkannt werden.

Historische Vorläufer des heutigen modernen Geldwesens kennen Geld als **Warengeld**: Muscheln, Vieh, Metalle, Edelmetalle Gold, Silber, aber auch Zigaretten fungierten zeitweise als Geld. Warengeld erhält seinen Wert auf dem „Geldmarkt" durch Angebot und Nachfrage. Jede Geldart ist mit spezifischen Vor- und Nachteilen verbunden. Der Wert des Geldes ist beim Warengeld identisch mit dem Wert der Ware. Das wurde anders mit dem Übergang zum **Münz-** und **Papiergeld**. Der Metallwert der Münzen ist i.d.R. erheblich geringer als der Nennwert. Das Papier der Geldscheine ist praktisch wertlos. Dennoch vermag es die genannten Funktionen besser zu erfüllen als das Warengeld, solange es von den Wirtschaftssubjekten als Geld akzeptiert wird. Geld wird nicht gewünscht wegen seines Warenwertes sondern wegen seiner Funktionen! Noten und Münzen machen heutzutage nur einen relativ geringen Bruchteil aus an der gesamten Geldmenge. Statt dessen hat das **Giralgeld** der Banken eine dominierende Stellung eingenommen. Kontoinhaber können Geldtransfers bequem durch Überweisungen, Schecks oder Kreditkarten erledigen. "Zahlungsmittel sind strenggenommen nur solche Geldaktiva der inländischen Nichtbanken, die unmittelbar zur Tilgung einer Verbindlichkeit eingesetzt werden können. Das sind Bargeld (Noten und Münzen) sowie die Sichteinlagen inländischer Nichtbanken bei Banken, über die jederzeit per Scheck oder Überweisung verfügt werden kann."[2] Diese Zahlungsmittel der Nichtbanken nennt man auch Geldmenge M 1. Neben diesem Geldmengenbegriff gibt es noch weitere Geldmengendefinitionen, die bestimmte Quasi-Geldbestände mit einbeziehen: Das sind Mittel, die als befristete Bankeinlagen mit hohem Liquiditätsgrad vom Publikum gehalten werden.

Die Geldmenge M befindet sich ausschließlich in Händen der Nichtbanken und das sind Unternehmungen (mit Ausnahme der Geschäftsbanken), private Haushalte und

---

[2]Monatsberichte der Deutschen Bundesbank, Jan. 1985, Heft 1: Zur längerfristigen Entwicklung und Kontrolle des Geldvolumens, S. 14-28, hier S. 15.

öffentliche Haushalte (Staat). Sie läßt sich unterteilen in verschiedene Geldmengenbegriffe:[3]

M 1: BG (Bargeld) + E 1 (Sichtguthaben)

M 2: M 1 + E 2

    (E 2.1 = Einlagen mit einer vereinbarten Laufzeit von unter zwei Jahren

    E 2.2 = Einlagen mit einer vereinbarten Kündigungsfrist von bis zu 3 Monaten)

M 3: M 2 + E 3 (Marktfähige Verbindlichkeiten des Bankensektors wie z.B. Geldmarktfondsanteile und Geldmarktpapiere sowie Schuldverschreibungen mit einer Ursprungslaufzeit von weniger als 2 Jahren, Repogeschäfte)

In Übereinstimmung mit den Vorstellungen der Europäischen Zentralbank teilen wir die Volkswirtschaft in zwei Sektoren ein:

- **Sektor der „Monetären Finanz-Institutionen" MFI**, der die Eigenschaft hat, Geld schöpfen zu können, und dadurch charakterisiert ist, daß seine Verbindlichkeiten überwiegend monetärer Natur sein. Hierzu zählen die Europäischen Zentralbank (EZB), die Nationalen Zentralbanken (NZB), die Kreditinstitute und andere Finanzinstitute wie auch Geldmarktfonds, die wir mit dem Begriff „Geschäftsbanken" (GBK) erfassen wollen.

- **Sektor der „Nicht-Monetären Finanz-Institutionen" NMFI**, der die Eigenschaft hat, Geld halten zu wollen. Wir nennen diesen Sektor auch kurz „Nicht-Banken-Sektor" oder „Publikum". Zu diesem Sektor gehören die privaten Haushalte, nichtfinanzielle Kapitalgesellschaften, Versicherungskassen, Pensionsfonds, Länder, Gemeinden, Sozialversicherungen und sonstige im Eurogebiet ansässige NMFIs mit Ausnahme der Zentralregierungen, die einen „geldneutralen" Sektor bilden.

Die Beziehungen zwischen dem „Geldschöpfungssektor" der MFI und dem „Geldhaltungssektor" der NMFI sind im Schaubild III/1/1 übersichtlich dargestellt in Form der aggregierten und konsolidierten Bilanzen beider Sektoren. Die Geldmengen M1, M2, M3 lassen sich auf der Aktivseite der NMFI-Bilanz oder auf der Pas-

---

[3] Vgl. Europäische Zentralbank, Monatsbericht Januar 1999, S. 23.

sivseite der MFI-Bilanz ablesen. Geld ist ein Synonym für Forderungen, die der Sektor NMFI gegen den Sektor MFI hat bzw. für Verbindlichkeiten des Sektors MFI gegenüber dem NMFI-Sektor. Allerdings gibt es auch Forderungen und Verbindlichkeiten zwischen beiden Sektoren, die nicht Geld darstellen:

- Einlagen mit einer vereinbarten Laufzeit von mehr als zwei Jahren,
- Einlagen mit einer vereinbarten Kündigungsfrist von mehr als drei Monaten,
- Schuldverschreibungen von über zwei Jahren Laufzeit ,
- Kapital und Rücklagen.

Schaubild III/1/1: Geldmengen

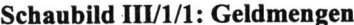

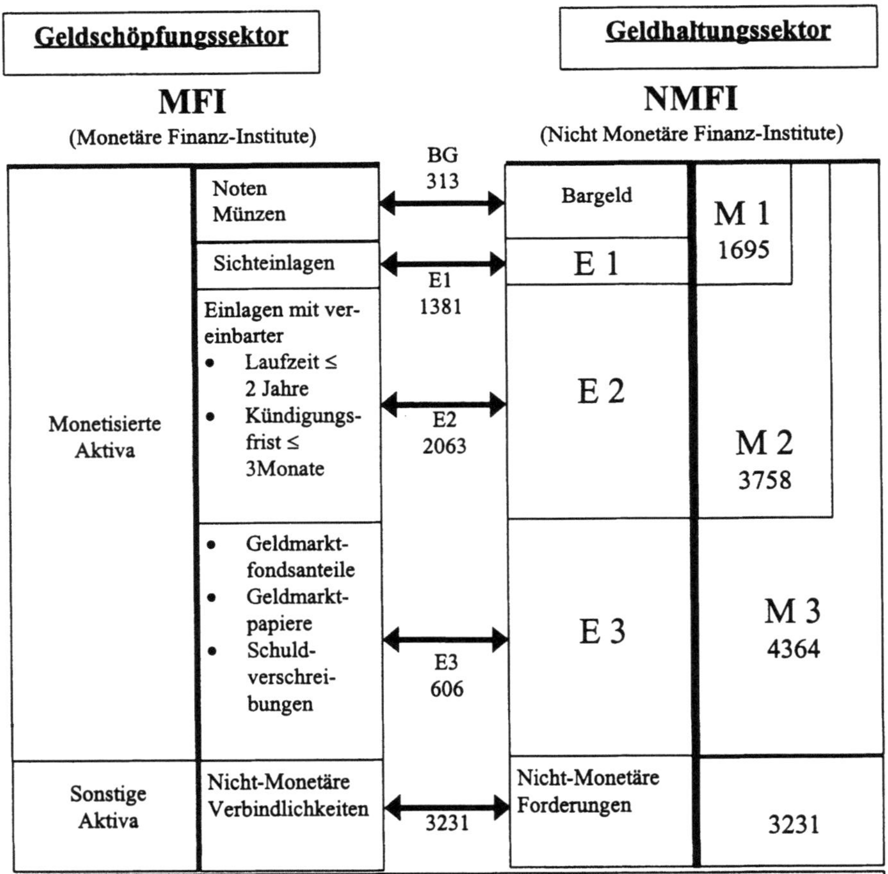

Zahlen in Mrd. Eur für Nov. 1998 Quelle: Europäische Zentralbank, Monatsbericht Jan. 1999 Tabelle 2.4 S.12* und 13*

In einem zweiten Schritt wollen wir nunmehr das zwei-Sektoren Modell weiter differenzieren, indem wir den Bankensektor aufteilen in die Zentralbank und die Geschäftsbanken. Der Nichtbankensektor bleibt unverändert. Aus diesen "Dreiecksbeziehungen" lassen sich weitere Geldbegriffe gewinnen: Das Zentralbankgeld bzw. die Geldbasis und das Bankengiralgeld als (vom Volumen her) wichtigster Teil der gesamten volkswirtschaftlichen Geldmenge.

- Bargeld (Noten und Münzen)

In der BRD hatte bis 1998 die Bundesbank das Recht Banknoten herauszugeben. Die Münzenausgabe (das Münzregal) stand der Bundesregierung zu. Ab 1999 ist dieses Recht auf die Europäische Zentralbank übergegangen. Mit Beginn des Jahres 2001 werden alle Währungen der an der Europäischen Währungsunion beteiligten Länder in die neue Währung "Euro" umgetauscht.

- Giralgeld der Zentralbank

Hierunter sind im wesentlichen die Einlagen der Geschäftsbanken bei der Zentralbank zu verstehen, aber auch Nicht-Banken können Konten bei der Zentralbank eröffnen und dort Guthaben (Zentralbankgiralgeld) unterhalten.

Die **Geschäftsbanken** müssen einen bestimmten Teil der vom Publikum bei ihnen gehaltenen Einlagen in Form von Zentralbankgeld bei der Zentralbank hinterlegen: die Mindestreserve. Halten die Geschäftsbanken darüber hinaus noch Zentralbankgeld z.B. als zusätzliche Liquiditätsvorsorge so spricht man von der Überschußreserve. Da aber Einlagen bei der Zentralbank zinslos bzw. niedrig verzinslich sind, tendieren die Geschäftsbanken dazu, ihre Überschußreserve möglichst klein zu halten oder auf Null zu bringen.

Im Schaubild II/1/2 sind die Zusammenhänge zwischen Geldmenge und Geldbasis illustriert mit Hilfe der Vermögensbilanzen der Zentralbank, der Geschäftsbanken und der Nicht-Banken (dem Publikum). Die Passivseite der Zentralbank enthält die Geldbasis, die Aktivseite des Publikums die Geldmenge. Die Geschäftsbanken halten auf ihrer Aktivseite einen Teil der Geldbasis (Forderungen gegen die Zentralbank) und auf der Passivseite stellen sie den Nicht-Banken den größten Teil der Geldmenge zur Verfügung (Verbindlichkeiten gegen NB).

Schaubild III/1/2: Geldbasis und Geldmenge

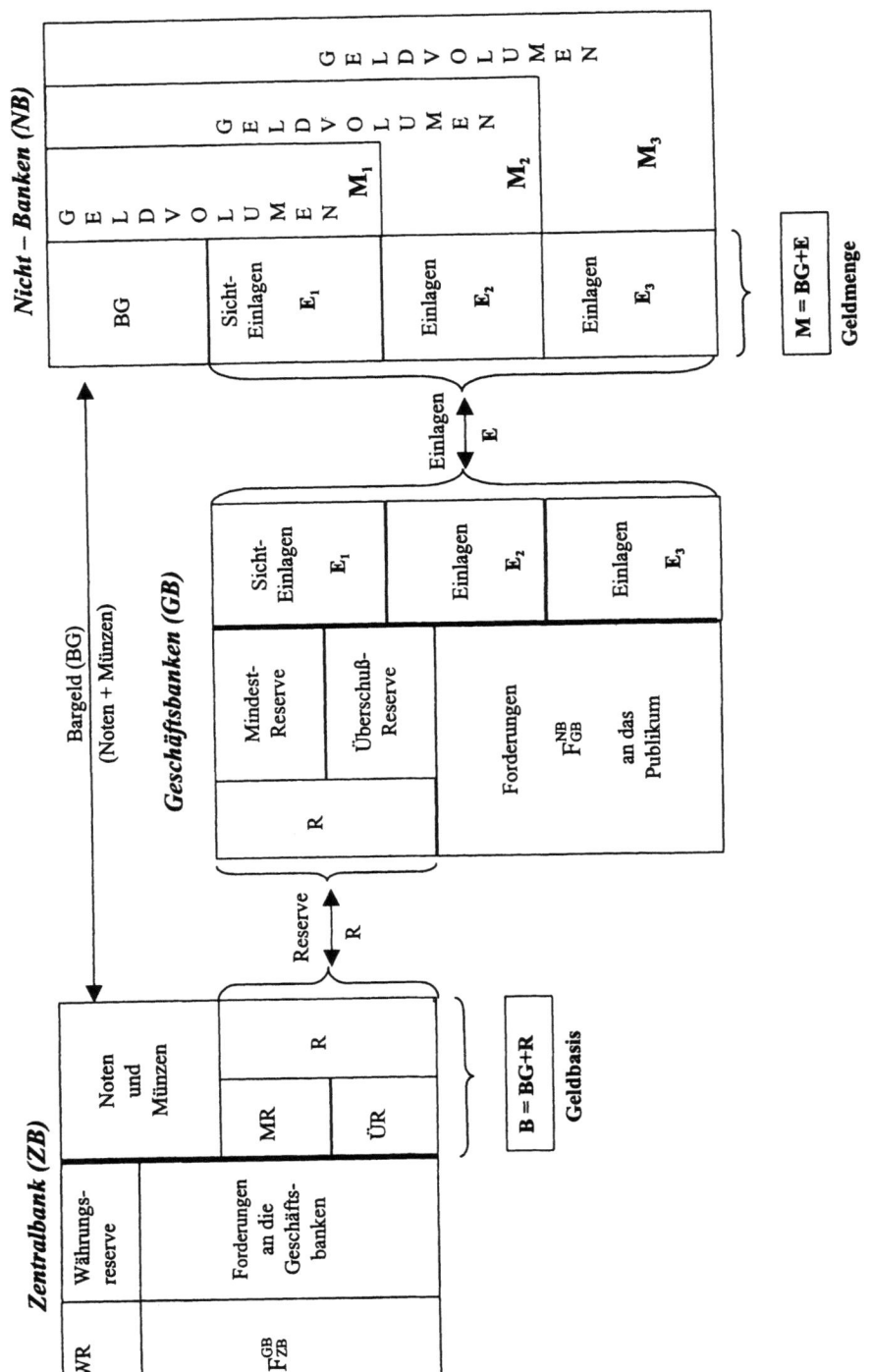

Box III/1/1: Das Europäische System der Zentralbanken (ESZB)

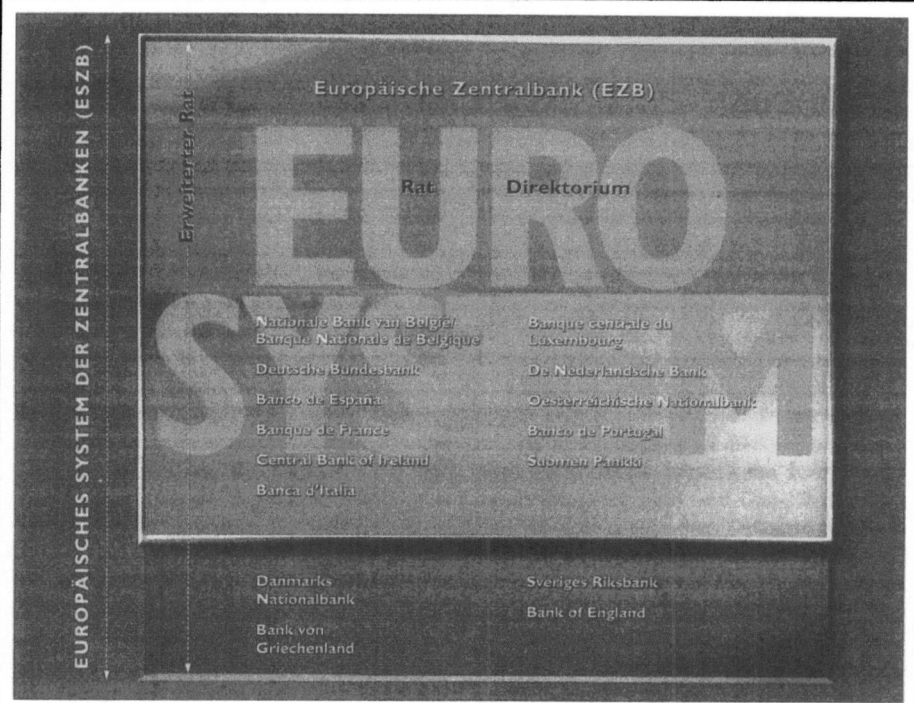

Das Eurosystem

Das Eurosystem umfaßt die EZB und die NZBen der Mitgliedstaaten, die den Euro in der dritten Stufe der Wirtschafts- und Währungsunion (WWU) eingeführt haben. Zur Zeit gehören dem Eurosystem elf NZBen an (siehe obige Abbildung). Wenn und sobald alle 15 Mitgliedstaaten dem Euro-Währungsgebiet angehören, wird der Begriff „Eurosystem" ein Synonym für das ESZB.

Das Eurosystem wird vom EZB-Rat und dem Direktorium der EZB geleitet.

Der *EZB-Rat* umfaßt alle Mitglieder des Direktoriums und die Zentralbankpräsidenten der Mitgliedstaaten, die den Euro eingeführt haben.

Das *Direktorium* besteht aus dem Präsidenten, dem Vizepräsidenten und vier weiteren von den Staats- und Regierungschefs der Mitgliedstaaten, die den Euro eingeführt haben, ernannten Mitgliedern.

Das Europäische System der Zentralbanken (ESZB)

Das ESZB setzt sich aus der EZB und den NZBen aller 15 Mitgliedstaaten zusammen, d. h. es umfaßt neben den Mitgliedern des Eurosystems die NZBen der Mitgliedstaaten, die den Euro nicht mit Beginn der dritten Stufe der WWU eingeführt haben.

Das ESZB wird vom EZB-Rat und dem Direktorium der EZB und dem Erweiterten Rat als drittem Beschlußorgan der EZB geleitet.

Der *Erweiterte Rat* setzt sich zusammen aus dem Präsidenten, dem Vizepräsidenten und den Zentralbankpräsidenten aller 15 NZBen.

NZB = Nationale Zentralbank

Quelle: Monatsbericht der Europäischen Zentralbank, Januar 1999.

Box III/1/2: Abgrenzung monetärer Aggregate für das Euro-Währungsgebiet

In der zweiten Stufe der Wirtschafts- und Währungsunion (WWU) haben die nationalen Zentralbanken, das Europäische Währungsinstitut (EWI) und anschließend die EZB erheblichen Aufwand bei der Entwicklung von harmonisierten monetären Statistiken für das Euro-Währungsgebiet betrieben. Als Resultat wurde eine Konsolidierte Bilanz des Sektors der Monetären Finanzinstitute (MFI-Sektor) erstellt; von dieser Grundlage werden die monetären Aggregate für das Euro-Währungsgebiet abgeleitet. Der MFI-Sektor umfaßt diejenigen Institute, deren Verbindlichkeiten monetärer Natur sein können: dazu gehören die nationalen Zentralbanken, die EZB, Kreditinstitute und andere Finanzinstitute, vor allem Geldmarktfonds. Die MFIs, die im Euro-Währungsgebiet ansässig sind, werden kollektiv als der „Geldschöpfungssektor" des Euro-Währungsgebiets definiert.

Für den Zweck der Abgrenzung der monetären Aggregate umfaßt der „Geldhaltungssektor" alle im Euro-Währungsgebiet ansässigen Nicht-MFIs, ausschließlich der Zentralregierung. Zu diesem Sektor gehören im wesentlichen private Haushalte, nichtfinanzielle Kapitalgesellschaften, Versicherungsgesellschaften und Pensionskassen und andere im Euro-Währungsgebiet ansässige Nicht-MFIs sowie zum Staatssektor gehörige Länder, Gemeinden und Sozialversicherungsträger im Euro-Währungsgebiet. Zentralregierungen werden als „geldneutraler" Sektor betrachtet, mit einer Ausnahme: Einlagenverbindlichkeiten der Zentralregierung mit monetärem Charakter (Einlagen bei Postämtern, Sparkassen und Schatzämtern) fallen unter die Abgrenzung der monetären Aggregate des Eurosystems.

Verschiedene Arten von MFI-Verbindlichkeiten werden in die monetären Aggregate für das Euro-Währungsgebiet einbezogen. Bargeldumlauf und täglich fällige Einlagen sind die Instrumente mit der höchsten Liquidität und fallen unter die enge Abgrenzung der Geldmenge, die als M1 bezeichnet wird. Indem man sonstige kurzfristige Einlagen zu M1 hinzuzählt (nämlich Einlagen mit vereinbarter Laufzeit von bis zu zwei Jahren und Einlagen mit vereinbarter Kündigungsfrist von bis zu drei Monaten), erhält man die Geldmenge M2. Schließlich ergibt sich die weitgefaßte Geldmenge M3, indem man zu M2 bestimmte marktfähige Verbindlichkeiten des MFI-Sektors hinzuzählt (Repogeschäfte, Geldmarktfondsanteile und Geldmarktpapiere sowie Schuldverschreibungen mit einer Ursprungslaufzeit von weniger als zwei Jahren).

In quantitativer Hinsicht machte M1 im November 1998 etwa 39 % von M3 aus, wobei auf Bargeld 7 % und auf täglich fällige Einlagen 32 % entfielen. Einlagen mit vereinbarter Kündigungsfrist von bis zu drei Monaten und Einlagen mit vereinbarter Laufzeit von bis zu zwei Jahren machten etwa 27 % bzw. 20 % aus; damit belief sich das Aggregat M2 auf 86 % von M3. Die restlichen 14 % entfielen auf marktfähige Instrumente (wobei Geldmarktfondsanteile und Geldmarktpapiere 7 %, Repogeschäfte 5 % und Schuldverschreibungen mit Ursprungslaufzeit von bis zu zwei Jahren 2 % ausmachten).

Die Daten für die Konsolidierte Bilanz des MFI-Sektors und die monetären Aggregate des Euro-Währungsgebiets (das alle 11 Länder des Euro-Währungsgebiets umfaßt) wurden ab September 1997 zusammengestellt. Dadurch konnten 12-Monatsraten für das Wachstum aller Bilanzpositionen ab September 1998 berechnet werden. Für die monetären Aggregate wurden allerdings längerfristige Reihen geschätzt. Statistiken über die monatlichen Ströme, die tatsächliche finanzielle Transaktionen darstellen, stehen bisher nicht zur Verfügung; daher werden die Wachstumsraten auf der Basis von Bestandsstatistiken berechnet. Diese Berechnungsmethode vernachlässigt zwar möglicherweise den Einfluß von Störfaktoren, wie beispielsweise Schwankungen der Marktpreise (für unter M3 fallende Wertpapiere, für die es einen Sekundärmarkt gibt), Wechselkursänderungen und Neubewertungen. Außerdem beruhen die Daten insoweit noch auf Schätzungen, als einige Änderungen an den Berichtssystemen einzelner Länder des Euro-Währungsgebiets noch nicht abgeschlossen sind. Allerdings stellen zum gegenwärtigen Zeitpunkt diese Daten die umfassendste und verläßlichste Quelle für monetäre Informationen im Euro-Währungsgebiet dar. Dennoch ist bei der Auswertung der monetären Statistiken für geldpolitische Zwecke eine gewisse Vorsicht angebracht.

Quelle: Monatsbericht der Europäischen Zentralbank, Januar 1999.

1.2 Wie entsteht Geld?

Mit dieser Frage ist nicht der technische Produktionsprozeß gemeint, wie aus Metall Münzen gestanzt oder aus Papier Geld gedruckt wird, auch wenn häufig die Vermehrung des Geldes mit „Gelddrucken" oder dem „Anwerfen der Geldpresse" im Volksmund gleichgesetzt wird. Geld entsteht immer dann, wenn eine Bank (Zentralbank oder Geschäftsbank) ein Aktivum, das kein inländisches Geld ist, erwirbt und mit Forderungen auf sich selbst bezahlt. Diese Forderungen gegen eine Bank sind Geld! Ob die Bank einen Wechsel diskontiert, Wertpapiere, Devisen oder Schuldscheine erwirbt, spielt keine Rolle. Die Bank „monetisiert" diese Aktiva, indem sie dem Verkäufer den Gegenwert als Guthaben auf seinem Bankkonto verbucht.[1]

Geldschöpfung durch Monetisierung von Aktiva

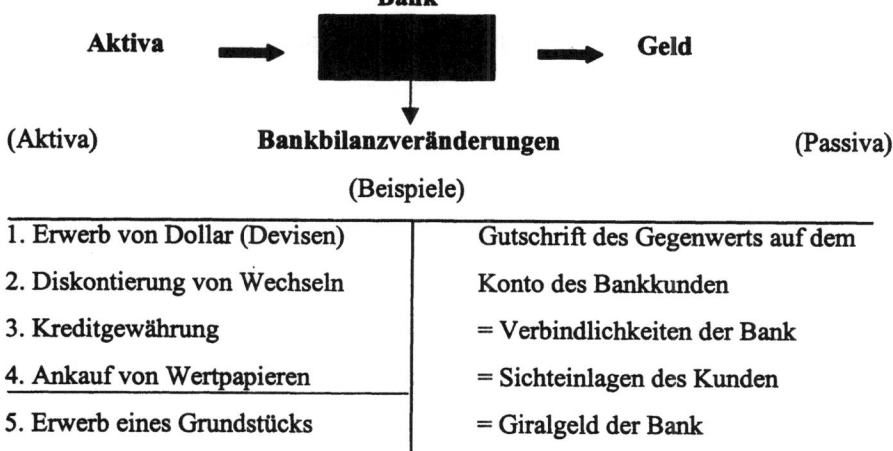

1. Erwerb von Dollar (Devisen)	Gutschrift des Gegenwerts auf dem
2. Diskontierung von Wechseln	Konto des Bankkunden
3. Kreditgewährung	= Verbindlichkeiten der Bank
4. Ankauf von Wertpapieren	= Sichteinlagen des Kunden
5. Erwerb eines Grundstücks	= Giralgeld der Bank

In einem zweistufigen Bankensystem, das sich aus der Zentralbank (bzw. dem Zentralbankensystem) und den Geschäftsbanken zusammensetzt, entsteht Zentralbankgeld, wenn die Zentralbank Aktiva monetisiert und es entsteht Giralgeld der Geschäftsbanken, wenn diese Aktiva monetisieren.

---

[1] Zu beachten sind die in III/1/1 genannten Ausnahmen.

Die Zentralbank kann Aktiva hereinnehmen und monetisieren, d.h. mit dem von ihr selbst geschaffenen Zentralbankgeld bezahlen. Die Zentralbankgeldmenge nennt man auch die Geldbasis. Sie setzt sich zusammen aus dem Notenumlauf und den Giralgeldeinlagen des Publikums bei der Zentralbank sowie der Reserveposition der Geschäftsbanken. Über das Volumen der Geldbasis befindet die Zentralbank. Sie bestimmt z.B., in welchem Umfang sie welche Aktiva monetisiert.[2]
Die Zentralbank kann (in einer geschlossenen Volkswirtschaft) theoretisch unbegrenzt Aktiva monetisieren, denn das von ihr geschaffene Zentralbankgeld ist das einzige gesetzliche Zahlungsmittel. In einer offenen Volkswirtschaft kann auch sie Liquiditätsprobleme bekommen, wenn sie z.B. Zahlungen in Devisen (auf ausländische Währungseinheiten lautende Sichteinlagen bei ausländischen Banken) leisten muß und über unzureichende Währungsreserven verfügt. In einem System fester Wechselkurse kann eine Zentralbank dazu verpflichtet sein. Von diesem Sonderfall abgesehen gilt, daß sie unbegrenzt liquide ist.

Die Geschäftsbanken können Geschäftsbanken - Giralgeld schaffen indem sie:
- (erstklassige) Handelswechsel diskontieren (Wechselgeschäft),
- Festverzinsliche Wertpapiere erwerben (Offenmarktgeschäft),
- Kredite gegen die Verpfändung von Wertpapieren gewähren (Lombardgeschäft),
- ausländische Währungen ankaufen (Devisengeschäft),
- Kredite auf der Basis eines Kreditvertrages einräumen (Kreditgeschäft),
- Staatspapiere vom Staat ankaufen (Kreditgewährung der öffentlichen Hand).

Sie können aber nicht ad infinitum Aktiva monetisieren, denn sie müssen damit rechnen, daß die Wirtschaftssubjekte, die ihnen die Aktiva verkaufen, einen Teil ihres Giralgeldes in Zentralbankgeld (z.B. Banknoten) umtauschen. Die Geschäftsbanken müssen, damit sie ihren Kunden Geld auszahlen können, selbst Aktiva an die Zentralbank verkaufen, um Zentralbankgeld (Banknoten) zu erhalten. Bargeld ist heutzutage immer Zentralbankgeld. Geschäftsbanken können zusätzliches Giralgeld nur schaffen, wenn sie über Zentralbankgeld disponieren können, das über die Mindestreserve hinausgeht und bei Bedarf ausgezahlt werden kann.

---

[2] Zur Geldpolitik der Europäischen Zentralbank vgl. Box III/1/3.

Das Publikum (Nichtbanken = Nicht - Monetäre - Finanz - Institute) hält Zentralbankgeld als Bargeld oder Sichteinlagen bei der Zentralbank (ZB). Darüber hinaus hat das Publikum Guthaben bei Banken (entstanden durch den Verkauf von Aktiva einschließlich Kreditverträge. Je nach Fristigkeit bzw. Anlagezweck unterscheidet man diese Einlagen in Sicht-, Termin-, Spareinlagen sowie Geldmarktpapiere.

Wenn wir diese „banktechnischen" Unterscheidungskriterien in Übereinstimmung bringen mit den Abgrenzungskriterien für die Geldmengenbegriffe, unterscheiden sich die **Einlagen (E)** des Publikums bei den Banken wie folgt:

E 1: Sichteinlagen. Über diese Einlagen kann täglich durch Überweisung, Anweisung oder Abhebung verfügt werden.

E 2: Einlagen mit einer vereinbarten Laufzeit von unter zwei Jahren (**E2.1**), oder mit einer vereinbarten Kündigungsfrist von bis zu drei Monaten (**E2.2**)

E 3: Marktfähige Verbindlichkeiten des Bankensektors
(Repogeschäfte (**E3.1**), Geldmarktfondsanteile (**E3.2**), Geldmarktpapiere (**E3.3**), Schuldverschreibungen mit einer Ursprungslaufzeit von weniger als zwei Jahren (**E3.4**)).

E 4: Einlagen mit einer vereinbarten Laufzeit von mehr als zwei Jahren (**E4.1**), oder mit einer vereinbarten Kündigungsfrist von mehr als drei Monaten (**E4.2**)

E 5: Schuldverschreibungen von über zwei Jahren

E 6: (Eigen-) Kapital und Rücklagen

Nach der <u>Geldmengendefinition der Europäischen Zentralbank</u> zählen aber lediglich die ersten drei Einlagenarten als Geld. Und zwar ist:

(1) **M1 = Bargeld + E1**

(2) **M2 = M1 + E2**

(3) **M3 = M2 + E3**

Box III/1/3: Der geldpolitische Handlungsrahmen des Eurosystems

Zur Erreichung seiner geldpolitischen Ziele führt das Eurosystem Offenmarktgeschäfte durch, stellt ständige Fazilitäten zur Verfügung und verpflichtet Kreditinstitute zur Haltung von Mindestreserven auf Konten bei den nationalen Zentralbanken. Offenmarktgeschäfte spielen in der Geldpolitik des Eurosystems eine wichtige Rolle bei der Steuerung der kurzfristigen Zinsen, bei der Kontrolle der Liquiditätslage am Geldmarkt und bei der Signalisierung des geldpolitischen Kurses. Die ständigen Fazilitäten dienen der Bereitstellung bzw. Absorption von täglich fälliger Liquidität und sollen generell auf die mittelfristigen geldpolitischen Absichten hinweisen. Das Mindestreservesystem dient in erster Linie der Stabilisierung der Geldmarktsätze und der Herbeiführung (oder Vergrößerung) einer strukturellen Liquiditätsknappheit.

Unter den Offenmarktgeschäften kommt dem „Hauptrefinanzierungsgeschäft", d. h. dem wöchentlichen Tender mit einer Laufzeit von zwei Wochen, eine zentrale Rolle im geldpolitischen Handlungsrahmen des Eurosystems zu. Letztlich verwendet das Eurosystem in erster Linie diesen Geschäftstyp, um Schwankungen der kurzfristigen Geldmarktsätze zu steuern und das Bankensystem zu refinanzieren. Außerdem führt das Eurosystem regelmäßig „längerfristige Refinanzierungsgeschäfte" durch. Dabei handelt es sich um monatliche Tendergeschäfte mit einer Laufzeit von drei Monaten. Im Gegensatz zum wöchentlichen Tender verwendet das Eurosystem das monatliche Tendergeschäft in der Regel nicht, um geldpolitische Signale für den Markt zu setzen. Andere Arten von Offenmarktgeschäften, die das Eurosystem erforderlichenfalls durchführen könnte, schließen Feinsteuerungsoperationen ein, die vor allem dazu dienen, die Auswirkungen unerwarteter Liquiditätsschwankungen am Markt abzufedern. Ferner hat das Eurosystem die Möglichkeit, Offenmarktgeschäfte (wie die Begebung von EZB-Schuldverschreibungen) zu verwenden, um die strukturelle Position des Eurosystems gegenüber dem Finanzsektor zu beeinflussen. Seit Beginn der dritten Stufe hat die EZB jedoch die Durchführung solcher „struktureller" Operationen noch nicht für erforderlich gehalten.

Während die Offenmarktgeschäfte auf Betreiben des Eurosystems durchgeführt werden, liegt die Initiative im Fall der ständigen Fazilitäten bei den Kreditinstituten, die als Geschäftspartner des Eurosystems zugelassen sind. Diese Geschäftspartner haben Zugang zu zwei ständigen Fazilitäten des Eurosystems: Über die Spitzenrefinanzierungsfazilität können sie sich Tagesgeld bei den nationalen Zentralbanken beschaffen, und mittels der Einlagefazilität können sie dieses bei den nationalen Zentralbanken anlegen. Normalerweise gibt es keine Zugangsbegrenzung bei den ständigen Fazilitäten (außer daß der Zugang zur Spitzenrefinanzierungsfazilität wie bei allen Kreditgeschäften des Eurosystems durch ausreichende refinanzierungsfähige Sicherheiten gedeckt sein muß). Durch diese beiden Fazilitäten werden Schwankungen des Tagesgeldmarktsatzes durch den Korridor begrenzt, der durch die Zinssätze für die Inanspruchnahme der ständigen Fazilitäten vorgegeben ist.

Außerdem ist jedes im Euro-Währungsgebiet ansässige Kreditinstitut mindestreservepflichtig. Das Reserve-Soll wird errechnet, indem ein Mindestreservesatz auf ausgewählte Verbindlichkeiten aus der Bilanz der Kreditinstitute angewendet wird. Der Reservesatz wurde mit Beginn der dritten Stufe auf 2 % festgelegt. Ein Kreditinstitut erfüllt seine Pflicht gegenüber dem Mindestreservesystem des Eurosystems, wenn seine tagesdurchschnittlichen Reserveguthaben innerhalb einer Mindestreserve-Erfüllungsperiode (normalerweise vom 24. jedes Monats bis zum 23. des darauffolgenden Monats) mindestens genauso hoch sind wie sein Mindestreserve-Soll. Reserveguthaben werden zu dem Satz für die Hauptrefinanzierungsgeschäfte des Eurosystems verzinst. Das Verfahren zur Einhaltung der Mindestreservepflicht über einen mehr als einen Tag umfassenden Zeitraum — im Fall des Mindestreservesystems des Eurosystems über eine Zeitspanne von genau einem Monat — wird als Durchschnittserfüllung bezeichnet. Da die Durchschnittserfüllung dem Bankensystem eine flexible Liquiditätssteuerung erlaubt, können Kreditinstitute tägliche Schwankungen in der Liquiditätsbereitstellung ausgleichen und ihre kurzfristigen Arbitrage-Möglichkeiten am Geldmarkt nutzen. Daher ist davon auszugehen, daß die Durchschnittserfüllung zu einer Stabilisierung des Tagesgeldsatzes im Verlauf der Mindestreserve-Erfüllungsperiode beitragen wird.

Quelle: EZB, Monatsbericht, Januar 1999

Box III/1/4: Zusammensetzung der Geldmenge

Geldmengenentwicklung im Euro-Währungsgebiet:
(nicht saisonbereinigte Daten in Milliarden EUR)

		Januar '99	
	Monats- end- stände	Verän- derung gegenüber Vormonat	Jahres- wachs- tums- rate

KOMPONENTEN VON M3[2])

(1)	M3 (= Posten 1.1 bis 1.7)	4490	13	5,6
(1.1)	Bargeldumlauf	314	−9	1,0
(1.2)	Täglich fällige Einlagen	1470	19	17,6
(1.3)	Einlagen mit vereinbarter Laufzeit von bis zu 2 Jahren	882	−12	−2,8
(1.4)	Einlagen mit vereinbarter Kündigungsfrist von bis zu 3 Monaten	1246	15	5,8
(1.5)	Repogeschäfte	175	−5	−20,0
(1.6)	Geldmarktfondsanteile und Geldmarktpapiere	350	13	7,5
(1.7)	Schuldverschreibungen mit einer Ursprungslaufzeit von bis zu 2 Jahren	54	−8	−7,9

Geldmengenaggregate im Euro-Währungs-gebiet
(Veränderung gegen Vorjahr in %)

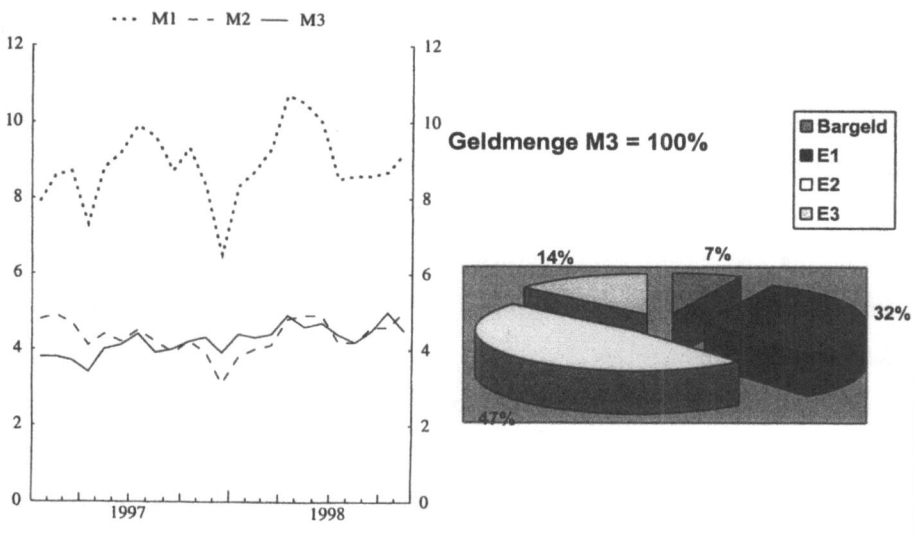

Quelle: EZB, Monatsbericht, Januar 1999 / Deutsche Bundesbank, Auszüge aus Presseartikeln, März 1999.

Abschließend wollen wir anhand eines einfachen Zahlenbeispiels die **Kredit- und Geldschöpfungskapazität** des Geschäftsbankensektors ermitteln: d.h. die Fähigkeit und die Begrenzung dieses Sektors Geld und Kredite zu schaffen. Wir betrachten zu diesem Zweck noch einmal das im Schaubild III/1/2 entwickelte Modell, das den Sektor der „Monetären Finanz-Institute" MFI in zwei Sub-Sektoren unterteilt: die Zentralbank und die Geschäftsbanken und diesen Sektoren die „Nicht-Monetären Finanz-Institute" (also das Publikum) gegenüberstellt.

Die Beziehungen zwischen diesen Sektoren bestehen aus Forderungen und Verbindlichkeiten, die zu ihrem weitaus größten Teil den Charakter von Geld haben. An der umfassend definierten Geldmenge M3 entfällt ein nur sehr geringer Anteil auf Zentralbankgeld (im Gebiet der Europäischen Wirtschafts- und Währungsunion beträgt der Anteil des Bargeldes an der Geldmenge M3 ca. 7%, vgl. auch Box III/1/3). Der weitaus größte Teil ist Geschäftsbankengeld (Forderungen des Publikums gegen die Geschäftsbanken).

Die Geschäftsbanken werden in einer aggregierten und konsolidierten Bilanz zusammengefaßt und damit wie eine „Monopolbank" behandelt. Das Publikum hält Bargeld (das ist immer Zentralbankgeld) und Einlagen bei den Geschäftsbanken (also Geschäftsbankengeld). Die Geschäftsbanken sind verpflichtet 2% der Einlagen des Publikums als Mindestreserve bei der Zentralbank zu unterhalten.[3] Es sei angenommen, daß sie darüber hinaus über eine (unfreiwillige) Überschußreserve verfügen. Die Monopolbank möchte diese Überschußreserve abbauen, denn die Einlagen bei der Zentralbank werfen entweder keine oder eine nur sehr geringe Verzinsung ab. Schauen wir uns die vereinfachten Bankbilanzen dieser Monopolbank im Schaubild III/1/3 an.

In der Ausgangsbilanz (A) hat die Monopolgeschäftsbank Verbindlichkeiten gegenüber dem Publikum in Höhe von 10.000 GE. Ihre gesetzlich zu haltende Mindestreserve beträgt bei einem unterstellten Mindestreservesatz von 2% der Einlagen 200 GE. Tatsächlich unterhält sie eine Reserve von 300 GE, d.h. 100 GE stellen Über-

---

[3] Dieser sehr niedrige Mindestreservesatz gilt ab 1.1.1999 im Euro-System. Die Deutsche Bundesbank hatte dieses Instrument in der Vergangenheit weitaus stärker dosiert und noch 1993 12,1% für Sichtverbindlichkeiten und 4,15% für Spareinlagen erhoben.

1.2 Wie entsteht Geld?

schußreserve dar. Die ausstehenden Kredite in Höhe von 9700 GE sind Forderungen der Monopolgeschäftsbank gegen das Publikum. Die Bilanz ist ausgeglichen, das Kreditsystem ist jedoch nicht im Gleichgewicht! Die Monopolgeschäftsbank hat eine zu hohe Reserveposition bei der Zentralbank (gemessen am Volumen ihrer Einlagen) bzw. hat ein zu geringes Einlagevolumen (gemessen an der Reserveposition). Sie wird also versuchen die Überschußreserve in Mindestreserve zu überführen und das heißt, sie wird versuchen ihr Kreditvolumen auszudehnen.

Sollte das Publikum weitere Kredite nachfragen und beispielsweise für 1000 GE Handelswechsel zum Diskont einreichen wollen, so kann die Geschäftsbank diese Aktiva problemlos monetisieren, indem sie die Einlagen des Publikums um den Gegenwert des Kredits erhöht (durch Gutschrift auf dem Konto der Kreditnehmers). Für die gestiegenen Einlagen würde eine entsprechend höhere Mindestreserve bei der Zentralbank erforderlich sein (in diesem Fall in Höhe von $0,02 \cdot 1000 = 20$ GE). Die Monopolbank würde die Überschußreserve um 20 reduzieren und die Mindestreserve entsprechend aufstocken. Sie könnte (unter der Voraussetzung, daß sie genügend Kunden findet) mit der Kreditgewährung fortfahren, bis ihre Überschußreserve vollständig in die Mindestreserve verwandelt worden ist und 2% des Einlagevolumens ausmacht. Das ist der Fall, wenn die Einlagen die Gesamtsumme von 15000 GE erreichen und die Kredite auf 14700 GE gestiegen sind.

Ergebnis:

a) Die <u>Geldmenge</u> ist um die Geschäftsbankengeldmenge gewachsen:

$\Delta M = \Delta M_{GB} = \Delta E$

b) Das <u>Kreditvolumen</u> ist um dengleichen Betrag gewachsen $\Delta F = \Delta E$.

c) Es gelten folgende Beziehungen für die maximale Ausdehnung der Kredite und der Giralgeldmenge (der Geschäftsbanken) - Mindestreservesatz von $r = 0,02$:

$\Delta E = ÜR / r = 100 / 0,02 = 5000$ und $\Delta F = ÜR / r = 100 / 0,02 = 5000$

Schaubild III/1/3 : Geldschöpfung durch die Monopolgeschäftsbank

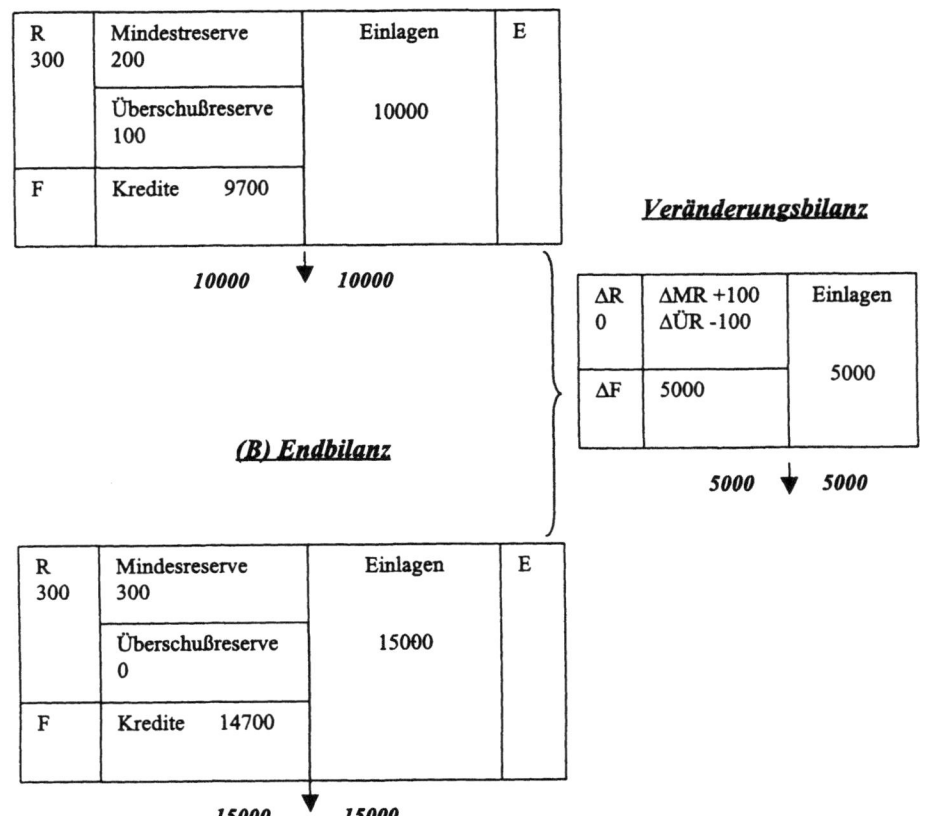

Ergebnis:

Für die Ausdehnung der Geldmenge gilt:

$$\Delta M = \Delta E = -\frac{\Delta \text{ÜR}}{r} = \frac{100}{0{,}02} = 5000$$

Für die Ausdehnung des Kreditvolumens gilt:

$$\Delta F = -\frac{\Delta \text{ÜR}}{r} = \frac{100}{0{,}02} = 5000$$

1.3 Theorie des Geldangebots

Aus den soeben dargestellten Bausteinen ergibt sich ein System von Gleichungen, das zu einem Modell des Geldangebots wird, wenn wir noch weitere Annahmen über die Verhaltensweise der beteiligten Wirtschaftssubjekte treffen: Die Wirtschaftssubjekte des Publikums halten typischerweise eine bestimmte Relation aufrecht zwischen Bargeld (BG) und Einlagen (E), wobei es sich bei dieser Beziehung um eine Verhaltensgleichung des Publikums handelt:

$$q = \frac{BG}{E} = \frac{Bargeld}{Einlagen} \qquad 0 < q < 1$$

Die Geschäftsbanken sind gesetzlich verpflichtet, eine (von der Zentralbank) bestimmte Relation aufrecht zu erhalten zwischen ihren Einlagen (E) und ihrem Zentralbankgeld, das sie als Guthaben bei der Zentralbank oder als Kassenbestand unterhalten müssen. Es handelt sich bei dieser Beziehung um eine. Das Verhältnis der gesetzlichen Mindestreserve (MR) zu den Einlagen kann pro Einlagekategorie variieren (z.B. $\frac{MR_1}{E_1} > \frac{MR_2}{E_2} > \frac{MR_3}{E_3}$). Als Durchschnittssatz ergibt sich:

$$r = \frac{MR}{E} = \frac{Mindestreserve}{Einlagen} \qquad 0 < r < 1$$

Über die Mindestreserve hinausgehende Guthaben der Geschäftsbanken bei der Zentralbank nennt man Überschußreserve (ÜR). Die Geschäftsbanken sind in der Regel bemüht, diese Überschußreserve möglichst klein oder gar auf Null zu halten, da auch sie entweder zinslos oder niedrig verzinslich sind. Doch werden sie eine gewisse "working balance" unterhalten, die in Relation zum Umfang ihrer Einlagen steht, aber auch von weiteren Größen wie z. B. dem Marktzins abhängt.

$$ü = \frac{ÜR}{E} = \frac{Überschußreserve}{Einlagen} \qquad 0 < ü < 1$$

1 Das Geldangebot

Es handelt sich bei dieser Beziehung um die <u>Verhaltensgleichung der Geschäftsbanken.</u>

Bevor wir aus diesen Verhaltensgleichungen und der institutionellen Bestimmung über den Mindestreservesatz ein Modell des Geldangebots entwickeln, sollten Sie unbedingt noch einmal einen Blick auf das Schaubild III/1/2, das die zentralen Begriffe Geldbasis und Geldmenge definiert und ihre Beziehung zueinander anschaulich macht. Auf diese Definitionsgleichungen greifen wir im folgenden zurück, verbinden sie aber mit den zugehörigen Verhaltensweisen der Wirtschaftssubjekte. Es bleibt dabei zunächst offen, welche Geldmenge betrachtet werden soll, da wir nur allgemein die „Einlagen" berücksichtigen und sie nicht näher nach E1, E2 E3 spezifizieren. Das Modell des Geldangebots einer Volkswirtschaft läßt sich wie folgt darstellen:

(1) **Geldmenge = Bargeld + Einlagen** $\Rightarrow$

$\quad\quad$ M $\quad$ = $\quad$ BG + E

(2) **Geldbasis = Bargeld + Mindestreserve + Überschußreserve** $\Rightarrow$

$\quad\quad$ B $\quad$ = $\quad$ BG + MR + ÜR

Wir bilden aus den beiden Gleichungen den Qutienten: (1)/(2) und erhalten:

(3) $\dfrac{M}{B} = \dfrac{BG + E}{BG + MR + ÜR}$

Wir dividieren beide Seiten der Gleichung (3) durch die Einlagen (E) und erhalten:

(4) $\dfrac{M}{B} = \dfrac{\dfrac{BG}{E} + 1}{\dfrac{BG}{E} + \dfrac{ER}{E} + \dfrac{ÜR}{E}} = \dfrac{q+1}{q+r+ü} = m$

Aus (4) erhalten wir die Bedingung für die Geldmenge, die angeboten wird:

(5) $M = \dfrac{q+1}{q+r+ü} B$

Diese Formel vereinfachen wir und definieren:

(6) ██████ $\quad\quad\quad$ **Geldmenge**

(7) $m = \dfrac{q+1}{q+r+ü}$ $\quad\quad$ **Geldschöpfungsmultiplikator**

Die Geldbasis ist die unabhängige Variable, die die Geldmenge determiniert. Beide Größen sind über den Geldschöpfungsmultiplikator multiplikativ miteinander verbunden. Dieser Zusammenhang wird in der nebenstehenden Grafik illustriert. Aus erst später ersichtlich werdenden Gründen tragen wir die unabhägige Variable auf der Ordinate und die abhängige auf der Abzisse ab. Der Multiplikator m gibt das Steigungsmaß der Geldangebotskurve an. Betrachten wir den Multiplikator als gegeben, entspricht der Zentralbankgeldmenge Bo ein Geldvolumen von M_0 und einer Geldbasis von B_1 eine Geldmenge von M_1.

Schaubild III/1/4: Geldbasis und Geldmenge

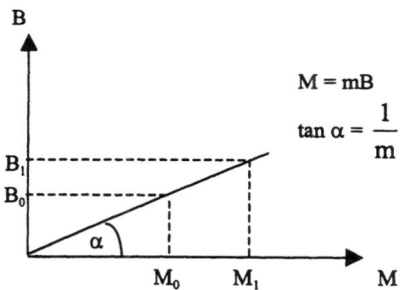

Der Geldschöpfungsmultiplikator m ist eine Funktion der drei oben entwickelten Quoten: **m = m(q, r, ü)**   mit   **m > 1**

Der Geldschöpfungsmultiplikator ist positiv und größer 1, da der Zähler des Bruchs der Gleichung (7) größer 1 und der Nenner kleiner 1 aber positiv ist.

Lassen Sie uns das bisher erzielte *Ergebnis* kurz interpretieren: Die Geldmenge beträgt ganz offensichtlich ein Vielfaches der Geldbasis. Das Verhältnis von Geldmenge zu Geldbasis wird durch den Geldmengenmultiplikator oder Geldschöpfungsmultiplikator "m" wiedergegeben. Er ist seinerseits eine Funktion der Verhaltensweise des Publikums (über Bargeld disponieren zu wollen), der Banken (Überschußreserve zu halten) und der institutionellen Vorgabe der Zentralbank (die Mindestreseve-Vorschrift einzuhalten). Die Geldmenge kann sich mithin nur dann ändern, wenn sich entweder die Geldbasis (die Zentralbankgeldmenge) oder der Multiplikator verändern.

160   1 Das Geldangebot

Aus den Gleichungen (6) und (7) können wir jetzt ohne Schwierigkeiten ablesen, unter welchen Voraussetzungen sich die Geldmenge in welcher Weise verändert: Wir bilden das totale Differential der Gleichung M=m B:

(8) $\Delta M = m \Delta B + B \Delta m$ ⟶ (9) $\Delta M = m \Delta B$

⟶ (10) $\Delta M = B \Delta m$

Die Geldmenge steigt, wenn die Zentralbank die Geldbasis erhöht (bei Konstanz von m) oder wenn sich der Geldschöpfungsmultiplikator vergrößert (bei Konstanz von B):

Schaubild III/1/5: Geldbasis, Geldmenge, Geldangebot

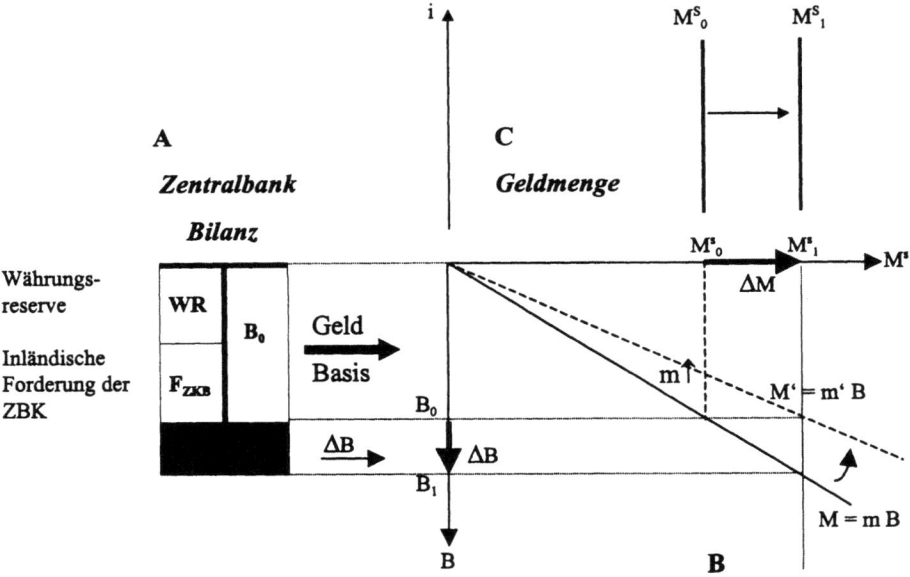

Eine Erhöhung der Geldbasis kann nur durch die Zentralbank selbst erfolgen: Sie muß dafür geeignete Aktiva monetisieren. Nur dadurch verlängert sich ihre Bilanz und es entstehen neue Verbindlichkeiten der Zentralbank, die Zentralbankgeld darstellen. In dem Schaubild III/1/5 ist diese Bilanz skizziert. Um die Wirkung der Zentralbankbilanz-Verlängerung auf die Geldmenge übertragen zu können, haben

1.3 Theorie des Geldangebots

wir die Grafik, die den Zusammenhang zwischen Geldmenge und Geldbasis illustriert, entsprechend angepaßt und die „B-Achse" nach unten geklappt: Es ist deutlich, daß die Erhöhung der Geldbasis um ΔB die Geldmenge um ΔM vergrößert. Dieselbe Geldmengensteigerung ließe sich durch einen Anstieg des Geldschöpfungsmultiplikators um Δm erreichen.

Der Geldschöpfungsmultiplikator $m = m(q,r,ü)$ erhöht sich wenn:

a) das Publikum ihre Kassenhaltung verringert, also einen geringeren Bargeldbestand in Relation zum Giralgeld hält. Wenn z.B. die Wirtschaftssubjekte stärker auf bargeldlosen Überweisungsverkehr, Scheckzahlungen, „electronic banking" oder Zahlungen mit Kreditkarten übergehen. Es ist:

$$(11) \frac{dm}{dq} < 0 \qquad 0 < q < 1$$

b) die Zentralbank den Mindestreservesatz senkt, denn es ist

$$(12) \frac{dm}{dr} < 0 \qquad 0 < r < 1$$

c) die Geschäftsbanken ihre freien Liquiditätsreserven senken, denn es ist

$$(13) \frac{dm}{dü} < 0 \qquad 0 < ü < 1$$

Aus dem Schaubild III/1/5 wird deutlich, daß bei einer bestimmten Geldmengenangebotsfunktion $M^s = mB$ und einer vorgegebenen Geldbasis $B = B_0$ das gesamte Geldvolumen $M^s = M^s_0$ betragen wird, da $m > 1$, ist $M_0 > B_0$. Erhöht sich die Geldbasis von B_0 auf B_1 steigt das Geldvolumen von M_0 auf M_1. Eine derartige Geldmengensteigerung wäre auch möglich durch eine entsprechende Drehung der $M^s(B)$ - Kurve. Die Einflußfaktoren, die m determinieren ($m = m(c, r, ü)$), müssen sich so verändern, daß m steigt. Die Geldangebotsfunktion ist vollkommen zinsunelastisch.

Box III/1/5: Zinselastische Geldangebotsfunktion: $M^s = M^s(i)$

Unter besonderen Umständen kann die Geldangebotsfunktion vom Zinssatz abhängen: Die freiwillige Überschußreserve ÜR ist keine starre Größe sondern ihrerseits von ökonomischen Variablen wie dem Zinssatz abhängig:

(1) ÜR = ÜR (i)   ÜR/E= ü
(2) ü = ü(i)   mit dü/di < 0.

Bei steigenden Marktzinsen werden die Banken ihre freiwillige Überschußreserve verstärkt abbauen, da die Alternativkosten einer niedrig oder gar nicht verzinslichen Zentralbankanlage wachsen. Sie werden versuchen, mehr Kredite zu geben und damit die Geldmenge ausweiten. Der Geldschöpfungsmultiplikator nimmt also mit steigenden Zinssätzen zu. Es ist:

(3) M = m B
(3) m = m(ü,r,q)   mit dm/dü < 0   und damit⇒
(4) dm/di = (dm/dü) (dü/di) > 0   und damit⇒   m = m(i).
     (-)   (-)

Die Geldangebotsfunktion bei zinsabhängiger Überschußreserve läßt sich damit wie folgt formulieren:

(5) M = m B ⇒   M = m(i) B ⇒   M = M(i)

Sie ist in dem Schaubild illustriert. Die Höhe der Geldbasis bestimmt die Lage der der Angebotskurve, die Zinsreagibilität der Banken in Bezug auf ihre Überschußreserve bestimmt die Neigung. Geht man allerdings davon aus, daß die Geschäftsbanken ohnehin so gut wie keine nennenswerte Überschußreserve halten werden, dürfte die Geldangebotskurve sehr steil verlaufen.

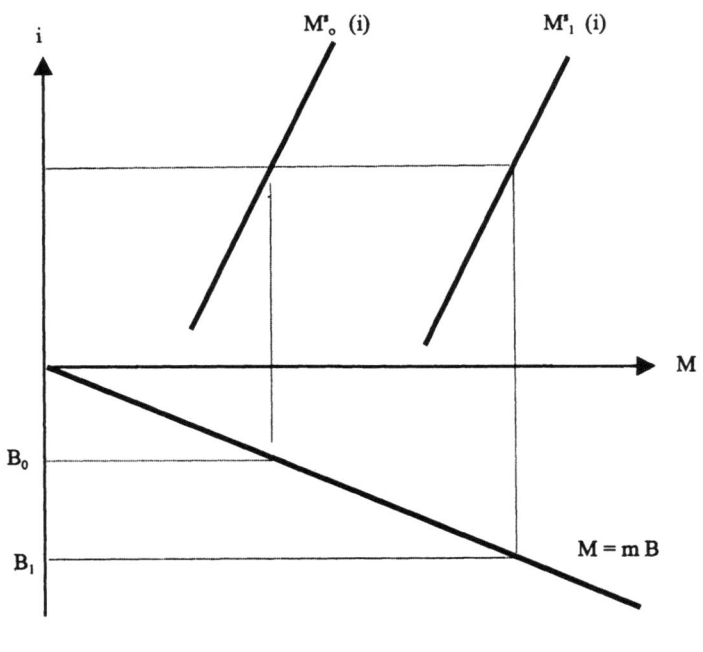

2 Die Nachfrage nach Geld

Warum fragen Wirtschaftssubjekte eigentlich Geld nach? Statt Geld zu halten, könnten sie doch Güter oder verzinsliche Wertpapiere kaufen. Die unverzinsliche Geldhaltung ist wie alles in der Ökonomie nicht ohne Alternativkosten: Verzicht auf den Güternutzen oder Verzicht auf Zinsertrag. Die Inkaufnahme dieser Alternativkosten hat bestimmte Motive. Welche? Wir unterscheiden (mit Keynes) <u>drei Motive der Geldhaltung</u>:

1. Das Transaktionsmotiv
2. Das Vorsichtsmotiv
3. Das Spekulationsmotiv.

2.1 Geldnachfrage zu Transaktionszwecken

Die Geldhaltung aus dem Transaktionsmotiv nutzt die Eigenschaft des Geldes allgemeines Tauschmittel zu sein. Sie ist darauf gerichtet, die laufenden ökonomischen Transaktionen (Kauf und Verkauf von Gütern und Dienstleistungen, Lohnzahlungen usw.) zu ermöglichen, so daß der Wirtschaftsprozeß nicht beeinträchtigt wird. Die Nachfrage nach Geld zu Transaktionszwecken hängt mithin von der Höhe des Sozialproduktes (Y) und den Zahlungsgepflogenheiten der Gesellschaft ab, die wir durch den "Kassenhaltungskoeffizienten k" erfassen. Da die Zahlungssitten (zumindest kurzfristig) als stabil angenommen werden, können wir die Geldnachfragefunktion wie folgt formulieren:

<u>*Zahlenbeispiel:*</u>
(1) ███ $0 < k < 1$ $L_T = 1/4\, Y$

Die Nachfrage nach Transaktionskasse ändert sich, wenn das Volkseinkommen oder der Kassenhaltungskoeffizient eine Veränderung erfahren:

(2) ███

Box III/2/1: Nachfrage nach Transaktionskasse (L_T)

Wir stellen uns eine geschlossene Volkswirtschaft ohne Staat vor und gehen den Transaktionen nach, wie sie zwischen dem Haushalts- und dem Unternehmenssektor zu beobachten sind. Zu Beginn der Periode 1 erhalten die Haushalte das gesamte Periodeneinkommen von 1000 GE (die Wertschöpfung des Sektors U) überwiesen. Im Laufe der darauf folgenden Periode geben sie ihr Einkommen für den Kauf von Gütern und Dienstleistungen wieder aus. Es fließt damit an den Unternehmenssektor zurück (durchgezogenen Linien)!

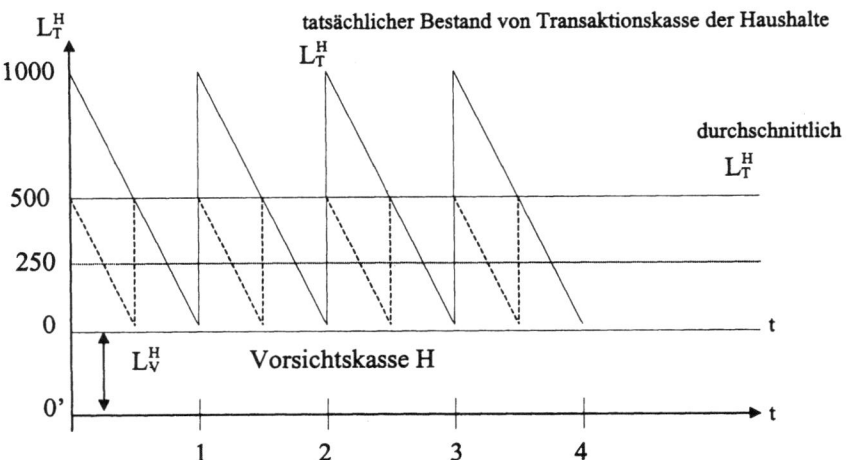

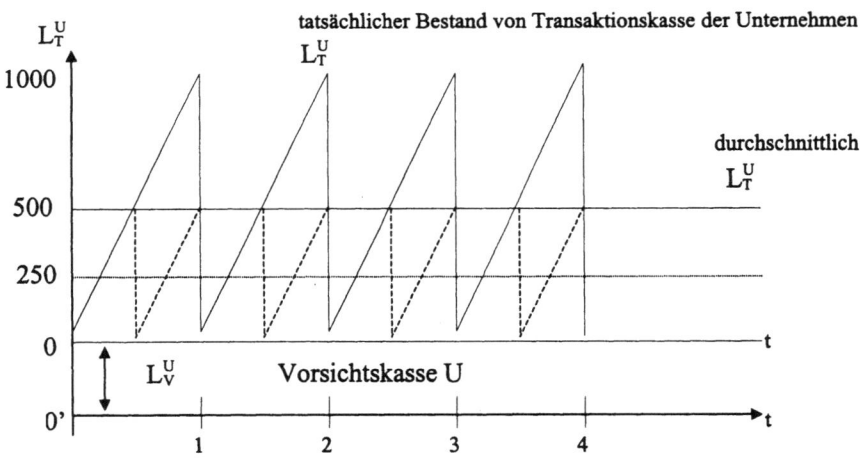

L_T^H = Transaktionskasse der Haushalte L_T^U = Transaktionskasse der Unternehmen

2.1 Geldnachfrage zu Transaktionszwecken

Am Ende der Periode 1 befindet sich die gesamte Transaktionskasse wiederum im Unternehmenssektor. Der hat während dieser Periode die Faktorleistungen der Haushalte in Anspruch genommen und zahlt ihnen dafür zum Zeitpunkt 1 das entsprechende Periodenleistungseinkommen aus. Die Transaktionskasse wechselt den Besitzer. Im Durchschnitt einer Periode hält jeder Sektor jeweils 500 GE Transaktionskasse, so daß die volkswirtschaftliche Transaktionskasse 1000 GE beträgt.

Wie hoch ist das Gesamteinkommen das mit dieser Transaktionskasse abgewickelt werden kann? Wenn wir unterstellen, daß jede Periode 1/4 Jahr abdeckt, so daß vier Perioden ein Jahr umfassen, dann ist die Summe von 4 Periodeneinkommen gleich dem Volkseinkommen. Ganz offensichtlich beträgt das Volkseinkommen bei einem Periodeneinkommen von 1000 GE und 4 Auszahlungsterminen Y = 4000. Um dieses Volkseinkommen erzielen zu können (oder was das gleiche ist: ein Sozialprodukt von 4000 GE umsetzen zu können), benötigt die Volkswirtschaft 1/4 dieses Betrages als Transaktionskasse. Damit ist klar, daß die Nachfrage nach Geld zu Transaktionszwecken sowohl vom Volkseinkommen (Y) als auch von den Zahlungsgewohnheiten einer Volkswirtschaft abhängt. Die Zahlungsgewohnheiten werden durch den Kassenhaltungskoeffizienten k erfaßt.

Für die <u>Nachfrage nach Transaktionskasse</u> gilt:

$L_T = L_T^H + L_T^U$ <u>Zahlenbeispiel</u>

$0 < k < 1$

$L_T = 500 + 500 = 1000$

$Y = \sum_{1}^{4} Y_H = 4 \cdot 1000 = 4000$

$\frac{L_T}{Y} = \frac{1000}{4000} = \frac{1}{4} = k$

Für den gestrichelt gezeichneten Transaktionskassenverlauf gilt, daß die Auszahlung an die Haushalte 2 x pro Periode erfolgt. Die durchschnittlich benötigte Kassenhaltung sinkt damit auf 250 GE und der Kassenhaltungskoeffizient beträgt k=1/8

Schaubild III/2/1: Die Abhängigkeit der Transaktionskasse vom Volkseinkommen

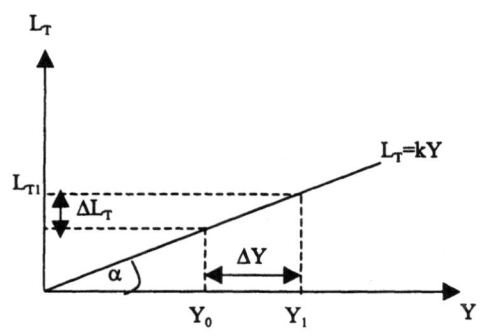

$\Delta L_T = k \Delta Y = \frac{1}{4} Y$

$\Delta L_T = \frac{1}{4} \cdot 200 = 50$

1000	250
2000	500
4000	1000

Erhöht sich das Volkseinkommen z.B. um $\Delta Y = 200$, steigt die Nachfrage nach Transaktionskasse um $\Delta L_T = 50$, denn es ist:

(3)  bei konstantem Kassenhaltungskoeffizient k.

Mittelfristig kann sich aber auch die Zahlungsgewohnheit verändern. Nehmen wir an, das Volkseinkommen wird nur einmal pro Jahr ausgezahlt, dann müßte die Transaktionskasse die Höhe des Volkseinkommens haben. Verändern wir die Zahlungssitten auf vierteljährliche Auszahlungen, dann sinkt der Bedarf an Transaktionskasse auf ein Viertel des Volkseinkommens, bei monatlichen Gehalts- und Lohnzahlungen auf 1/12. Der Kassenhaltungskoeffizient wird kleiner und der Bedarf an Transaktionskasse sinkt.

(4)  bei konstantem Volkseinkommen Y.

Schaubild III/2/2: Transaktionskasse und Kassenhaltungskoeffizient

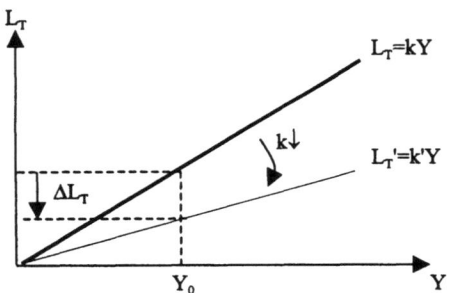

Nun ist es für die Wirtschaftssubjekte nicht unbedingt optimal, das gesamte Periodeneinkommen über die gesamte Periode hinweg als Kasse zu halten, zumal täglich nur ein Bruchteil des Periodeneinkommens von den Haushalten ausgegeben wird. Die "letzte Geldeinheit" wird erst am letzten Tag der Periode benötigt. Wäre es nicht sinnvoll, die nicht benötigten Beträge zwischenzeitlich verzinslich anzulegen? Die maximalen Zinseinnahmen ergäben sich zweifellos, wenn man das gesamte Periodeneinkommen sofort verzinslich anlegt (in Wertpapieren) und täglich

2.1 Geldnachfrage zu Transaktionszwecken

Schaubild III/2/3: Die Zinsabhängigkeit der Nachfrage nach Transaktionskasse

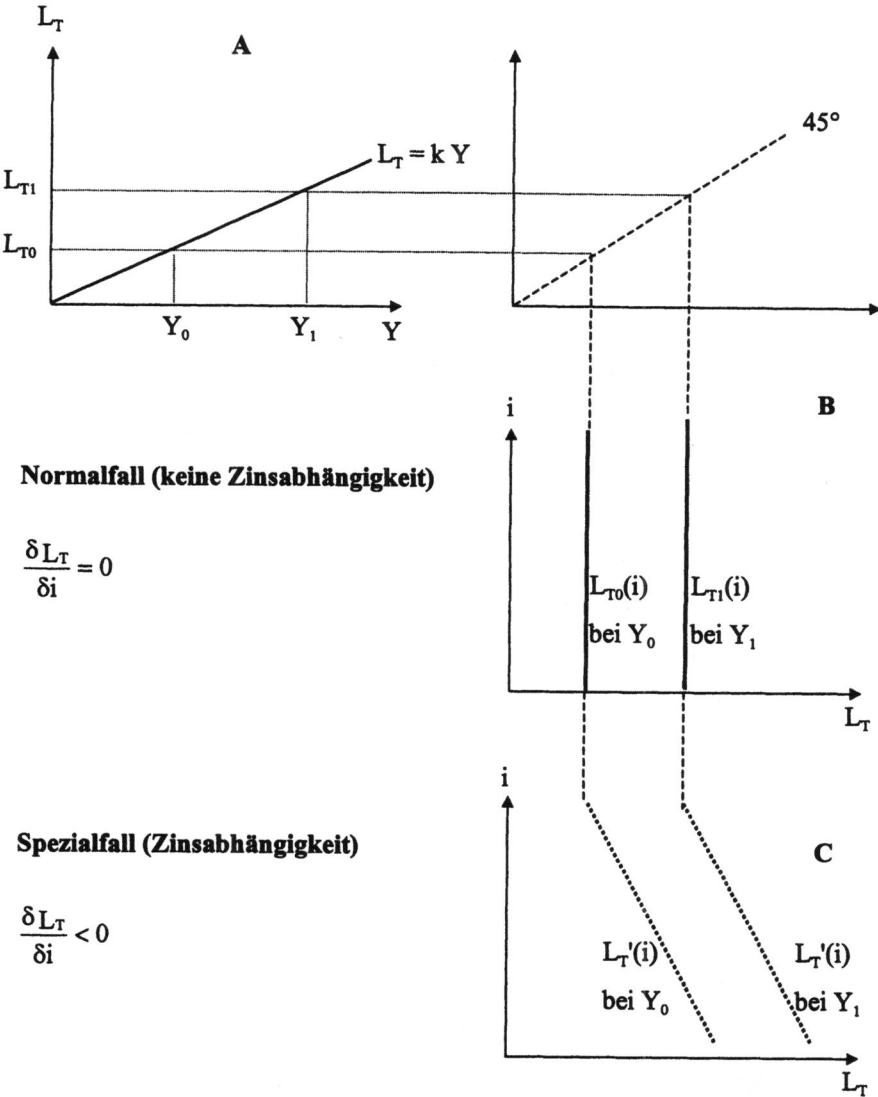

soviel Wertpapiere verkauft, wie man Transaktionskasse aktuell benötigt. Den Zinserträgen stehen jedoch Kosten entgegen, die bei jedem Umtausch von Wertpapieren in Geld und umgekehrt anfallen: Spesen und Gebühren der Banken. Aus diesen Überlegungen ergibt sich, daß die Nachfrage nach Transaktionskasse auch von der Höhe des Zinssatzes und der Höhe der Umtauschkosten abhängen wird: je höher der

Zinssatz, desto attraktiver ist es (bei Konstanz der Umtauschkosten), Transaktionskasse kurzfristig verzinslich anzulegen. Bei unveränderten Umtauschkosten gilt:

(5) $L_T = L_T(i)$ und $\frac{dL_T}{di} < 0$.

Die Nachfrage nach Transaktionskasse läßt sich unter Berücksichtigung dieser Einflußfaktoren in folgender Funktion zusammenfassen in:

(6)  $\quad\quad \frac{\partial L_T}{\partial Y} > 0 \quad$ und $\quad \frac{\partial L_T}{\delta i} < 0$

2.2 Das Vorsichtsmotiv der Geldhaltung

Während die Transaktionskasse für die tatsächlich geplanten und vorhersehbaren Zahlungsausgänge gehalten wird, wird Kasse aufgrund des Vorsichtsmotivs, für unvorhergesehene Zahlungsfälle gehalten. Der Kassenbestand wird aus Vorsichtsgründen also nie geplant auf Null heruntergefahren werden, sondern wird unter normalen Umständen einen gewissen Sockelbetrag nicht unterschreiten. Diese Vorsichtskasse gestattet es, auch nicht pünktlich eintreffende Zahlungseingänge zeitlich überbrücken zu können ohne auf möglicherweise sehr teure Überziehungskredite angewiesen zu sein. Je höher die Umsätze (das Volkseinkommen) desto höher ist die Wahrscheinlichkeit, daß geplante und tatsächliche Zahlungseingänge und -ausgänge auseinanderfallen können, wodurch der Bedarf an Vorsichtskasse zunimmt. Je höher die Zinserträge einer alternativen Geldanlage sind, desto geringer wird die tatsächlich gehaltene Vorsichtskasse sein.

__Die Vorsichtskasse (L_V)__ hat damit die Funktion:

(7) [___] mit $\quad \frac{\partial L_V}{\partial Y} > 0 \quad\quad \frac{\partial L_V}{\partial i} < 0$.

Sie hat dieselbe Struktur wie die Nachfragefunktion nach Transaktionskasse. Aus diesem Grunde werden wir sie zukünftig nicht separat behandeln, sondern vernachlässigen bzw. unterstellen, sie wäre in die (Formel der) Transaktionskasse integriert.

2.3 Das Spekulationsmotiv der Geldnachfrage

Die Wirtschaftssubjekte verfügen über größere Geldbestände als die für Transaktionszwecke oder als Vorsichtskasse benötigen, denn Geld erfüllt noch eine weitere Funktion. In der Eigenschaft als Wertaufbewahrungsmittel steht Geld in Konkurrenz zu anderen Vermögensanlagen z.B. festverzinslichen Wertpapieren. Welches ökonomische Kalkül veranlaßt Wirtschaftssubjekte, statt festverzinslicher Wertpapiere Geld zu halten (d.h. Geld nachzufragen)? Diese Geldnachfrage enthält ganz offensichtlich ein spekulatives Element, nämlich eine Einschätzung darüber, wie sich die Wertpapierkurse zukünftig entwickeln werden. Ob es also günstiger ist zinsloses Geld zu halten oder ein Wertpapier zu erwerben, das mit dem Risiko eines Kursverlustes verbunden sein kann. Man nennt diese Geldnachfrage auch **"Spekulationskasse"**. Zur Verdeutlichung und zur Vereinfachung stellen wir uns als Alternative zur Spekulationskasse eine festverzinsliche ewige Anleihe vor. Die Rendite dieser Anleihe (die effektive Verzinsung i_{eff}) ist:

(8) ▮▮▮▮▮

i_n = Nominaler Zinssatz

K = Kurs des Wertpapiers

i_{eff} = effektiver Zinssatz (Rendite)

Ein hoher Kurs des Wertpapiers ist gleichbedeutend mit einer niedrigen Rendite und umgekehrt. Die Entscheidung, das Wertpapier zu kaufen, hängt davon ab, wie die zukünftige Kursentwicklung (Effektivverzinsung) eingeschätzt wird. Rechnen die Wirtschaftssubjekte damit, daß die Kurse zukünftig steigen werden (die effektive Verzinsung sinken wird), dann werden sie Spekulationskasse gegen Wertpapiere eintauschen. Im umgekehrten Fall werden sie Spekulationskasse nachfragen (d.h. Kasse halten). Bei einem Ausgabekurs des Wertpapiers von $K_0 = 100$ und einem nominalen Zinssatz von $i_0 = 0{,}08$ ist die nominale Verzinsung zunächst identisch mit der effektiven. Sie erhalten einen Zinsertrag von 8 GE pro Wertpapier mit dem Nominalwert von 100 GE. Steigt der Kurs des Wertpapiers auf 160, beträgt der Ertrag des Wertpapiers genausoviel wie bei einem Kurs von 80. Es bleibt bei einer

Ausschüttung von 8 GE pro Wertpapier mit dem Nennwert von 100 GE. Die effektive Verzinsung jedoch sinkt im 1. Fall auf 0,05 und im zweiten Fall steigt sie auf 0,10 (vgl. auch Box III/2/2).

Box III/2/2: Beziehung zwischen Zinssatz und Wertpapier - Kurs:

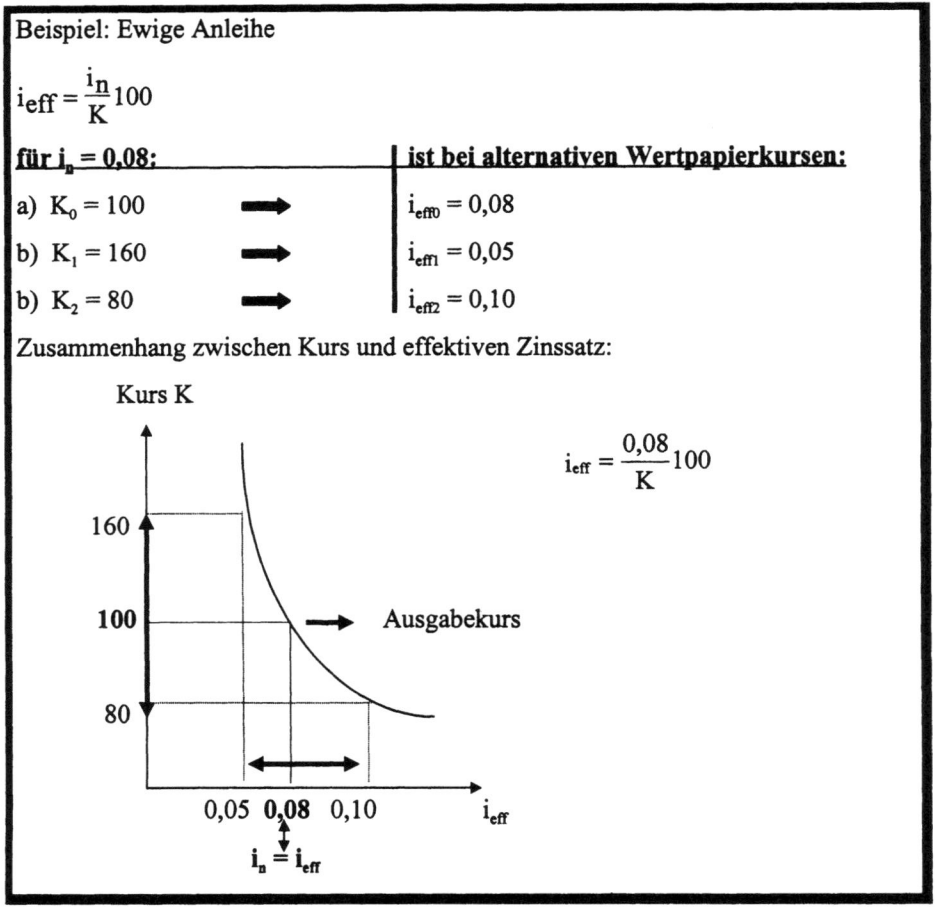

Der „kritische" Zinssatz i_k, bei dem der Umtausch von Geld in Wertpapiere erfolgt, wird in der Einschätzung der (potentiellen) Anleger unterschiedlich hoch ausfallen. Doch werden bei einem sehr niedrigen Zinssatz (sehr hohen Kursen) die Chancen eines weiteren Zinsfalls (bzw. Kursanstiegs) von allen Anlegern für so unwahrscheinlich gehalten, daß sie übereinstimmend eine Geldhaltung einer Wertpapieranlage den Vorzug geben. Umgekehrt dürften bei einem sehr hohen Zinssatz (sehr niedrigen Wertpapierkursen) die Chancen eines weiteren Zinsanstiegs (d. h. weiteren Kursfalls) niedrig eingeschätzt werden, so daß keiner Wertpapiere in Geld umzutauschen wünscht.

Schaubild III/2/4: Nachfrage nach Spekulationskasse

(Potentielle) Anleger (1-3)

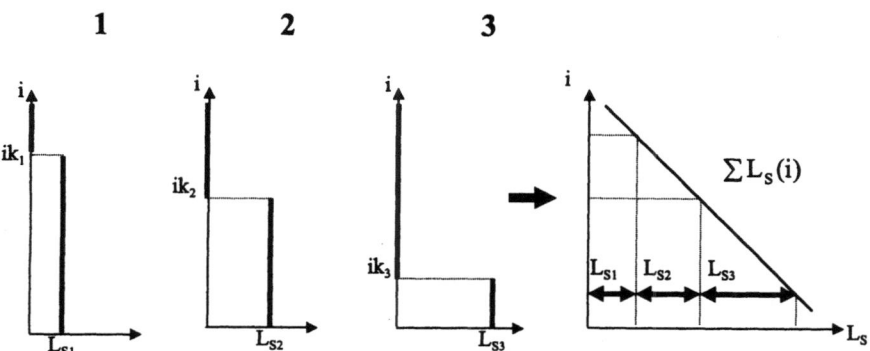

Die Wirtschaftssubjekte (1), (2), (3) verfügen über unterschiedliche Geldvermögen Ls_1, Ls_2, Ls_3. Die „kritischen Zinssätze", bei denen sie ihre Geldvermögensbestände in festverzinsliche Wertpapiere umtauschen liegen bei ik_1, ik_2, ik_3. Bei einem höheren Zinssatz $i > i_k$ tauschen sie ihre Spekulationskasse um in Wertpapiere (ihre Nachfrage nach Geld ist dann Null und fällt mit der i-Achse zusammen). Bei $i_k > i$ halten sie ihr Geldvermögen als Geld. Die Aggregation der individuellen Nachfrage nach Spekulationskasse ergibt die gesamtwirtschaftliche <u>Nachfrage nach Spekulationskasse</u> $L_s(i)$.

(9) ■■■ → mit $\dfrac{dL_s}{di} < 0$

Die Einschätzung der zukünftigen Entwicklung mag individuell abweichen, doch wird es sowohl nach oben als auch nach unten eine Grenze geben, d.h. eine maximale Zinshöhe (ein Tiefstand des Kurses) wird in der Einschätzung nicht überschritten und eine minimale Zinshöhe nicht unterschritten werden.

Beim maximalen Zins werden es alle Wirtschaftssubjekte vorteilhaft finden, keine Spekulationskasse mehr zu halten, sondern ausschließlich Wertpapiere. Beim minimalen Zins (dem Höchstkurs) tritt zu der Vermutung, daß der Zinssatz nicht weiter fallen wird, hinzu, daß die Alternativkosten zur Geldhaltung (die entgangenen Zinsen) relativ unbedeutend sind gegenüber dem Risiko eines Kursfalls des Wertpapiers.

Schaubild III/2/5: Die Nachfragefunktion nach Spekulationskasse

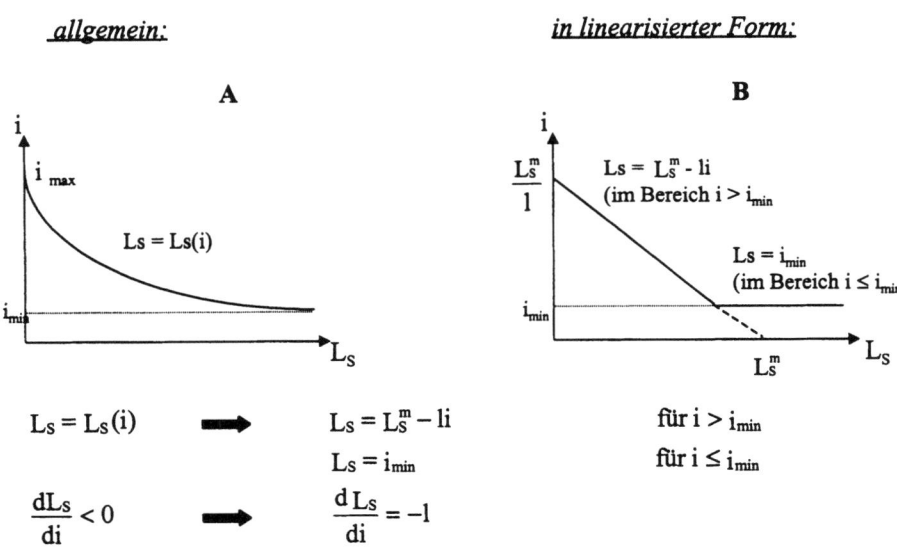

Zur Interpretation der linearisierten L_S-Kurve: L_S^m wäre die bei einem Zinssatz von Null maximal nachgefragte Spekulationskasse. Tatsächlich wird der Zinssatz aber nicht unter i_{min} sinken, so daß die Nachfrage bei diesem Minimalzins vollkommen zinselastisch wird und die Form $L_S = i_{min}$ annimmt. Der Kurvenverlauf hat damit zwei Bereiche, die durch unterschiedliche Funktionen erfaßt werden.

2.4 Die gesamte Geldnachfrage

Die gesamte Geldnachfrage ergibt sich also aus der Nachfrage nach

- *Transaktionskasse:* $L_T = L_T(Y,i)$
- *Vorsichtskasse:* $L_V = L_V(Y,i)$
- *Spekulationskasse:* $L_S = L_S(i)$

$L = L_T + L_V + L_S$
$L = L(Y,i)$

Für die weitere Modell-Analyse sehen wir von der Vorsichtskasse ab. Die Nachfrage nach Transaktionskasse vereinfachen wir, indem wir sie ausschließlich in Abhängigkeit vom Volkseinkommen ansehen. Damit ergibt sich als gesamtwirtschaftliche Geldnachfragefunktion:

allgemein	*lineare Beziehung*	*Zahlenbeispiel für: $Y = Y_3 = 1000$*
$L = L_T + L_S$	$L = L_T + L_S$	
$L = L_T(Y) + L_S(i)$	$L_T = kY$	$L_T = 0,1\,Y = 100$
$L = L(Y,i)$	$L_S = L_S^m - li$	$L_S = 150 - 500i$
	$L = kY + L_S^m - li$	$L = L_T + L_S = 250 - 500i$
	(für $i > i_{min}$) sonst	(für $i > i_{min}$) sonst
	$i = i_{min}$	$i = 0,01$

Im Schaubild III/2/6 werden die Zusammenhänge illustriert. Grafik A ist die bekannte Nachfrage nach Transaktionskasse, in B ist die Nachfrage nach Spekulationskasse abgebildet. In C werden beide Nachfragekomponenten zusammengefügt: Zu jedem Volkseinkommen ergibt sich eine (vertikal verlaufende) Nachfragekurve nach Transaktionskasse. Zu dieser wird die von B übernommene Nachfrage nach Spekulationskasse hinzuaddiert. Auf diese Weise ergibt sich die abgebildete Schar der Geldnachfragekurven in Abhängigkeit vom Zinssatz. Bei einem gegebenen Volkseinkommen Y_3 ergibt sich eine Geldnachfrage in Höhe von L_3 (Grafik D).

Schaubild III/2/6: Die gesamte Geldnachfrage $L = L_T + L_S = L(Y,i)$

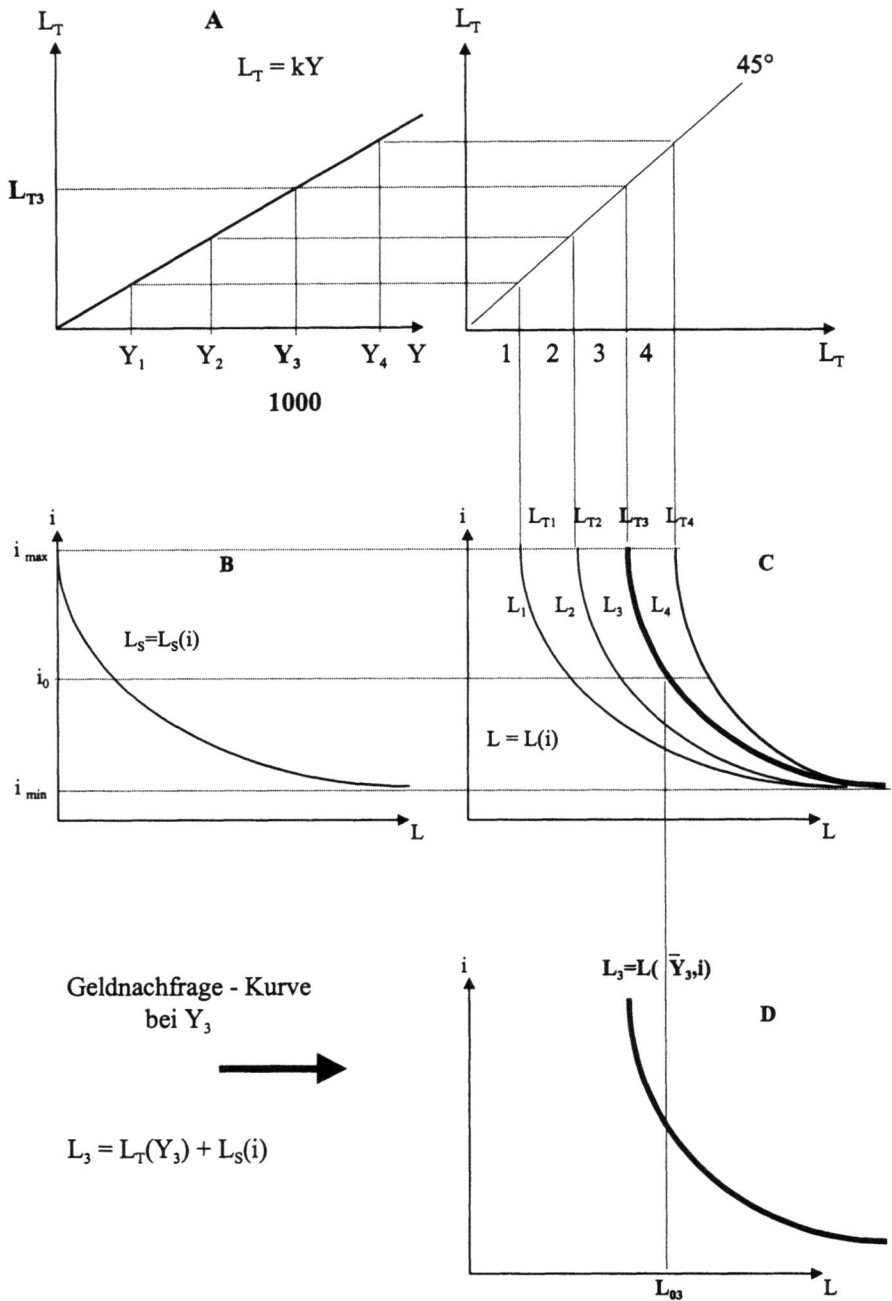

3 Der Geldmarkt im Gleichgewicht

3.1 Das Geldmarktgleichgewicht bei gegebenem Volkseinkommen

Zur Ermittlung des Gleichgewichts auf dem Geldmarkt müssen wir Geldangebot und Geldnachfrage in Übereinstimmung bringen.

Geldmarktgleichgewicht ist gegeben, wenn die bei einem bestimmten Volkseinkommen vom Publikum geplante Geldnachfrage größengleich ist dem vom Bankensystem geplanten Geldangebot. Nur ein Zinssatz erfüllt diese Bedingung: der Gleichgewichtszinssatz i_0^*. Für Zinssätze $i > i^*$ gilt $M > L$ und für Zinssätze $i < i^*$ entsprechend $M < L$.

Schaubild III/3/1: Der Geldmarkt

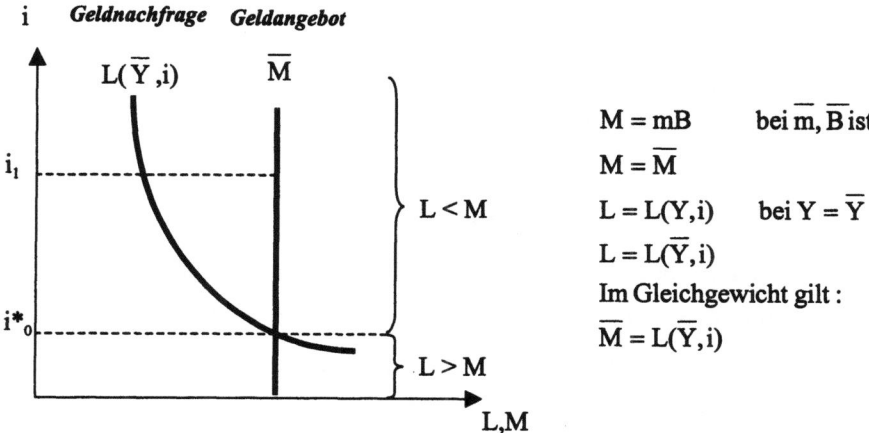

Ein zeitweise höherer Zinssatz als der Gleichgewichtszins ($i_1 > i_0^*$) hat einen Geldangebotsüberschuß zur Folge. Eine größere Geldmenge wird in Form von Spekulationskasse aber nur bei niedrigeren Zinssätzen aufgenommen, weshalb dieser auf den Gleichgewichtszinssatz sinkt. Im Bereich $L > M$ gilt das Umgekehrte.

Das Geldmarktmodell:

$L = L_T + L_S$	Geldnachfrage
$L_T = kY$	Transaktionskasse
$L_S = L_S^m - li$	Spekulationskasse
$M = \overline{M}$	Geldangebot
$M = L$	Gleichgewicht
$Y = \overline{Y}$	bei gegebenem
$\overline{M} = k\overline{Y} + L_S^m - li$	Volkseinkommen

(1) Gleichgewichtszinssatz

Zahlenbeispiel:

$L = L_T + L_S$

$L_T = \dfrac{1}{10} Y$

$L_S = 150 - 500i$

$M = L$

für $Y = 1000$

$200 = 100 + 150 - 500i$

$\boxed{i^* = 0{,}10}$

Die Frage, wie sich der Gleichgewichtszinssatz auf dem Geldmarkt verändert, beantwortet Ihnen das totale Differential der Gleichung 1. Wir wollen uns hier mit der Untersuchung von zwei Einflußfaktoren begnügen: einem wachsenden Volkseinkommen und einem reduzierten Geldangebot. Analytisch erhalten wir folgende Ergebnisse (vgl. Schaubild III/3/2):

(A) Ein Anstieg des Volkseinkommens bewirkt (durch den höheren Bedarf an Transaktionskasse) eine Rechtsverschiebung der Geldnachfragekurve. Der Zinsanstieg ist desto stärker je größer der Kassenhaltungskoeffizient und je geringer die marginale Liquiditätsquote sind: $\Delta i = \dfrac{k}{l} \Delta Y$

(B) Ein Rückgang der Geldmenge M führt zu einer Linksverschiebung der Geldnachragekurve und einem Zinsanstieg, der desto größer ist, je geringer die marginale Liquiditätsquote ist, eine Geldmengenerhöhung hat umgekehrte Effekte: $\Delta i = -\dfrac{1}{l} \Delta M$

(C) Die Kombination Einkommenserhöhung und Geldmengenreduktion verschärft den Anstieg des Gleichgewichtszinssatzes, eine entsprechende Geldmengenerhöhung vermag den Zinssatz auch bei gestiegenem Volkseinkommen konstant zu halten: $\Delta i = \dfrac{k}{l} \Delta Y - \dfrac{1}{l} \Delta M$

Schaubild III/3/2: Veränderungen auf dem Geldmarkt

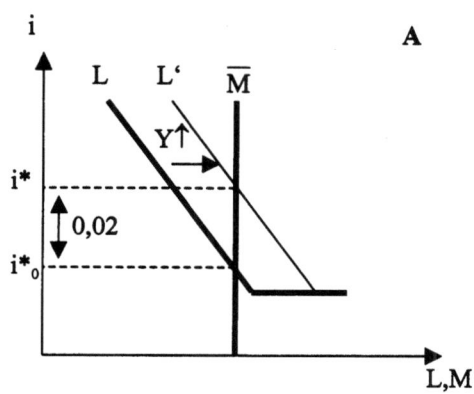

A

$$\Delta i^* = \frac{k}{l}\Delta Y = \frac{\frac{1}{10}}{500}\Delta Y$$

für $\Delta Y = 100$ ist

$\Delta i = 0{,}02$

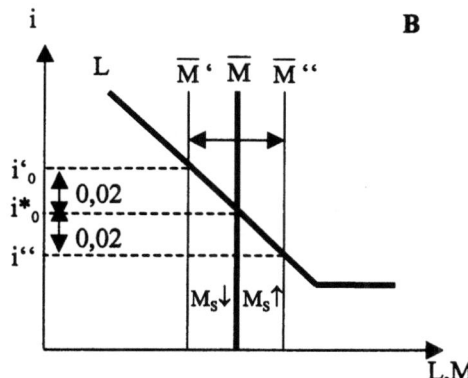

B

$$\Delta i^* = -\frac{1}{l}\Delta M = -\frac{1}{500}\Delta M$$

für $\Delta M = -10$ ist

$\Delta i = 0{,}02$

für $\Delta M = 10$ ist

$\Delta i = -0{,}02$

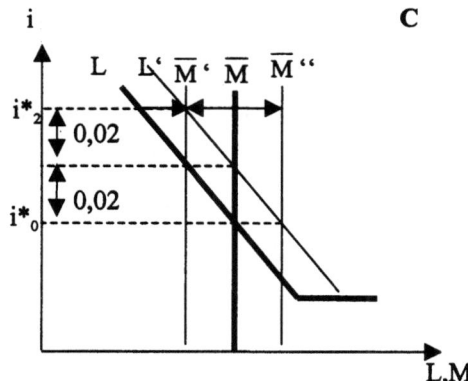

C

$$\Delta i^* = \frac{k}{l}\Delta Y - \frac{1}{l}\Delta M$$

$$\Delta i^* = \frac{\frac{1}{10}}{500}\Delta Y - \frac{1}{500}\Delta M$$

für $\Delta Y = 100$

und $\Delta M = -10$ → $\Delta i^* = 0{,}04$

und $\Delta M = +10$ → $\Delta i^* = 0$

3.2 Das Geldmarktgleichgewicht bei variierendem Volkseinkommen: Die LM - Kurve

Wir fragen uns jetzt, bei welchen Kombinationen von Zinssatz und Volkseinkommen ist der Geldmarkt im Gleichgewicht, wie lautet die Bedingung für L = M? Analytisch läßt sich die LM - Funktion wie folgt bestimmen:

Gleichgewichtsbedingungen:

Lineare Funktion:

(1) $L = L_T + L_S$

(2) $L = kY + L_S^m - li$

(3) $M = mB$

(4) $M = m\bar{B} = \bar{M}$

(5) $M = L$

(6) $\bar{M} = kY + L_S^m - li$

(7)

(8)

Zahlenbeispiel:

(1) $L = L_T + L_S$

(2) $L = 0,1Y + 150i$

(3) $B = 50$

(4) $M = 4 \cdot 50 = 200$

(5) $M = L$

(6) $200 = 0,1Y + 150 - 500i$

(7) $Y = 500 + 5000i$

(8) $i = -\dfrac{1}{10} + \dfrac{1}{5000}Y$

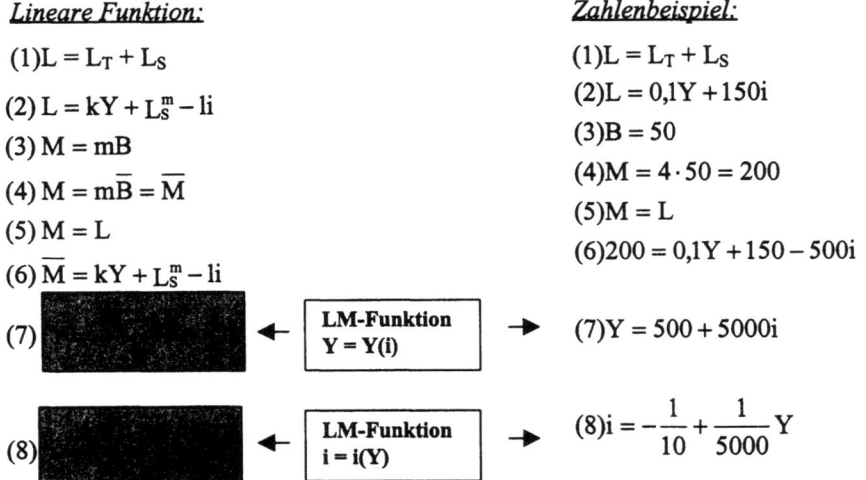

Die LM - Funktion gibt sämtliche Kombinationen zwischen Zinssatz und Volkseinkommen an, bei denen das Geldangebot und die Geldnachfrage im Gleichgewicht sind. Die Kurve ist im Normal - Bereich positiv steigend: Zu einem höheren Volkseinkommen gehört ein höherer Zinssatz, um das Gleichgewicht auf dem Geldmarkt zu sichern! Warum ist das so? Steigt das Volkseinkommen wird mehr Transaktionskasse benötigt. Bei gegebener Geldmenge kann diese nur aus der Spekulationskasse bereitgestellt werden. Die Spekulationskasse wird aber nur bei steigenden Zinssätzen reduziert. Da wir in unserer bisherigen Analyse stets ein konstantes und auf 1 normiertes Preisniveau unterstellt haben, gilt auch für die Geldmenge: nominale Geldmenge = reale Geldmenge. Die reale Geldmenge ist definiert als:

(9)   bei $P = \bar{P} = 1$ gilt: $M^r = M$

3.2 Das Geldmarktgleichgewicht bei variierendem Volkseinkommen

Schaubild III/3/3: Gleichgewicht auf dem Geldmarkt: die LM - Kurve

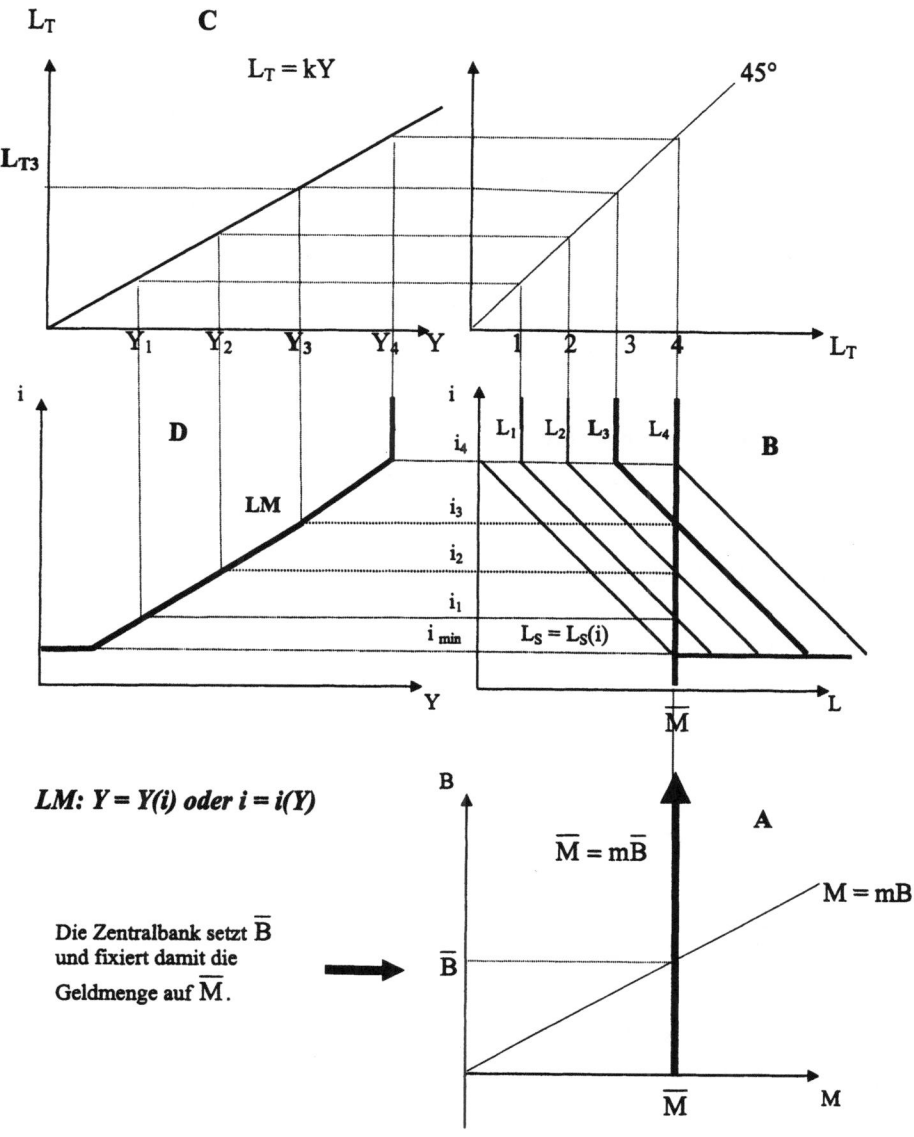

LM: Y = Y(i) oder i = i(Y)

Die Zentralbank setzt $\overline{B}$ und fixiert damit die Geldmenge auf $\overline{M}$.

Das Schaubild III/3/3 entwickelt die LM - Kurve: Die Zentralbank gibt (A) die Geldbasis $\overline{B}$ vor, wodurch das gesamtwirtschaftliche Geldangebot auf $\overline{M}$ fixiert ist. Dieses Geldangebot trifft in (B) auf die gesamtwirtschaftliche Nachfrage $L = L_T + L_S$. Die Nachfrage verschiebt sich mit der Höhe des Volkseinkommens (C), wodurch sich unterschiedliche Gleichgewichtszinssätze in (B) einstellen. Die Grafik

(D) kombiniert jetzt das jeweilige Volkseinkommen (C) mit dem zugehörigen Gleichgewichtszinssatz (B). Die Kombination sämtlicher Gleichgewichtswerte ergibt die L = M - Kurve in (D).

Die LM-Kurve ist neben dem Normalbereich durch zwei Spezialbereiche gekennzeichnet: Oberhalb eines kritischen Zinssatzes (i_k) verläuft sie vertikal (vollkommen zinsunelastisch) und bei einem Mindestzinssatz (i_{min}) verläuft sie horizontal, d.h. vollkommen zinselastisch. Den ersten Abschnitt nennen wir den „klassischen Bereich". Der Zinssatz hat eine Höhe erreicht, bei der keine Spekulationskasse mehr nachgefragt wird und das Geldangebot ausschließlich für Transaktionszwecke verwendet wird. Es gilt: $M = L_T = kY$, wobei das Volkseinkommen das Vollbeschäftigungseinkommen ist: $Y = Y_{VB}$. Der Abschnitt heißt klassischer Bereich, weil die ökonomischen Klassiker in ihrer Theoriewelt Geld ausschließlich als Medium für Transaktionszwecke ansehen (vgl. Schaubild III/3/4).

Schaubild III/3/4: Klassischer und Keynesianischer Bereich der LM-Kurve

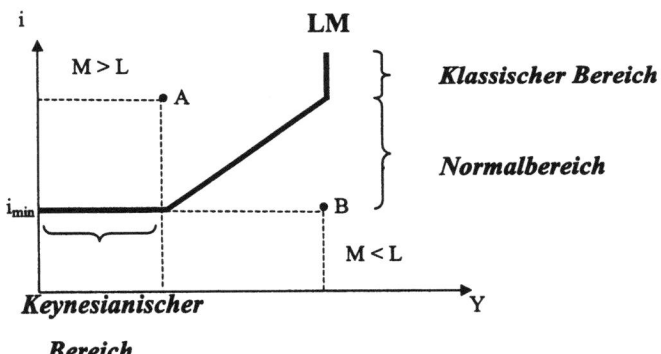

Der „Keynesianische Bereich" entsteht dadurch, daß die Spekulationsgeldnachfrage bei einem bestimmten Mindestzinssatz vollkommen elastisch ist. Der Normalbereich ergibt sich für "normale" Elastizitäten der L_S-Kurve.

Untersuchen wir jetzt zwei Wertepaare, die nicht auf der LM-Kurve liegen und demzufolge Ungleichgewichte auf dem Geldmarkt markieren: die Punkte A und B. Im Punkt A ist der Geldmarkt offensichtlich nicht im Gleichgewicht. Was liegt vor? Bei dem zugehörigen Volkseinkommen Y_A ist der Zinssatz i_A höher als der (auf der LM - Kurve liegende) Gleichgewichtszinssatz. Bei diesem hohen Zinssatz fragen die Wirtschaftssubjekte nur eine geringe Spekulationskasse nach. Das Geldangebot ist größer als die Geldnachfrage. Überlegen Sie selbst die Bedingungen des Pkt. B. Abschließend wollen wir noch die einzelnen Einflußfaktoren, die die Lage der LM–Kurve bestimmen, untersuchen. <u>Wie verändert sich die Lage der LM - Kurve</u>, wenn

a) ***die Geldmenge steigt?***

Antwort: Die LM-Kurve verschiebt sich parallel nach rechts um den Y-Abschnitt (1. Ableitung der Gleichung 7 nach dM):

$$\Delta Y = \frac{1}{k} \Delta M$$

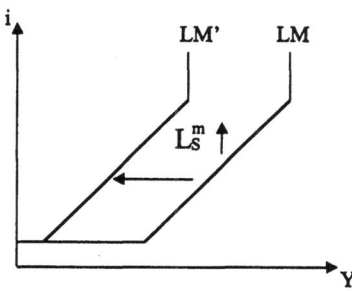

b) ***die Spekulationsgeldnachfrage steigt?***

Antwort: Die LM-Kurve verschiebt sich parallel nach links um den Y-Abschnitt (1. Ableitung der Gleichung 7 nach d L_s^m):

$$\Delta Y = -\frac{1}{k} \Delta L_s^m$$

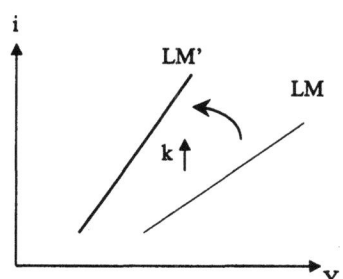

c) der Kassenhaltungskoeffizient steigt?

Antwort: Die LM-Kurve dreht sich nach links (1. Ableitung der Gleichung 8 nach dk):

$$\Delta i = \frac{Y}{l} \Delta k$$

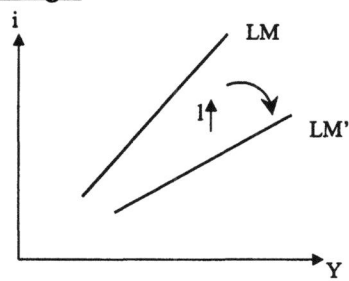

d) die marginale Spekulationsgeldnachfrage steigt?

Antwort: Die LM-Kurve dreht sich nach rechts (1. Ableitung der Gleichung 7 nach dl):

$$\Delta Y = \frac{i}{k} \Delta l$$

IV Fiskal- und Geldpolitik im IS-LM-Modell und die aggregierte Güternachfrage

1 Güter- und Geldmarktgleichgewicht: Das IS-LM-Modell

Nachdem wir in den letzten beiden Teilen des Buches sehr detailliert die Verhaltensweisen der auf Geld- und Gütermarkt agierenden Wirtschaftssubjekte studiert haben, wollen wir jetzt die Bedingungen herausarbeiten, unter denen beide Märkte gemeinsam einen Gleichgewichtszustand erreichen. Die vor Keynes noch unangefochten herrschende klassische Theorie hatte einen derartigen Zusammenhang strikt verneint! Für die Klassiker war Geld so etwas wie ein Schleier, der über die reale Güterwirtschaft gebreitet ist. Ein Schleier mag zwar den klaren, analytischen (Durch-) Blick zu beeinträchtigen, jedoch die darunter befindliche Realität nicht zu verändern! (Vgl. auch Teil VI). Zu einer gänzlich anderen Interpretation kommt die keynesianische Theorie. Es ist geradezu ihr Herzstück, die Bedingungen herauszuarbeiten, wie sich Geld- und Gütermarkt gegenseitig beeinflussen und durchdringen! Eine aktive Geldpolitik verändert auch den Gütermarkt, eine aktive Fiskalpolitik ist nicht ohne Konsequenzen für den Geldmarkt. Der ökonomische Transmissions-mechanismus zwischen beiden Märkten wird durch den Zinssatz ermöglicht und gesteuert! Der Zinssatz ist mithin die entscheidende Variable, die beide Märkte in ein simultanes Gleichgewicht steuert. Dieser Zusammenhang ist von fundamentaler Bedeutung für das Verständnis der weiteren makroökonomischen Analyse.

Das Schaubild IV/1/1 gibt Ihnen einen Überblick über das Arbeitsprogramm dieses Teils:
- wir entwickeln aus den Bausteinen des Geld- und Gütermarktes das IS-LM-Modell,
- wir untersuchen die Wirkungsweise der Fiskal- und Geldpolitik unter Berücksichtigung der Wechselbeziehungen zwischen Geld- und Gütermarkt,
- wir gewinnen abschließend mit der „aggregierten Güternachfrage" in Abhängigkeit vom Preisniveau einen weiteren Modellbaustein zum Verständnis makroöko-

nomischer Zusammenhänge, den wir im Teil VII für das „Totalmodell" einer Volkswirtschaft benötigen.

Schaubild IV/1/1: Überblick über die bisherige Modellentwicklung

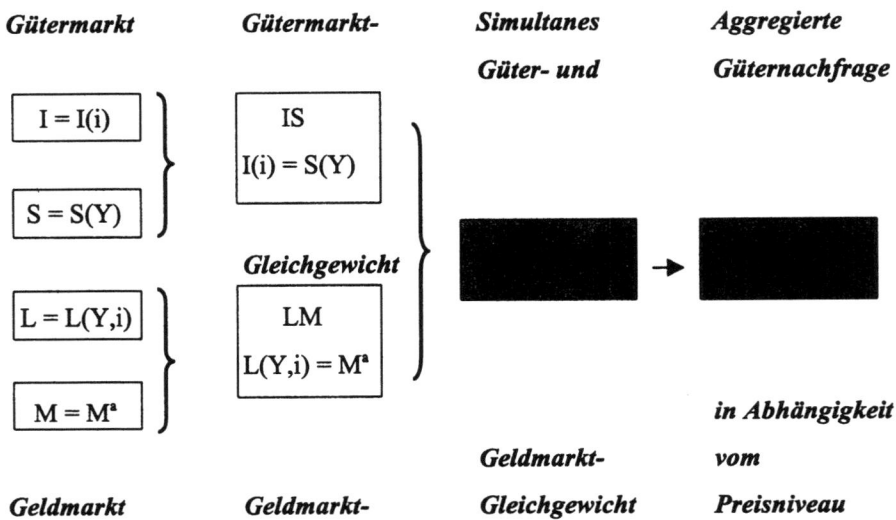

Das Schaubild IV/1/2 zeigt auf einen Blick, wie sich die Verhaltensweisen der Wirtschaftssubjekte auf dem Geld- und Gütermarkt zu einem gesamtwirtschaftlichen Gleichgewicht ausgleichen, dargestellt durch das IS-LM-Modell der Grafik F. Es gibt nur eine einzige Kombination von Volkseinkommen und Zinssatz, die sowohl auf dem Geldmarkt als auch auf dem Gütermarkt synchron einen Gleichgewichtszustand markiert: i_0^*/Y_0^* :

- beim Gleichgewichtszinssatz entsprechen die Investitionen (A) exakt den bei dem Gleichgewichtseinkommen geplanten Ersparnissen (B), und
- beim Gleichgewichtszinssatz ist das Geldangebot (C) genauso groß wie die Nachfrage nach Geld, nämlich die Summe aus der Spekulationsgeldnachfrage bei i_0^* (D) und der Transaktionsgeldnachfrage bei Y_0^* (E).

1 Güter- und Geldmarktgleichgewicht

Schaubild IV/1/2: Ableitung des IS-LM-Modells

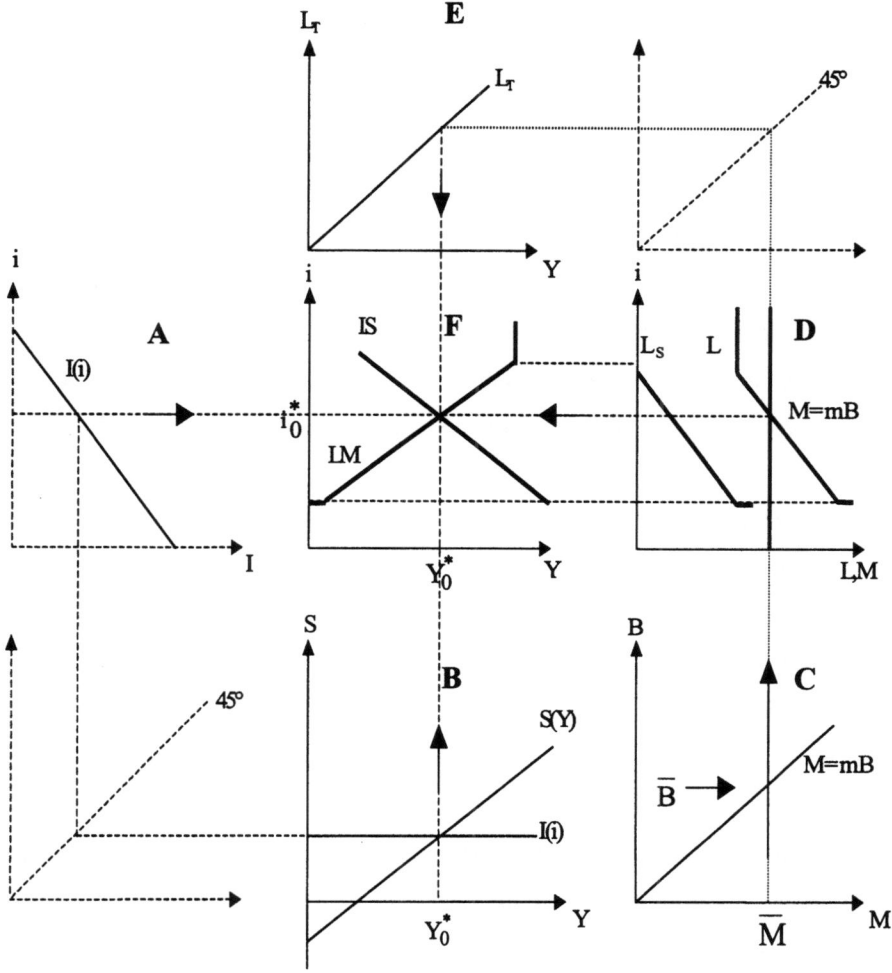

„IS" - Kurve des Gütermarktgleichgewichts kann je nach zugrunde liegendem Modell bedeuten:

1. IS: $S = I$ (geschlossene Volkswirtschaft ohne Staat)
2. $\overline{IS}$: $S + T = I + G$ (geschlossene Volkswirtschaft mit Staat)
3. $\overline{\overline{IS}}$: $S + T + Im = I + G + Ex$ (offene Volkswirtschaft mit Staat)

Die in den Teilen II und III entwickelten Modelle des Güter- und Geldmarktes wollen wir in einem ersten Schritt zu einem Gesamtmodell zusammenfügen. Die einzelnen Bausteine sind die IS-Funktion bzw. - Kurve des Gütermarktes (die bekanntlich je nach zugrunde gelegtem Gütermarktmodell variiert) und die LM-Funktion respektive ihre grafische Darstellung die LM-Kurve. Das Schaubild IV/1/2 zeigt in der Grafik F das Gesamtmodell, das wir IS-LM-Modell nennen. Die Grafiken A und B enthalten die für den Gütermarkt relevanten Kurven, die Grafiken C,D und E die entsprechenden des Geldmarktes. Die einzelnen Bausteine sind Ihnen bekannt. Aus der systematischen Zusammenstellung, die zum IS-LM-Modell führt erkennen Sie, daß es nur eine Kombination von Zinssatz und Volkseinkommen gibt, bei der sowohl der Güter- als auch der Geldmarkt im Gleichgewicht sind: i^*_0 / Y^*_0.

Nach der Ableitung des IS-LM-Modells wollen wir nunmehr das Modell selbst näher analysieren (siehe dazu Schaubild IV/1/3):

- (A) In isolierter Betrachtung ist sowohl der Gütermarkt als auch der Geldmarkt bei unendlich vielen i/Y - Kombinationen im Gleichgewicht. Für beide Märkte zusammengenommen ergibt sich ein simultanes Gleichgewicht jedoch nur bei einer ganz bestimmten Kombination von Zinssatz und Volkseinkommen, nämlich bei i^*_0 und Y^*_0.

- (B) Aus der Analyse des Geldmarktes (Teil III) wissen wir, daß ungleichgewichtige i/Y - Kombinationen, die oberhalb der LM - Kurve liegen ein Überschußangebot an Geld bedeuten und unterhalb der LM - Kurve entsprechend eine Überschußnachfrage nach Geld. Aus der Gütermaktanalyse (respektive Kapitalmarktanalyse Teil II) ergab sich für alle i/Y - Kombinationen oberhalb der IS - Kurve, daß die Kapitalbildung größer ist als die Kapitalnachfrage (S > I), bzw. die Güternachfrage geringer ist als das Angebot und unterhalb der IS - Kurve entsprechend umgekehrt. Das "IS - LM Kreuz" bildet vier Sektoren mit unterschiedlichen Ungleichgewichtskombinationen. Weicht eine gegebene Situation vom Gleichgewicht ab, so ist es für wirtschaftspolitische Eingriffe nicht unwichtig zu wissen, in welchem Sektor das Ungleichgewicht lokalisiert ist, um

Schaubild IV/1/3: Güter- und Geldmarkt: Das IS-LM-Modell

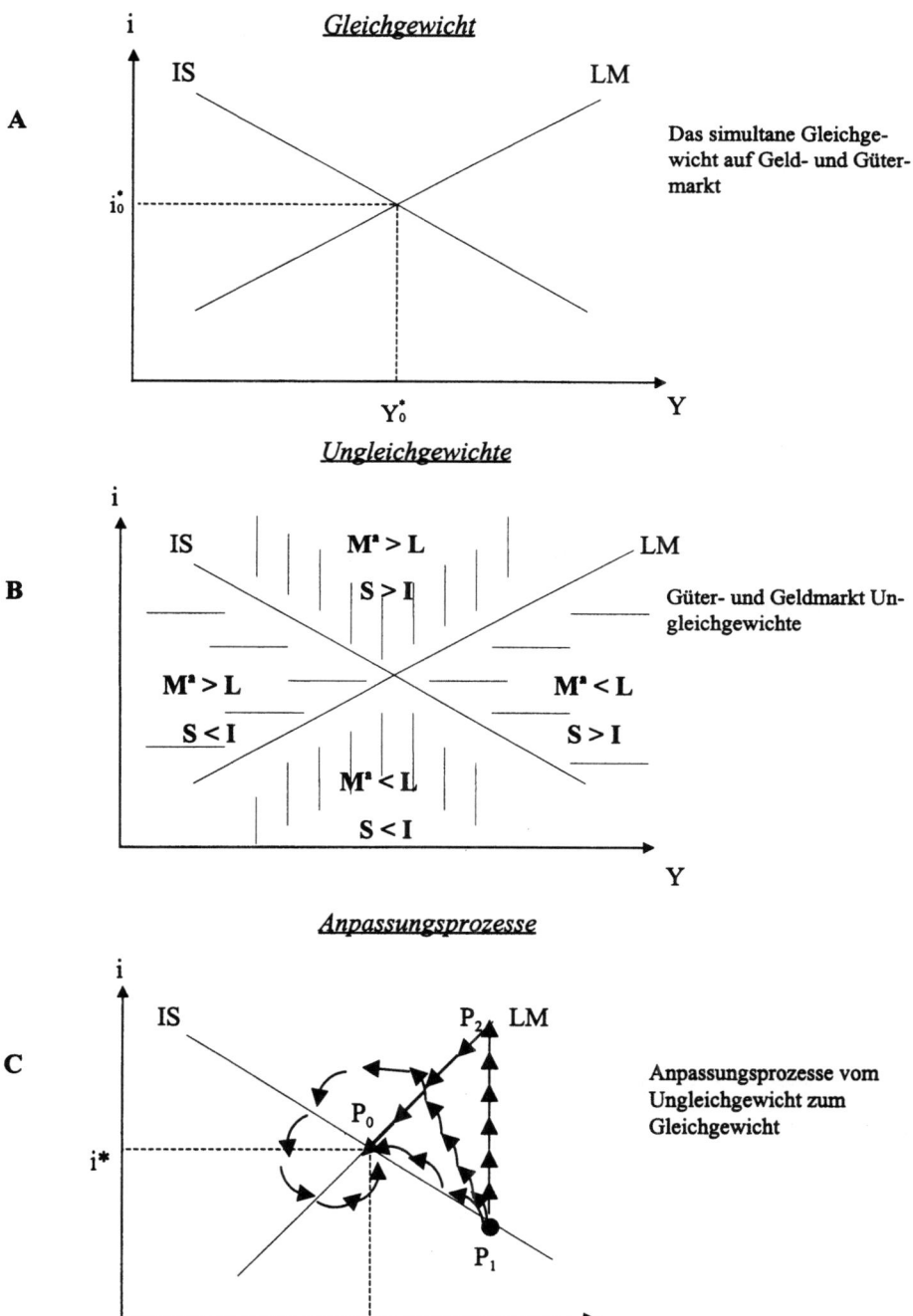

die jeweils geeignetste Politikkombination von geld- und fiskalpolitischen Maßnahmen einzusetzen.

- (C) Welche Situation ist bei der i/Y-Kombination gegeben, wie sie durch den Punkt P_1 zum Ausdruck gebracht wird? Der Gütermarkt ist bei P_1 offensichtlich im Gleichgewicht. Auf dem Geldmarkt allerdings herrscht bei diesem niedrigen Zinssatz und dem relativ hohen Volkseinkommen eine Übernachfrage nach Geld, die dafür sorgen wird, daß der Zinssatz steigt. Ein steigender Zinssatz führt aber auf dem Gütermarkt zu einem Rückgang der Investitionen und in der Folge zum Sinken des Volkseinkommens. Bei einem niedrigeren Volkseinkommen wird weniger Transaktionskasse nachgefragt und bei höheren Zinssätzen weniger Spekulationskasse. Der beschriebene Prozeß kommt schließlich bei Y^*_0 und i^*_0 zum Stillstand. Wie dieser Anpassungsprozeß tatsächlich dynamisch in der Zeit abläuft, ist aus den bisherigen Annahmen nicht zu schließen. Ein eher unwahrscheinlicher Anpassungsverlauf wäre der kürzeste Weg entlang der IS-Kurve von P_1 nach P_0. Ein wahrscheinlicherer Verlauf wäre der durch die Pfeile angegebene: die Übernachfrage auf dem Geldmarkt wird durch steigende Zinsen zügig abgebaut. Mit zeitlicher Verzögerung folgt der Gütermarkt mit einem Rückgang der Investitionen auf die gestiegenen Zinsen. Das erst führt dann in der Folge zu sinkenden Einkommen und einer Abnahme an Transaktionskasse bis das Gleichgewicht erreicht ist. Die Reaktion auf den Geldmärkten erfolgt schnell, die auf den Gütermärkten zeitverzögert. (Machen Sie sich ähnliche Anpassungsprozesse für andere Ausgangspunkte eines Ungleichgewichts klar!)

Im Schaubild IV/1/4 sind unterschiedliche Gleichgewichtskonstellationen zusammengestellt:

A) der auch schon bisher behandelte „Normalfall" : positive Steigung der LM Kurve und negative Steigung der IS-Kurve, und drei mögliche Spezialfälle:

B) der erste keynes'sche Spezialfall der Liquiditätsfalle, bei dem die Liqiditätspräferenz der Spekulationsgeldnachfrage unendlich groß ist, und die LM-Kurve vollkommen elastisch (horizontal) verläuft,

1 Güter- und Geldmarktgleichgewicht

Schaubild IV/1/4: Allgemeines IS-LM Gleichgewicht und Spezialfälle

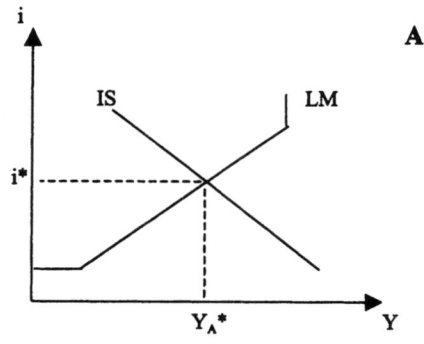

a) <u>Normalfall</u>

$$Y^* = \frac{(I^m + C^a)l - (L_s^m - M^a)b}{kb + sl}$$

$$i^* = \frac{(I^m + C^a)k - (M^a - L_s^m)s}{ls + bk}$$

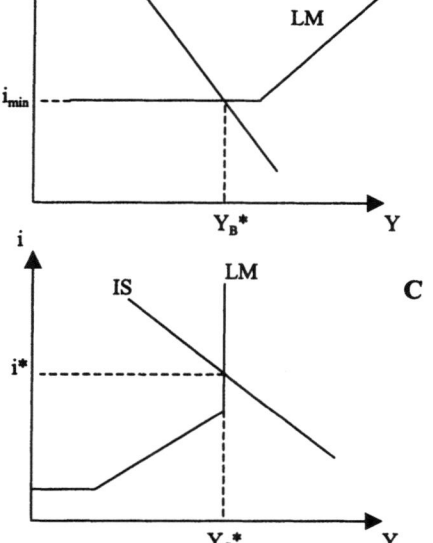

b) <u>Keynes'scher Fall</u>

$$\frac{dL_s}{di} = -\infty = l$$

$i^* = i_{min}$ ➡ in (1)

$$Y^* = \frac{I^m - b i_{min} + C^a}{s}$$

c) <u>Klassischer Fall</u>

$L_s = 0$ ➡ in (3)

$l = 0$

$$Y^* = \frac{1}{k}M^a \quad ➡ \quad \text{in (1)}$$

$$i^* = \frac{I^m + C^a}{b} - \frac{s}{bk}M^a$$

d) <u>Vollkommen zinsunelastische Investitionsgüternachfrage</u>

$$\frac{dI}{di} = 0 = -b \quad ➡ \quad \text{in (6)}$$

$$Y^* = \frac{I^m + C^a}{s}$$

$$i^* = \frac{I^m + C^a}{\frac{ls}{k}} - \frac{M^a - L_s^m}{l} \quad (9)$$

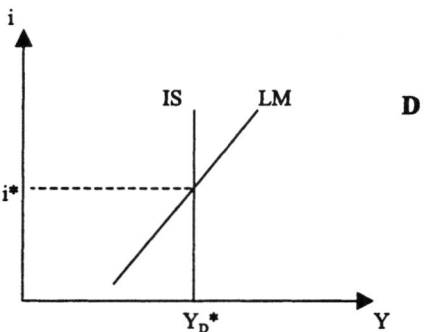

C) der „klassische Fall", bei dem es keine Liquiditätspräferenz (Geldnachfrage) aus spekulativen Gründen gibt und die gesamte Geldmenge ausschließlich zu Transaktionszwecken gehalten wird, und

D) den zweiten keynes'schen Spezialfall einer vollkommen zinsunelastischen Investitionsgüternachfrage, wodurch auch die IS-Kurve parallel zur i-Achse verläuft.

Die Spezialfälle werden uns im Zusammenhang mit den Untersuchungen zur Fiskal- und Geldpolitik im nächsten Kapitel noch genauer beschäftigen, denn dann werden aus den Spezialfällen Problemfälle!

2 Fiskal- und Geldpolitik im IS-LM-Modell

2.1 Fiskalpolitik

Die Grundzüge der Fiskalpolitik kennen wir bereits von Gütermarktmodell.[1] Hier interessiert uns, ob und gegebenenfalls wie unter Einbeziehung des Geldmarktes die fiskalpolitischen Auswirkungen auf das Volkseinkommen neu zu beurteilen sind. Prinzipiell sind die Auswirkungen einer Staatsausgabenerhöhung auf das Volkseinkommen identisch mit denen einer autonomen Investitionserhöhung: Das Volkseinkommen steigt um ein Vielfaches der Ausgabenerhöhung. Allerdings ist der Multiplikator unter Berücksichtigung der Effekte auf dem Geldmarkt neu zu bestimmen: Die staatliche Nachfragesteigerung verursacht einen Anstieg des Zinssatzes und führt bei zinselastischer Investitionsfunktion zum „crowding out" privater Investitionen[2], wodurch die intendierte expansive Wirkung gebremst wird. Wie stark dieser konterkarierende Effekt ausfällt, hängt u.a. davon ab, wie der Staat seine zusätzlichen Ausgaben finanziert. Wir wollen drei Möglichkeiten ihrer Finanzierung unterscheiden:

1) *Kreditaufnahme beim Publikum:* $\quad\quad\quad \Delta G = \Delta F^{St}_{P}$

2) *Kreditaufnahme bei der Zentralbank:* $\quad \Delta G = \Delta F^{St}_{ZB} = \Delta B$

3) *Finanzierung durch Steuererhöhung:* $\quad\quad \Delta G = \Delta T$

Am besten ist es, wir studieren die fiskalpolitischen Wirkungen dieser drei Fälle an Hand grafischer Illustrationen.

---

[1] Sollten Sie sie nicht mehr hinreichend präsent haben, wäre es empfehlenswert das Kapitel II/4 noch einmal kurz zu wiederholen

[2] "crowding out" = Rückgang, Verdrängung

Fall 1: Der Staat finanziert die zusätzlichen Staatsausgaben durch Kreditaufnahme beim Publikum

Durch diese Finanzierungsart verändern sich weder die Geldmenge, noch die Verhaltensweisen der privaten Wirtschaftssubjekte: Konsum-, Spar-, Investitions- und Liquiditäts- Funktionen bleiben unverändert. Dennoch verändern sich bei allen Wirtschaftssubjekten die Gleichgewichtswerte. Wir untersuchen diesen Fall zunächst in mehreren Schritten in Bezug auf die Entwicklung dieser Gleichgewichtswerte und abschließend in Bezug auf die Entwicklung des Staatsbudgets.

Schaubild IV/2/1: Dauerhafte Erhöhung staatlicher Investitionsgüternachfrage im IS-LM-Modell

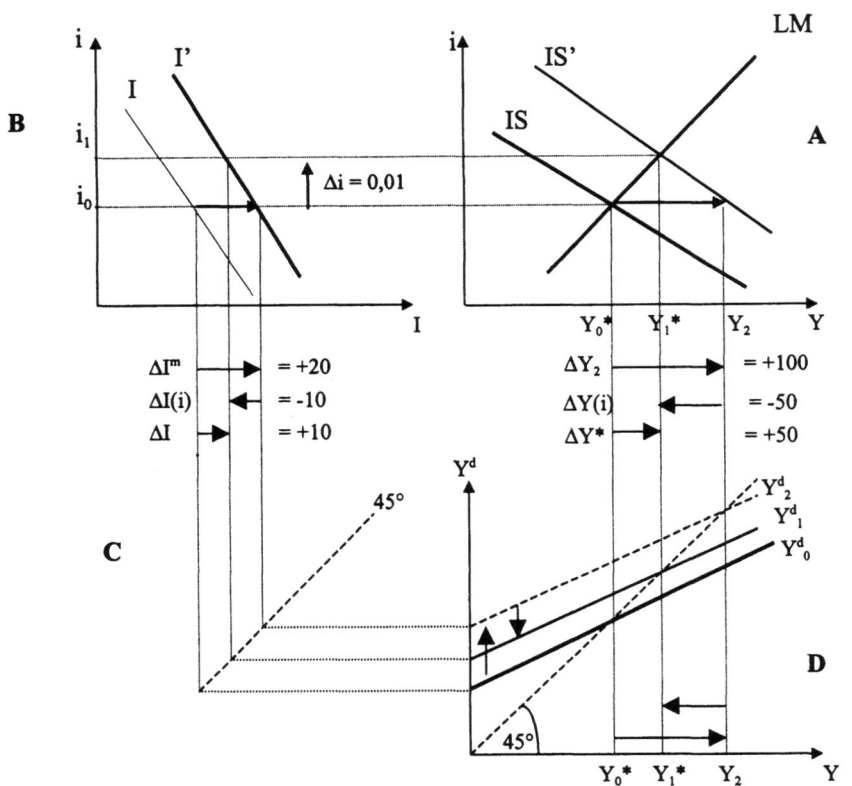

2.1 Fiskalpolitik

Im Schaubild IV/2/1 sind die Zusammenhänge illustriert. Grafik (A) bildet den Normalfall des IS-LM-Modells ab, das bei der Kombination i_0/Y_0 im Gleichgewicht ist. Die Grafik (B) enthält die Investitionsfunktion $I = I(i) = I^m - bi$. In der Ausgangslage wird bei dem Zinssatz i_0 die Investition I_0 getätigt. Der dieser Situation entsprechende Gütermarkt ist in der Grafik (D) durch die Güternachfrage Y^d_0 abgebildet. Das Gleichgewichtseinkommen Y_0^* in (D) ist natürlich identisch mit dem in (A)! Nun erfolgt die „Störung" des Modells durch eine Rechtsverschiebung der Investitionskurve in (B) um $\Delta I^m = \Delta G$. Sie verschiebt die Nachfragekurve in (D) ebenfalls um ΔI^m nach oben auf die gestrichelte Y^d Kurve. Als neues gütermarktwirtschaftliches Gleichgewichtseinkommen würde sich Y_2 einstellen, wenn der Zinssatz unverändert bliebe. Die Einkommensveränderung ΔY_2 entspricht dem einfachen Investitionsmultiplikator, wie wir ihn in Kapitel II/3 bereits entwickelt haben: $\Delta Y = 1/s \; \Delta I^m$. Die IS-Kurve verschiebt sich entsprechend parallel um ΔY_2. Die Berücksichtigung des Geldmarktes hat aber einen Zinsanstieg auf i_1 zur Folge. Dadurch gehen die zinsinduzierten privaten Investitionen um $\Delta I(i)$ zurück, so daß sich die endgültige Güternachfrage in (D) auf Y^d_1 und das Gleichgewichtseinkommen auf Y_1^* einstellt.

Für den Normalbereich elastischer IS- und LM-Kurven gilt, daß der expansive Effekt desto geringer ausfällt je elastischer die IS- und je unelastischer die LM-Kurven sind, d.h. je größer der Kassenhaltungskoeffizient k und die Investitionsreagibilität b sind, und je kleiner die Liquiditätspräferenz l ist: Der Güter-und Geldmarktmultiplikator nimmt ab (vgl.Gleichung 12/Anhang1). Das Schaubild IV/2/2 illustriert diese Zusammenhänge. Die Grafik A illustriert die Kombination einer relativ unelastischen IS-Kurve mit einer relativ elastischen LM-Kurve. Hier fällt der Einkommenseffekt deutlich höher aus als im Fall B. Der Grund für die unterschiedliche Einkommensentwicklung liegt darin, daß im Falle A durch die Zinssteigerung ein starker Rückgang zinsinduzierter Investitionen erfolgt, während im Fall B der Zinsanstieg und die zinsrobuste Investitionsgüternachfrage kaum einen Investitionsrückgang induziert.

Schaubild IV/2/2 : Einkommenseffizienz staatlicher Investitionserhöhung im IS-LM-Modell

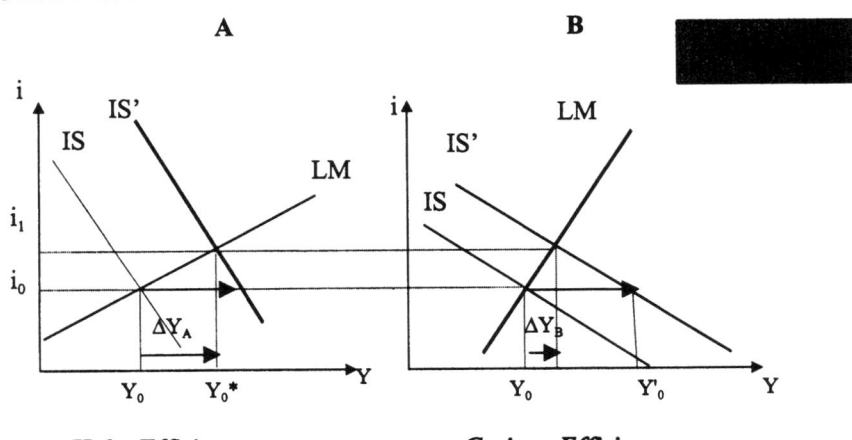

Hohe Effizienz   *Geringe Effizienz*

Die expansive Wirkung staatlicher Investition bleibt vollkommen ungebremst in zwei speziellen Fällen, die im Schaubild IV/2/3 illustriert sind:
- wenn die private Investitonsgüternachfrage vollkommen unelastisch ist (vgl. Grafik E und B), oder
- wenn es zu keinen Zinssteigerungen kommt aufgrund einer vollkommen elastischen Liquiditätspräferenz (Grafik C).

Wie hoch meinen Sie muß die Kreditaufnahme sein, damit der Budgetsaldo unverändert bleiben kann? Muß sie exakt den zusätzlichen Staatsausgaben entsprechen? Natürlich nicht, denn die Staatsausgabenerhöhung sorgt (multipliziert mit dem Staatsausgabenmultiplikator) für einen Anstieg des Volkseinkommens und damit auch für eine entsprechende Zunahme der Steuereinnahme entsprechend der marginalen Steuerquote (bei einer einkommensabhängigen Steuerfunktion). Unter der Annahme, daß sich der Budgetsaldo nicht verändert (d.h. die zusätzlichen Staatsausgaben z.B. nicht durch den Abbau eines vorhandenen Budgetüberschusses finanziert werden) beläuft sich die **Kreditaufnahme beim Publikum** auf den Differenzbetrag :

2.1 Fiskalpolitik 197

Schaubild IV/2/3: Spezialfälle einer expansiven Fiskalpolitik im IS-LM-Modell

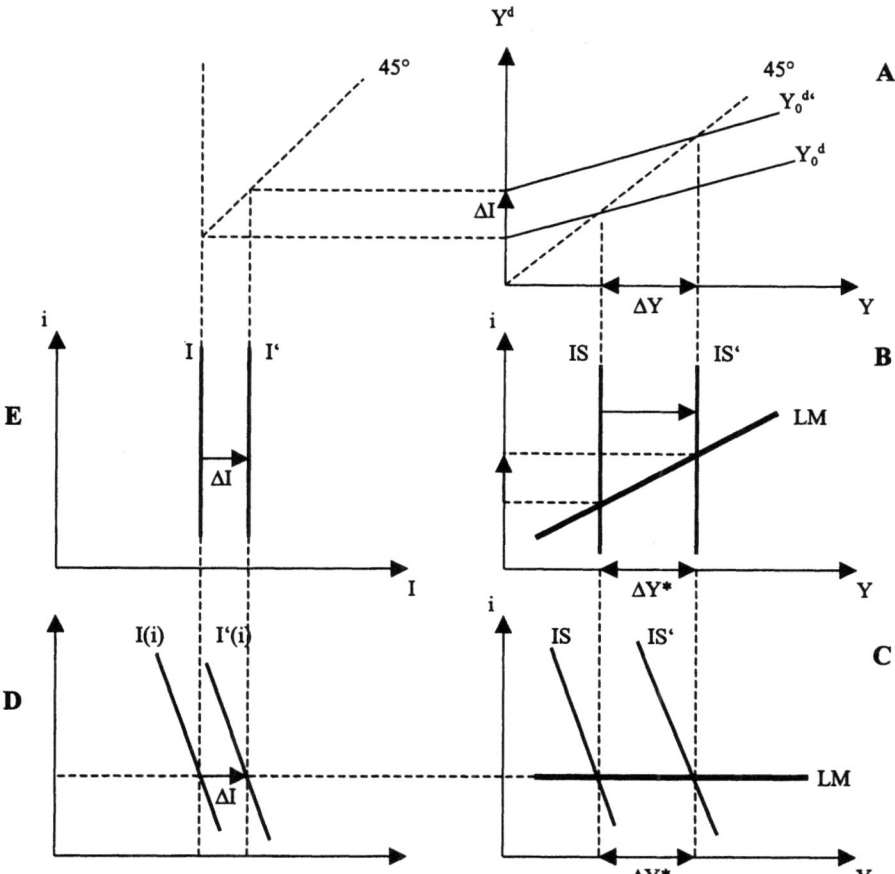

Fall 2: Der Staat deckt das auftretende Finanzierungsdefizit durch Kreditaufnahme bei der Zentralbank (Schaubild IV/2/4 B)

In vielen Ländern der Welt funktioniert die Zentralbank wie eine Unterabteilung des Finanzministeriums: Budgetdefizite stellen für die Regierung dann kein Finanzierungsproblem dar. Die Zentralbank gewährt dem Staat Kredite, indem sie staatliche Schuldverschreibungen direkt vom Staat übernimmt und ihm den entsprechenden Betrag als Zentralbankgeld zur Verfügung stellt: Die Zentralbank monetisiert

Schaubild IV/2/4: Kredit- und steuerfinanzierte expansive Fiskalpolitik im IS-LM-Modell im Vergleich

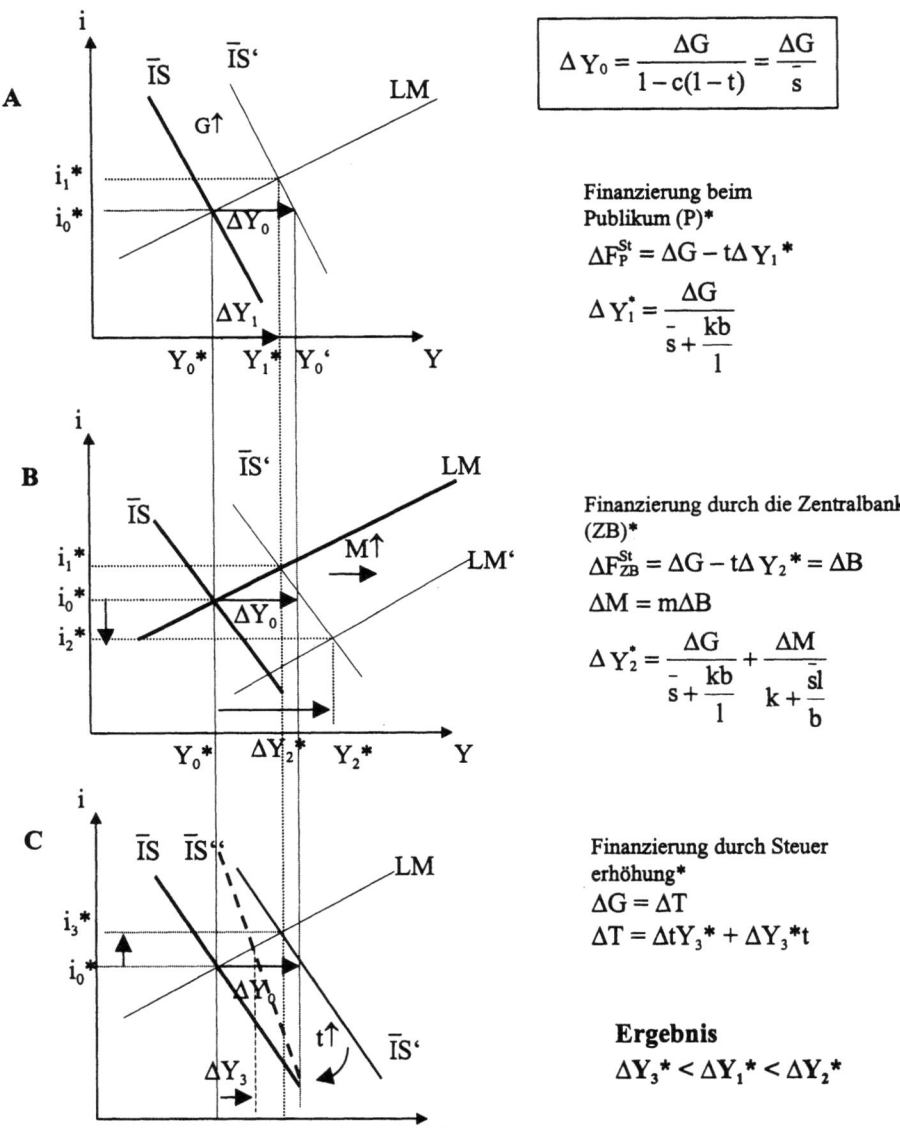

Staatspapiere und erhöht cet. par. die Geldbasis.[3] Die volkswirtschaftliche Geldmenge steigt um ein Mehrfaches dieses Kreditbetrages: $\Delta M = m \, \Delta B$. Im IS-LM-Modell müssen jetzt zwei Effekte modelliert werden: Zum einen verschiebt sich wie gehabt die IS-Kurve nach rechts aufgrund der Steigerung der Staatsausgaben mit der Folge steigender Zinsen. Zum anderen verschiebt sich die LM- Kurve nach rechts aufgrund der Kreditfinanzierung durch die Zentralbank mit der Folge, daß der Zinssatz sinken wird. Im Ergebnis wird der neue Gleichgewichtszinssatz in jedem Fall niedriger sein als bei einer Kreditfinanzierung durch das Publikum. Der „crowding out"-Effekt auf die privaten Investitionen ist somit geringer und der expansive Effekt auf das Volkseinkommen stärker. Sinkt der Zinssatz unter den alten Gleichgewichtszinssatz kommt es sogar zu einem „crowding in" privater Investitionen. Dann wird der expansive Effekt, der von den Staatsausgaben ausgeht durch zinsinduzierte private Investitionen noch verstärkt. Die **staatliche Kreditaufnahme bei der Zentralbank** beträgt unter der Annahme eines unveränderten Budgetsaldos:

Im Fall 3 erfolgt die Finanzierung der zusätzlichen Staatsausgaben ausschließlich aus zusätzlichen Steuereinnahmen (Schaubild IV/2/4 C)

Die Kreditbeschaffung wird jetzt durch Steuereinnahmen ersetzt, die zum Teil aus wachsendem Einkommen (die Steuerbasis nimmt zu) aber zum Teil auch aus einer Erhöhung des Steuersatzes resultieren. Im einzelnen verschiebt sich zunächst die IS-Kurve durch die Erhöhung der Staatsausgaben (wie in den vorangegangenen Fällen) nach rechts auf IS´, doch wirkt die Steuersatzerhöhung erneut auf die IS-Kurve und dreht die IS´-Kurve auf IS´´. Das neue Gleichgewichtseinkommen Y_3^* fällt wegen des Zinsanstiegs jedoch geringer aus als vom Haavelmo-Theorem ursprünglich postuliert (Der Multiplikator ist < 1!). Die **Steuereinnahmenerhöhung** beträgt:

---

[3] Für die Europäische Zentralbank ist diese Finanzierungmöglichkeit gesetzlich verboten!

2.2 Geldpolitik

Eine zweite Möglichkeit zur Beeinflussung des Gleichgewichtseinkommens liegt im Instrument der Geldmenge. Wie wir gesehen haben, kann die Zentralbank über die Geldbasis die Geldmenge steuern. Eine Geldmengenerhöhung verschiebt die LM-Kurve nach rechts. Welche Effekte treten auf (vgl. Schaubild IV/2/5)?
Bei zunächst konstantem Volkseinkommen wird die höhere Geldmenge nicht für Transaktionszwecke benötigt. Sie erhöht ausschließlich die Spekulationskasse, doch wird sie nur bei (stark auf i_2) sinkendem Zinssatz von ihr aufgenommen (B). Der sinkende Zinssatz wirkt aber auf den Gütermarkt zurück (A): Entsprechend der Zinsreagibilität der Investitonsgüternachfrage werden <u>zinsinduzierte</u> Investitionen zunehmen. Dadurch steigt die gesamtwirtschaftliche Nachfrage. Das Volkseinkommen wächst und die Nachfrage nach Transaktionskasse erhöht sich um ΔL_T. Die erhöhte Geldmenge wird im neuen Gleichgewicht zum Teil als Spekulationskasse ΔL_S nachgefragt, ein anderer Teil wird für Transaktionszwecke benötigt.

Schaubild IV/2/5: Expansive Geldpolitik (steigende Geldmenge)

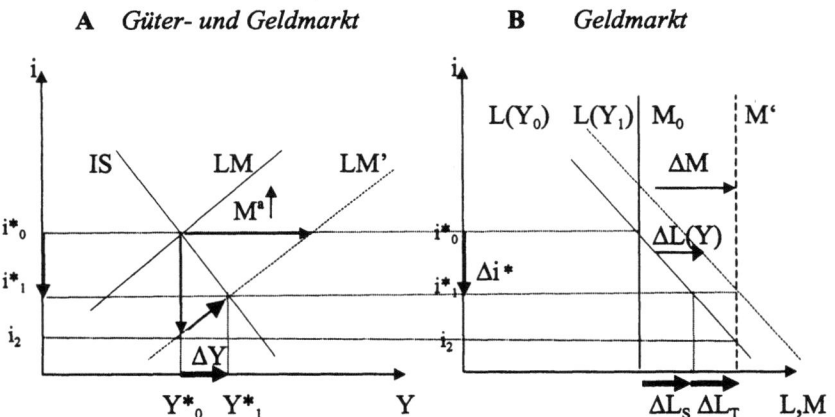

$$M = L_S(i) + L_T(Y) \quad \rightarrow \quad M = L^m_S - li + kY$$

$$\Delta M = \Delta L_S(i) + \Delta L_T(Y) \quad \rightarrow \quad \Delta M = -l\Delta i + k\Delta Y$$

2.2 Geldpolitik

Die **Effizienz expansiver Geldpolitik** (gemessen als Wirkung auf das Einkommen) hängt von den Neigungen der IS- und LM-Kurven ab:

Die Einkommenssteigerung wird größer je elastischer die IS-Kurve und je unelastischer die LM-Kurven verlaufen. Das Schaubild IV/2/6 stellt die Kombinatin hoher Effizienz in der Grafik A, niedrige Effizienz in der Grafik B dar. Die Bedingung können Sie aus der Gleichung 10 (des analytischen Anhangs) ableiten:

$$\Delta Y^* = \frac{\Delta M^a}{k + \frac{sl}{b}}$$

Eine Kombination der Parameter, die den Nenner möglichst klein werden läßt vergrößert den Einkommenseffekt und umgekehrt.

Schaubild IV/2/6: Effizienz der Geldpolitik

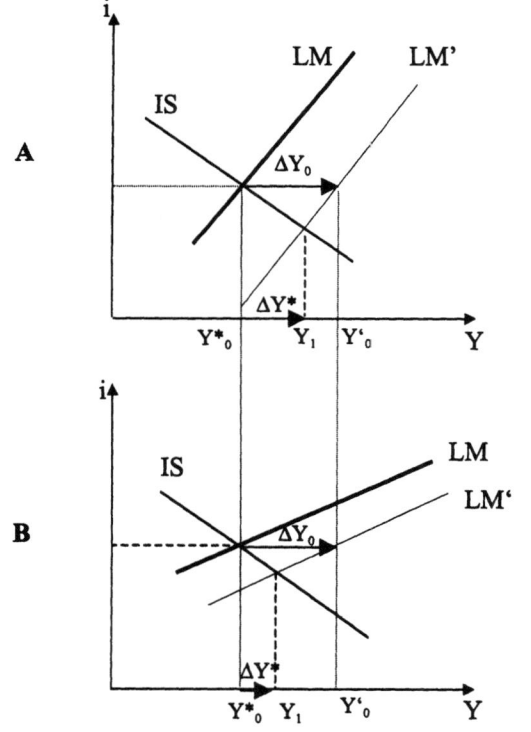

hohe Effizienz
die IS-Kurve ist relativ elastisch und die LM-Kurve relativ unelastisch

niedrige Effizienz
die IS-Kurve ist relativ unelastisch und die LM-Kurve relativ elastisch

Die größtmögliche Wirkung erzielt eine gleichgerichtete expansive (oder kontraktive) Geld- und Fiskalpolitik, da dadurch die Rückwirkungen über steigende (oder sinkende) Zinssätze auf die private Investitionsgüternachfrage vermieden werden können und sich die Politikeffekte addieren:

Schaubild IV/2/7: Kombination von Fiskal- und Geldpolitik

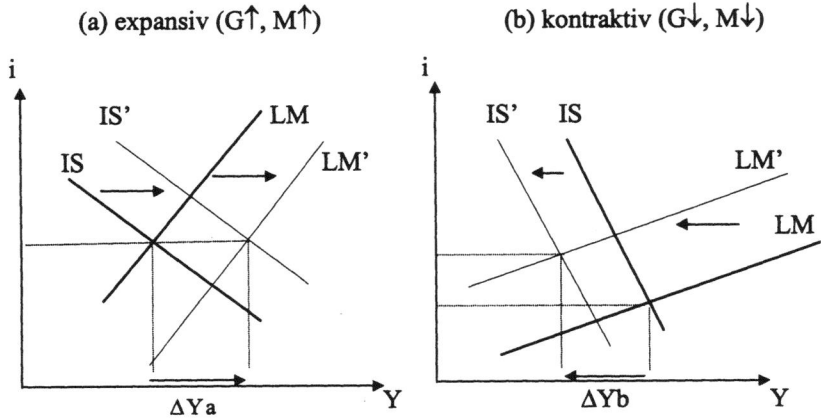

a) Die expansive Fiskalpolitik verschiebt die IS-Kurve auf IS'. Die parallel durchgeführte expansive Geldpolitik verhindert (bzw. reduziert) die normalerweise einsetzende Steigerung des Zinssatzes und damit den "crowding out" - Effekt auf private Investitionen.

b) Das kontraktive Beispiel zeigt eine IS/LM - Kombination, die die Kontraktionswirkung über steigende Zinssätze noch verstärkt.

3 Problembereiche der Geld- und Fiskalpolitik

Wie wir gesehen haben, können Geld- und Fiskalpolitik zur Beeinflussung der Höhe des Sozialproduktes eingesetzt werden. Eine <u>expansive</u> Politik erfolgt in der Absicht, das Sozialprodukt zu steigern. Herrscht z.B. Unterbeschäftigung vor (und/oder Unterauslastung des Produktionsapparates), kann durch entsprechende Maßnahmen eine Steigerung des Sozialprodukts bewirkt werden. Ob dadurch nachhaltig das Beschäftigungsproblem zu lösen sein wird, erfahren wir aber erst im nächsten Kapitel, das dem Arbeitsmarkt gewidmet ist. Eine <u>kontraktive</u> Politik soll in die umgekehrte Richtung wirken: Eine Volkswirtschaft, die an der Produktionsgrenze bei Vollbeschäftigung produziert, kann das reale Produkt kurzfristig nicht mehr steigern und reagiert deshalb auf Nachfrageerhöhungen mit entsprechenden Preissteigerungen. Eine kontraktive Politik soll also in dieser Situation die Inflationsraten niedrig halten. Wir haben gesehen, wie beide Politiken zu dieser Zielerreichung eingesetzt werden können. Hier geht es um ihre "Problemfälle" (vgl. Schaubild IV/3/1).

1. Umstände unter denen eine (expansive) Geldpolitik unwirksam ist.
Normalerweise bewirkt eine expansive Geldpolitik, wie Sie wissen, eine Zinssenkung und die Zinssenkung induziert eine zusätzliche Investitionsgüternachfrage, die zur realen Sozialproduktsteigerung führt. An zwei Stellen kann diese Kausalkette durchbrochen werden:

a) Die Erhöhung der Geldmenge bewirkt zwar eine Zinssenkung, diese jedoch induziert keine zusätzliche Investitionsgüternachfrage. Das ist in unserem Modell dann der Fall, wenn die IS-Kurve vollkommen zinsunelastisch, d.h. senkrecht verläuft. Das nun wiederum ist nur möglich, wenn die Investitionsfunktion ebenfalls zinsunelastisch ist.

b) Auch wenn die Investitionsgüternachfrage zinsreagibel ist, wird eine Geldmengenerhöhung keinen realen Nachfrageeffekt haben, wenn der Zinssatz unverändert bleibt. Eine solche Situation liegt vor, wenn die IS-Kurve die LM-Kurve in ihrem keynes'schen Bereich schneidet. Die Liquiditätsnachfrage (nach Sepkulationskasse) ist in diesem Bereich vollständig elastisch, d.h. jedes zusätzliche Geldangebot wird als Kasse "liquide" gehalten.

2. Umstände unter denen eine expansive Fiskalpolitik unwirksam ist.

Die Fiskalpolitik wirkt stets direkt auf die Güternachfrage ein, z.B. expansiv im Falle einer Erhöhung der staatlichen Ausgaben für Güter- und Dienstleistungen. Unwirksam kann diese staatliche Nachfragesteigerung nur dann werden, wenn sie gleichzeitig Effekte hervorruft, die zu einem größengleichen Nachfragerückgang seitens der privaten Wirtschaftssubjekte führen. Das ist aber nur dann der Fall, wenn durch die Fiskalpolitik eine Zinssatzsteigerung bewirkt wird, die die privaten Investitionen entsprechend reduziert. Im Modell entspricht dieser Fall einer Ausgangslage, in der die IS-Kurve die LM-Kurve in ihrem klassischen Bereich schneidet. In diesem Bereich wird keine Spekulationskasse mehr gehalten. Die gesamte Geldnachfrage besteht ausschließlich aus Transaktionskasse.

Schaubild IV/3/1: Problemfälle der Fiskal- und Geldpolitik

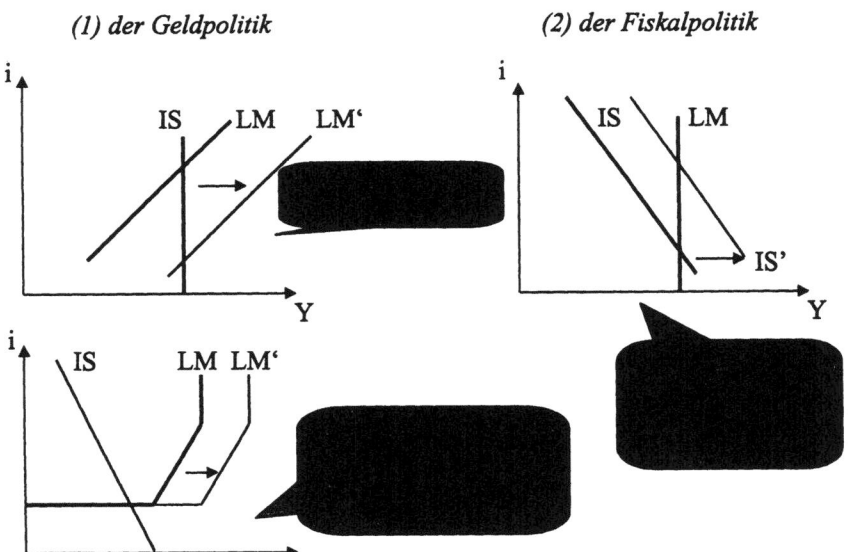

4 Die aggregierte Güternachfrage: $Y^d = Y^d(P)$

Die gesamte bisherige Analyse stand unter der vereinfachenden Annahme eines konstanten Preisniveaus, das wir auf 1 normiert hatten. Dadurch waren nominale und reale Größen stets identisch. Wir wollen hier diese Annahme aufheben und das Modell damit einen weiteren Schritt realitätsnäher formulieren. Wir fragen uns also, welche Effekte gehen von Preissteigerungen (oder -senkungen) aus und wie werden diese im IS/LM-Modell wirksam?

Wir untersuchen diese Frage zunächst in bezug auf den Gütermarkt und die IS-Funktion. Hier geht es insbesondere um die Verhaltensweise der Haushalte. Es wird angenommen, daß sie "frei von Geldillusion" sind und ihren realen Konsum nach ihrem realen Einkommen ausrichten. Ihre Konsumfunktion lautet also bei Freiheit von Geldillusion:

$C^r = C^r(Y^r)$

$\frac{C}{P} = f\left(\frac{Y}{P}\right)$ z.B. $\frac{C}{P} = a + c\left(\frac{Y}{P}\right)$ und der nominale Konsum: $C = aP + cY$

Verdoppeln sich z.B. die Preise und das Einkommen, verdoppeln die Haushalte auch ihre nominalen Konsumausgaben, d.h. sie halten ihren realen Konsum konstant. (Sollten die Konsumenten tatsächlich einer Geldillusion erliegen, hätte diese einen Einfluß auf die reale Konsumgüternachfrage).

Dieses Ergebnis ist wichtig, denn bei einer unveränderten Konsumfunktion sind auch keine Auswirkungen auf die IS-Kurve und das Gleichgewichtseinkommen des IS/LM-Modells zu erwarten.

Wir wollen jetzt untersuchen, inwieweit Preisniveauänderungen über die Veränderung der realen Geldmenge einen Einfluß auf das gesamtwirtschaftliche Gleichgewicht nehmen. In unseren bisherigen Betrachtungen waren nominale und reale Geldmengen identisch, da wir Preisniveauschwankungen ausgeschlossen hatten (vgl. Schaubild IV/4/1). Eine gegebene nominale Geldmenge M_0 hat eine geringere reale Kaufkraft, wenn das Preisniveau von P_0 auf P_1 steigt. Das reale Geldangebot verringert sich, so daß bei dem in der Ausgangslage herrschenden Zinssatz i_0 eine Überschußgeldnachfrage entsteht, die nur durch einen Anstieg des Zinssatzes beseitigt werden kann (A). Die LM-Kurve verschiebt sich um Δi nach oben von LM_0 auf LM_1 (B).

Schaubild IV/4/1: Preissteigerungen und reale Geldmenge

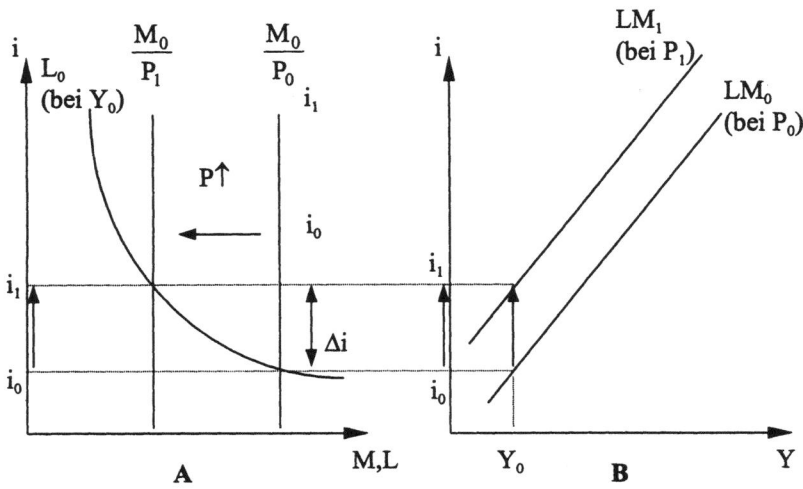

Nachdem wir die Wirkungen von Preisniveauänderungen sowohl auf dem Gütermarkt (vgl. Box IV/4/1) als auch auf dem Geldmarkt analysiert haben, stellt sich die Frage: <u>Wie verändern Preissteigerungen das Gleichgewichtseinkommen?</u> Im Schaubild IV/4/1 haben wir diese Zusammenhänge modelliert: ohne und mit Berücksichtigung des Vermögenseffektes. Die Grafik A macht deutlich, daß in beiden Fällen Preissteigerungen zu einem Rückgang des Gleichgewichtseinkommens führen und daß dieser Rückgang unter Berücksichtigung des Vermögenseffektes größer ist als ohne.

Die darunterliegende Grafik B illustriert den funktionalen Zusammenhang zwischen Preisniveau und Gleichgewichtseinkommen: wir erhalten die aggregierte Güternachfrage als Funktion $Y^d = Y^d(P)$. Dem Preisniveau P_0 entspricht das Gleichgewichtseinkommen Y_0. Ein Anstieg des Preisniveaus auf P_1 verringert die reale Geldmenge, es verschiebt sich die LM-Kurve nach links (und unter Berücksichtigung des Pigou-Effektes verschiebt sich zusätzlich die IS-Kurve nach links), so daß sich ein neues Güter- und Geldmarktgleichgewicht bei Y1 bildet. Eine Preissenkung hat genau die entgegengesetzten Effekte. In der Grafik B definieren die Kombinationen P_0/Y_0, P_1/Y_1 und P_2/Y_2 die „aggregierte Güternachfragekurve".

Die Funktion $Y^d = Y^d(P)$ hat den fallenden Verlauf einer ganz normalen Nachfragekurve, wie sie auf jedem Gütermarkt unterstellt wird. Hier ist aber zu beachten, daß das „Gut" das Sozialprodukt ist, das bei Vorliegen eines Gleichgewichts von Güter- und Geldmärkten in Abhängigkeit vom Preisniveau nachgefragt wird. Bei einem hohen Preisniveau ist das nachgefragte Gleichgewichtseinkommen bzw. Sozialprodukt niedrig und umgekehrt. Sämtliche Kombinationen zwischen Preisniveau und Volkseinkommen bei denen Güter- und Geldmarkt im Gleichgewicht sind nennen wir die **„Aggregierte Güternachfrage"** – Kurve respektive –Funktion. Sie lautet:

Box IV/4/1: Der Vermögenseffekt / Pigou-Effekt

Der Pigou-Effekt ist ein Realkassen- bzw. Vermögenseffekt, der folgenden Zusammenhang postuliert: Das reale Geldvermögen $\frac{GV}{P}$ wird mit steigenden Preisen kleiner. Es wird angenommen, daß die Haushalte ihren Realbestand an Geldvermögen halten wollen und auf seine Reduzierung mit erhöhten Sparanstrengungen reagieren, also die Konsumgüternachfrage entsprechend einschränken, denn sie unterliegen, auch in bezug auf ihre Geldvermögenshaltung, keiner Geldillusion, sondern sind "Realisten", die den realen

<u>Annahmen</u>

1) Das Preisniveau steigt von P_0 auf P_1.

2) Das reale Geldvermögen $\frac{GV}{P}$ sinkt.

<u>Verhaltensänderungen</u>

3) Die Haushalte erhöhen ihre Ersparnis um $-\Delta\left(\frac{GV}{P}\right)$

4) Spiegelbildlich zu (3) senken sie den Konsum um $\Delta\left(\frac{GV}{P}\right)$

<u>Konsequenzen</u>

5) Das Gleichgewichtseinkommen auf dem Gütermarkt sinkt um ΔY

6) Die IS-Kurve verschiebt sich um ΔY auf IS_1

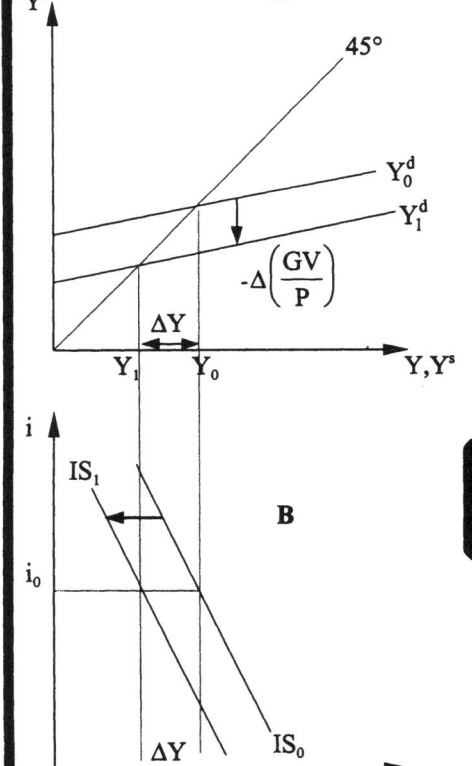

Schaubild IV/4/2: Ableitung der aggregierten Nachfragekurve $Y^d(P)$

(a) unter Berücksichtigung des Vermögenseffektes

(b) ohne Berücksichtigung des Vermögenseffektes

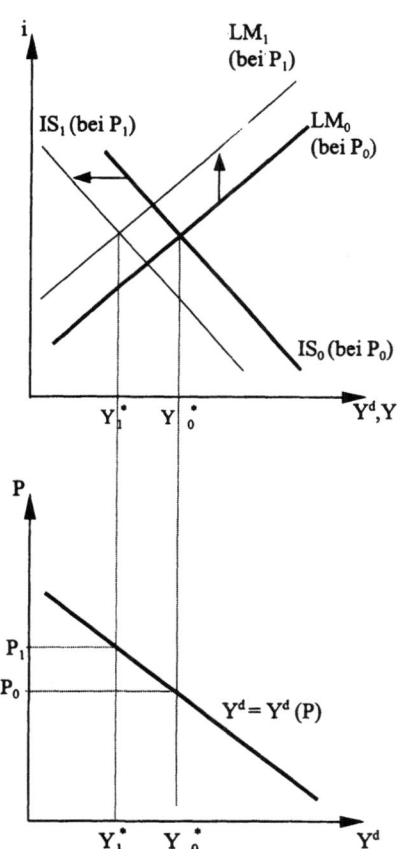
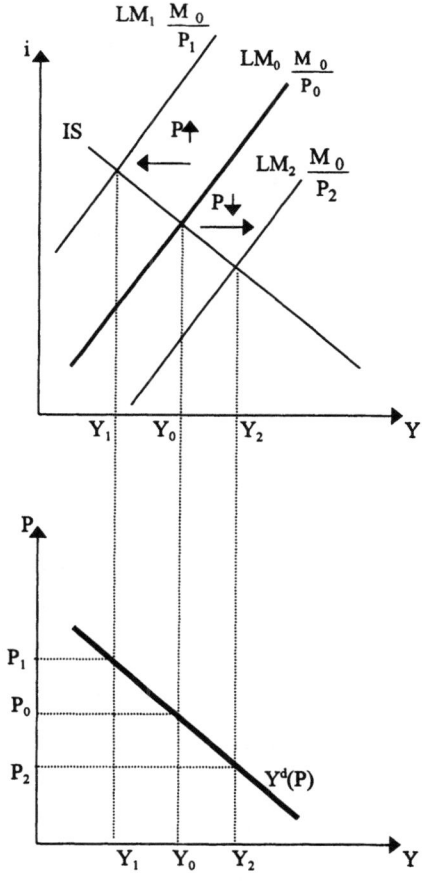

Pigou Effekt:

Preisänderungen bewirken eine Verschiebung der IS-Kurve

Preiselastizität der $Y^d a(P)$-Kurve   >

Keynes Effekt:

Preisänderungen bewirken eine Verschiebung der LM - Kurve

Preiselastizität der $Y^d b(P)$-Kurve

5 Zur Diskussion der aggregierten Nachfragekurve

In diesem abschließenden Kapitel des Teils IV wollen wir uns noch etwas vertrauter mit der neuen aggregierten Güternachfrage machen. Wir fragen zunächst nach den Auswirkungen einer expansiven Fiskal- oder Geldpolitik auf die Lage der aggregierten Güternachfragekurve. Das Schaubild IV/5/1 illustriert die hier zu besprechenden Effekte.

1) Die **expansive Fiskalpolitik** besteht hier in einer Steigerung der (staatlichen) Investitionen. In 1A verschiebt sich die IS-Kurve um ΔY_a nach rechts. Steigende Zinssätze sorgen dafür, daß das neue Güter- und Geldmarktgleichgewicht bei Y_1/i_1 erreicht wird. Bei dem herrschenden Preisniveau Po erhöht sich mithin die aggregierte Güternachfrage um ΔY_b. Die Nachfragekurve (in 1B) verschiebt sich um diesen Wert nach rechts. Es ist: $\Delta Y_a > \Delta Y_b$!

2) Die **expansive Geldpolitik** erhöht die nominale Geldmenge und verschiebt die LM-Kurve bei konstantem Preisniveau nach rechts um ΔY_a (Grafik A). Bei sinkenden Zinsen stellt sich daraufhin das neue Güter- und Geldmarktgleichgewicht bei Y_1 ein. Die Kurve der aggregierten Güternachfrage verschiebt sich bei konstantem Preisniveau P_0 um ΔY_b auf Y_1 (in 2B). Es ist: $\Delta Y_a > \Delta Y_b$!

3) Schließlich interessiert uns noch die Frage, wie sich eine **Veränderung der Investitionsneigung**, d.h. der Zinsreagibilität der Investoren auf die aggregierte Güternachfrage niederschlägt. Eine Abnahme der Zinsreagibilität führt zu einer steiler verlaufenden IS-Kurve (vgl Grafik 3A), wodurch sich die Neigung der aggregierten Güternachfrage-Kurve ebenfalls verändert. Um den Zusammenhang zu verdeutlichen, untersuchen wir die jeweiligen Gleichgewichtswerte bei zwei verschiedenen Preisniveaus. Steigt z.B. der Preis von Po auf P1 reduziert sich das reale Geldangebot und die LM-Kurve verschiebt sich nach links. Es ergeben sich in der Grafik 3A neue Güter- und Geldmarktgleichgewichte: im Falle der relativ zinselastischen IS_0-Kurve geht das Einkommen auf Y_2 zurück, im Falle der relativ zinsunelastischen IS_1-Kurve nur auf Y_1. In der Grafik 3B wird deutlich, wie die zugehörigen aggregierten Nachfragekurven mit den IS-Kurven korrespondieren.

5 Zur Diskussion der aggregierten Nachfragekurve

Schaubild IV/5/1: Veränderung der aggregierten Güternachfragekurve: $Y^d(P)$

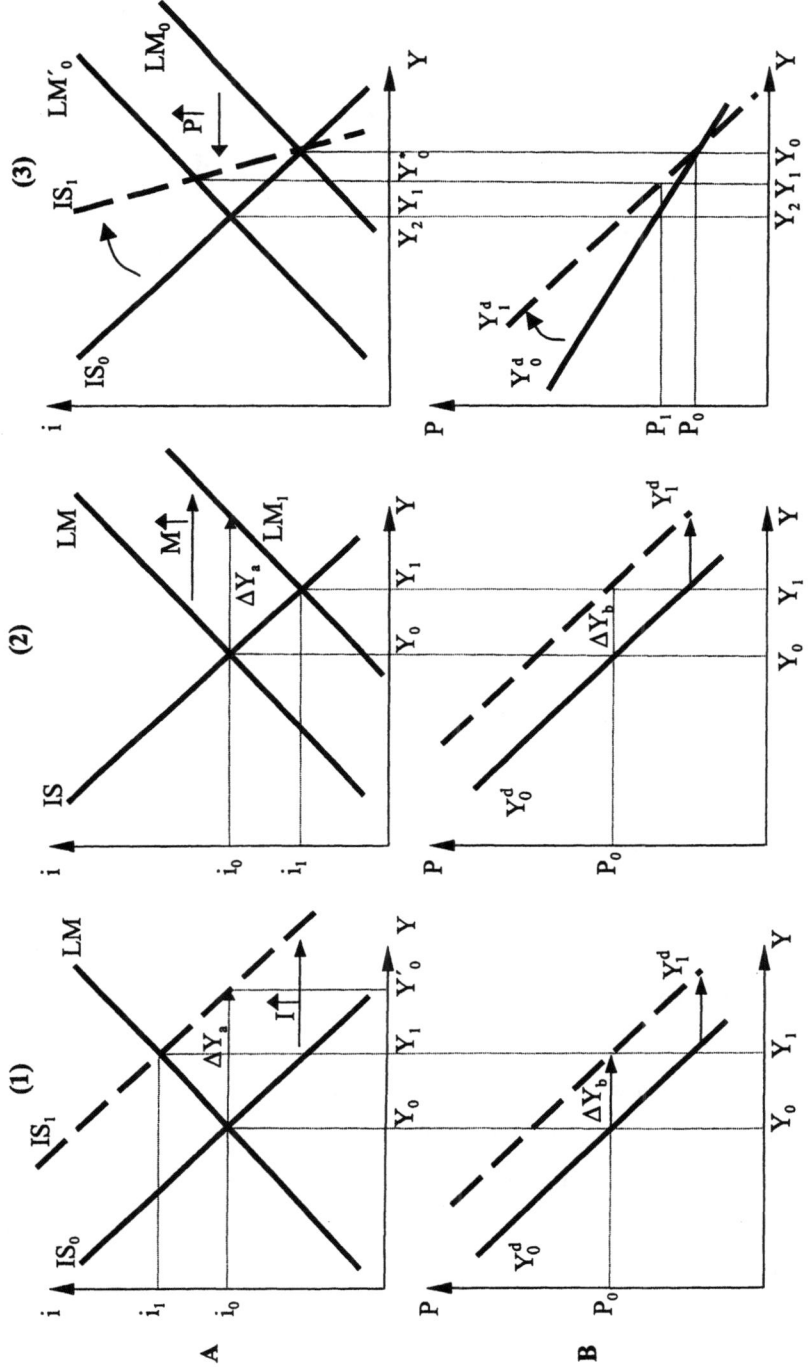

Schaubild IV/5/2: Spezialfälle der aggregierten Güternachfrage $Y^d = Y^d(P)$

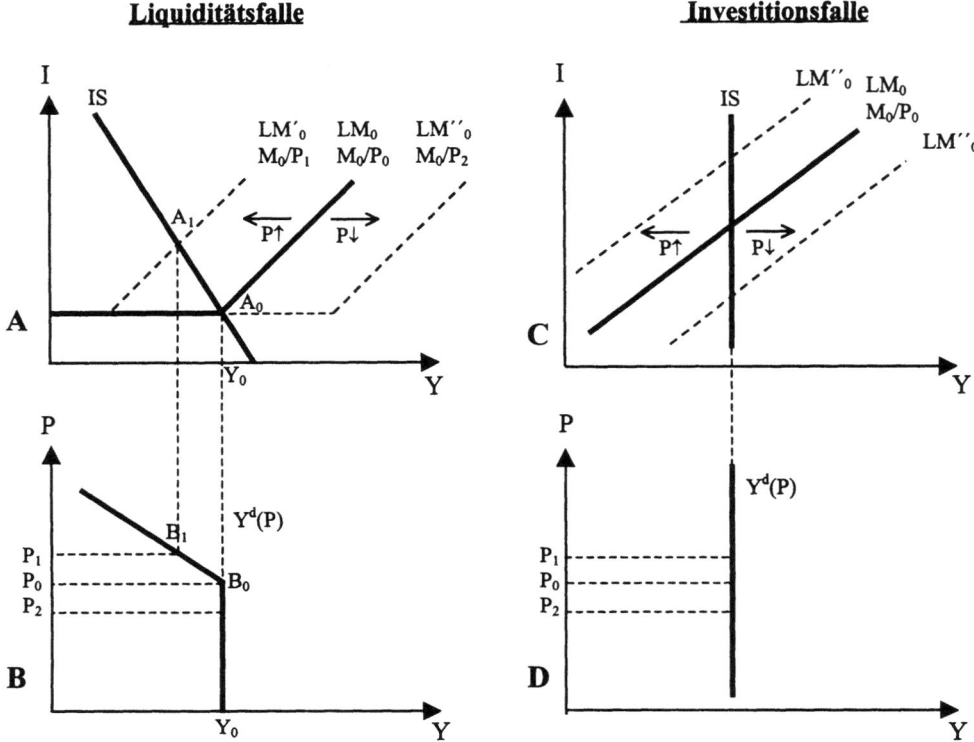

Die aggregierte Güternachfrage muß jedoch nicht in jedem Fall preiselastisch verlaufen. Die keynesianischen **Spezialfälle der Liquiditätsfalle und der Investitionsfalle** (Fall der vollkommen unelastischen Investitionsgüternachfrage) ziehen eine aggregierte Güternachfrage nach sich, die vollkommen unelastisch ist. Schauen wir uns abschließend diese Spezialfälle etwas genauer an: Das Schaubild IV/5/2 zeigt, wie es zu einer „abgeknickten" Güternachfrage kommt.

Es liegt in der Ausgangslage ein Gleichgewicht auf dem Güter- und Geldmarkt bei A_0 vor. Die reale Geldmenge betrage M_0/P_0 und die aggregierte Güternachfrage betrage Y_0 beim Preis P_0. Steigt jetzt das Preisniveau auf P_1 verschiebt sich in (A) die LM_0-Kurve auf LM'_0 (M_0/P_1) und bildet mit der IS-Kurve bei A_1 ein neues Gleichgewicht. Die aggregierte Güternachfrage geht zurück. Der Punkt B_1 korrespondiert mit A_1. Sinkt das Preisniveau von P_0 auf P_2, erhöht sich die reale Geldmenge auf

M_0/P_2. Die LM_0-Kurve verschiebt sich auf $LM''_0(M_0/P_2)$. Das Geld- und Gütermarktgleichgewicht bleibt jedoch in A_0 unverändert. Die $Y^d(P)$- Kurve verläuft mithin für $P<P_0$ vertikal.

In der Grafik C ist die vollkommen unelastische IS-Kurve dargestellt. Aus ihr folgt eine ebenfalls vollkommen unelastisch verlaufende aggregierte Güternachfragekurve. Wie man leicht erkennt, haben Preisänderungen keinen Einfluß auf ihre Lage. Sie verschieben lediglich die LM-Kurve und führen infolgedessen zu unterschiedlichen Zinsniveaus.

Schaubild IV/5/3: Kontraktive Geldpolitik und Spezialfälle

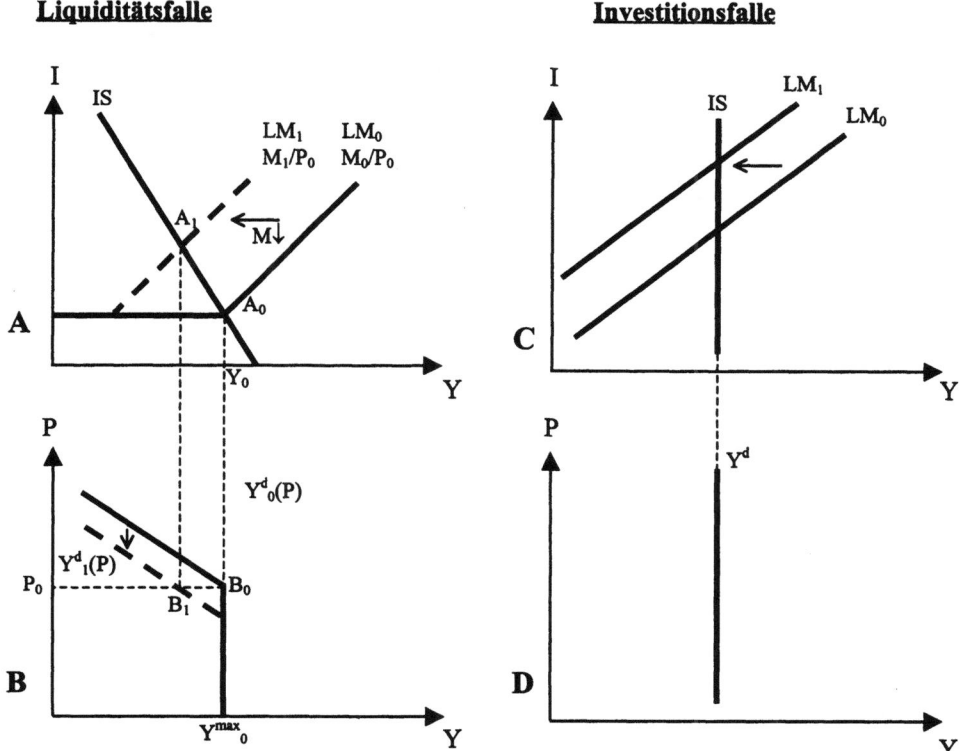

Welchen Einfluß hat die **Geldpolitik** auf diese speziellen Nachfragekurven? Im Schaubild IV/5/3 sind die Zusammenhänge am Beispiel einer kontraktiven Geldpolitik illustriert. Beim Vorliegen einer Liquiditätsfalle knickt die aggregierte Nachfragekurve in B_0 ab. Wird die Geldmenge verknappt von M_0 auf M_1 ($M_0 > M_1$), verschiebt sich die LM$_0$-Kurve nach links auf LM$_1$. Das neue güter- und geldwirtschaftliche Gleichgewicht A$_1$ korrespondiert mit B$_1$: Die Y$^d_0$ (P)-Kurve verschiebt sich in ihrem preiselastischen Bereich auf Y$^d_1$ (P), mündet jedoch bei Y$^{max}_0$ in den unelastischen Bereich ein. (Eine expansive Geldpolitik verschiebt den preiselastischen Zweig nach oben).

Die Investitionsfalle kann - wie wir bereits wissen- nicht durch geldpolitische Maßnahmen überwunden werden. Geldpolitik beeinflußt lediglich das Zinsniveau nicht aber die Nachfrage (vgl. C und D).

Abschließend interessiert uns <u>der Einfluß der **Fiskalpolitik** auf die genannten Spezialfälle</u>: Das Schaubild IV/5/4 illustriert die Auswirkung einer expansiven Fiskalpolitik auf die Lage der aggregierten Nachfragekurven. Zusätzliche Staatsausgaben verschieben die IS$_0$-Kurve auf IS$_1$. Diese trifft auf eine Schar von LM-Kurven, die für unterschiedliche Preisniveaus gelten. Die jeweiligen Schnittpunkte A$_1$,A$_2$,A$_3$ korrespondieren mit den entsprechend indizierten Punkten in B.

Schaubild IV/5/4: Expansive Fiskalpolitik und Spezialfälle

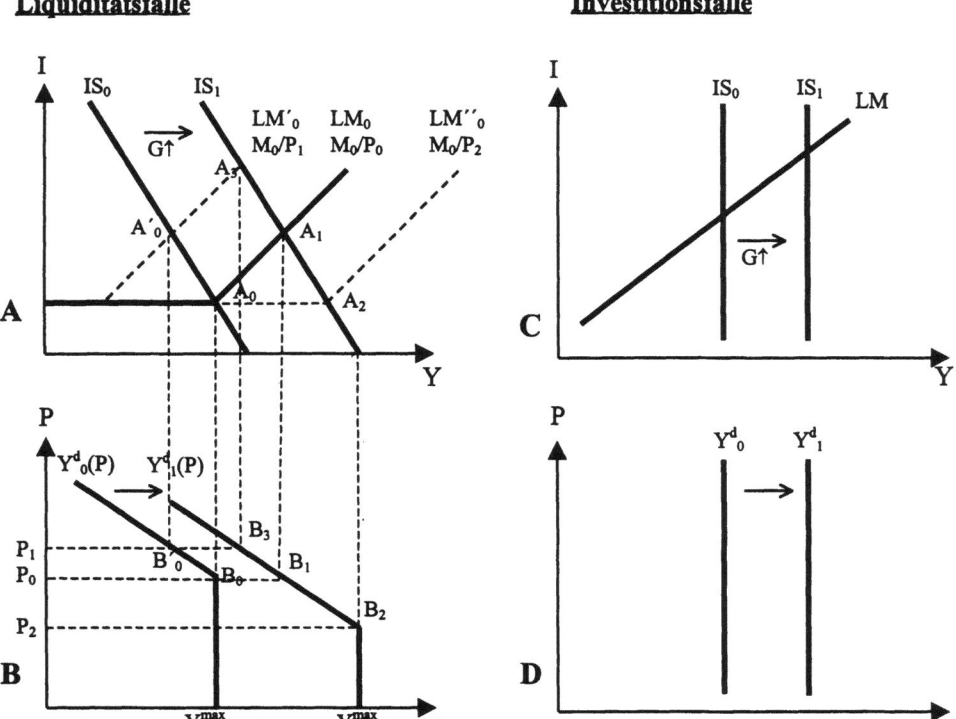

6 Analytischer Anhang

6.1 Ein analytisches Beispiel zum Kapitel IV/1

Der hier entwickelte Formelapparat gilt für eine geschlossene Volkswirtschaft ohne Staat. Es ist aber - wie Sie wissen - kein Problem, dieses Basis - Modell zu erweitern. Die staatlichen Aktivitäten verändern lediglich den Koeffizienten "s". Bei einer einkommensabhängigen Steuerfunktion wird s zu $\bar{s}$ = 1-c(1-t). Unter zusätzlicher Berücksichtigung des Auslandes wird s zu $\bar{s}$ + m.

Die funktionalen Zusammenhänge des IS-LM-Modells:

Gütermarktgleichgewicht: IS für eine geschlossene Volkswirtschaft ohne Staat

Zahlenbeispiel:

$I = S$ $s = 0,2$ $200 - 1000i = -100 + 0,2Y$

$I^m - bi = -C^a + sY$ $b = 1000$ $Y = 1500 - 5000i$

(1) IS: $i = \dfrac{I^m + C^a}{b} - \dfrac{s}{b} Y$ $I^m = 200$ $i = 0,3 - \dfrac{1}{5000} Y$

oder

(2) IS: $Y = \dfrac{I^m + C^a}{s} - \dfrac{b}{s} i$ $C^a = 100$ $Y = 1500 - 5000 i$

Geldmarktgleichgewicht: LM   *Zahlenbeispiel:*

$M = L$ ➡ $k = 0,10$

$L = L_T + L_S$ $l = 500$

$L_T = kY$ $L_S^m = 150$ $L_T = \dfrac{1}{10} Y = 0,1 Y$

$L_S = L_S^m - li$ $L_S = 150 - 500$

$M = M^a$ $M^a = 200$

$M^a = kY + L_S^m - li$

(3) $i = \dfrac{L_S^m - M^a}{l} + \dfrac{k}{l} Y$ ➡ $i = -\dfrac{1}{10} + \dfrac{1}{5000} Y$

(4) $Y = \dfrac{M^a - L_S^m}{k} + \dfrac{l}{k} i$ ➡ $Y = 500 + 5000i$

Gesamtes Gleichgewicht: IS = LM   (Gleichung: 1 = 3 oder 2 = 4)

(1) = (3)   IS = LM

Y = 1500 − 5000i = 500 + 5000i = Y

(5) $\dfrac{I^m + C^a}{b} - \dfrac{s}{b}Y = \dfrac{L_s^m - M^a}{l} + \dfrac{k}{l}Y$ $i_0^* = 0{,}10$ $Y_0^* = 1000$

Gleichgewichtseinkommen:

(6)  $Y_0^* = \dfrac{(200 + 100)500 - (150 - 200)1000}{\dfrac{1}{10}1000 + 0{,}2 \cdot 500}$

$= 1000$

Y* ist das Gleichgewichtseinkommen, bei dem beide Märkte im Gleichgewicht sind. Das zugehörige i* berechnet sich entsprechend: (2) = (4)

(7) $\dfrac{I^m + C^a}{s} - \dfrac{b}{s}i = \dfrac{M^a - L_s^m}{k} + \dfrac{l}{k}i$

(8) $\left(\dfrac{ls + bk}{sk}\right)i^* = \dfrac{(I^m + C^a)k - (M^a - L_s^m)s}{sk}$ *Gleichgewichtszinssatz*

(9)  $i_0^* = \dfrac{(200 + 100)\dfrac{1}{0{,}1} - (200 - 150)0{,}2}{500 \cdot 0{,}2 + 1000 \cdot 0{,}1}$

$= 0{,}10$

Veränderung des Gleichgewichtseinkommens (durch Veränderung der autonomen Größen) erhält man aus Gleichung (6):

(10)

und die *Veränderung des Gleichgewichtszinssatzes* folgt aus Gleichung (9):

(11)

Erhöhung der Investitionen

(10a) $\Delta Y^* = \dfrac{1}{\dfrac{kb}{l}+s} \Delta I^m$

(11a) $\Delta i^* = \dfrac{1}{\dfrac{ls}{k}+b} \Delta I^m$

Zahlenbeispiel: $\Delta I^m = 20$

$\Delta Y^* = \dfrac{1}{\dfrac{0{,}1 \cdot 1000}{500}+0{,}2} \cdot 20 = 50$

$\Delta i^* = \dfrac{1}{\dfrac{500 \cdot 0{,}2}{0{,}1}+1000} \cdot 20 = 0{,}01$

Ein Vergleich der Multiplikatoren des reinen Gütermarktmodells und des IS-LM-Modells (Gleichung 10a) macht deutlich, welche Faktoren in dem IS-LM-Modell den expansiven Einkommenseffekt bremsen. Die Einkommenswirkungen sind normalerweise geringer als im reinen Gütermarktmodell (in zwei Spezialfällen sind sie allerdings größengleich bei $b = 0$ oder $l = \infty$).

	reiner Gütermarkt		Güter- und Geldmarkt		*Zahlenbeispiel:*

(12) $\quad \dfrac{1}{s} > \dfrac{1}{s+\dfrac{kb}{l}} \quad \Rightarrow \quad \dfrac{1}{0{,}2} > \dfrac{1}{0{,}2+\dfrac{0{,}1 \cdot 1000}{500}} = \dfrac{1}{0{,}4}$

$5 > 2{,}5$

6.2 Ein analytisches Beispiel zum Kapitel IV/2

Zahlenbeispiel:

$C = C^a + c Y_H^v \qquad\qquad C = 100 + 0{,}8 Y_H^v$

$Y_H^v = Y^s - T \qquad\qquad c = 0{,}8 \quad s = 0{,}2$

$T = t Y^s \qquad\qquad T = 0{,}25 Y^s$

$I = I^m - bi \qquad\qquad I = 200 - 1000i$

$G = G^a \qquad\qquad G = 200$

$\bar{s} = 1 - c(1-t) \qquad\qquad \bar{s} = 0{,}4$

$L_T = k Y^s \qquad\qquad L_T = 0{,}10 Y^s$

$L_S = L_S^m - li \qquad\qquad L_S = 150 - 500i$

$M = mB \qquad\qquad M = 2B$

$B = B^a \qquad\qquad B^a = 100$

$M^a = m B^a = \dfrac{M}{P} \qquad\qquad M^a = 200$

$\qquad\qquad\qquad\qquad P = 1$

$\qquad\qquad\qquad\qquad \bar{s} = $ marginale "Sickerquote"

$$\frac{M}{P} = L_T + L_S = kY + L_S^m - li$$

Gütermarkt $\overline{IS}$:

(1) $Y = \dfrac{C^a + I^m + G^a}{1 - c(1-t)} - \dfrac{b}{1 - c(1-t)} i$ $\qquad Y = 1250 - 2500i$

Geldmarkt LM:

(2) $Y = \dfrac{M^a - L_S^m}{k} + \dfrac{1}{k} i$ $\qquad Y = 500 + 5000i$

Güter – und Geldmarkt – Gleichgewicht

$\overline{IS} = LM$

(3) $Y_0^* = \dfrac{(C^a + I^m + G^a)l - (L_S^m - M^a)b}{kb + \overline{s}l}$ $\qquad Y_0^* = 1000$

(4) $i_0^* = \dfrac{(C^a + I^m + G^a)k - (M^a - L_S^m)\overline{s}}{ls + bk}$ $\qquad i_0^* = 0{,}10$

Berechnen Sie selbständig die im Gleichgewicht auftretenden <u>Finanzierungssalden</u> des privaten (FS) und öffentlichen Sektors (BS). Sie erhalten folgende Ergebnisse:

(5) $FS^* = S_H^* - I_U^* \quad = 50 - 100 \quad = -50$

(6) $BS^* = T^* - G^a \quad\ = 250 - 200 \quad = +50$

Der staatliche Sektor erhöht die Staatsausgaben um ΔG = 90.

(a) Die Finanzierung erfolgt durch Steuermehreinnahmen (aufgrund des gestiegenen Einkommens) und durch <u>Kreditaufnahme beim Publikum</u> bzw. durch Reduktion von Finanzierungsüberschüssen des Staates. Die Veränderung des Gleichgewichtseinkommens beträgt (Ableitung von (3)):

(7) $\Delta Y^* = \dfrac{1}{\overline{s} + \dfrac{kb}{l}} \Delta G$ $\qquad \Delta Y^* = 150$

Als Veränderung des Gleichgewichtszinssatzes ergibt sich (Ableitung von (4)):

(8) $\Delta i^* = \dfrac{1}{b + \dfrac{ls}{kl}} \Delta G$ $\qquad \Delta i^* = 0{,}03$

6.2 Ein analytisches Beispiel zum Kapitel IV/2

Die Veränderung des Finanzierungssaldos des privaten Sektors:

(9) $\Delta FS = \Delta S_H - \Delta I_U = s(1-t)\Delta Y^* + b\Delta i^*$ $\qquad = 22{,}5 + 30 = 52{,}5$

Veränderung des Budgetsaldos:

(10) $\Delta BS = \Delta T - \Delta G = t\Delta Y^* - \Delta G$ $\qquad = 37{,}5 - 90 = -52{,}5$

Die neuen Gleichgewichtswerte lauten: $Y_a^* = 1150$, $i_a^* = 0{,}13$, $S_{Ha}^* = 72{,}5$, $I_{Ua}^* = 70$, $FS_a^* = 2{,}50$, $T_a^* = 287{,}5$, $G_a^* = 290$, $BS_a^* = -2{,}50$.

(b) *Die Finanzierung der zusätzlichen Staatsausgaben erfolgt zum Teil durch Steuermehreinnahmen (aufgrund des gestiegenen Volkseinkommens) und die dann noch verbleibende Differenz des auftretenden Budgetsaldos als Kreditaufnahme bei der Zentralbank.*

Die Staatsausgabenerhöhung $\Delta G = 90$ verändert wie unter (a) die IS-Kurve. Die Kreditaufnahme bei der Zentralbank erhöht die Geldbasis und über den Geldmengenmulitplikator die Geldmenge. Dadurch verschiebt sich ebenfalls die LM-Kurve. Die Höhe der Kreditaufnahme bei der Zentralbank beträgt:

(11) $\Delta F_{ZB}^{St} = \Delta B = \Delta G - t\Delta Y = -\Delta BS$

Die Veränderung der Geldmenge ist:

(12) $\Delta M = m\Delta B = m(\Delta G - t\Delta Y)$

Die Veränderung von Y ergibt sich aus Gleichung (3). Es erhöhen sich sowohl die Staatsausgaben als auch die Geldmenge:

(13) $\Delta Y = \dfrac{1}{kb + \bar{s}l}\Delta G + \dfrac{b}{kb + \bar{s}l}\Delta M$ $\qquad \alpha = kb + \bar{s}l = 300$

(14) $\Delta Y = \dfrac{1}{\alpha}\Delta G + \dfrac{b}{\alpha}m\Delta G - \dfrac{b}{\alpha}mt\Delta Y$ $\qquad$ (12) in (13) = (14)

(15) $\Delta Y = \dfrac{1 + bm}{\alpha + bmt}\Delta G = 281{,}25$

Die Veränderung des Gleichgewichtszinssatzes ergibt:

$$(16)\, \Delta i = \frac{k}{kb + s l} \Delta G - \frac{\bar{s}}{kb + s l} \Delta M \qquad \bar{s} = 1 - c(1-t)$$

$$(17)\, \Delta i = \frac{k}{\alpha} \Delta G + \frac{\bar{s}}{\alpha} m \Delta G - \frac{\bar{s}}{\alpha \alpha} m t \Delta Y$$

$$(18)\, \Delta i = 0{,}03 - 0{,}24 + 0{,}1875 = -0{,}0225$$

Die Veränderungen des privaten und staatlichen Finanzierungssaldos sowie der Geldbasis und der Geldmenge:

(19) ΔFS $= \Delta S - \Delta I$ $= 42 - 22 = 20$

(20) ΔS_H $= s(1-t) \Delta t$ $= 0{,}15 \cdot 281{,}25 \approx 42$

(21) ΔI_U $= -b \Delta i$ $= -1000(-0{,}0225) \approx 22$

(22) ΔBS $= \Delta T - \Delta G = t \Delta Y - \Delta G$ $= 70 - 90 = -20$

(23) $-\Delta BS$ $= \Delta B$ $= 20$

(23a) ΔM $= m \Delta B$ $= 40$

Ergebnis: Das Volkseinkommen steigt erheblich stärker an als im Fall (a). Durch die Zentralbankfinanzierung steigt die Geldmenge so stark an, daß der Zinssatz sogar unter dem Ausgangsgleichgewichtszinssatz sinkt, wodurch weitere private Investitionen angeregt werden (crowding in!).

Die Zentralbank erhöht die Geldmenge:

(24) $\Delta B = 20$

(25) $\Delta M = m \Delta B = 2 \cdot 20 = 40$

$$(26)\, \Delta Y = \frac{b}{kb + s l} \Delta M = \frac{1000 \cdot 40}{300} = 133{,}33$$

$$(27)\, \Delta i = -\frac{\bar{s}}{kb + s l} \Delta M = \frac{0{,}4 \cdot 40}{300} = -0{,}0533$$

Schaubild IV/6/1: Die Fallbeispiele (a-c) im Überblick

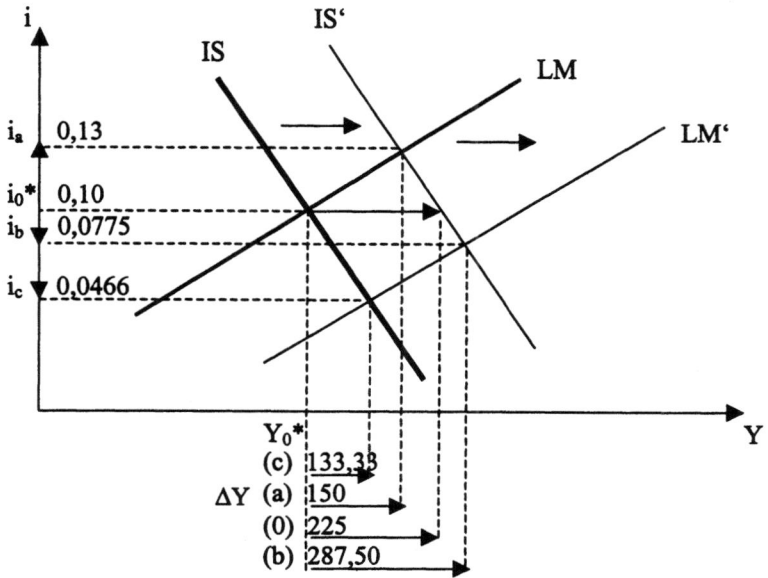

(c) Das Preisniveau variiert: Die aggregierte Nachfragefunktion

Das Gleichgewichtseinkommen ist nach (3):

$$(28) \quad Y_0^* = \frac{(I^m + C^a + G^a)l - (L_s^m - \frac{M}{P})b}{kb + \bar{s}l} \quad \text{bzw.}$$

$$(29) \quad Y^d(P) = \underbrace{\frac{(I^m + C^a + G^a)l - L_s^m \cdot b}{kb + \bar{s}l}}_{} + \underbrace{\frac{Mb}{kb + \bar{s}l} \cdot \frac{1}{P}}_{}$$

$$(30) \quad Y^d(P) = \qquad A_0 \qquad + \quad A_1 \cdot \frac{1}{P}$$

Funktion der aggregierten Nachfrage lautet:

(31) $Y^d(P) = 333{,}33 + 666{,}66 \cdot 1/P$

Für verschiedene Preisniveaus gilt:

$Y^d(P_1) = 1000$	$P_1 = 1$
$Y^d(P_2) = 666{,}66$	$P_2 = 2$
$Y^d(P_3) = 555{,}55$	$P_3 = 3$
$Y^d(P_{01}) = 1666{,}66$	$P_{01} = 1/2$

6.3 Ein analytisches Beispiel zum Kapitel IV/5

Wir sehen von dem Pigou-Effekt ab und setzen die bisher entwickelten „Modellbausteine" so zusammen, daß wir die aggregierte Güternachfrage als Funktion $Y^d = Y^d(P)$ analytisch ableiten können, um sie danach noch einmal graphisch zu illustrieren. In folgenden Schritten kommen wir zum Ziel:

Die IS-Kurve

(1) $I(i) = S(Y)$

(2) $I^m - bi = -C^a + sY$

(3) $i = \dfrac{I^m + C^a}{b} - \dfrac{s}{b}Y$ $\qquad$ IS $\qquad$ $Y = \dfrac{I^m + C^a}{b} - \dfrac{b}{s}i$

Die LM-Kurve

(4) $\dfrac{M}{P} = L(Y, i)$

(5) $\dfrac{M}{P} = kY + L_s^m - li$

(6) $i = \dfrac{L_s^m - \dfrac{M}{P}}{l} + \dfrac{k}{l}Y$ $\qquad$ LM $\qquad$ $Y = \dfrac{\dfrac{M}{P} - L_s^m}{k} + \dfrac{1}{k}i$

Das Gleichgewichtseinkommen IS = LM

(7) IS = LM

(8) $\dfrac{I^m + C^a}{b} - \dfrac{s}{b}Y = \dfrac{L_s^m - \dfrac{M}{P}}{l} + \dfrac{k}{l}Y$ $\qquad \Rightarrow \qquad$ $\dfrac{I^m + C^a}{s} - \dfrac{b}{s}i = \dfrac{\dfrac{M}{P} - L_s^m}{k} + \dfrac{1}{k}i$

(9) $Y^* = \dfrac{(I^m + C^a)l - (L_s^m - \dfrac{M}{P})b}{kb + sl}$ $\qquad \Rightarrow \qquad$ $i^* = \dfrac{(I^m + C^a)l}{sl + bk} + \dfrac{(L_s^m - \dfrac{M}{P})s}{sl + bk}$

Die aggregierte Nachfragekurve aus a):

(10) $Y^* = Y^d(P) = \dfrac{(I^m + C^a)l - L_s^m b}{kb + sl} + \dfrac{Mb}{kb + sl} \cdot \dfrac{1}{P}$

Die Struktur der aggregierten Nachfragefunktion

(11) $P(Y) = \dfrac{A_1}{Y - A_0}$ $\qquad \Rightarrow \qquad$ $Y^d(P) = A_0 + A_1 \dfrac{1}{P}$

(12) $A_0 = \dfrac{(I^m + C^a)l - L_s^m b}{kb + sl}$

(13) $A_1 = \dfrac{Mb}{kb + sl}$

A_0 bestimmt die Lage der $Y^d(P)$-Kurve und A_1 gibt die Steigung an.

Die Steigung der aggregierten Nachfragekurve

(14) $\dfrac{d(Y^d)}{dP} = -\dfrac{A_1}{P^2} = -\dfrac{Mb}{kb+sl}\dfrac{1}{P^2}$

Eine Veränderung ergibt sich aus dem totalen Differential:

(15)

Untersuchen wir bei konstantem Preisniveau (dP = 0) die möglichen Einflußfaktoren so erhalten wir:

(16) $dY^d = dA_0 + dA_1 \dfrac{1}{P}$

Zur Erinnerung:

$A_0 = \dfrac{(I^m + C^a)l - L_s^m b}{kb + sl}$ (Gleichung 13)

$A_1 = \dfrac{Mb}{kb + sl}$ (Gleichung 14)

Bleiben die Neigungen der Funktionen unverändert, so ergibt sich:

(17) $dA_0 = \dfrac{(dI^m + dC^a)l - dL_s^m b}{kb + sl}$

Verändern sich z. B. nur die Investitionen, so reduziert sich die obige Gleichung:

(18) $dA_0 = \dfrac{1}{kb + sl} dI^m$

Die $Y^d(P)$-Funktion verändert sich unter dieser Annahme um:

(19) $dY^d = dA_0 = \dfrac{1}{kb + sl} dI^m$: ΔY_a (Schaubild IV/5/1A)

Verändert sich z. B. nur die nominale Geldmenge so erhält man:

(20) $dA_1 = \dfrac{b}{kb + sl} dM$ und damit   (21) $dY^d = dA_1 \dfrac{1}{P} = \dfrac{1}{P}\dfrac{b}{kb + sl} dM$: ΔY_b

V Arbeitsmarkt und gesamtwirtschaftliches Güterangebot

1 Überblick

Am Ende des letzten Abschnitts (Teil IV) haben wir die „aggregierte gesamtwirtschaftliche Güternachfrage" abgeleitet: $Y^d=Y^d(P)$. Sie zeigt die Güternachfrage in Abhängigkeit vom Preisniveau als fallende Funktion: Mit steigendem Preisniveau nimmt die gesamtwirtschaftliche Güternachfrage ab, mit sinkendem Preisniveau nimmt sie zu. Zwar gleicht ihr Aussehen „rein äußerlich" einer ganz gewöhnlichen mikroökonomischen Güternachfragefunktion, doch sind ihre Implikationen auf der makroökonomischen Ebene erheblich komplexer, wie die Teile II-IV dieses Buches gezeigt haben.

In diesem Abschnitt V wollen wir uns nun der zweiten Seite der „volkswirtschaftlichen Medaille" zuwenden: dem gesamtwirtschaftlichen Güterangebot in Abhängigkeit vom gesamtwirtschaftlichen Preisniveau. Um dieses Güterangebot bestimmen und eine „aggregierte Güterangebotsfunktion $[Y^s=Y^s(P)]$" ableiten zu können, müssen wir die Zusammenhänge zwischen Güterproduktion und Arbeitsmarkt studieren. Wir werden in diesem Abschnitt V insbesondere folgenden Fragen nachgehen:

- Wovon hängt die Größe des Sozialproduktes ab, das in einer Volkswirtschaft produziert und angeboten werden kann?
- Welche Beziehung besteht zwischen Güterproduktion und Nachfrage nach Arbeitskräften?
- Welches sind die Faktoren, die das Angebot an Arbeit bestimmen bzw. verändern?
- Unter welchen Gegebenheiten herrscht auf dem Arbeitsmarkt Gleichgewicht oder Unterbeschäftigung?
- Welches sind die Ansatzpunkte einer angebotsorientierten (Beschäftigungs-) Politik?
- Wie hängt das gesamtwirtschaftliche Güterangebot vom Preisniveau ab?

2 Produktionsfunktion und Nachfrage nach Arbeit

Das gesamtwirtschaftliche Güterangebot ist das Ergebnis des volkswirtschaftlichen Produktionsprozesses. In diesem Prozeß wird insbesondere die Sachkapitalausstattung einer Volkswirtschaft (K) mit den zur Verfügung stehenden Arbeitskräften (N) in geeigneter (d.h. ökonomisch effizienter) Weise „kombiniert". Hinzutreten aber noch eine Reihe weiterer Faktoren, die ebenfalls einen mehr oder weniger starken Einfluß auf den Produktionsprozeß und die Höhe des produzierbaren Sozialproduktes nehmen. Z.B.: die Ausstattung mit natürlichen Ressourcen (R), die soziokulturellen Eigenschaften einer Gesellschaft (S), die materielle und institutionelle Infrastrukturausstattung (I), das politische System (P), das Humankapital der arbeitenden Bevölkerung (H), das technisch-organisatorische Wissen und der technologische Entwicklungsstand (F). Sonstige Einflußfaktoren erfassen wir mit (X) dann können wir eine **gesamtgesellschaftliche Produktionsfunktion** formulieren als:

(1) $Y^s = Y^s(K;N;R;S;I;P;H;F;X)$

Die ersten drei Faktoren geben die Ressourcen an, die einer Volkswirtschaft zur Verfügung stehen, die anderen Faktoren sagen etwas aus über die Effizienz mit der die Ressourcenausstattung eingesetzt werden kann. Sind alle Faktoren gegeben, ist auch die produzierte (oder besser: die maximal produzierbare) Gütermenge bekannt. Längerfristiges, ökonomisches Wachstum hat zur Voraussetzung, daß eine oder mehrere dieser Bestimmungsgrößen zunehmen. Wir werden diesen komplexen Zusammenhang für unsere kurzfristige Betrachtung radikal vereinfachen und alle Faktoren als (kurzfristig!) konstant ansehen mit Ausnahme von Arbeit und Kapital (wobei der Kapitalbestand als exogen gegeben unterstellt ist). Die obige Funktion reduziert sich damit zur **gesamtwirtschaftlichen Produktionsfunktion:**

(2)

2 Produktionsfunktion und Nachfrage nach Arbeit

Bei konstant gehaltenem Kapitaleinsatz $K = \bar{K}$ gilt:

(3) $dY^s/dN > 0$ und

(4) $d^2Y^s/dN^2 < 0$

Diese (auf technische Zusammenhänge) reduzierte Produktionfunktion bestimmt, wie groß (bei gegebener Kapitalausstattung) das Produkt ist, das ein bestimmter Einsatz an Arbeitskräften (N) erzeugen kann. Aus ihr läßt sich ableiten, wie hoch das zusätzliche Produkt ist, das eine zusätzlich eingesetzte Einheit Arbeit erzeugt, wobei die Arbeitseinheiten in Arbeitsstunden oder auch Anzahl von Arbeitskräften zugrundegelegt werden können, denn in der Regel besteht zwischen beiden eine feste Relation. Wir unterstellen, daß

- das Sozialprodukt mit steigendem Arbeitseinsatz zunimmt (Gleichung 3),
- die Zuwachsraten selbst aber abnehmen (Gleichung 4), und
- sich der Unternehmenssektor gewinnmaximierend verhält (Gleichung 5 - 6).

Wir betrachten die Volkswirtschaft wie eine große Unternehmung, die das Gut "Sozialprodukt" herstellt. Für sie gilt folgende <u>Gewinnfunktion</u>:

(5) ▮▮▮▮▮▮▮▮▮▮

Y^s = die produzierte und angebotene reale Gütermenge
P = Preisniveau
$P Y^s$ = Erlöse = nominales Sozialprodukt
w = nominaler Lohnsatz
$\dfrac{w}{P}$ = realer Lohnsatz
$\dfrac{w}{P} N$ = reale Lohnsumme
wN = nominale Lohnkosten
Z = fixe Kosten

Zur Ermittlung des <u>Gewinnmaximums</u> bilden wir das totale Differenzial:

(6) $dG = Y^s dP + P dY^s - N dw - w dN - dZ = P dY^s - w dN \Rightarrow 0 \rightarrow \quad \dfrac{dY^s}{dN} = \dfrac{w}{P}$

$\quad\quad\quad\;\;\downarrow \quad\quad\quad\quad\quad\;\;\;\downarrow \quad\quad\quad\;\;\;\downarrow$
$\quad\quad\quad\;\;0 \quad\quad\quad\quad\quad\;\;\;0 \quad\quad\quad\;\;\;0$

Es wird angenommen, daß das Preisniveau, der nominale Lohnsatz und die Fixkosten konstant sind. Die erste Ableitung der Gewinnfunktion nach diesen Variablen ist dann gleich Null! Wir fragen nach dem Gewinnmaximum in Abhängigkeit von der Zahl der Beschäftigten. Dieses Gewinnmaximum wird dann erreicht, wenn der zusätzliche Gewinn, den die zuletzt noch eingesetzte Arbeitseinheit (Arbeitnehmer bzw. Arbeitsstunde) erwirtschaftet, gerade Null ist. Für den Unternehmenssektor lohnt sich eine Ausweitung der Beschäftigung so lange, wie die zusätzlichen Beschäftigten auch zusätzliche Gewinne einbringen. Es gilt:

(7) $dG = P \, dY^s - w \, dN \quad \Rightarrow \quad 0 \qquad\qquad$ daraus folgt (8)

(8) $P \, dY^s = w \, dN \quad \Rightarrow \quad P \, dY/dN = w \quad \Rightarrow$

(9) $dY^s/dN = w/P \quad \Rightarrow \quad$ ■■■■■■ **Nachfrage nach Arbeit**

Ergebnis: Die Nachfrage der Unternehmer nach Arbeitskräften richtet sich nach dem Reallohn und nicht nach dem Nominallohn (obgleich nur der letztere Bestandteil ihrer Kosten ist)! Der Grund dafür ist einleuchtend: Die Unternehmer müssen neben der Kostenseite der Produktion gleichzeitig die Erlösseite im Blick behalten (also Gütermenge multipliziert mit dem Preisniveau)! Der Einsatz von Arbeitskräften ist solange rentabel, wie der Wert ihres Grenzproduktes (PΔY/ΔN) mindestens den nominalen Lohnsatz (w) deckt. Oder anders formuliert: die Nachfrage nach Arbeit wird gewinnbringend solange ausgedehnt, bis das partielle Grenzprodukt der Arbeit (ΔY/ΔN) größengleich dem realen Lohnsatz (w/P) ist (Schaubild V/2/1):

Die <u>Grafik A</u> zeigt <u>eine typische Produktionsfunktion</u> mit abnehmenden Grenzerträgen: Mit steigendem Arbeitskräfteeinsatz nimmt das produzierte Sozialprodukt zwar absolut zu, die Produktionszuwächse ΔY, nehmen jedoch ab. Für die Diskussion der Produktionsfunktion heißt das: ihre 1. Ableitung ist positiv, die 2. Ableitung jedoch negativ. In der <u>Grafik B</u> sehen wir die <u>Nachfragekurve nach Arbeit</u>. Sie ist die Darstellung der 1. Ableitung der Produktionsfunktion und hat einen entsprechend fallenden Verlauf: Mit sinkendem Reallohn erhöht sich die Nachfrage nach Arbeit.

2 Produktionsfunktion und Nachfrage nach Arbeit

Bei einem realen Lohnsatz von $(w/P)_0$ werden N_0 Arbeitskräfte nachgefragt, die ein Sozialprodukt von Y^s_0 produzieren. Steigt der Reallohn auf $(w/P)_1$ geht die Nachfrage nach Arbeit auf N_1 zurück und es wird das Produkt Y^s_1 erstellt.

Schaubild V/2/1 : Güterproduktion und Arbeitsnachfrage

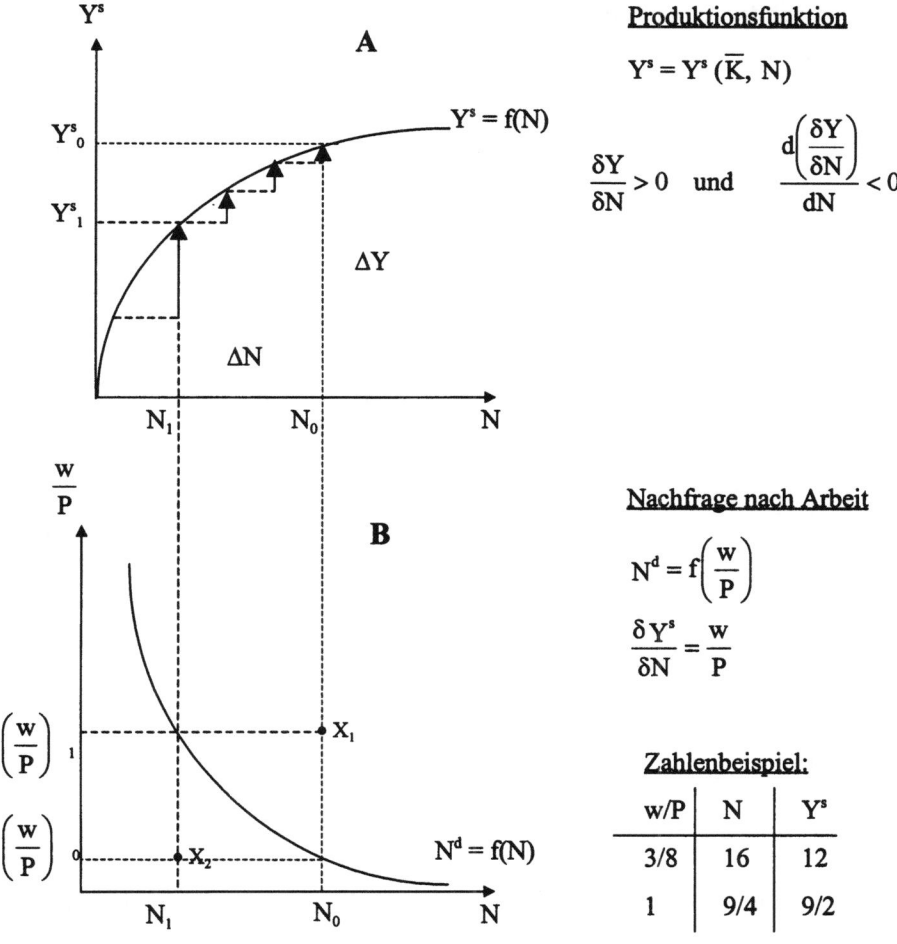

Betrachten wir abschließend in der Grafik B zwei Wertekombinationen, die nicht auf der Nachfragekurve liegen: Der Punkt X_1 (oberhalb der N^d-Kurve) zeigt die Konstellation einer hohen Beschäftigung mit einem hohen Reallohnsatz. Soll die hohe Arbeitsmenge N_0 (Anzahl an Beschäftigten oder Arbeitsstunden) tatsächlich nachgefragt werden, muß der Reallohn sinken [von $(w/P)_1$ auf $(w/P)_0$], soll der hohe Reallohn gehalten werden, muß die Beschäftigung zurückgehen (von N_0 auf N_1). Für Punkt X_2 gilt eine entsprechende Interpretation.

Schaubild V/2/2: Veränderungen der Produktionsfunktion und Ihre Auswirkungen auf die Arbeitsnachfrage

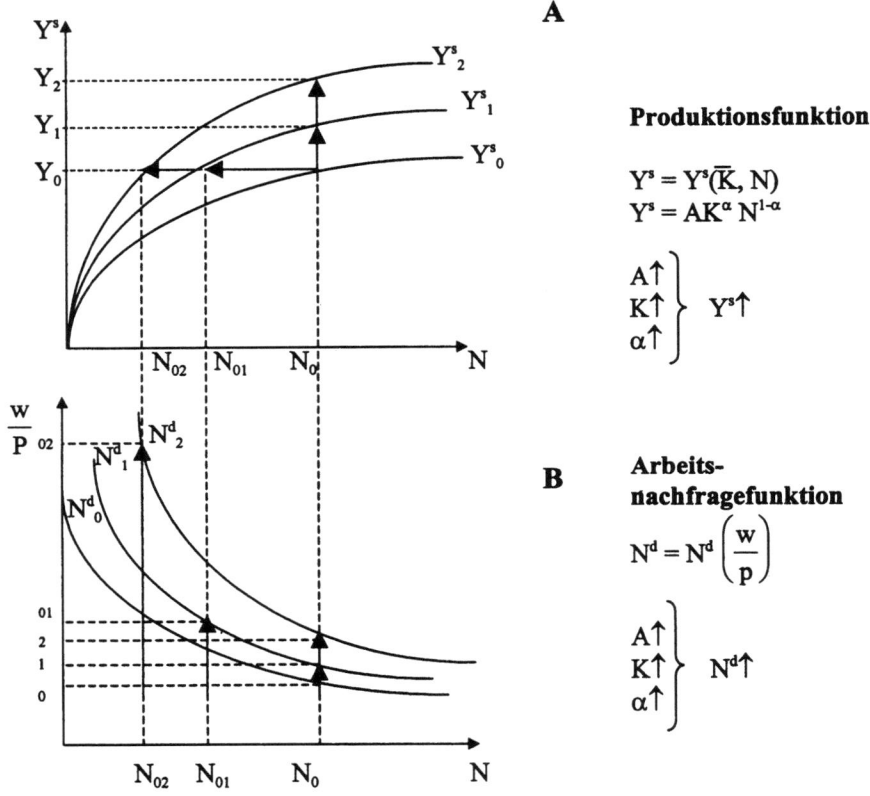

Wir wollen jetzt untersuchen, wie sich eine <u>Veränderung der Produktionsfunktion</u> auf die Nachfrage nach Arbeitskräften auswirkt. Die Arbeitsnachfrage muß sich verändern, wenn sich die Produktionsfunktion ändert, aus der sie abgeleitet ist. Für den Verlauf der weiteren Diskussion legen wir eine Produktionsfunktion in Gestalt der Cobb-Douglas-Funktion zugrunde (vgl. Schaubild V/2/2).

2 Produktionsfunktion und Nachfrage nach Arbeit

(10) $Y^s = AK^\alpha N^{1-\alpha}$ mit $K = \bar{K}$ = konstant

Es können sich die Parameter α und A ändern und die exogene Größe K. Eine Erhöhung dieser Werte wird in allen drei Fällen die Kurve der Produktionsfunktion nach oben verschieben. D.h. dieselbe Menge Arbeit wird imstande sein, ein größeres Produkt zu erzeugen bzw. das gleiche Produkt kann mit geringerem Arbeitseinsatz produziert werden:

- Im Effizienzparameter A drückt sich das technische und organisatorische Wissen aus, das angibt, wie "effizient" das vorhandene Kapital mit der vorhandenen Arbeitskraft kombiniert werden kann. Steigt dieser Parameter, so bedeutet das, daß mit dem gleichen Kapitalbestand und der gleichen Menge Arbeitskraft ein größeres Produkt erzeugt wird, einfach deshalb, weil die Produktionsfaktoren "effizienter" kombiniert werden.

- Steigt der Kapitalbestand K (was in längerer Frist durch die jeweiligen Nettoinvestitionen eintritt), so wird bei jedem Arbeitskräfteeinsatz mehr produziert, und zwar auch bei technischer Identität des Kapitals (also auch ohne technischen Fortschritt).

- Steigt schließlich der Distributionsparameter α, so ist das gleichbedeutend mit einem höheren Anteil am gesamten Sozialprodukt, der dem Faktor Kapital zufällt. Die Produktionsfunktion erhält auch in diesem Fall eine höhere Lage.

Die soeben aufgeführten Veränderungen erhöhen die Nachfrage nach Arbeit. D.h. bei jedem Reallohn wird eine größere Menge Arbeit nachgefragt. Das Schaubild V/1/2 illustriert die Zusammenhänge. **Die Grafik A** zeigt Verschiebungen der Kurve der Produktionsfunktion nach oben, die durch die oben genannten Ursachen hervorgerufen werden können: $A\uparrow, \alpha\uparrow, \bar{K}\uparrow$. Die Konsequenzen sind in allen drei Fällen in Bezug auf das Sozialprodukt oder die Beschäftigung identisch, wie sich an zwei Extremfällen illustrieren läßt:

- bei unveränderter Beschäftigung von N_0 steigt das produzierbare Produkt von Y_0 über Y_1 auf Y_2, bzw.

- das gleiche Sozialprodukt Y_0 kann mit geringerem Einsatz von Arbeitskräften produziert werden (N_{01}, N_{02}).

Die Grafik B zeigt die (aus den entsprechenden Produktionsfunktionen abgeleiteten) Nachfragekurven nach Arbeit, die -wie Sie ja wissen- die erste Ableitung der Produktionsfunktion darstellen: Es zeigt sich, daß

- bei unveränderter Beschäftigung N_0 die Reallöhne von $(w/P)_0$ über $(w/P)_1$ bis $(w/P)_2$ steigen: Die Lohnsumme bzw. das Arbeitseinkommen aller Beschäftigten, d.h. das Produkt aus Anzahl der Beschäftigten und realem Lohnsatz $N(w/P)$ wächst mit dem Sozialprodukt und sichert den Beschäftigten einen gleichbleibenden Anteil $(1-\alpha)$ am wachsenden Sozialprodukt.

- Sollte das Sozialprodukt konstant bleiben, steigen die Reallöhne auf $(w/P)_{01}$ bzw. $(w/P)_{02}$ erheblich stärker, allerdings geht die Beschäftigung deutlich zurück!

- Unterstellen wir einen unveränderten Distributionsparameters α, bleibt die Aufteilung des Sozialproduktes auf die Produktionsfaktoren Kapital und Arbeit (und damit die Lohnsumme) unverändert.

Box V/2/1: Produktionsfunktion und Arbeitsnachfrage

Der Zusammenhang zwischen Güterproduktion und Arbeitsnachfrage wird hier mit Hilfe eines einfachen Zahlenbeispiels illustriert. In der Tabelle sind alle relevanten ökonomischen Variablen zusammengestellt. Das Produkt, das ein zusätzlicher Beschäftigter erzeugt ist um eine Einheit geringer als des zuletzt Beschäftigten. Preise und nominale Lohnsätze sind vorgegeben. Unter diesen Bedingung fragt der Unternehmenssektor 4 Arbeitseinheiten nach. Bei jeder darüber hinaus beschäftigten Arbeitskraft würde gelten, daß die Grenzkosten die Grenzerlöse überstiegen!

1 Anzahl Beschäftigter	2	3 reales Produkt	4	5 Güterpreisniveau	6 nom. Lohnsatz	7 realer Lohnsatz	8 Erlöse E	9 Kosten K	10 Gewinne G	11 Grenzerlös GE	12 Grenzkosten GK	13 Grenzgewinn GG	14 Grenzprodukt
N	ΔN	Y^s	ΔY^s	P	w	$\frac{w}{p}$	PY^s	wN	$E-K$	$P\Delta Y^s$	$w\Delta N$	$GE-GK$	$\frac{\Delta Y^s}{\Delta N}$
1	1	18	18	2	30	15	36	30	6	36	30	+6	18
2	1	35	17				70	60	10	34		+4	17
3	1	51	16				102	90	12	32		+2	16
5	1	80	14	2	30	15	160	150	10	28	30	-2	14
6	1	93	13				186	180	6	26		-4	13
7	1	105	12				210	210	0	24		-6	12

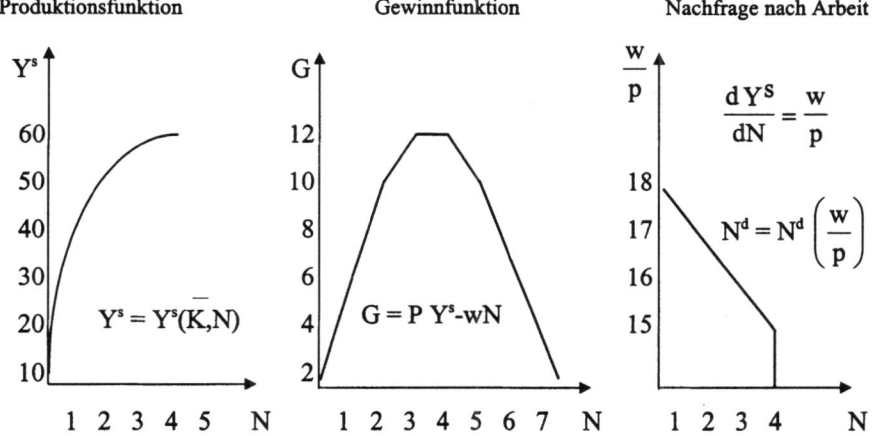

Produktionsfunktion: $Y^s = Y^s(\overline{K}, N)$

Gewinnfunktion: $G = P Y^s - wN$

Nachfrage nach Arbeit: $\frac{dY^s}{dN} = \frac{w}{p}$, $N^d = N^d\left(\frac{w}{p}\right)$

Wie entwickelt sich die Nachfrage nach Arbeit, wenn w und/oder P steigen?

3 Arbeitsnachfrage und aggregiertes Güterangebot: $Y^s = Y^s(P)$

Wie wir soeben gesehen haben, bestimmt die Höhe des realen Lohnsatzes das Volumen der nachgefragten Arbeit: bei einem hohen realen Lohnsatz wird cet.par. wenig Arbeit nachgefragt, bei einem niedrigen werden viele Arbeitseinheiten nachgefragt. Angenommen, die jeweils nachgefragten Arbeitseinheiten stünden auch tatsächlich zur Verfügung (wovon das Arbeitsangebot abhängt werden wir im nächsten Kapitel genauer studieren) dann wird durch die nachgefragten und im Produktionsprozeß eingesetzten Arbeitseinheiten die Höhe des produzierten (d.h. des „angebotenen") Sozialproduktes bestimmt. Diese Zusammenhänge wollen wir uns jetzt in einem Schaubild ansehen, das den Fall unterschiedlich gesetzter Reallohnsätze illustriert. Dazu verwenden wir die beiden bekannten modelltheoretischen Bausteine der Produktionsfunktion und der Arbeitsnachfragefunktion. Die veränderte grafische Anordnung ist zwar etwas gewöhnungsbedürftig doch, wie wir später sehen werden, außerordentlich nützlich.

Schaubild V/3/1: Aggregiertes Angebot bei konstantem Reallohnsatz

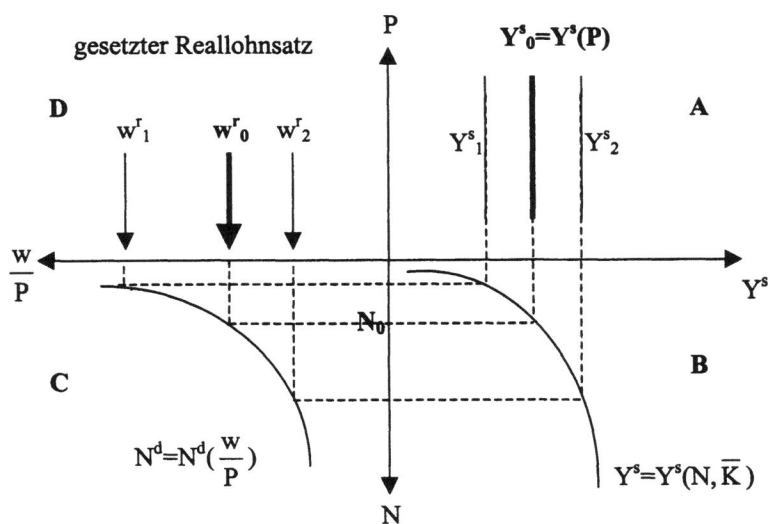

3 Arbeitsnachfrage und aggregiertes Güterangebot: $Y^s = Y^s(P)$

Es zeigt sich, daß bei einem realen Lohnsatz von w^r_0 gemäß der Arbeitsnachfragefunktion Arbeit in Höhe von N_0 nachgefragt (und eingesetzt wird), wodurch entsprechend der Produktionsfunktion (B) das Sozialprodukt Y^s_0 produziert und angeboten wird (A). Und, was jetzt besonders wichtig ist: das aggregierte Güterangebot Y^s_0 ist vollkommen preisunelastisch: $\varepsilon(Y^s/P) = 0$. Die Angebotskurve verläuft also parallel zur Preisachse P. Die nominalen Lohnsätze passen sich unterschiedlichen Preisniveaus flexibel an, so daß der (gesetzte) reale Lohnsatz konstant bleibt. Sollte der reale Lohnsatz auf w^r_1 oder w^r_2 fixiert werden gelten die entsprechenden Y^s - Kurven. Die aggregierte <u>Angebotskurve bei konstantem Reallohnsatz</u>:

(1) ▓▓▓ mit $\varepsilon(Y^s/P) = 0$ ➡ $\varepsilon(Y^s/P) = \dfrac{dY^s}{dP} \cdot \dfrac{P}{Y^s}$

Wie verhält sich das aggregierte Güterangebot in Abhängigkeit vom Preisniveau für den Fall, daß nicht der reale Lohnsatz fixiert wird, sondern der nominale? Bevor wir diese Frage beantworten können, sollten Sie die Zusammenhänge zwischen Reallohn-und Nominallohnsatz und Preisniveau genauer studieren. Hierzu dient die Box V/1/2. Bei Konstanz des Nominallohnsatzes sinkt der reale Lohnsatz mit steigendem Preisniveau (und umgekehrt). Diese Überlegungen sind im Schaubild V/3/2 illustriert: Der Quadrant D bildet die funktionale Beziehung zwischen realem Lohnsatz und Preisniveau ab bei gegebenen nominalen Lohnsatz w_0. Bei einem Preisniveaus von P_1 ergibt sich ein realer Lohnsatz w^r_1, bei dem N_1 Arbeitseinheiten nachgefragt werden, die ein Sozialprodukt in Höhe von Y^s_1 produzieren. Die weiteren Punkte können Sie entsprechend ableiten. Im Ergebnis erhalten Sie die <u>aggregierte Angebotskurve bei konstantem Nominallohnsatz:</u>

(2) ▓▓▓ mit $\varepsilon(Y^s/P) > 0$ ➡ $\varepsilon(Y^s/P) = \dfrac{dY^s}{dP} \cdot \dfrac{P}{Y^s}$

Schaubild V/3/2: Aggregiertes Angebot bei konstantem Nominallohnsatz

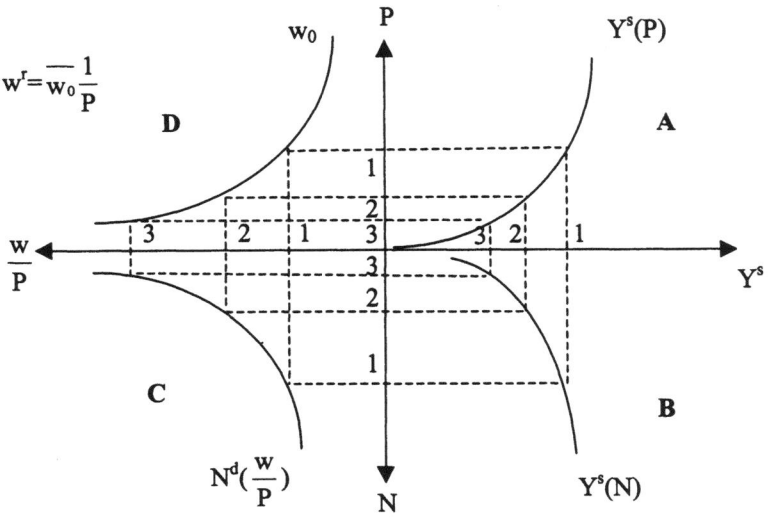

Box V/3/1: Reallohn, Preisniveau und Nominallohn

Die ökonomischen Variablen Reallohn, Preisniveau und Nominallohn können sich zwar sämtlich verändern, doch stehen sie in einer festen Beziehung zueinander, die hier illustriert werden soll: Die Beziehung zwischen Reallohn und Nominallohnsatz ist die einer linearen Funktion, während die Beziehung zwischen Reallohnsatz und Preisniveau das Aussehen einer Hyperbel hat. Es ist

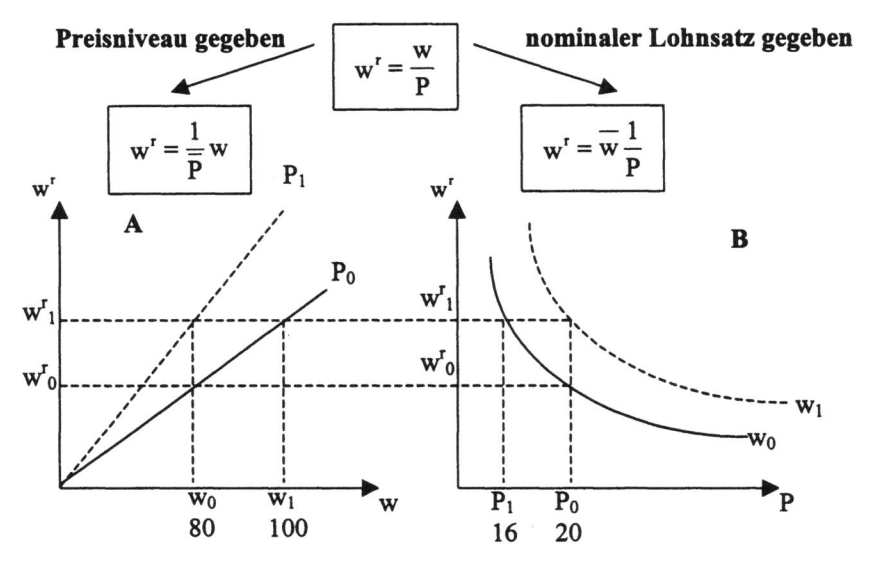

4 Arbeitsangebot und Arbeitsmarkt

Die Arbeitnehmer bieten auf dem Arbeitsmarkt ihre Arbeitskraft an. Sie treffen dabei die Entscheidung, welchen Teil ihrer Lebenszeit sie als Arbeitszeit und welchen Teil sie als Nicht-Arbeitszeit (Freizeit, Erholungszeit) verwenden wollen. Eine entscheidende ökonomische Variable, die dieses Verhältnis bestimmt, ist der (reale) Lohnsatz. Unterliegen die Arbeitnehmer allerdings einer „Geldillusion", so könnten sie sich auch (kurzfristig) am Nominallohn orientieren und gegebenenfalls ungewollte Reallohneinbußen hinnehmen (bei unerwartet steigenden Preisen). Ökonomisch aufgeklärte Tarifparteien (Gewerkschaften und Arbeitgeberverbände) unterliegen jedoch keiner Geldillusion. Sie werden sich in ihren Verhandlungen am realen Lohnsatz orientieren, wobei auf Grund institutioneller Gegebenheiten häufig der nominale Lohnsatz „nach unten" starr ist, so daß Reallohnsatzsenkungen nur über das Preisniveau möglich sind.

Wir wollen zunächst drei unterschiedliche Verhaltensweisen in Bezug auf das Arbeitsangebot unterstellen (vgl. Schaubild V/4/1). Das Arbeitsangebot

(1) steigt mit steigendem Reallohnsatz,
(2) geht mit steigendem Reallohnsatz zurück,
(3) bleibt bei steigendem Reallohnsatz konstant.

Im ersten Fall (Grafik A) sind die Arbeitnehmer bereit Freizeit aufzugeben. Ihre reale Lohnsumme erhöht sich auf Grund zweier additiv wirkender Effekte: zum einen durch Einsatz von mehr Arbeitszeit (Substitutionseffekt: Arbeit statt Freizeit), zum anderen durch den höheren realen Lohnsatz, der für sämtliche geleisteten Arbeitsstunden und nicht nur für die zusätzlichen gilt (Einkommenseffekt).

Der zweite Fall (B) könnte ab einer bestimmten Gesamteinkommenshöhe an zutreffen. Die Haushalte steigern den Nutzen ihres (bereits relativ hohen) Einkommens, indem sie für mehr Freizeit optieren. Sie werden dabei entweder ihr Realeinkommen konstant halten (das wäre der Fall, wenn ihr Arbeitsangebot in Bezug auf den realen Lohnsatz eine Elastizität von minus eins hätte) oder sie werden ihr Realeinkommen trotz rückläufigem Arbeitsangebot sogar noch steigern (wenn ihre Arbeitsangebotselastizität zwischen Null und minus eins läge).

Der dritte Fall (C) läßt sich so interpretieren, daß beim Überschreiten eines Mindestlohnsatzes das gesamte Arbeitsangebot zur Verfügung gestellt wird und zwar unabhängig von der Höhe des Reallohnes.

Schaubild V/4/1: Alternative Arbeitsangebotsfunktionen

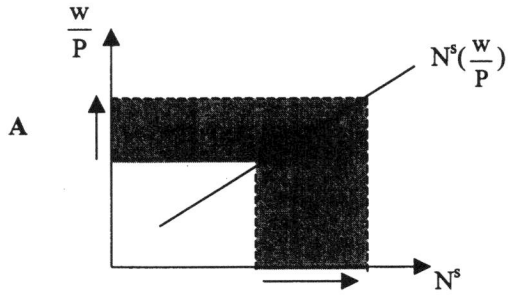

A

1. Das Arbeitsangebot steigt mit steigendem Reallohn

$$\frac{dN^s}{dw^r} > 0$$

$$\varepsilon(N/w^r) > 0$$

$w^r \uparrow \quad N^s \uparrow \quad Y_N^r \uparrow$

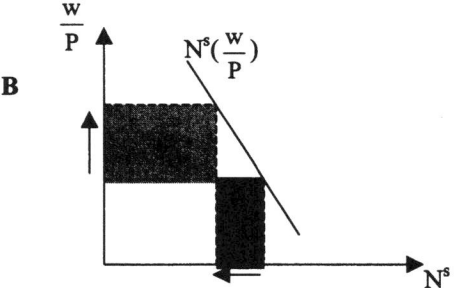

B

2. Das Arbeitsangebot sinkt mit steigendem Reallohn

$$\frac{dN^s}{dw^r} < 0$$

$$-1 \leq \varepsilon(N/w^r) < 0$$

$w^r \uparrow \quad N^s \downarrow \quad Y_N^r \uparrow$

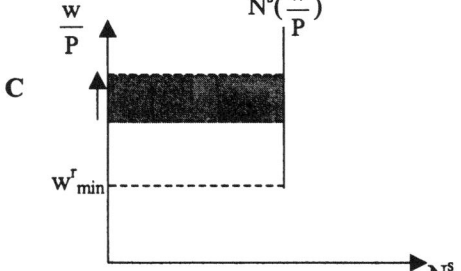

C

3. Das Arbeitsangebot bleibt konstant bei steigendem Reallohn

$$\frac{dN^s}{dw^r} = 0$$

$$\varepsilon(N/w^r) = 0$$

$w^r \uparrow \quad N^s \bullet \quad Y_N^r \uparrow$

Der reale Lohnsatz ist: $w^r = \frac{w}{P}$. Die Arbeitsangebotselastizität ist: $\varepsilon(N^s/w^r) = \frac{dN^s}{dw^r} \cdot \frac{w^r}{N^s}$
Die reale Lohnsumme (der Arbeitnehmer = Arbeitsanbieter) ist: $Y_N^r = w^r N^s$.

Box V/4/1: Die Ableitung des neo-klassischen Arbeitsangebotes

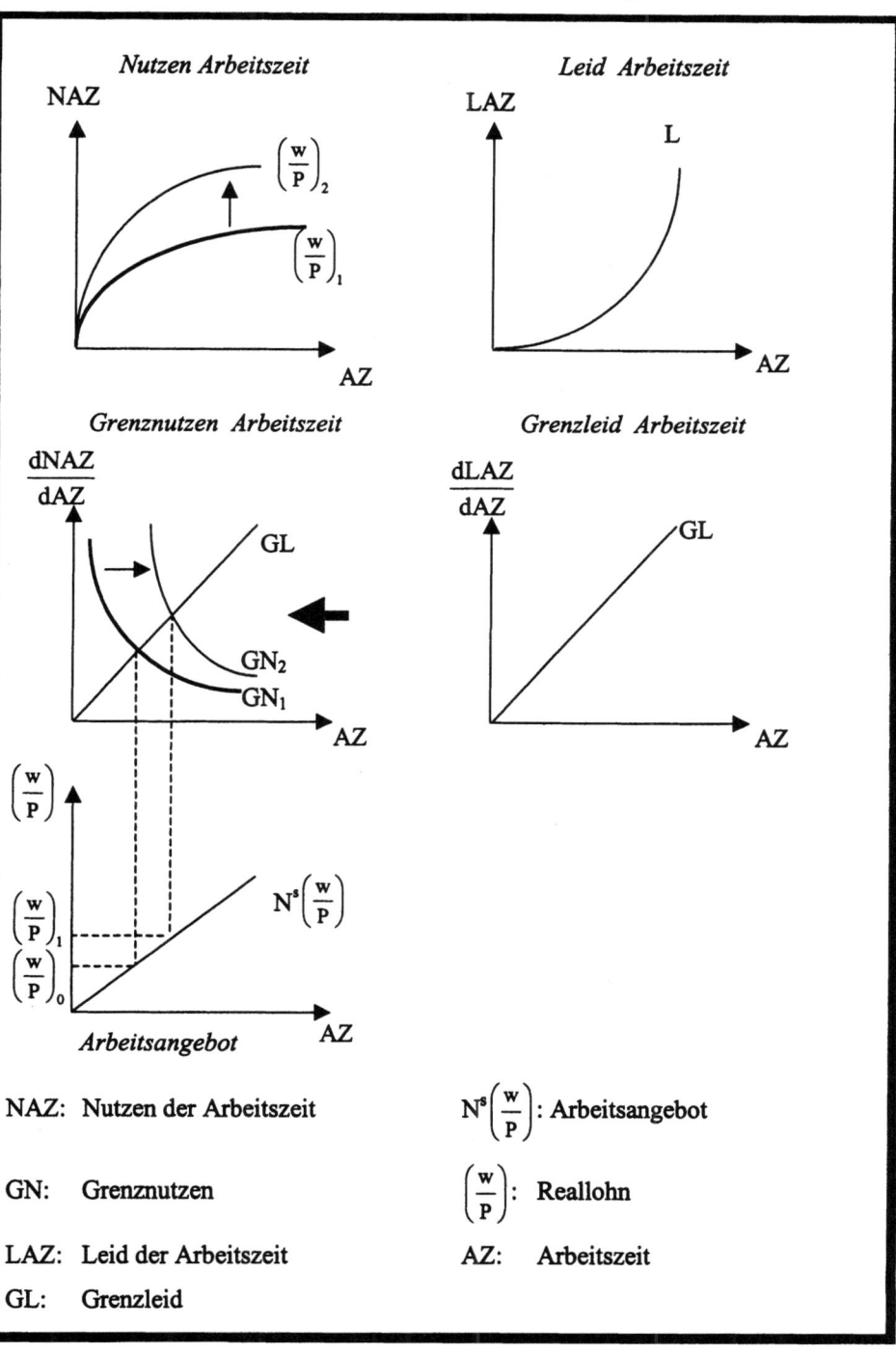

NAZ: Nutzen der Arbeitszeit

GN: Grenznutzen

LAZ: Leid der Arbeitszeit

GL: Grenzleid

$N^s\left(\frac{w}{P}\right)$: Arbeitsangebot

$\left(\frac{w}{P}\right)$: Reallohn

AZ: Arbeitszeit

5 Zusammentreffen von Angebot und Nachfrage auf dem Arbeitsmarkt

Unter diesen Bedingungen gibt es auf dem Arbeitsmarkt beim Zusammentreffen von Angebot und Nachfrage in der Regel einen realen Lohnsatz, bei dem sich Angebot und Nachfrage nach Arbeit ausgleichen und ein stabiles Gleichgewicht herrscht. Im Gleichgewicht herrscht in dem Sinne Vollbeschäftigung, als daß alle Arbeitnehmer, die bereit sind, zu dem herrschenden realen Lohnsatz ihre Arbeitskraft anzubieten, auch beschäftigt werden:

$$N^d\left(\frac{w}{P}\right) = N^s\left(\frac{w}{P}\right) = N_0.$$

Schaubild V/5/1: Arbeitsmarkt im Gleichgewicht

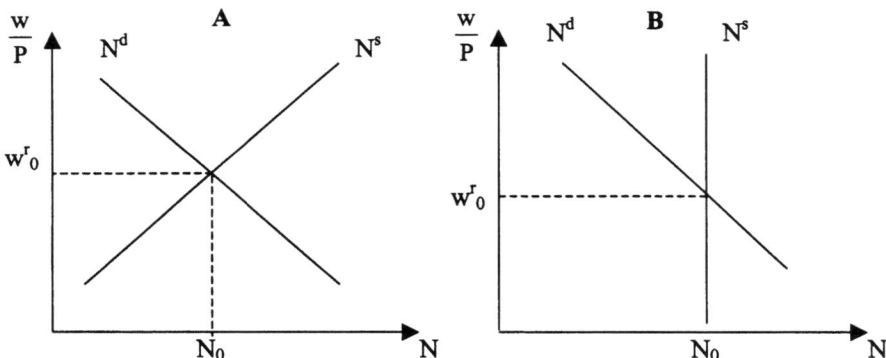

Eine gewisse <u>Arbeitslosigkeit</u> ist allerdings auch mit dem Begriff Vollbeschäftigung vereinbar, herrscht also auch im Gleichgewicht. Diese "natürliche" Arbeitslosigkeit unterscheidet man in

- <u>friktionelle</u> Arbeitslosigkeit, die dadurch entsteht, daß ein Teil der Erwerbspersonen die Beschäftigung wechselt und zwischen Arbeitsende und Arbeitsbeginn in der neuen Beschäftigung nicht gearbeitet wird (die Ursache liegt in mangelnder Arbeitsmarkttransparenz),

- saisonale Arbeitslosigkeit, die jahreszeitlich bedingt ist und insbesondere in den Branchen Bau-, Land- und Forstwirtschaft wie Fischerei auftritt,
- strukturelle Arbeitslosigkeit, die zum Ausdruck bringt, daß das vorhandene Arbeitskräftepotential (mit den zugehörigen Berufsqualifikationen) nicht mehr vom Kapitalbestand absorbiert werden kann, weil im Zuge struktureller Veränderungen bestimmte schrumpfende Branchen Arbeitskräfte freisetzen, die in wachsenden Branchen nicht ohne weiteres eingesetzt werden können (z.B. kann aus dem schrumpfenden Bergbausektor nicht ohne weiteres ein Bergarbeiter in der Produktion von Mikro-Chips in der wachsenden Computer-Industrie eingesetzt werden).

Wirtschaftspolitische Instrumente zur Bekämpfung dieser Arbeitslosigkeit sind:
- Erhöhung der Arbeitsmarkttransparenz,
- Unterstützungszahlungen an saisonal betroffene Branchen,
- Förderung von Umschulungsmaßnahmen.

Daneben gibt es die sogenannte konjunkturelle Arbeitslosigkeit, die auftritt, wenn beim herrschenden Reallohn die realisierte Beschäftigung unterhalb der Vollbeschäftigung liegt, der herrschende Reallohn also höher ist als der Gleichgewichtslohn.

Schaubild V/5/2: Arbeitsmarkt im Ungleichgewicht

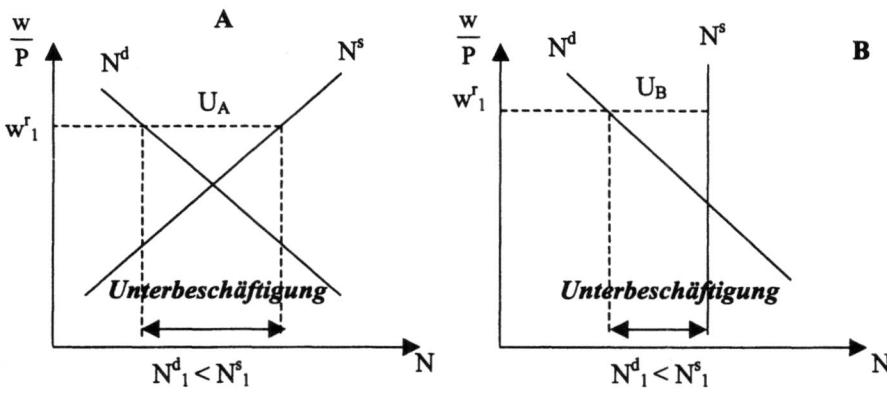

6 Beschäftigungspolitische Optionen

Es bestehen prinzipiell drei Möglichkeiten, eine Situation der Unterbeschäftigung und der Arbeitslosigkeit zu beseitigen (vgl. Schaubild V/6/1):

1. Der <u>reale Lohnsatz</u> muß auf den Gleichgewichtslohnsatz gesenkt werden. Dadurch steigt die Beschäftigung und das Sozialprodukt. Die Veränderung erfolgt als Bewegung auf den vorhandenen Kurven der Arbeitsnachfrage und Produktionsfunktion. Doch kann dieses verhindert sein durch:
   - Lohnstarrheiten (bedingt durch Tarifvereinbarungen),
   - differierende Preiserwartungen zwischen Unternehmen und Haushalten,
   - pessimistische Absatzerwartungen der Unternehmen.

2. Das <u>Arbeitsangebot</u> kann reduziert werden, so daß das ursprüngliche Unterbeschäftigungsgleichgewicht bei w^r_0 und N_0 zu einem Vollbeschäftigungsgleichgewicht wird. Das Angebot an Arbeit muß soweit reduziert werden, daß der ursprünglich überhöhte Reallohn zum Gleichgewichtsreallohn wird. Im einzelnen reduziert sich die verfügbare Arbeitszeitmenge durch
   - Verlängerung der Ausbildungszeiten,
   - Verkürzung der Arbeitszeiten (bezogen pro Arbeitstag, Arbeitsjahr oder Lebensarbeitszeit),
   - Verminderung der Expansion des Arbeitsangebots (etwa durch verminderten Zuzug von Gastarbeitern).

   Das Sozialprodukt bliebe unverändert.

3. Die <u>Nachfrage nach Arbeitskräften</u> kann erhöht werden, doch setzt das gleichzeitig eine Verschiebung der Produktionsfunktion voraus, da die Nachfrage N^d aus dieser abgeleitet ist. Dadurch würde das Sozialprodukt durch zwei sich akkumulierende Einflußfaktoren steigen: höhere Produktivität und Erhöhung der Beschäftigten.

Schaubild V/6/1: Beschäftigungspolitische Optionen zur Beseitigung eines Überschußangebots auf dem Arbeitsmarkt

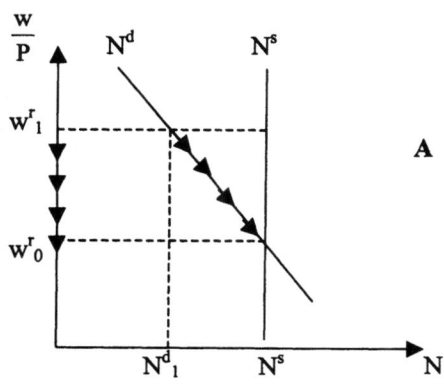

1. **Senkung des realen Lohnsatzes**

$$\left(\frac{w}{P}\right)\downarrow \Rightarrow N^d \uparrow \quad N^s \bullet$$

Wettbewerb auf dem Arbeitsmarkt ↑

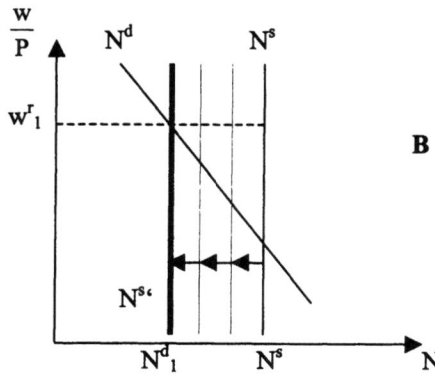

2. **Reduktion des Arbeitsangebots**

$$N^s \downarrow \Rightarrow w_1^r \bullet \quad N_1^d \bullet$$

Ausbildungszeit ↑
Gastarbeit ↓
Rentenalter ↓
Arbeitszeit ↓
Sozialhilfe ↑

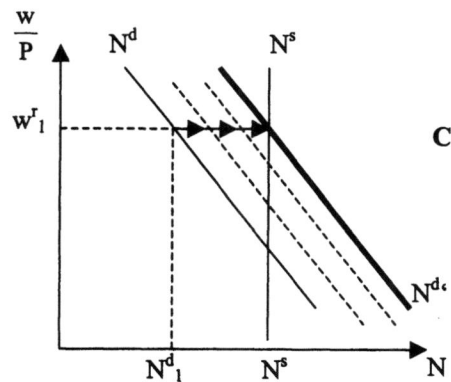

3. **Erhöhung der Arbeitsnachfrage**

$$N^d \uparrow \Rightarrow w_1^r \bullet \quad N^s \bullet$$

Verschiebung der Produktionsfunktion:
Kapitalbestand ↑   (K ↑)
Effizienz ↑   (A ↑)
Rendite ↑   (α ↑)
Technologie ↑   (T ↑)
Humankapital ↑   (H ↑)
Lohnnebenkosten ↓

Sollte umgekehrt auf dem Arbeitsmarkt ein niedrigerer Reallohn als der Gleichgewichtslohn vorherrschen, so gelten die gemachten Ausführungen entsprechend spiegelbildlich (vgl. Schaubild V/6/2).

Dieser niedrige Reallohn ist längerfristig nur zu halten, wenn entsprechende Maßnahmen ergriffen werden, die entweder das Angebot erhöhen (B) oder die Nachfrage rationieren. Das Arbeitsangebot erhöht sich (C) durch Verkürzung der Arbeitszeit, Verlängerung des Eintritts ins Rentenalter, Zuzug von Gastarbeitern, Verlängerung der tariflichen Arbeitszeiten und Geburtenförderung, wobei im letzten Fall die „natürliche" Zeitverzögerung in Rechnung zu stellen ist. Eine Reduzierung der Arbeitsnachfrage kann u.a. durch eine Steigerung der Lohnnebenkosten bewirkt werden. Lohnnebenkosten (z.B. Form eines prozentualen Abschlags auf den Lohnsatz) erhöhen die Produktionskosten durch institutionelle Vorgaben (bei technisch unveränderter Produktionsfunktion).

Schaubild V/6/2: Beschäftigungspolitische Optionen zur Beseitigung einer Überschußnachfrage auf dem Arbeitsmarkt

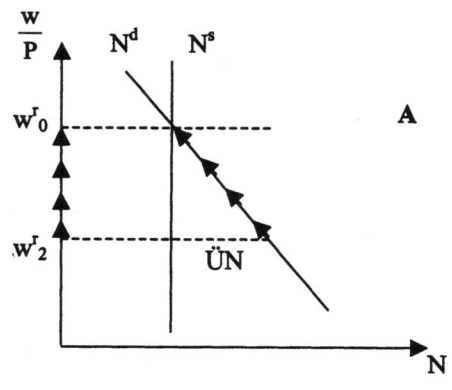

1. **Steigerung des realen Lohnsatzes**

$w^r \uparrow \Rightarrow N^d \downarrow \quad N^s \bullet$

Wettbewerb auf dem Arbeitsmarkt $\uparrow$

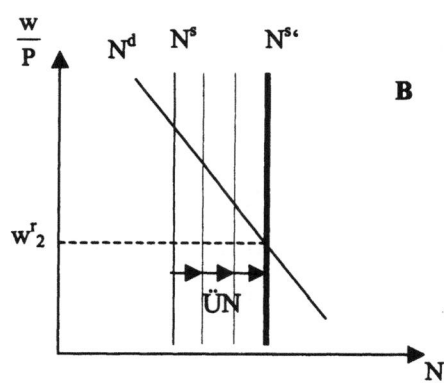

2. **Erhöhung des Arbeitsangebots**

$N^s \uparrow \Rightarrow w_2^r \bullet \quad N_2^d \bullet$

Ausbildungszeit $\downarrow$
Gastarbeit $\uparrow$
Rentenalter $\uparrow$
Arbeitszeit $\uparrow$

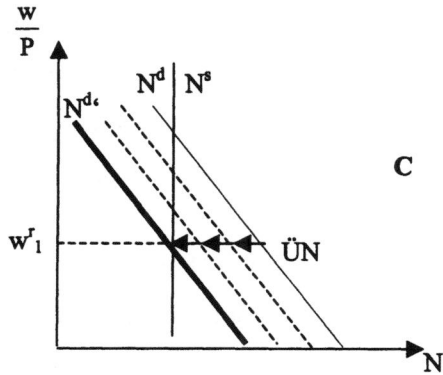

3. **Reduzierung der Arbeitsnachfrage**

$N^d \downarrow \Rightarrow w_2^r \bullet \quad N^s \bullet$
Lohnnebenkosten $\uparrow$

7 Arbeitsmarkt und aggregiertes Güterangebot

Wir schließen an die Überlegungen an, die wir in dem Abschnitt „Arbeitsnachfrage und Güterangebot" entwickelten, allerdings wollen wir jetzt bei der Ableitung des „aggregierten Güterangebots" sämtliche Bedingungen des Arbeitsmarktes integrieren. Diese bestehen insbesondere darin, daß sich auf dem Arbeitsmarkt das Arbeitsangebot und die Nachfrage nach Arbeit bei dem gleichgewichtigen Reallohn ausgleichen und auf diese Weise Vollbeschäftigung herstellen. Das Vollbeschäftigungseinkommen ist gleichzeitig das maximale Güterangebot. Wir werden das aggregierte Angebot untersuchen, und dabei unterscheiden, welche Variablen fest und welche frei flexibel sind:

Überblick der Arbeitsmarktmodelle

Modelle	Variable:	P	w	w/P	$\varepsilon(Y^s/P)$
1. Modell: Neo-Klassik		flex.	flex.	fest	0
2. Modell: Keynes	2.1	fest	fest	fest	$\infty/0$
	2.2	fest	flex	flex	$\infty/0$
	2.3	flex	fest	flex	$>/<0$
3. Modell: Neo-klassich-keynesianische Kombination		flex	fest/flex	fest/flex	≥ 0

Wir werden im folgenden zunächst jeweils die Grundmodelle entwickeln, uns aber auch dann sogleich der Frage zuwenden, welche Auswirkungen „angebotsseitige" Veränderungen auf das aggregierte Angebot haben. Zur Beantwortung dieser Frage werden wir die Grundmodelle entsprechend variieren. Die Ursachen einer Angebotsverschiebung liegen entweder in einer Veränderung
- der gesamtwirtschaftlichen Produktionsfunktion und sind auf Kapitalakkumulation, technischen Fortschritt, oder eine Veränderung des Distributionsparameters α zurückzuführen, oder

- des Arbeitsangebots, das auf Bevölkerungswachstum, Zu- oder Abzug von Gastarbeitern, oder in Veränderungen der (Lebens-) Arbeitszeit zurückgeführt werden kann, die ihrerseits wiederum durch die geleisteten Arbeitsstunden, die Dauer der Ausbildungszeiten oder den Zeitpunkt des Ausscheidens aus dem Erwerbsleben und Eintritts in das Rentenalter bestimmt wird, oder
- des nominalen Lohnsatzes, insoweit er durch die Tarifparteien fixiert wird.

Schaubild V/7/1: Das Aggregierte Güterangebot bei Vollbeschäftigung - die (Neo-) Klassik: vollkommen flexible Löhne und Preise und gleichgewichtiger Reallohnsatz

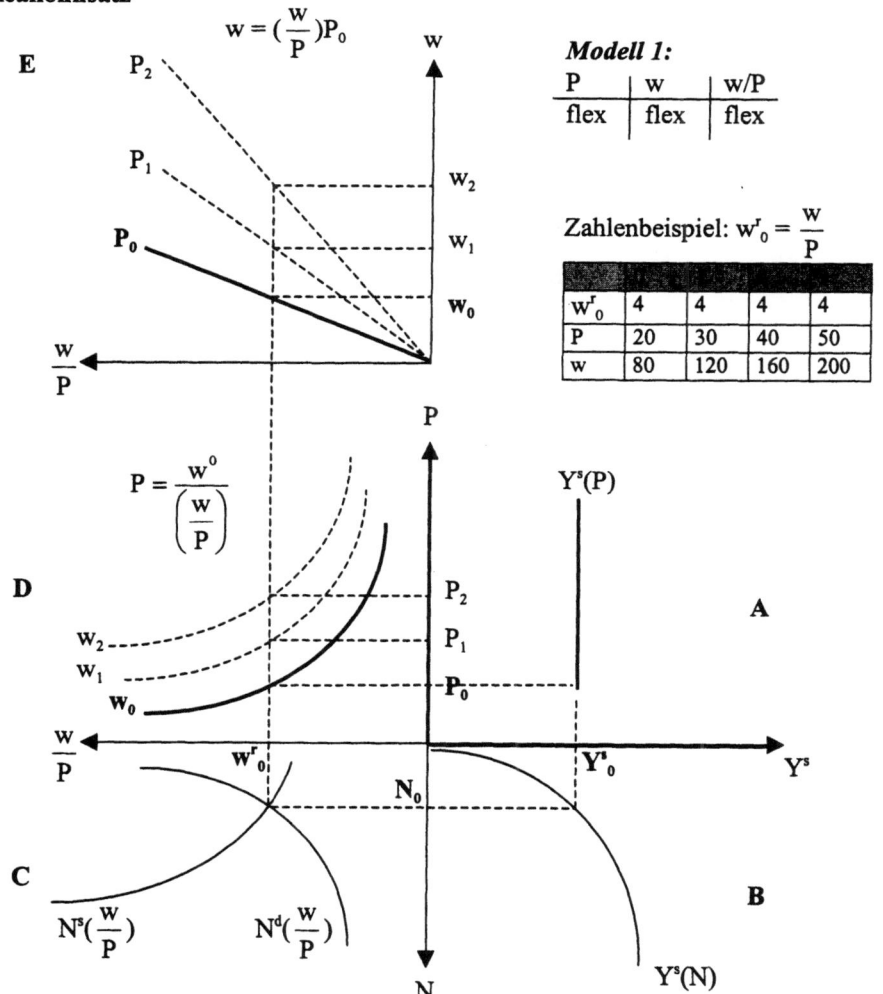

Modell 1: Neo-Klassik

Hier wird der Fall modelliert: Preise und Löhne sind vollkommen flexibel und passen sich an Veränderungen des Umfelds unendlich schnell an. Diese Annahmen sind typisch für die Neo-Klasssik. Auf dem Arbeitsmarkt stellt sich demzufolge ein (von der „unsichtbaren Hand der Marktkräfte" automatisch herbeigeführter) gleichgewichtiger Reallohnsatz w^r_0 ein, bei dem der „Markt geräumt" wird (C). Es herrscht bei N_0 Vollbeschäftigung: alle Arbeitnehmer, die bereit sind bei dem Gleichgewichtslohn zu arbeiten, finden einen Arbeitsplatz. Alle Arbeitgeber, die bereit sind, den Gleichgewichtslohn zu zahlen, finden einen Arbeitnehmer. Sie produzieren das Produkt Y^s_0 (B). Auf dem Gütermarkt wird dieses Sozialprodukt bei Vollbeschäftigung angeboten $Y^s_0(P)$ und zwar unabhängig von der Höhe des Preisniveaus (A). Alternative Preisniveaus (P_0, P_1, P_2, P_3) korrespondieren mit entsprechenden nominalen Lohnsätzen (w_0, w_1, w_2, w_3), so daß der Quotient $w/P = w^r_0$ konstant bleibt (D).

In der Grafik E sind die funktionalen Beziehungen zwischen w und w/P für alternative Preisniveaus dargestellt. Bei konstantem Reallohnsatz w^r_0 können dann die zugehörigen nominalen Lohnsätze w abgelesen werden. In der Grafik D finden sich diese in Gestalt korrespondierender Hyperbeln wieder. Das Zahlenbeispiel fixiert den gleichgewichtigen realen Lohnsatz auf 4 und ermittelt für alternativ gesetzte Preisniveaus die zugehörigen nominalen Lohnsätze. E und D illustrieren diese Zusammenhänge.

Ergebnis: Das aggregierte Güterangebot erfolgt vollkommen preisunelastisch auf dem Niveau des Vollbeschäftigungseinkommens und stellt grafisch eine parallel zur P-Achse verlaufende Angebotskurve dar (A): $Y^s = Y^s(P)$ und $\varepsilon(Y^s/P) = 0$.

Modellvariante 1a:

Nehmen wir an, technischer Fortschritt oder einfache Kapitalakkumulation sorgen für eine Verschiebung der Produktionsfunktion (vgl. Schaubild V/7/2). Jede Arbeitskraft trägt mit einer höheren Produktivität zum Güterangebot bei, so daß das

Schaubild V/7/2: Auswirkung des technischen Fortschritts auf das aggregierte Güterangebot

Modell 1 a

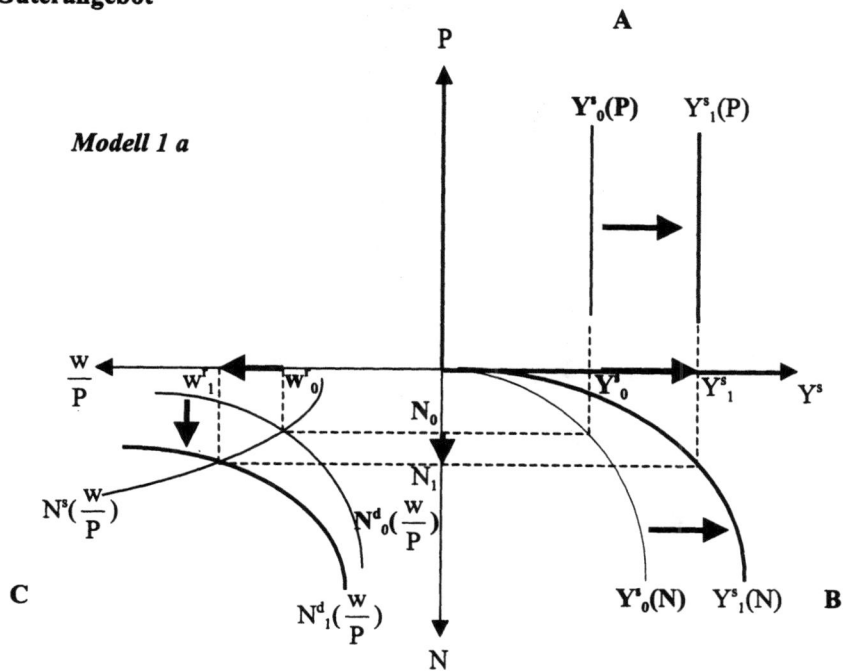

Grenzprodukt der Arbeit wächst (B). Die Nachfrage nach Arbeit steigt von $N^d_0(\frac{W}{P})$ auf $N^d_1(\frac{W}{P})$. Preise und nominale Lohnsätze passen sich der veränderten Situation frei flexibel an. Es kommt zu einem Anstieg des realen Lohnsatzes von w^r_0 auf w^r_1 und der Beschäftigung von N_0 auf N_1 (C). Die höhere Beschäftigung und die höhere Produktivität pro Beschäftigten erhöhen das Angebot von Y^s_0 auf Y^s_1 (B), wodurch sich die aggregierte Angebotskurve von $Y^s_0(P)$ auf $Y^s_1(P)$ parallel verschiebt (A).

Ergebnis: Die neue aggregierte Angebotskurve $Y^s_1(P)$ liegt rechtsverschoben neben der ursprünglichen. Der Umfang der Verschiebung wird bestimmt durch die Veränderung der Produktionsfunktion (und der daraus abgeleiteten höheren Nachfrage nach Arbeit) und der Elastizität des Arbeitsangebots.

Schaubild V/7/3: Auswirkungen der Erhöhung des Arbeitsangebots auf das aggregierte Güterangebot

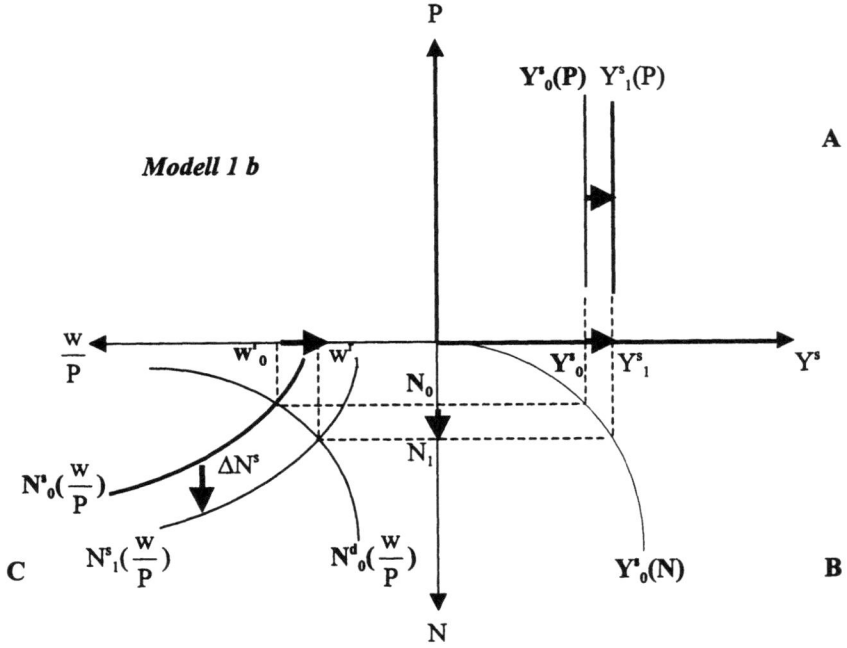

Modellvariante 1b:

Eine Erhöhung des Arbeitsangebots um ΔN^s z.B. durch Zuzug von Gastarbeitern verschiebt die $N^s_0(\frac{w}{P})$ auf $N^s_1(\frac{w}{P})$. Bei frei flexiblen nominalen Lohnsätzen und Güterpreisen stellt sich ein niedrigerer, gleichgewichtiger Reallohnsatz ein, wodurch die Beschäftigung um $\Delta N = N_1 - N_0$ erhöht wird (C). Diese Beschäftigungssteigerung ist allerdings geringer als die sie auslösende Erhöhung des Arbeitsangebots (B), denn der Umfang ΔN hängt von der Elastizität der Nachfrage nach Arbeit ab, die ihrerseits durch die Produktionsfunktion bestimmt wird. Da die Produktionsfunktion unverändert bleibt, steigt das aggregierte Güterangebot um ΔY^s von Y^s_0 auf Y^s_1.

Ergebnis: Die Kurve des aggregierten Güterangebots (A) verschiebt sich nach rechts auf $Y^s_1(P)$. Der Umfang der Rechtsverschiebung wird bestimmt durch die Erhöhung des Arbeitsangebots und die Nachfrageelastizität auf dem Arbeitsmarkt.

Schaubild V/7/4: Das aggregierte Güterangebot - vollkommen preiselastisch: Die keynesianische Interpretation

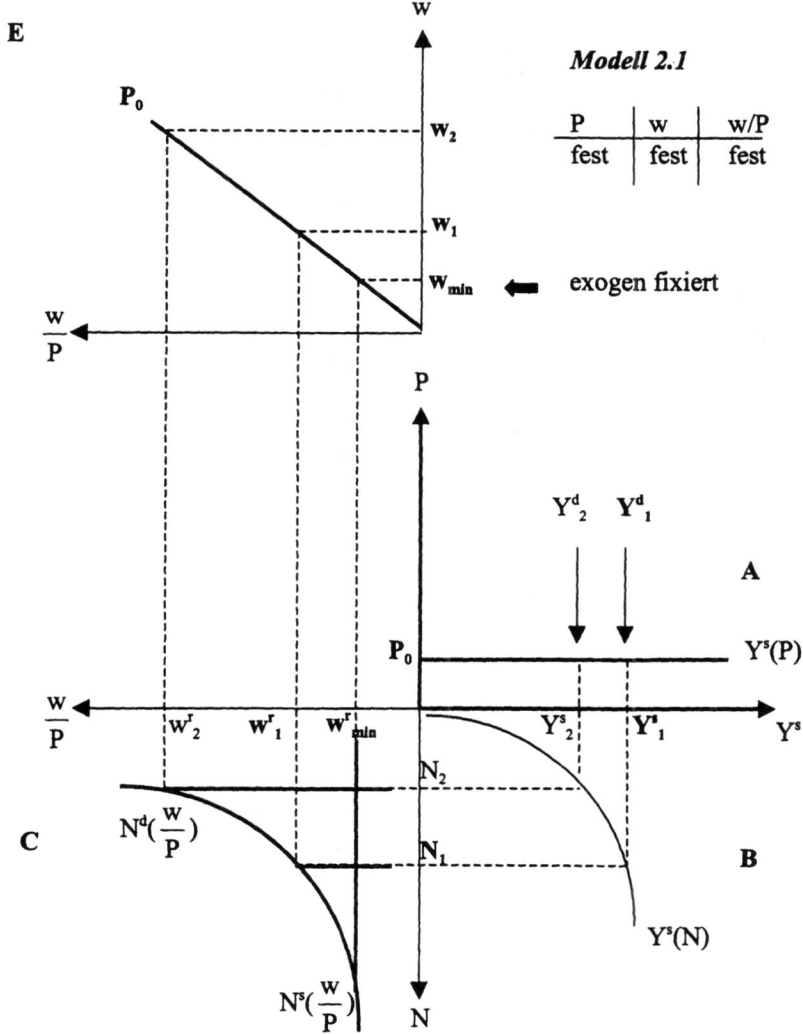

Modell 2.1: Keynes

Das feste Preisniveau P_0 ist durch die Unterbeschäftigungs- und Wettbewerbssituation auf den Gütermärkten gegeben. Der Nominallohn ist durch den Mindestlohnsatz fixiert (E).

Diese Annahmen, die den (neo-) klassischen des 1. Modells konträr entgegenstehen, entstammen der keynesianischen Theoriewelt. Die Grundannahme von Keynes ist zunächst die, daß eine Volkswirtschaft sich normalerweise nicht im Zustand der Vollbeschäftigung befindet, sondern in einer Situation der Unterbeschäftigung mit mehr oder weniger großer Arbeitslosigkeit. In einer solchen Ausgangssituation können die Arbeitgeber auch bei wachsenden Absatzchancen und Produktionsmöglichkeiten ihre Nachfrage nach Arbeitskräften erhöhen, ohne den (gesetzlich oder tariflich) vereinbarten Mindestlohnsatz überbieten zu müssen. Auch auf den Gütermärkten läßt sich beobachten, daß eine Produktionsausweitung nicht mit steigenden Preisen verbunden sein muß. In einer Situation der Unterbeschäftigung läßt der verschärfte Wettbewerbsdruck keine Preiserhöhungsspielräume zu. Auch können viele Preise (kurzfristig) nicht verändert werden. Man denke dabei an Preislisten und Katalogpreise großer Unternehmungen, aber auch an Wirtschaftssektoren, deren Preisbildung nicht täglichen Angebots- oder Nachfrageschwankungen folgt, sondern die institutionell reguliert sind (wie z.B. Gas, Wasser-, Strom-, Müllabfuhr, Bundespost- und Bundesbahntarife etc.). In modernen Volkswirtschaften unterliegen ¾ aller Preise derartigen Regulierungen.

Wie können wir diesen Fall modellieren? Das Güterangebot ist bei P_0 vollkommen preiselastisch. Die aggregierte Angebotskurve verläuft parallel zur Y-Achse (A). Die Arbeitnehmer sind bereit, beim Mindestlohnsatz w^r_{min} ihre gesamten Arbeitseinheiten, anzubieten. Ihre Arbeitsangebotskurve verläuft bei w^r_{min} parallel zur N-Achse (C).

Wir gehen von folgender Ausgangslage aus: Die Güternachfrage betrage beim Preisniveau P_0 lediglich Y^d_2 und bestimmt laut Keynes das zu produzierende Angebot (A). Aus diesem Grunde knickt die Nachfrage nach Arbeitskräften bei w^r_2 ab und verläuft auf der Höhe parallel zur (w/P)-Achse! Der Mindestlohn wird zum Gleichgewichtslohn. Gemäß Produktionsfunktion werden lediglich N^d_2 Arbeitseinheiten benötigt (B). Das mit diesen Arbeitseinheiten produzierte Sozialprodukt Y^s_2 wird auf dem Gütermarkt zum Preis P_0 angeboten. Sollte die Güternachfrage auf Y_1 ($Y_1 > Y_2$) ansteigen (bei konstantem Preisniveau P_0), erhöhen die Unternehmer die

Nachfrage nach Arbeitskräften entsprechend auf N^d_1 ($N_1 > N_2$), doch zahlen sie weiterhin nur den Mindestlohn w^r_{min}, obgleich das aus der Produktionsfunktion abgeleitete Grenzprodukt einen (maximalen) realen Lohnsatz von w^r_1, bzw. einen nominalen von w_1 ermögliche.

Ergebnis: Die aggregierte Angebotskurve keynes'scher Prägung ist im Unterbeschäftigungsbereich vollkommen preiselastisch. Doch das war bereits die Annahme. Das Modell hat arbeitsmarktrelevante Implikationen aufgezeigt: Es müssen Mindestlöhne gelten und die aggregierte Güternachfrage bestimmt das produzierte Güterangebot und rationiert damit die Nachfrage nach Arbeitskräften.

Modell 2.2: Keynes

Dieses Modell (vgl. Schaubild V/7/5) zeigt eine aggregierte Angebotskurve, die sich von derjenigen des Modells 2.1 dadurch unterscheidet, daß das Arbeitsangebot reallohnelastisch ist. Die aggregierte Angebotskurve ist vollkommen preiselastisch bis zum Erreichen der Vollbeschäftigung und danach vollkommen preisunelastisch. Auch hier liegt wiederum der „keynesianische Normalfall" einer unterbeschäftigten Volkswirtschaft vor. Der Grund der Unterbeschäftigung liegt jedoch darin, daß der herrschende reale Lohnsatz über dem Gleichgewichtslohnsatz liegt. Um das Beschäftigungsniveau von N_2 auf N_1 und N_0 (=Vollbeschäftigung) zu steigern, muß der Reallohnsatz sinken. Das ist bei konstantem Preisniveau aber nur möglich, wenn die Arbeitnehmer bereit sind, nominale Lohnsatzsenkungen zu akzeptieren bis das Vollbeschäftigungsniveau erreicht ist ($\Delta w = P_0 \Delta w^r$). Es erfolgt eine bewußte Nominallohnanpassung an die Arbeitsmarktlage. Das Preisniveau bleibt während dieses Anpassungsprozesses (aufgrund der unterstellten Restriktionen) unverändert auf P_0 fixiert. Ein Preisanstieg über P_0 hinaus würde (nach Erreichen der Vollbeschäftigung) allerdings genauso flexibel einen entsprechenden Anstieg des Nominallohnsatzes nach sich ziehen ($\Delta w = w^r_0 \Delta P$). In der Grafik (E) sind die Preisgeraden (P_{01} und P_{02}) so gewählt, daß bei konstantem Reallohnsatz w^r_0 gerade die ursprünglichen, nominalen Lohnsätze erreicht werden, die bei P_0 den realen Lohnsätzen w^r_2 und w^r_1

entsprachen. Dadurch werden in der Grafik (D) die ursprünglichen „Lohnhyperbeln" w_2 und w_1 wieder erreicht (vgl. Sie auch das Zahlenbeispiel der Tabelle).

Schaubild V/7/5: Das aggregierte Güterangebot – vollkommen preiselastisch: die keynesianische Interpretation – mit flexiblen Nominallöhnen

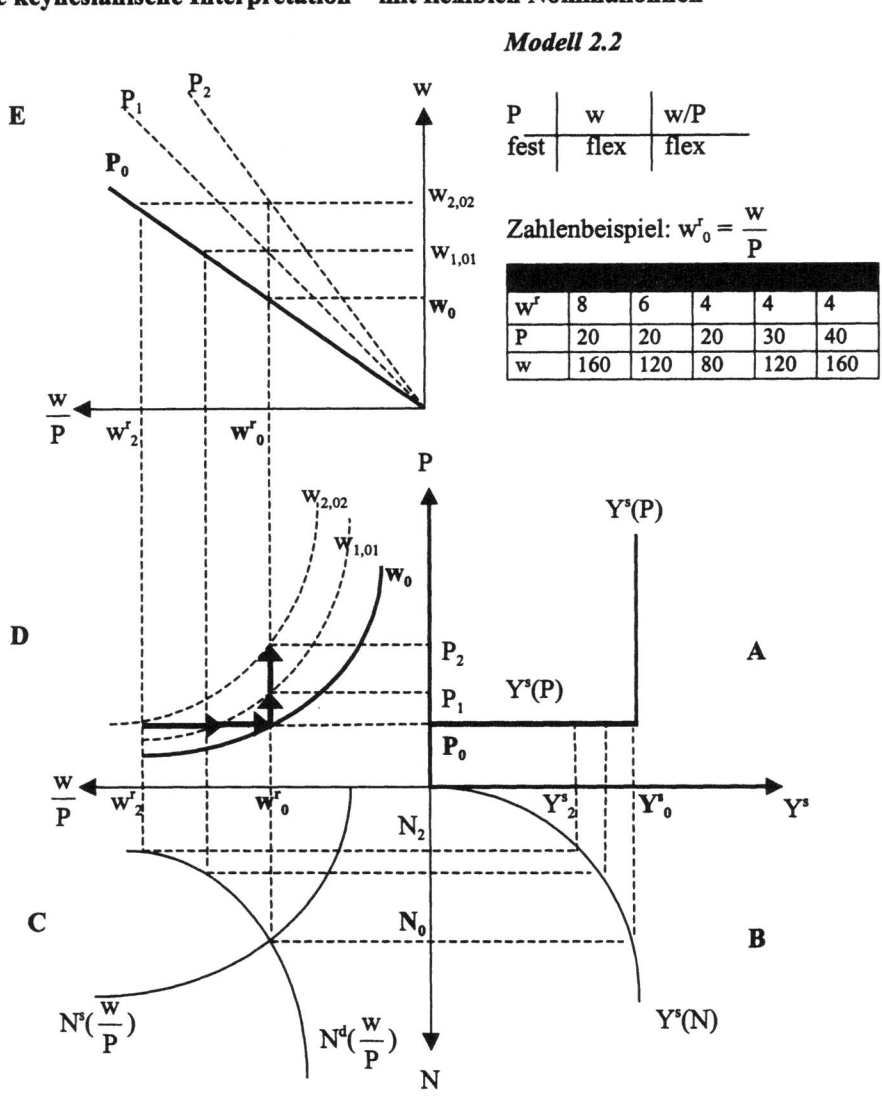

Modell 2.3: Keynes

Wir modellieren den Fall (vgl. Schaubild V/7/6), daß der nominale Lohnsatz durchgängig auf der Höhe w_0 fixiert ist. Eine solche Annahme entstammt der keynesianische Theorie. Sie erklärt sich aus institutionellen Restriktionen, die ihrerseits in der Verhaltensweise der Arbeitnehmer und der sie vertretenden Gewerkschaften begründet liegen und derzufolge nominale Lohnsatzsenkungen (zumindest kurzfristig) nicht durchsetzbar sind. Z.B. werden in den Tarifvereinbarungen zwischen Arbeitgebern und Gewerkschaften die nominalen Lohnsätze vereinbart. Sie haben dann für die Dauer des Tarifvertrages Gültigkeit. Sollte in der Ausgangslage der reale Lohnsatz w^r_1 betragen (und damit oberhalb der Gleichgewichtslohnsatzes liegen) wird der Arbeitsmarkt durch die Nachfrageseite rationiert. Es werden N_1 Arbeitskräfte beschäftigt (obgleich N^s_1 Arbeitskräfte bereit wären, zu diesem Lohnsatz zu arbeiten), die bei einem Preisniveau von P_1 das Sozialprodukt Y^s_1 anbieten. Wird bei steigendem Preisniveau annahmegemäß am nominalen Lohnsatz festgehalten, sinkt der reale Lohnsatz: Die Nachfrage nach Arbeitskräften steigt, das Arbeitsangebot geht zurück. Bei P_0 und w^r_0 wäre die Vollbeschäftigungssituation erreicht. Das Güterangebot ist auf Y^s_0 gestiegen. Steigt das Preisniveau weiter auf P_2 und halten die Arbeitnehmer nach wie vor am nominalen Lohnsatz w_0 fest, sinkt der reale Lohnsatz entsprechend auf w^r_2. Bei diesem geringen realen Lohnsatz sind jedoch nur N_2 Arbeitskräfte bereit ihre Arbeit anzubieten (obgleich die Unternehmer N^d_2 nachfragen), so daß der Arbeitsmarkt in diesem Fall durch das Arbeitsangebot rationiert (begrenzt) wird. Die Konsequenz ist, daß das Güterangebot auf Y^s_2 zurückgeht. In der Grafik wurden die Variablen so gewählt, daß $N^d_1 = N^s_2$ und $Y_1 = Y_2$ ist.

Ergebnis: Das Güterangebot $Y^s(P)$ wächst zunächst mit steigendem Preisniveau, um dann -nach erreichen des Vollbeschäftigungseinkommens- wiederum rückläufig zu werden! Es ist im ansteigenden Teil positiv preiselastisch und im oberen Abschnitt negativ preiselastisch. Allerdings stellt sich die Frage, ob die Arbeitnehmer auch bei schrumpfender Beschäftigung am nominalen Lohnsatz festhalten werden. Das Modell V/7/7 untersucht eine realistischere Variante.

Schaubild V/7/6: Das aggregierte Güterangebot: preiselastisch – die keynesiansiche Interpretation mit festen Nominallöhnen

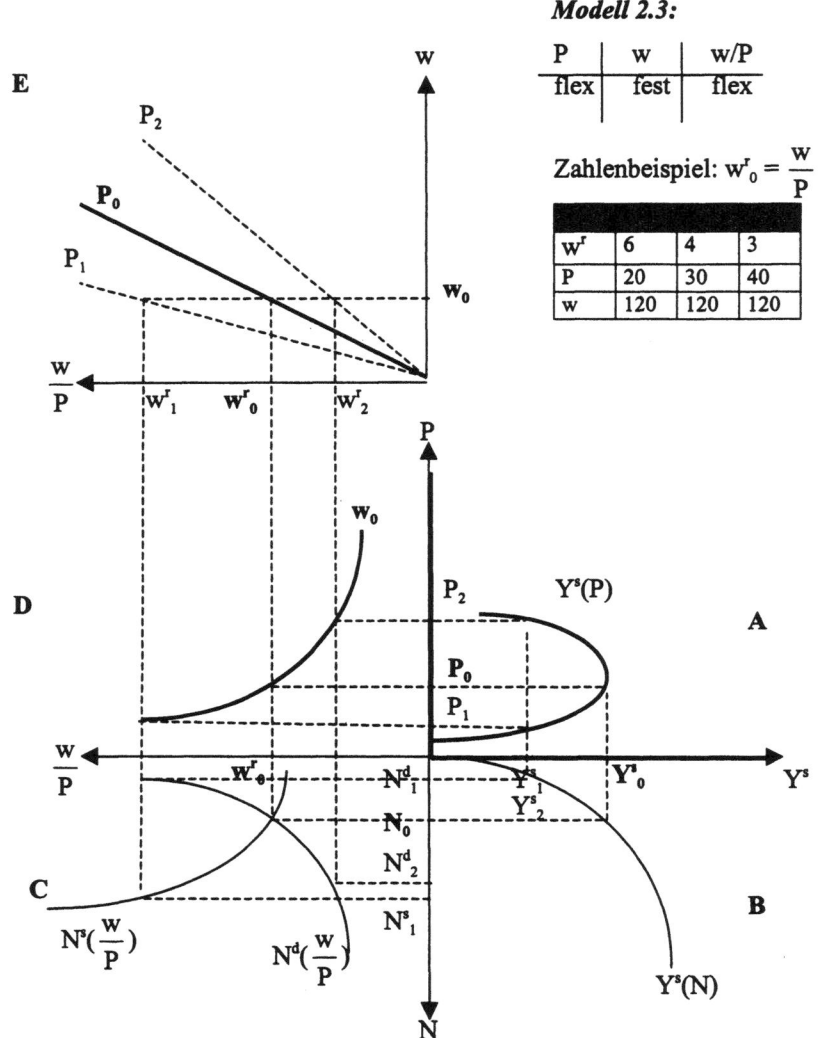

Modell 3: Kombination Keynes/Neo-Klassik

Das Modell (Schaubild V/7/7) wird jetzt variiert. Das Festhalten am konstanten nominalen Lohnsatz w_0 gilt (für steigende Preisniveaus) nur bis zum Erreichen der Vollbeschäftigung bei w^r_0. In diesem Bereich sinkt der reale Lohnsatz, die Beschäftigung nimmt zu und das aggregierte Güterangebot steigt bei steigenden Preisen.

Schaubild V/7/7: Das aggregierte Güterangebot in der Keynes/Neo-Klassik - Kombination

Modell 3: Kombination

P	w	w/P
flex	fest/flex	fest/flex

Zahlenbeispiel: $w^r_0 = \dfrac{w}{P}$

w^r	12	6	4	4	4
P	10	20	30	40	50
w	120	120	120	160	200

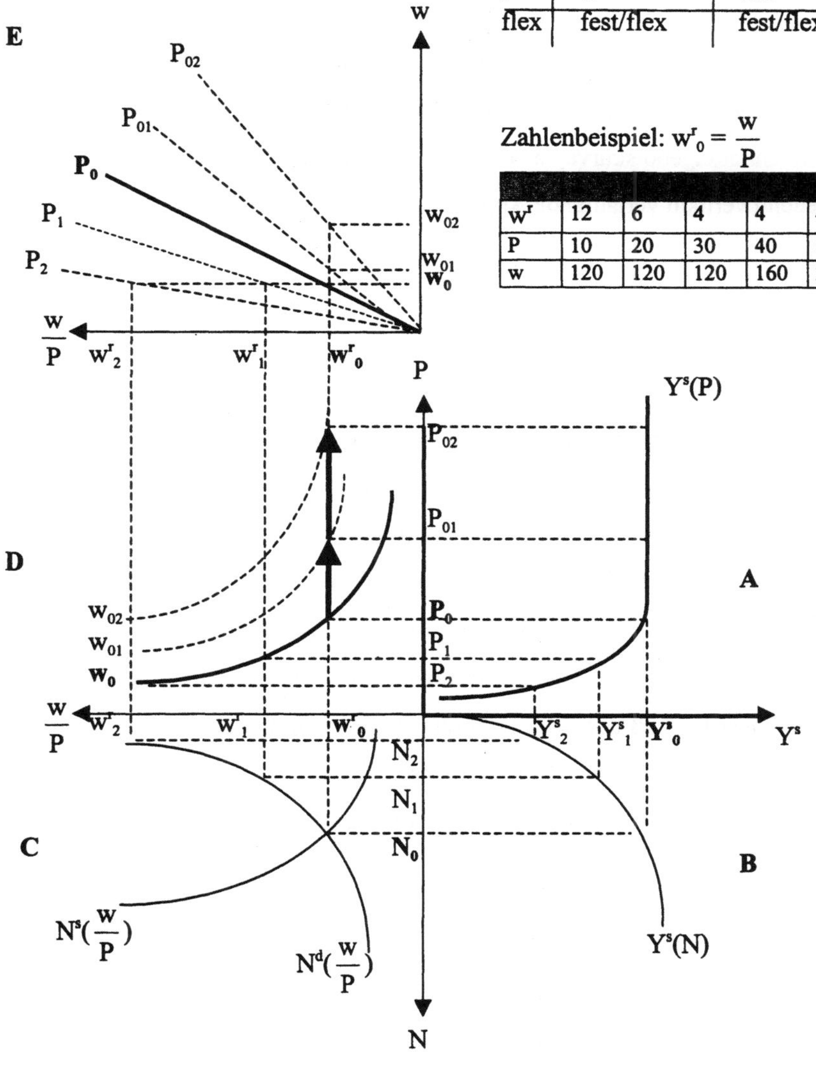

Sollte sich das Preisniveau darüber hinaus weiter erhöhen, werden sich die nominalen Lohnsätze so anpassen, daß der reale Vollbeschäftigungslohnsatz w^r_0 konstant gehalten wird. Das aggregierte Güterangebot wird daraufhin vollkommen preisunelastisch. Das Schaubild E enthält die grafische Darstellung der Funktion w = (w/P)P für unterschiedliche Preisniveaus. Für P_2, P_1, P_0 gilt der nominale Lohnsatz w_0 (der im Zahlenbeispiel mit w =120 angenommen wurde), für die Preislinien P_0, P_{01}, P_{02} gilt der reale Lohnsatz w^r_0 (der im Zahlenbeispiel mit 4 konstant gehalten wird).

Ergebnis: Wir haben es also mit einer Kombination der Modelle 1 und 2.3 zu tun. Aus der keynesianischen Theorie erhalten wir den ansteigenden Zweig der aggregierten Güterangebotskurve, aus der neoklassischen Theorie ergibt sich der anschließend vertikal verlaufende Abschnitt.

Modellvariation 3a:

Wir untersuchen für das Modell die Variation, die sich aus einer Erhöhung der Produktionsfunktion ergibt. Die Effekte auf dem Arbeitsmarkt kennen wir bereits: die Produktionsfunktion und die daraus abgeleitete Nachfrage nach Arbeit verschieben sich, so daß sich im Ergebnis ein höherer realer Lohnsatz, ein gestiegenes Beschäftigungsvolumen und ein bei jedem Preisniveau höheres aggregiertes Güterangebot einstellen. Bemerkenswert ist, daß der preisunelastische Abschnitt der aggregierten Güterangebotskurve $Y^s_1(P)$ bei einem niedrigeren Preisniveau beginnt. Dieses folgt aus der Tatsache, daß der reale Lohnsatz verschoben, bei Konstanz des nominalen gestiegen ist, und von dem neuen Vollbeschäftigungsniveau an sich die nominalen Lohnsätze parallel zum Preisniveau entwickeln, um so den realen Lohnsatz bei w^r_1 konstant zu halten.

Ergebnis: Die Kurve des aggregierten Güterangebots verschiebt sich nach rechts.

Schaubild V/7/7a: Auswirkung der Veränderung der Produktionsfunktion auf das aggregierte Güterangebot

Modell 3a

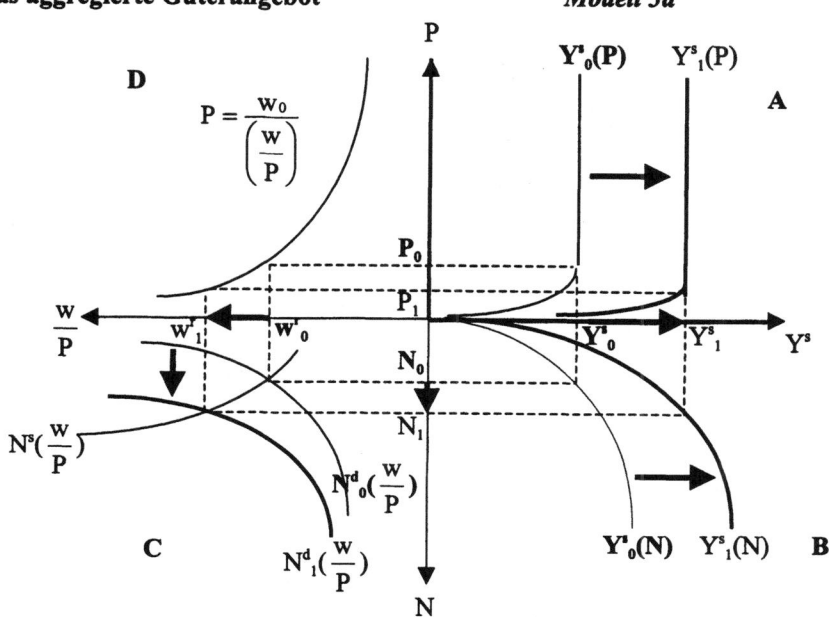

Modellvariation 3b:

Auf dem Arbeitsmarkt erhöht sich das Angebot ausgedrückt durch eine Verschiebung der N^s-Kurve von N^s_0 auf N^s_1. Dadurch sinkt der gleichgewichtige Reallohnsatz und die Beschäftigung erhöht sich. Die Kurve des aggregierten Güterangebots, die in der ursprünglichen Konstellation bis P_0 positiv ansteigend verlief, um von dort an vollkommen preisunelastisch zu werden, verlängert jetzt den preiselastischen Anstieg bis sie P_1 erreicht und knickt erst bei höheren Preisniveaus in den vertikal verlaufenden Abschnitt ein. Der Grund dafür liegt in der Basisannahme dieses Modells, daß der nominale Lohnsatz bis zum Erreichen des gleichgewichtigen Reallohnsatzes konstant gehalten wird. Erst darüber hinaus wird der nominale Lohnsatz so flexibel, daß er bei jedem Preisniveau $>P_1$ den neuen Reallohnsatz w^r_0 stabilisiert.

Schaubild V/7/7b: Auswirkungen der Erhöhung des Arbeitsangebots auf das aggregierte Güterangebot   *Modell 3b*

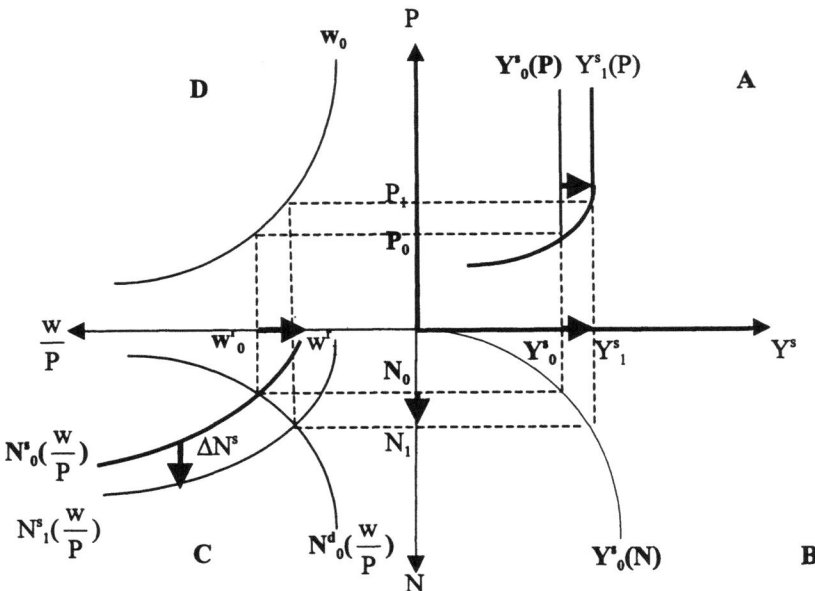

Modellvariation 3c:

Die Variation besteht jetzt darin, daß die Arbeitnehmer einen höheren nominalen Lohnsatz durchsetzen ($w_1 > w_0$) und an diesem dann wie gehabt festhalten bis Vollbeschäftigung bei w^r_0 erreicht ist. Danach soll der Nomiallohnsatz nach oben flexibel sein und sich der Entwicklung des Preisniveaus so anpassen, daß der gleichgewichtige reale Lohnsatz konstant bleibt. Die aggregierte Angebotskurve verschiebt sich lediglich in ihrem preiselastischen Abschnitt nach oben und wird beim Erreichen des Vollbeschäftigungseinkommens vollkommen preisunelastisch und damit identisch mit der ursprünglichen Angebotskurve. Der preisunelastische Abschnitt beginnt erst in P_1 mit $P_1 > P_0$ wobei ist:

$\Delta P = \Delta w / w^r_0$.

Schaubild V/7/7c: Auswirkungen einer nominalen Lohnsatzerhöhung auf das aggregierte Güterangebot *Modell 3c*

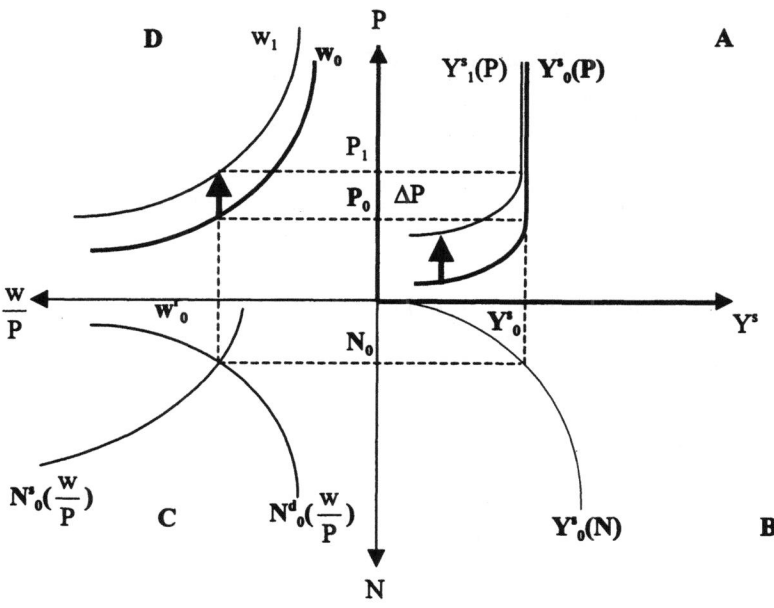

8 Analytischer Anhang

Nach diesen Überlegungen wenden wir uns der Analyse einer gesamtwirtschaftlichen Produktionsfunktion vom Cobb-Douglas-Typ zu. Sie sieht wie folgt aus:

(10) [illegible] *Produktionsfunktion*

(11) $\dfrac{dY^s}{dN} = A\overline{K}^{\alpha}(1-\alpha)\overline{N}^{\alpha}$ *Grenzprodukt der Arbeit*

A = Effizienzparameter
α = Distributionsparameter ($0 < \alpha < 1$)
K = Kapital; $\overline{K}$ = konstantes Kapital
Y^s = reales Sozialprodukt

Die Gewinnfunktion lautet:

(12) $G = PY^s - wN - Z$ (10) in (12) → 0

(13) $G = PA\overline{K}^{\alpha}N^{1-\alpha} - wN - Z$ *Gewinn*

Das Gewinnmaximum:[1]

(14) $\dfrac{dG}{dN} = PA\overline{K}^{\alpha}(1-\alpha)N^{-\alpha} - w = 0$ daraus folgt:

(15) $\dfrac{w}{P} = A\overline{K}^{\alpha}(1-\alpha)N^{-\alpha} = \dfrac{dY^s}{dN}$

Aufgelöst nach N erhält man die Nachfrage nach Arbeit als $N = N^d$:

(16) $N^d = \left(\overline{K}^{\alpha} \dfrac{A(1-\alpha)}{\dfrac{w}{P}} \right)^{\tfrac{1}{\alpha}}$ *Nachfrage nach Arbeit*

Da der Kapitalbestand konstant ist und die Parameter A und α gegeben sind, ist die Nachfrage nach Arbeit nur noch vom realen Lohnsatz abhängig. Die Nachfragefunktion nach Arbeit lautet allgemein:

---

[1] Für das Gewinnmaximum gilt, daß die 1. Ableitung Null und die 2. Ableitung negativ ist.

(17)

Ein Zahlenbeispiel zum Arbeitsmarkt:

$Y^s = Y^s(K,N)$ *Produktionsfunktion*

$Y^s = A \overline{K}^\alpha N^{1-\alpha}$ *Cobb-Douglas-Produktionsfunktion*

$A = 1$ *Effizienzparameter*

$\overline{K} = \overline{K}_0 = 1600$

$\alpha = \dfrac{1}{2}$ Nachfrage nach Arbeit (endogene Variable)

$N^s = 900 = N_0^s$ Angebot an Arbeit (exogene Variable)

$N^s = N^d$ Vollbeschäftigungsgleichgewicht

1. Wie hoch ist das bei Vollbeschäftigung produzierte Sozialprodukt?

$Y_0^s = A \overline{K}_0^\alpha N^{1-\alpha}$

$N = N^d = N^s$ (bei Vollbeschäftigung)

$Y_0^s = 1600^{\frac{1}{2}} \cdot 900^{\frac{1}{2}} = 40 \cdot 30 = 1200$

2. Wie hoch ist der bei Vollbeschäftigung realisierte Gleichgewichtsreallohn?

$\left(\dfrac{w}{P}\right)_0^* = \dfrac{\partial Y^s}{\partial N} = \dfrac{(1-\alpha)A \overline{K}^\alpha}{N^\alpha}$

$N = N^d = N^s$ (bei Vollbeschäftigung)

$\left(\dfrac{w}{P}\right)_0^* = \dfrac{\frac{1}{2} 1600^{\frac{1}{2}}}{900^{\frac{1}{2}}} = \dfrac{20}{30} = \dfrac{2}{3}$

Zur Ermittlung des Gleichgewichtsreallohns können Sie auch zunächst die Nachfragefunktion nach Arbeit formulieren und diese mit der Arbeitsangebotsfunktion gleichsetzen. Ein solches Verfahren ist immer dann unbedingt erforderlich, wenn auch das Arbeitsangebot eine Funktion des Reallohns ist.

$N^d = N^s$

$\dfrac{N^d}{\dfrac{w}{P}} = \dfrac{\partial Y}{\partial N} = \dfrac{(1-\alpha)A\overline{K}^\alpha}{N^\alpha}$ $\longrightarrow$ $N^\alpha = \overline{K}^\alpha \dfrac{(1-\alpha)A}{\dfrac{w}{P}}$

$N^d = \overline{K}\left(\dfrac{(1-\alpha)A}{\dfrac{w}{P}}\right)^{\frac{1}{\alpha}}$ $\longrightarrow$ $N^d = 1600\left(\dfrac{\frac{1}{2}}{\dfrac{w}{P}}\right)^2 = \dfrac{400}{\left(\dfrac{w}{P}\right)^2}$

$N^d = N^s$

$\dfrac{400}{\left(\dfrac{w}{P}\right)^2} = 900$ $\longrightarrow$ $\left(\dfrac{w}{P}\right)_0^* = \sqrt{\dfrac{400}{900}} = \dfrac{2}{3}$

3. Wie hoch ist die Lohnsumme, d.h. der Teil des Sozialprodukts, der auf die Entlohnung des Faktors Arbeit entfällt?

$L_0 = \left(\dfrac{w}{P}\right)_0^* \cdot N^* = \dfrac{2}{3} \cdot 900 = 600$

Diesen Anteil erhält man auch über den Distributionsparameter: $\alpha = \dfrac{1}{2}$

$L_0 = Y_0^* \cdot \alpha = 1200 \cdot \dfrac{1}{2} = 600$

4. Wie verändert sich die maximal produzierbare Gütermenge, wenn der Kapitalstock auf $K_1 = 2500$ steigt?

Die neue Produktionsfunktion lautet:

$Y_1^s = a\overline{K}_1^\alpha N^{1-\alpha} = 2500^{\frac{1}{2}} \cdot 900^{\frac{1}{2}} = 50 \cdot 30$
$Y_1^* = 1500$ \qquad Voll Vollbeschäftigungseinkommen

5. Wie hoch wäre unter (4) der reale Gleichgewichtslohnsatz?

$\left(\dfrac{w}{P}\right)_1^* = \dfrac{\partial Y_1}{\partial N} = \dfrac{(1-\alpha)A\overline{K}_1^\alpha}{N^\alpha} = \dfrac{\frac{1}{2} \cdot 50}{30}$ $\longrightarrow$ $\left(\dfrac{w}{P}\right)_1^* = \dfrac{5}{6}$

6. Unter der Voraussetzung, daß die gesamtwirtschaftliche Güternachfrage unverändert bei $Y^d = 1200$ bleibt und das gesamtwirtschaftliche Güterangebot ebenfalls bei $Y^s = 1200$ bleibt, wie hoch wäre bei der veränderten Produktionsfunktion (4) die Beschäftigung?

$Y^d = Y_1^s = 1200$

$Y_1^s = A \overline{K}_1^\alpha N^{1-\alpha}$

$N^{1-\alpha} = \dfrac{Y_1^s}{A \overline{K}_1^\alpha}$

$N_2^{\frac{1}{2}} = \dfrac{1200}{2500^{\frac{1}{2}}} = 24$

$N_2 = 576$

7. Wie hoch ist bei dieser Beschäftigung der zugehörige reale Lohnsatz?

$\dfrac{w}{P} = \dfrac{\partial Y}{\partial N} = \dfrac{(1-\alpha)A \overline{K}_1^\alpha}{N^\alpha} = \dfrac{\frac{1}{2} \cdot 50}{24}$

$\left(\dfrac{w}{P}\right)_2 = \dfrac{50}{48}$

8. Wie hoch ist die Lohnsumme bei der geringeren Beschäftigung aber dem höheren Reallohn?

Da α unverändert ist, beträgt die Lohnsumme nach wie vor die Hälfte des produzierten Sozialprodukts:

$L = Y \cdot \alpha = 1200 \cdot \dfrac{1}{2} = 600$

Sie können die Lohnsumme aber auch berechnen aus dem Produkt:

$L = \left(\dfrac{w}{P}\right)_2 \cdot N_2 = \dfrac{50}{48} \cdot 576 = 600$

9. Wie lauten die Nachfragefunktionen nach Arbeit für beide Produktionsfunktionen?

$$Y = A\overline{K}^\alpha N^{1-\alpha}$$

$$\frac{w}{P} = \frac{\partial Y}{\partial N} = \frac{(1-\alpha)A\overline{K}^\alpha}{N^\alpha} \quad \longrightarrow \quad N^\alpha = \frac{(1-\alpha)A\overline{K}^\alpha}{\frac{w}{P}}$$

$$N = \overline{K}\left(\frac{(1-\alpha)A}{\frac{w}{P}}\right)^{\frac{1}{\alpha}} \quad \longrightarrow \quad N_0 = 1600\left(\frac{\frac{1}{2}}{\frac{w}{P}}\right)^2 = 400\left(\frac{1}{\frac{w}{P}}\right)^2$$

$$\longrightarrow \quad N_1 = 2500 \cdot \frac{1}{4}\left(\frac{1}{\frac{w}{P}}\right)^2 = 625\left(\frac{1}{\frac{w}{P}}\right)^2$$

Setzen Sie zur Probe die Ihnen bekannte Werte ein.

Schaubild V/8/1: Arbeitsmarkt – Skizze zum Zahlenbeispiel

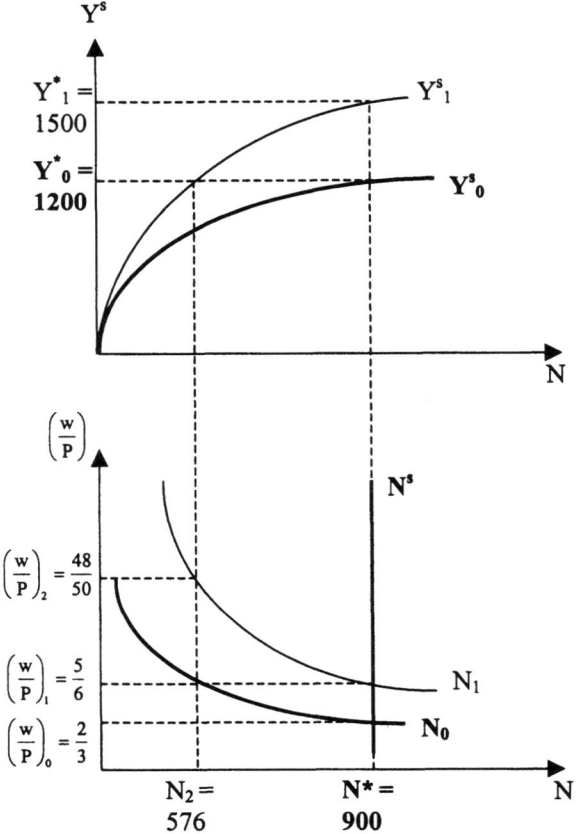

VI Das Neo-Klassische Modell

1 Die Kontroverse zwischen Keynes und Neo-Klassik

In diesem Kapitel kehren wir zurück zu einigen Ausgangsüberlegungen der Einleitung. Sie erinnern sich: wir beurteilten dort die Bedingungen eines gesamtwirtschaftlichen Gleichgewichts im Analogieschluß zu einem einfachen Gütermarktmodell, auf dem sich Angebot und Nachfrage eines Gutes bei dem „markträumenden Gleichgewichtspreis" gerade ausgleichen. Nach dem bisherigen Studium scheint sich diese Analogie - dem äußeren Erscheinungsbild nach- zu bestätigen: Der aggregierte Gütermarkt, auf dem das Sozialprodukt einer Volkswirtschaft angeboten und nachgefragt wird, ist durch eine fallende Nachfragekurve und eine Angebotskurve gekennzeichnet, die die Gestalt zwischen vollständiger Preiselastizität (Keynes) bis zu vollkommener Inelastizität (Neo-Klassik) annehmen kann. Allerdings wissen wir, daß die Ähnlichkeit des grafischen Erscheinungsbildes keinen Schluß über die Ähnlichkeit der theoretisches Erklärungsmuster zuläßt. Vielmehr sind wir jetzt in der Lage, das gesamtwirtschaftliche Gleichgewicht und das zugehörige Preisniveau für eine Volkswirtschaft in seinen -im Vergleich zu einem einfachen Gütermarktmodell- erheblich komplexeren Zusammenhängen zu erfassen.

Wir werden dieses Kapitel mit der Diskussion der Kontroverse zwischen Neo-Klassik und keynes'scher Theorie beginnen, dann die noch fehlenden Modellbausteine, der Neo-Klassik entwickeln und zum neo-klassichen Totalmodell zusammenfügen. Abschließend werden wir die bekannten Makropolitiken in diesem Modellrahmen erneut diskutieren.

Schaubild VI/1/1: **Der aggregierte Gütermarkt im Vergleich**

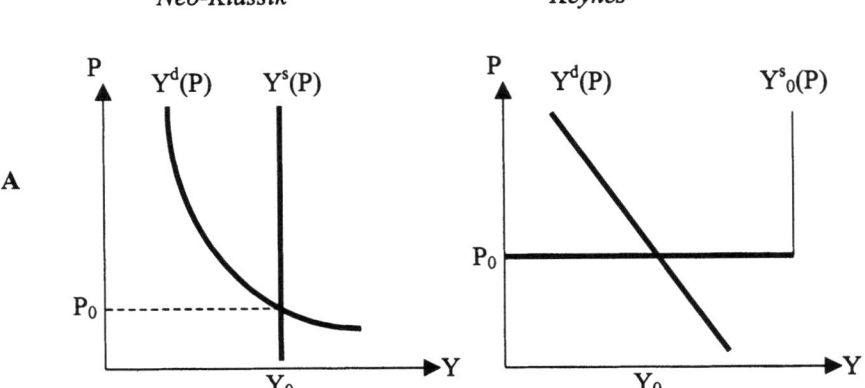

A

Nachfragesteigerung: $Y^d \uparrow$

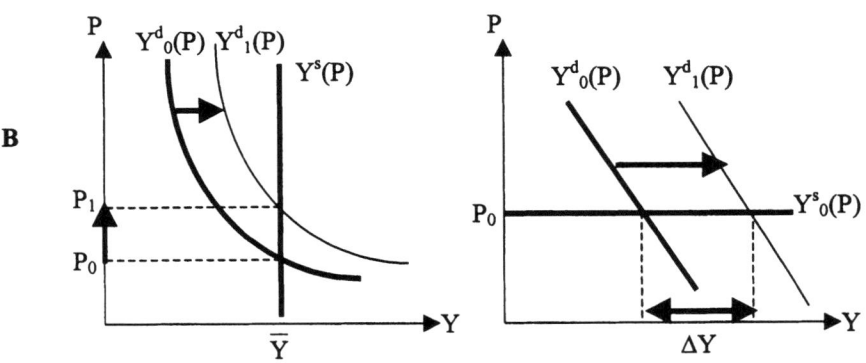

B

Angebotssteigerung: $Y^s \uparrow$

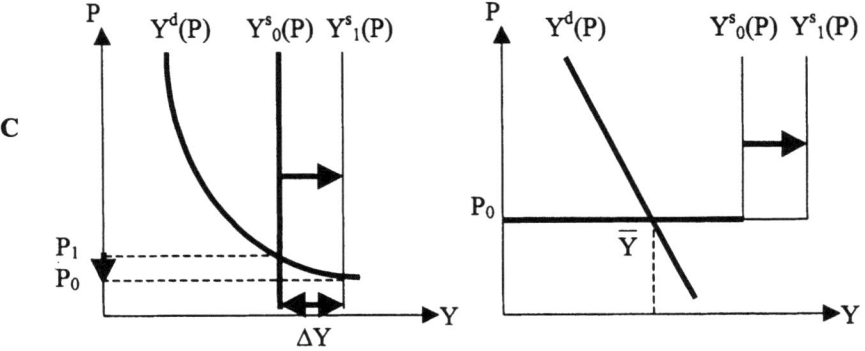

C

Unterschiede der Grundpositionen: Keynes – Neo-Klassik (vgl. Schaubild VI/1/1):
- Die Grafik A bildet **die aggregierten Gütermarktmodelle** der Neo-Klassik und der keynes'schen Modellwelt ab und stellt sie einander gegenüber. Der augenfälligste Unterschied besteht in der Gestalt der aggregierten Angebotskurve: Wie wir im Teil V gesehen haben, verläuft die neo-klassische Angebotskurve vollkommen preisunelastisch und zwar beim Vollbeschäftigungseinkommen. Für die keynes'sche Theorie stellt das Vollbeschäftigungsniveau eher einen Ausnahmefall dar. Der „Normalfall" ist für Keynes durch eine Gleichgewichtssituation bei Unterbeschäftigung charakterisiert, und in einer solchen Situation haben die Unternehmungen keine Preiserhöhungsspielräume: ihre aggregierte Angebotskurve verläuft vollkommen preiselastisch, sie ist durch eine Preisniveaufunktion charakterisiert! Die augenfälligste Übereinstimmung beider Modelle findet sich in dem Erscheinungsbild der aggregierten Nachfragekurven, die in beiden Fällen preiselastisch verlaufen und eine negative Steigung haben: Bei sinkendem Preisniveau erhöht sich (wie auf einem einfachen Gütermarkt) das Sozialprodukt. Es wird noch gezeigt werden, daß trotz aller Ähnlichkeit, die Entstehungsursachen beider Kurven vollkommen verschieden sind!

- Die Grafik B illustriert die **Wirkungen einer Nachfrageverschiebung**: in dem neo-klassischen Modell führt eine Erhöhung der aggregierten Nachfrage lediglich zu Preissteigerungen, zieht aber keine realwirtschaftlichen Effekte nach sich! Im keynes'schen Modell hingegen führt eine Nachfragesteigerung in vollem Umfang zu einer entsprechenden Angebotssteigerung! Aus dieser Konstellation heraus wird verständlich, daß die keynes'sche-Theorie davon ausgeht: "die Nachfrage bestimmt das Angebot", genauso, wie die Neo-Klassik jedwede „Nachfrageorientierte Politik" wegen ihrer Unwirksamkeit entschieden ablehnt!

- Die Grafik C illustriert die **Wirkungen einer Angebotserhöhung**: Im keynes'schen Modell hat eine Erhöhung des Angebots überhaupt keinen realwirtschaftlichen Effekt, da sich die Nachfrage ja nicht verändert! Im neo-klassischen Modell führt die Erhöhung des Güterangebots zunächst zu einem Überschußangebot bei P_0, bewirkt dann aber über sinkende Preise eine entsprechende Zunahme der aggregierten Güternachfrage. Es gilt mithin das Say'sche Theorem: "jedes Güterangebot schafft sich seine eigene Nachfrage!" Es ist klar, daß die keynes'sche Theorie einer „Angebotsorientierten Politik" ablehnend gegenübersteht, während sie für die Neo-Klassik die einzig erfolgversprechende Politik darstellt!

Diese Kontroverse belebt in vielfältigen Varianten bis auf den heutigen Tag die wissenschaftlichen Auseinandersetzungen über die jeweils „richtige" makroökonomische Diagnose und die daraus abzuleitenden wirtschaftspolitischen Therapievorschläge. Um diese Diskussion besser verstehen zu können, müssen wir aber unbedingt die Modellvorstellungen der Neo-Klassiker noch etwas genauer studieren. Bisher haben wir lediglich ihr „Herzstück": das aggregierte Güterangebot, das sich stets auf dem Vollbeschäftigungsniveau einpendelt, in Teil V kennengelernt. Aber welche Annahmen stehen hinter der aggregierten neo-klassischen Nachfragekurve? Gibt es unterschiedliche Annahmen über die Verhaltensweisen der Wirtschaftssubjekte im Vergleich zu denjenigen der keynes'schen Theorie? Und welche Beziehungen bestehen zwischen Güter-, Geld-, Kapital- und Arbeitsmarkt? Schauen wir uns die neo-klassischen Hypothesen etwas genauer an und fügen sie zum Abschluß zu einem „Totalmodell" zusammen.

2 Das Klassisch-Neoklassische Modell

a) **Der Arbeitsmarkt:**[1] Die nationalökonomischen Klassiker kennen das Problem der Unterbeschäftigung nicht. Für sie ergibt sich in einer Marktwirtschaft stets das Vollbeschäftigungsgleichgewicht, das durch die vollständige Flexibilität der Preise, Löhne und Zinssätze garantiert wird. Eine (nur kurzfristig denkbare) Unterbeschäftigung wäre auf einen zu hohen realen Lohnsatz zurückzuführen. Durch flexible Preise und Löhne würde sich sofort wieder das Vollbeschäftigungsgleichgewicht einstellen: Sollte in der Ausgangslage der Reallohn $w^r_1 > w^r_0$ sein, entsteht ein Überschußangebot auf dem Arbeitsmarkt, das durch eine entsprechende Senkung des Reallohnes beseitigt wird. Der Arbeitsmarkt entscheidet mithin über die Beschäftigungshöhe und in Kombination mit der (neo-klassischen) Produktionsfunktion auch über das Vollbeschäftigungseinkommen. Er wird wie folgt modelliert:

(1) $N^s = N^s(w/P)$ *Arbeitsangebot*

(2) $N^d = N^d(w/P)$ *Arbeitsnachfrage*

(3) $N^s = N^d$ ⇒   *Arbeitsmarktgleichgewicht*   ⇒ N_0 und $(w/P)_0$

(4) $Y^s = Y^s(N, \overline{K})$ *Produktionsfunktion*

(5) $Y^s_0 = Y^s(N_0, \overline{K})$ ⇒ *Vollbeschäftigungseinkommen*   ⇒ Y^s_0

Im Schaubild VI/2/1 entwickelt die Grafik (A) das Güterangebot $Y^s(P)$ bei Vollbeschäftigung Y^s_0 aus den Gegebenheiten des Arbeitsmarktes (C) und der Produktionsfunktion (B). Die Grafik (D) zeigt die bekannten Zusammenhänge auf, die zwischen Preisniveau und realem Lohnsatz für unterschiedliche Nominallohnsätze bestehen. In der Grafik (E) lassen sich die nominalen Lohnsätze ablesen, die bei variierendem Preisniveau den jeweiligen Reallohnsatz sicherstellen. Schließlich zeigt die Grafik (F) an, daß das gesamtwirtschaftliche Güterangebot nicht nur vom Preisniveau (siehe A) sondern auch vom Zinssatz unabhängig ist.

---

[1] Vgl. die ausführliche Analyse im Teil V.

Schaubild VI/2/1: Der Neo-Klassiche Arbeitsmarkt

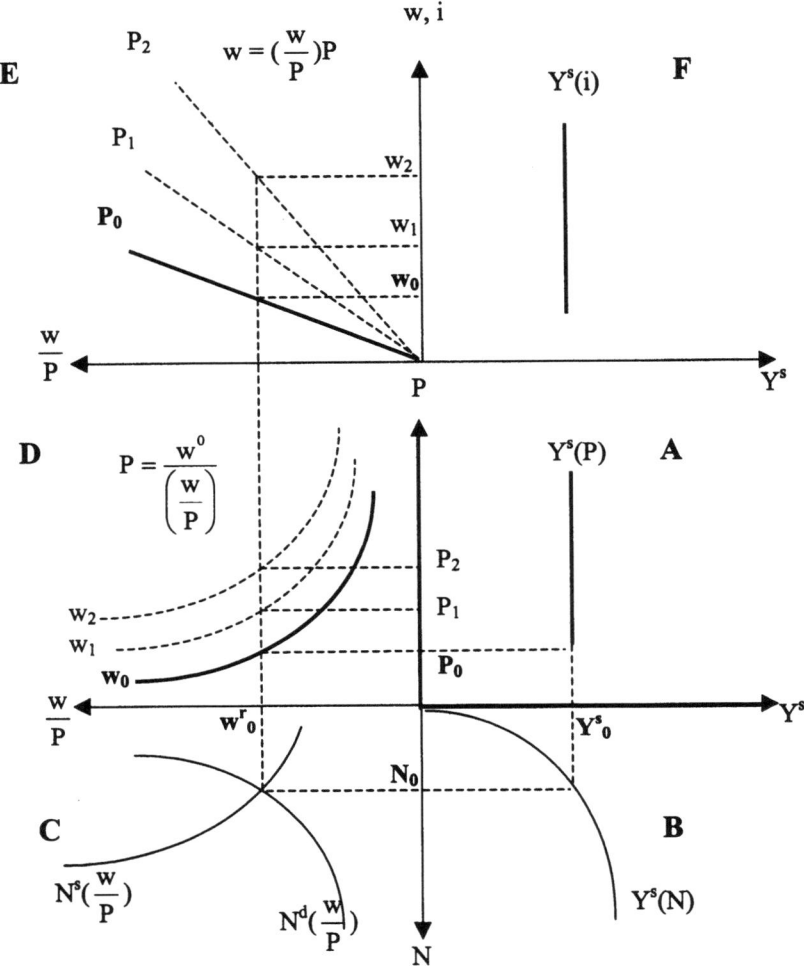

b) **Der Geldmarkt** besteht aus Geldnachfrage und Geldangebot. Geld wird jedoch ausschließlich zu Transaktionszwecken gehalten (nachgefragt) und nicht wie bei Keynes auch noch aus „spekulativen Gründen", d.h. zu Anlagezwecken. Geld liegt wie ein Schleier über den realen Gütertransaktionen! Das Geldangebot erfolgt autonom durch die Banken. Das Preisniveau bringt die nominale Geldmenge mit der realen Gütermenge in Übereinstimmung! Steht das reale Güterangebot fest (über Arbeitsmarkt und Produktionsfunktion) und kann man den Kassenhaltungskoeffizienten (bzw. dessen Kehrwert, die Umlaufgeschwindigkeit des Geldes) als gegeben

2 Das Klassisch – Neoklassische Modell

ansehen, dann bestimmt allein die von den Banken angebotene Geldmenge das Preisniveau! Es gilt die

Quantitätsgleichung: , bzw. **Cambridge Gleichung:**

Wobei: k = Kassenhaltungskoeffizient und V= Umlaufgeschwindigkeit des Geldes = 1/k, Y = reales Sozialprodukt, P = Preisniveau, M = nominale Geldmenge (durch Banken angeboten).

(6) $L = (1/V) Y^d P = k Y^d P$ *Geldnachfrage:*

(7) $M^s = M^a$ *Geldangebot $M^s = M^a$*

(8) $L = M^s$ *Geldmarktgleichgewicht LM(6) = (7)*

(9) $M^a = k Y^d P$ $\Rightarrow$ 1) $P = (M^a/k) 1/Y^d$ $\Rightarrow P = P(Y)$ $\Rightarrow LM$

                    $\Rightarrow$ 2) $P = (1/k Y^d) M^a$ $\Rightarrow P = P(M)$ $\Rightarrow LM$

Im Schaubild VI/2/2 sind die Funktionen des Geldmarktes illustriert. Das Geldmarktgleichgewicht (die "LM-Kurve" der Neo-Klassiker) läßt sich darstellen
1) als eine Funktion $P = P(Y) \Leftrightarrow Y = Y(P)$ bei konstanter Geldmenge $M = M^a$ oder
2) als eine Funktion $P = P(M) \Leftrightarrow M = M(P)$ bei konstantem Volkseinkommen $Y = Y^s_0$. Die Grafik A zeigt die Kurve der Funktion (1). Sie stellt eine Hyperbel dar, die wir in der Diskussion um die Kontroverse zwischen Keynes und Neo-Klassik im Kapitel 1 als „aggregierte Gütemachfrage" interpretiert hatten. Wie wir jetzt sehen, bestimmt sie sich aber gar nicht direkt aus dem Gütermarkt, sondern aus dem Geldmarkt! Da in der Neo-Klassik das Sozialprodukt stets das Vollbeschäftigungseinkommen ist, bringt das sich einstellende Gleichgewichtspreisniveau P_0 bei gegebener Geldmenge M_0 den Transaktionskassenbedarf mit dem realen Güterangebot in Übereinstimmung (vgl. Grafik B). Steigt die Geldmenge von M_0 auf M_1 verschiebt sich $Y^d_0(P)$ auf $Y^d_1(P)$ und das Preisniveau erhöht sich auf P_1(vgl. Grafik (C)). Es gilt der neue Gleichgewichtspunkt c_1. Sollte sich jetzt (bei der Geldmenge M_1) das aggregierte Angebot erhöhen von Y^s_0 auf Y^s_1, dann wird das Preisniveau wiederum absinken, in dem skizzierten Fall wird es bei c_2 auf das ursprüngliche Niveau P_0 zurückfallen.

278 2 Das Klassisch – Neoklassische Modell

Schaubild VI/2/2: Die Geldfunktionen der Neo-Klassik

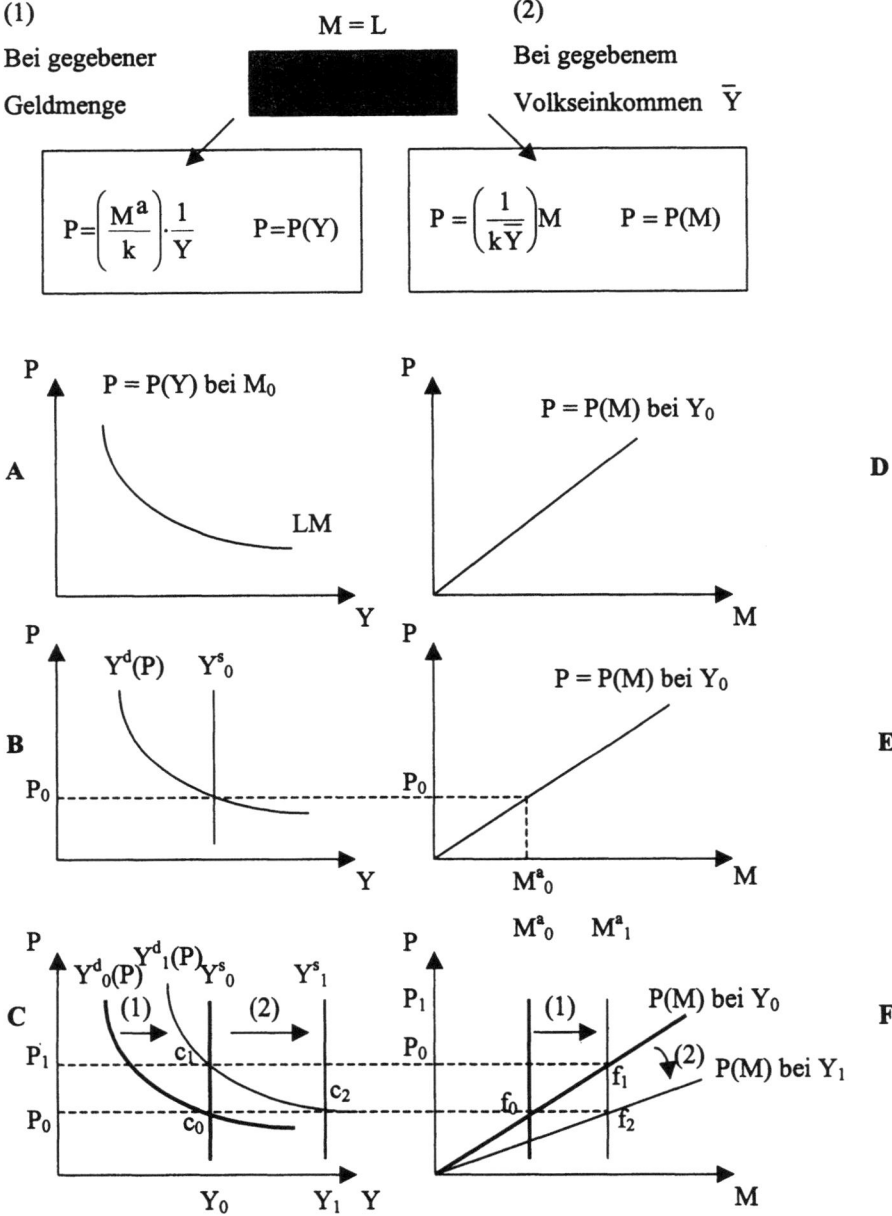

Wählt man für die Darstellung der Geldfunktion die zweite Gleichung (siehe oben), untersucht man also die Zusammenhänge zwischen Preisniveau und Geldmenge bei gegebenem Volkseinkommen, erhält man die in (D) dargestellte lineare Beziehung. In der Grafik (E) übernehmen wir das Preisniveaus P_0 aus (B) und können die zugehörige Geldmenge M^a_0 ablesen. Schließlich zeigt uns (F) die Erhöhung der Geldmenge als Parallelverschiebung der M^a_0 - Kurve auf die M^a_1 - Kurve, wodurch das Preisniveau auf P_1 steigt bei zunächst noch konstantem Volkseinkommen Y_0. Eine Erhöhung des Volkseinkommens wird durch eine Drehung der P(M)- Kurve wiedergegeben. Beide Variationen zusammengenommen führen zum neuen Gleichgewichtswert f_2. Sie sehen die Werte c_0, c_1 und c_2 in (C) korrespondieren mit dem werten f_0, f_1, f_2 in (F): Ausdruck der Tatsache, daß es sich um dieselbe Geldfunktion handelt!

c) Auf dem **Kapitalmarkt** bieten die Haushalte ihre Ersparnisse an und fragen Wertpapiere ("Bonds") der Unternehmungen nach. Es ist: $S = \Delta B^d$. Die Unternehmungen ihrerseits nehmen Kapital auf, um ihre Investitionen finanzieren zu können, und bieten zu diesem Zwecke Wertpapiere an. Es ist: $I = \Delta B^s$. Beide Funktionen sind vom Zinssatz abhängig und nicht wie bei Keynes auch vom Volkseinkommen! Es bildet sich ein gleichgewichtiger, „natürlicher" Zinssatz heraus, bei dem die geplante Ersparnis genauso groß ist wie die geplante Investition.

Schaubild VI/2/3: Der Kapitalmarkt der Neoklassik

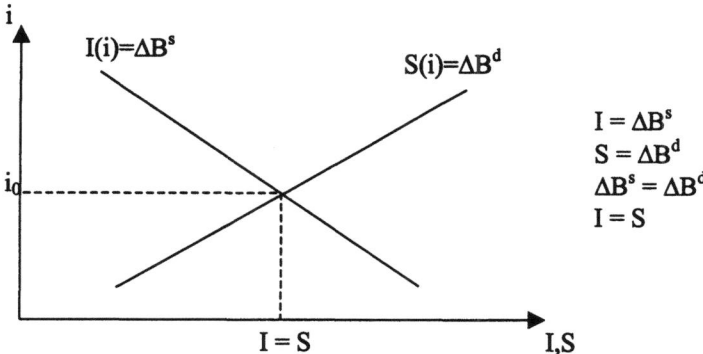

d) **Der Gütermarkt.** Bei gegebenem Volkseinkommen (das bei den Neo-Klassikern stets identisch ist mit dem Vollbeschäftigungseinkommen) folgt aus $S = S(i)$, daß auch die Konsumgüternachfrage eine Funktion vom Zinssatz ist, denn es gilt: $Y = C + S \Rightarrow C = Y - S = Y_0 - S(i) \Rightarrow C = C(i)$. Beim gleichgewichtigen Zinssatz i_0 ergibt sich die Konsumgüternachfrage als Residuum in Höhe von $C_0 = Y_0 - S_0$

bzw., da stets S = I gilt: als $C_0 = Y_0 - I_0$. Aus diesem Grunde wird der hier definierte Kapitalmarkt gleichzeitig als die Kehrseite des **Gütermarktes** interpretiert. S = I bestimmt, wie sich das Sozialprodukt bei Vollbeschäftigung (Y_0) auf Investitionsgüter und Konsumgüter aufteilt! Es ist:

(10) $S = S(i)$ *Sparfunktion mit* $dS/di > 0$

(11) $I = I(i)$ *Investitionsfunktion mit* $dI/di < 0$

(12) $S(i) = I(i)$ *Gleichgewicht auf dem Kapitalmarkt*

   Gleichgewichtszinssatz $\Rightarrow$ i_0

   Ersparnis im Gleichgewicht $\Rightarrow$ S_0

   Investition im Gleichgewicht $\Rightarrow$ I_0

(13) $Y = C + S$ *Verwendung des Sozialproduktes*

(14) $C = Y_0 - S(i) = C(i)$ *Konsumfunktion* $\Rightarrow$ $C = C(i)$

(15) $C_0 = C(i_0) = Y_0 - S_0$ *Konsum im Gleichgewicht* $\Rightarrow$ C_0

(16) $Y^d = C + I = C(i) + I(i)$ *Güternachfrage* $\Rightarrow$ $Y^d = Y^d(i)$

(17) $Y^s_0 = Y^d = C(i) + I(i)$ *Gütermarktgleichgewicht* $\Rightarrow$ i_0, C_0, I_0

Schaubild VI/2/4: Spar- und Konsumfunktion der Neo-Klassik

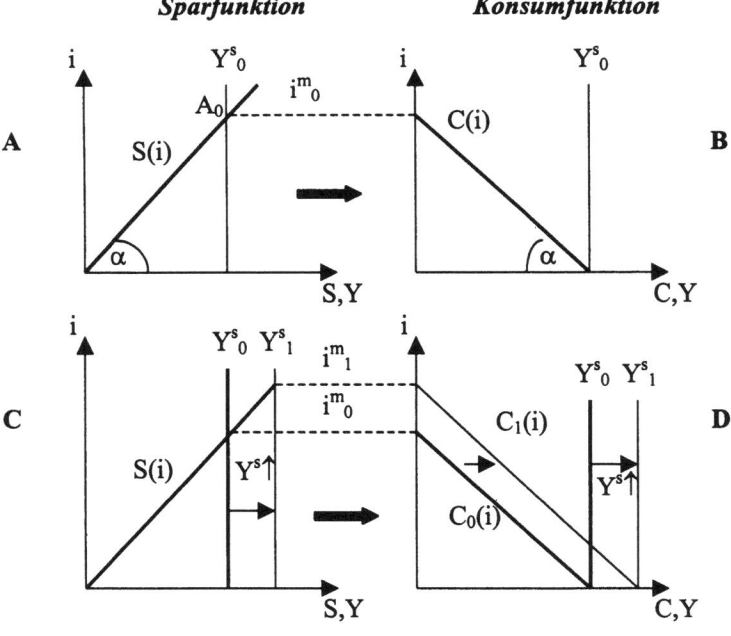

2 Das Klassisch – Neoklassische Modell

(1) $S(i) = \alpha i$

(2) $C(i) = Y^s - \alpha i$

(3) $C_1(i) = Y^s_1 - \alpha i$

(4) $C_0(i) = Y^s_0 - \alpha i$

(5) $\Delta C = C_1 - C_0 = Y^s_1 - Y^s_0$

Aus der **Sparfunktion** $S = S(i)$ ergibt sich folgerichtig eine spiegelbildliche **Konsumfunktion** $C = C(i)$. Diese Zusammenhänge sind im Schaubild VI/2/4 illustriert. Bei gegebenem Y^s_0 erreicht die Ersparnis (hier ist in A eine lineare, durch den Ursprung verlaufende Sparkurve unterstellt) bei i^m_0 ihr Maximum: Das gesamte Einkommen wird in A_0 gespart (ein rein theoretischer Grenzfall)! Der Konsum muß dementsprechend bei i^m_0 Null sein: $C(i^m_0) = 0$. Die Konsumfunktion fällt, bis bei $i = 0$ das gesamte Einkommen konsumiert wird (B). Die Ersparnis hat hier den korrespondierenden Wert Null! Sollte sich das Einkommen erhöhen, bleibt die Sparkurve unverändert. Es erhöht sich lediglich der maximale Zinssatz, bei dem $S = Y$ gilt (vgl. C). Die Konsumfunktion erfährt jedoch eine Lageveränderung; sie verschiebt sich um ΔY^s nach rechts (vgl. D).

Die **Investitionsfunktion** $I = I(i)$ hat sowohl in der Neo-Klassik als auch in der keynes'schen Theorie eine Doppelfunktion: Zum einen benötigen die Unternehmen Kapital zur Durchführung ihrer Investitionen (die Funktion wird damit relevant für den Kapitalmarkt), zum anderen sind Investitionsgüter neben den Konsumgütern die entscheidende Nachfragekomponente auf dem Gütermarkt. Sie unterscheidet sich auf den ersten Blick nicht von einer keynes'schen Investitionsfunktion. Schauen wir uns kurz an, wie die neo-klassische Investitionsfunktion abgeleitet wird.

Ausgangspunkt ist die neo-klassische Produktionsfunktion $Y^s = Y^s(K, \overline{N})$: Bei konstantem Arbeitskräfteeinsatz erhöht sich die Produktion mit steigendem Kapitaleinsatz. Die Zuwächse, die jede zusätzliche Kapitaleinheit produziert, werden jedoch geringer mit wachsendem Kapitaleinsatz. Die Funktion ist in (A) abgebildet. Wir unterstellen, daß die Unternehmen ihre Gewinne maximieren wollen und fragen uns, wonach sie ihre Kapitalentscheidungen ausrichten, um dieses Ziel zu erreichen: Sie werden den Kapitaleinsatz soweit ausdehnen, bis die Gewinne der zuletzt eingesetzten zusätzlichen Kapitaleinheit gerade noch die dadurch bedingten Kapital-Kosten ausgleichen, der zusätzlich erzielte Gewinn - der Grenzgewinn - also gleich

Null ist! Der Kapitalbestand, der diese Bedingung erfüllt heißt optimaler Kapitalbestand. Er verändert sich mit der Höhe des Marktzinssatzes: Bei einem hohen Zinssatz ist der optimale Kapitalbestand geringer als bei einem niedrigen Zinssatz. Die Veränderung des Kapitalbestandes erfolgt durch Investitionen. Sie passen den aktuellen Kapitalbestand (annahmegemäß "in einem Investitionsschritt") an den jeweiligen optimalen Kapitalbestand an!

(18) $Y^s = Y^s (K, \overline{N})$ **Produktionsfunktion:** K = Realkapital

N = Arbeit, Y^s = reales Sozialprodukt

(19) $G = PY^s - w \overline{N} - iP_k K$ **Gewinnfunktion**

Kapitalkosten (P_k = Preisniveau für Kapitalgüter, i = Marktzinssatz, K=Kapitalbestand)

Arbeitskosten (w = Lohnsatz)

Kapitalerträge (P = Preisniveau für Y^s)

(20) $dG/dK = P \, \partial Y^s/\partial K - iP_k \Rightarrow 0$ **Gewinnmaximum:** = 0 (1.Ableitung von (19))

Grenzkosten des Kapitaleinsatzes

Grenzertrag des Kapitals

(Grenzkosten der Arbeit = 0, da weder N noch w sich ändern)

Grenzgewinn des Kapitals

(21) $\partial Y^s/\partial K = iP_k/P = i$ **Grenzproduktivität des Kapitals**

muß im Gewinnmaximum dem Mindestzinssatz entsprechen. Annahme: $P = P_k$

(22) $P \, dY^s/P_k \, dk = r = i$ **Grenzleistungsfähigkeit des Kapitals**

bei $P = P_k$ wird $r = i$

(23) $K_{opt} = K(\partial Y^s/\partial K) = i$ **optimaler Kapitalbestand**

(24) $I = K_{opt} - \overline{K}_{aktuell}$ **Investitonsfunktion**

Ist-Kapitalbestand (weicht i.d.R. vom optimalen Kapitalbestand ab)

Der Kapitalbestand ist optimal, wenn $r = i$ ist, d.h. wenn die Grenzleistungsfähigkeit des Kapitals (seine "Rendite" r) dem Marktzinssatz i entspricht

(25) $I(i) = K(i) - \overline{K}_{aktuell}$ **Investitionsfunktion** ist damit eine Funktion des geplanten Kapitalstocks

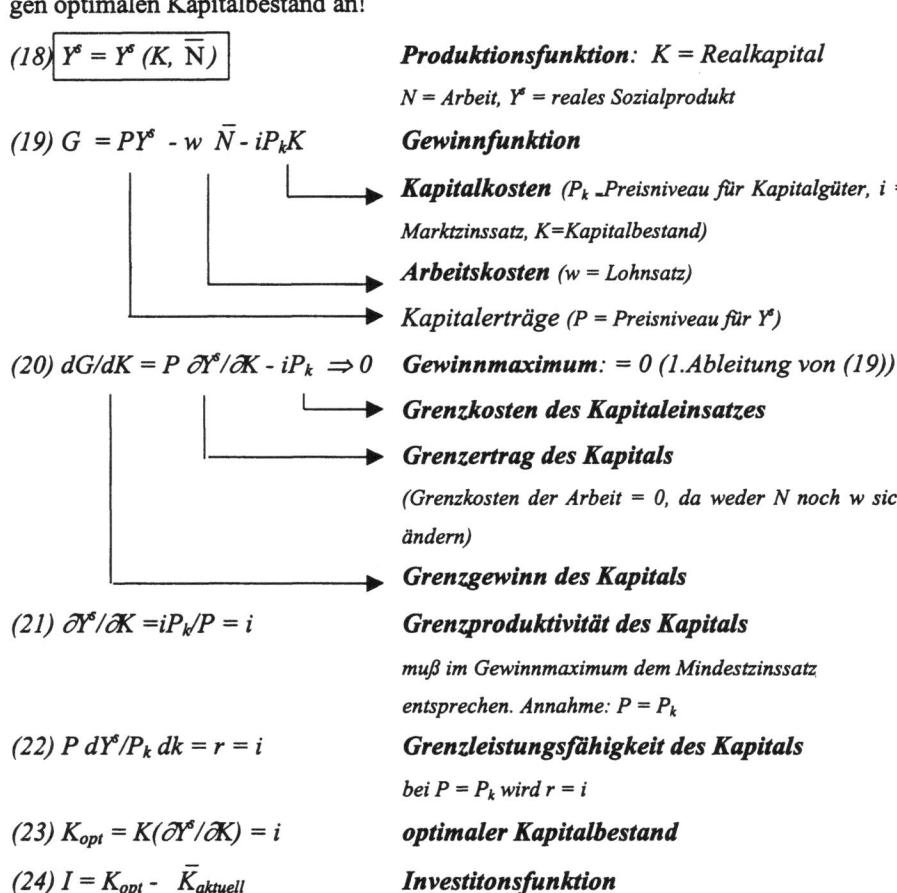

2 Das Klassisch – Neoklassische Modell

Schaubild VI/2/5: Die Ableitung der neo-klassischen Investitionsfunktion

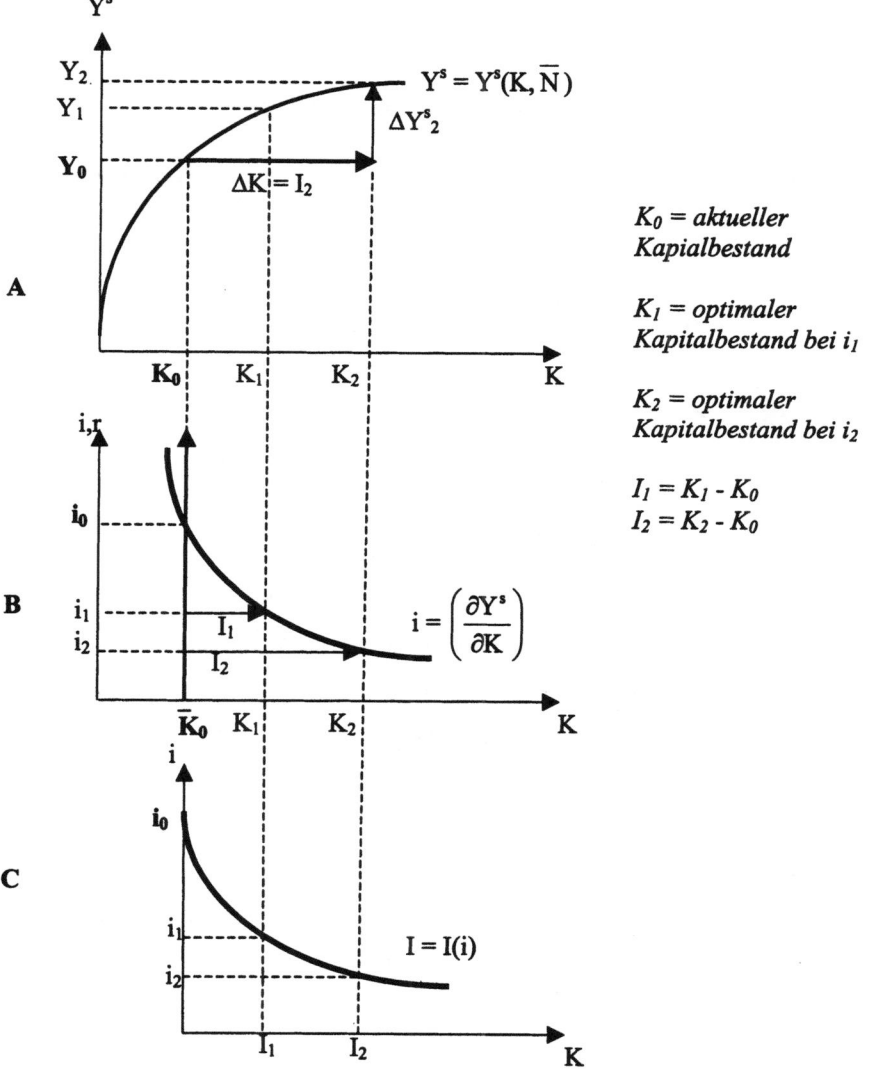

K_0 = aktueller Kapialbestand

K_1 = optimaler Kapitalbestand bei i_1

K_2 = optimaler Kapitalbestand bei i_2

$I_1 = K_1 - K_0$
$I_2 = K_2 - K_0$

e) Wir haben jetzt die Funktionen spezifiziert, die erforderlich sind, um **Kapitalmarkt und Gütermarkt** komplettieren zu können (vgl. Schaubild VI/2/6). Auf dem Kapitalmarkt treffen die Spar- und Investitionsfunktionen aufeinander. Es bildet sich der „natürliche" Gleichgewichtszinssatz i_0^* bei dem $S_0 = I_0$ ist (A). Aus der Sparkurve wird die Konsumkurve abgeleitet (B). Sie ergibt sich als Differenz: $C(i) = Y_0 - S(i)$. In (C) werden die beiden Kurven $C(i)$ und $I(i)$ „superponiert" und die aggregierte Güternachfragekurve gebildet. Sie hat bei i^m_0 eine Knickstelle, weil bei höheren Zinssätzen allein die Investitionsfunktion gilt und bei niedrigeren die Konsumfunktion hinzuaddiert wird (grafisch „superponiert" wird).

Schaubild VI/2/6: Kapital- und Gütermarkt der Neo-Klassik

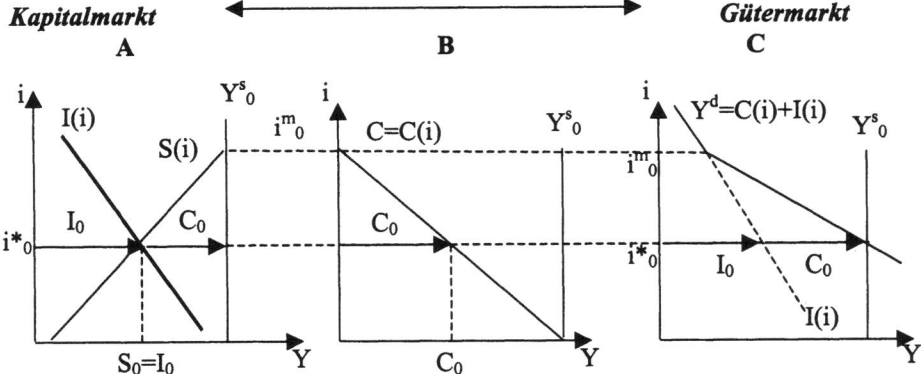

f) Zusammenfassendes Ergebnis (vgl. Schaubild VI/2/7): In der Neo-Klassik stehen die realen Wirtschaftsbeziehungen den monetären dichotomatisch gegenüber: Das reale Güterangebot (A) wird allein über den Arbeitsmarkt (C) und die Produktionsfunktion (B) bestimmt und liegt (zumindest langfristig) stets auf dem Vollbeschäftigungsniveau. Auf dem Kapitalmarkt (E) stellt sich ein natürlicher Gleichgewichtszinssatz ein, der die Eigenschaft hat, sowohl den Kapitalmarkt als auch den Gütermarkt (F) zu räumen: die aggregierte Güternachfrage entspricht beim natürlichen Zinssatz genau dem aggregierten Vollbeschäftigungseinkommen! Die Geldmenge legt sich wie ein Schleier über die reale Wirtschaft und bestimmt lediglich die Höhe des Preisniveaus, bei dem die Güternachfrage das Güterangebot „räumt". Das Preisniveau bestimmt auch die nominalen Lohnsätze, die dem realen Gleichgewichtslohnsatz entsprechen. Die Geldmenge nimmt aber keinen Einfluß auf die produzierte und nachgefragte reale Gütermenge selbst (wie typischerweise bei Keynes). Auf dem aggregierten Gütermarkt (wie bei allen anderen Märkten auch) stellt sich stets ein markträumender Gleichgewichtspreis ein. Der Transmissionsmechanismus, wie er bei Keynes zwischen realer und monetärer Sphäre existiert, ist in der Neo-Klassik aufgehoben. Die beiden „Welten" bleiben strikt voneinander getrennt!

2 Das Klassisch – Neoklassische Modell

Schaubild VI/2/7: Das Neo-Klassische Totalmodell

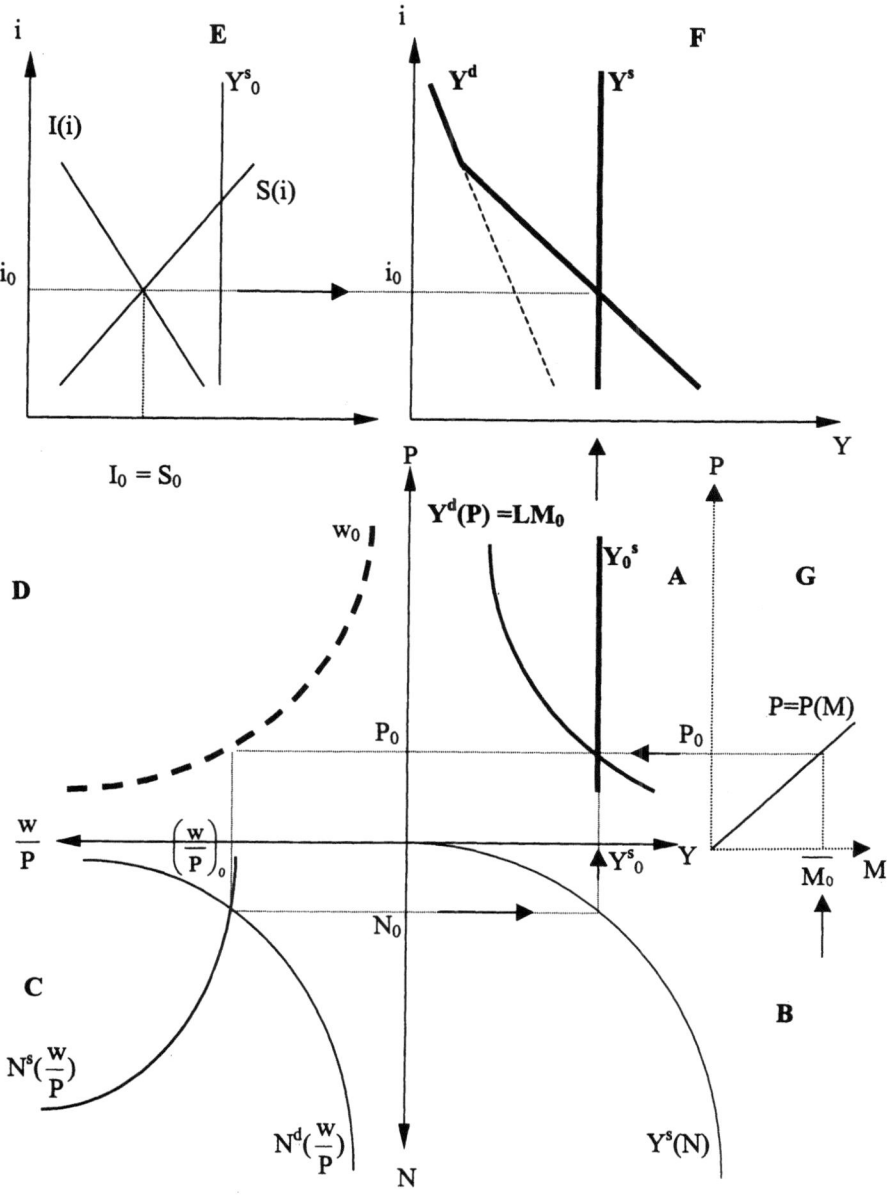

E: Kapitalmarkt
B: Produktionsfunktion
F: Gütermarkt
C: Arbeitsmarkt
G: Geldmarkt
A: Aggregierter Markt
D: Nominallohnbestimmung

3 Makro-Politiken im Neo-Klassischen Modell

Untersuchen wir zum Abschluß die Wirkungsweise makroökonomischer Politiken im neo-klassischen Modell: Weder eine expansive Fiskalpolitik noch eine expansive Geldpolitik können in der Neo-Klassik positive Einkommenseffekte bewirken! Warum nicht? Nun, wir haben es bereits mehrfach festgestellt: Eine Volkswirtschaft, die diesem Modell entspricht, befindet sich normalerweise automatisch im Zustand der Vollbeschäftigung. Das Sozialprodukt läßt sich also gar nicht steigern. Der Mechanismus, der dieses bewirkt, ist die „unsichtbare Hand" des Marktes, d.h. die vollständige Preisflexibilisierung auf allen Teilmärkten. Auch wenn wir jetzt bereits das Endergebnis in Bezug auf die Höhe des Sozialproduktes wissen, wollen wir einen kurzen Blick auf die Wirkungsweise expansiver Makropolitiken werfen.

a) Mit Hilfe einer **expansiven Fiskalpolitik** kann der Staat seine zusätzliche Nachfrage nur durchsetzen, indem er den privaten Sektor in gleichem Umfang zurückdrängt. Die zusätzliche Nachfrage des Staates führt notwendigerweise zu einem totalen „crowding out" der Privaten, und zwar unabhängig davon, ob er sie kredit- oder steuerfinanziert. Dennoch besteht ein Unterschied zwischen beiden Finanzierungsarten.

1) Der Fall der Kreditfinanzierung ist im Schaubild VI/3/1 illustriert. In der Ausgangslage ist das Gleichgewicht auf dem Kapital- und Gütermarkt durch i_0 charakterisiert. Bei diesem Zinssatz ist $S_0 = I_0$ und $Y^s = Y^d$. (A) bildet den Kapitalmarkt, (B) den Gütermarkt ab. Der vom Staat zusätzlich entfalteten Güternachfrage entspricht auf dem Kapitalmarkt ein zusätzliches Angebot an Staatspapieren, die der Kreditbeschaffung dienen und die Staatsnachfrage finanzieren. Die Kurve $I(i) \equiv \Delta B^s$ (des privaten Sektors) verschiebt sich in (A) um die Staatsausgaben $\Delta G \equiv \Delta B^{st}$ (Staat) auf $I' = I(i) + \Delta G$. Neben den Unternehmen bietet jetzt auch der Staat Wertpapiere an, um die Staatsausgaben durch Kreditaufnahme zu finanzieren.

Schaubild VI/3/1: Expansive Fiskalpolitik im neo-klassischen Modell (kreditfinanziert)

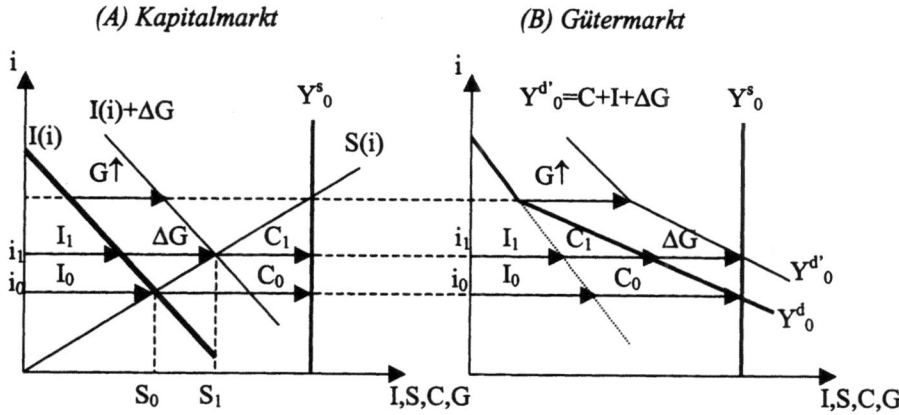

Daraufhin steigt der Gleichgewichtszinssatz von i_0 auf i_1, und die Ersparnis von S_0 auf S_1, d.h. das Kapitalangebot in Form zusätzlicher Ersparnisse (=Nachfrage nach Wertpapieren) steigt auf Grund des erhöhten Zinssatzes und der Zinselastizität der Ersparnisse - jedoch nicht um den vollen Umfang des staatlichen Wertpapierangebots bzw. Finanzierungsdefizits. Der höhere Kapitalmarktzinssatz i_1 verdrängt gleichzeitig zinselastische, private Investitionen um $\Delta I(i) = I_1 - I_0$. Durch die höhere Ersparnis geht (gewissermaßen als Residualgröße) der Konsum um $\Delta C = C_1 - C_0 = -\Delta S$ zurück. Die zusätzlichen Staatsausgaben werden mithin kompensiert durch einen (in der Summe) gleich großen Rückgang der privaten Investitions- und Konsumgüternachfrage: Es ist: $\Delta G = -(\Delta I + \Delta C)$.

Die quantitative Aufteilung des crowding out - Effektes auf ΔC und ΔI wird allein durch die Zinsreagibilitäten der Investitions- und Sparfunktionen bestimmt: Eine vollkommen zinsunelastische Sparfunktion würde dazu führen, daß die Anpassung allein durch die privaten Investitionen erfolgt: $\Delta G = -\Delta I$; eine vollkommen zinselastische Sparfunktion würde ausschließlich zu Lasten des Konsums gehen: $\Delta G = -\Delta C$. Bei einer vollkommen zinsunelastischen Investitionsgüternachfrage würde die Verdrängung ebenfalls ausschließlich zu Lasten des privaten Konsums gehen, ist sie hingegen vollkommen zinselastisch, kann sich der Staat entweder nicht durchsetzen oder er verdrängt die privaten Investitionen lediglich in dem Umfang, wie die privaten Sparer staatliche Anlagen (aus anderen Gründen als die der Verzinsung) präferieren.

In (B) Schaubild VI/3/1 ist der Gütermarkt illustriert, der sich aus der Konsumgüter- und der Investitionsgüternachfrage zusammensetzt: Die Verschiebung der Investitionsfunktion um ΔG führt dazu, daß sich auch die aggregierte Güternachfrage in (B) nach rechts verschiebt und die Y^s_0-Kurve beim neuen Gleichgewichtszinssatz i_1 trifft. Es ist deutlich abzulesen, um welche Anteile die private Konsum- und Investitionsgüternachfrage sinken.

Schaubild VI/3/2: Expansive Fiskalpolitik im neo-klassischen Modell (steuerfinanziert)

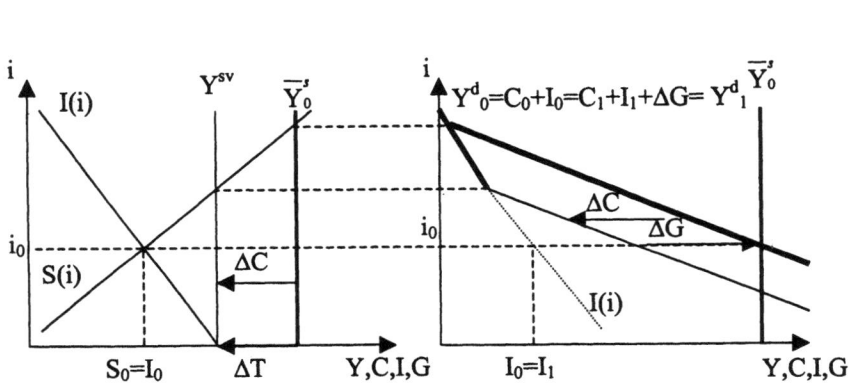

2) Der Fall der steuerfinanzierten Staatsausgaben ist im Schaubild VI/3/2 illustriert. Die Erhebung von Steuern reduziert das verfügbare Einkommen des privaten Sektors um das Steueraufkommen, führt aber auf dem Kapitalmarkt zu keiner höheren Kapitalnachfrage (wie im Fall der kreditfinanzierten Staatsausgaben), da die Verwendung der Steuereinnahmen der Finanzierung der Staatsausgaben dient. Auf dem Gütermarkt erhöht sich die gesamtwirtschaftliche Güternachfrage um ΔG. Da aber bekanntlich das Güterangebot unverändert bleibt, stellt sich erneut die Frage, wie sich die Zusammensetzung des Sozialproduktes verändern wird?

(A) bildet den Kapitalmarkt ab. Bei i_0 ist das Wertpapierangebot gleich der Nachfrage. Es gilt: $S(i_0) = I(i_0)$. Die Kurven Y^{sv}_1 (das verfügbare Einkommen) und Y^s_0 (das Volkseinkommen) haben für das Gleichgewicht auf dem Kapitalmarkt keine Bedeutung. Sie sind hier lediglich eingetragen, weil sie für die Ableitung der Konsumgüternachfrage in (B) relevant werden. Es gelten die Beziehungen: $Y^s_0 - \Delta T = Y^{sv}_1$ und $\Delta T = \Delta G$.

Die aggregierte Güternachfragefunktion in (B) verschiebt sich einerseits nach rechts (um ΔG) und andererseits nach links (um $\Delta T=-\Delta C$). Wegen $\Delta T = \Delta G$ heben sich beide Verschiebungen auf, so daß die aggregierte Güternachfrage (bei den synchron verlaufenden Veränderungen) in der ursprünglichen Lage verbleibt.

Der Schnittpunkt mit der Y^s_0-Kurve bleibt bei i_0 unverändert. Allerdings hat sich die Zusammensetzung des Sozialproduktes geändert: Die Investitionen sind zwar konstant geblieben ($I_0 = I_1$), der Konsum ist jedoch exakt um den Betrag zurückgegangen, um den der Staat seine steuerfinanzierte Güternachfrage ausgedehnt hat. Das crowding out erfolgt mithin ausschließlich zu Lasten des privaten Konsums!

b) Eine **expansive Geldpolitik** kann im System der Neo-Klassiker genauso wenig für einen Zuwachs des Sozialproduktes sorgen wie eine entsprechende Fiskalpolitik und zwar aus demselben Grund: die Volkswirtschaft ist vollbeschäftigt und kann das Sozialprodukt gar nicht steigern. Eine Geldmengenerhöhung führt allein zu Preissteigerungen und hat keinerlei reale Effekte! Schauen Sie sich dazu das Schaubild VI/3/3 an.

(A) zeigt uns den aus der Quantitätstheorie abgeleiteten Zusammenhang zwischen Preisniveau und Geldmenge bei gegebenem Sozialprodukt. Eine Geldmengenerhöhung führt zu einer Preisniveausteigerung. Die aggregierten Güternachfragekurven in (B) korrespondieren mit den Geldmengen.

Schaubild VI/3/3: Expansive Geldpolitik im neo-klassischen Modell

(A) Geldmenge und Preisniveau *(B) Geldmenge und Güternachfrage*

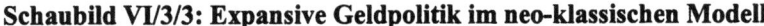

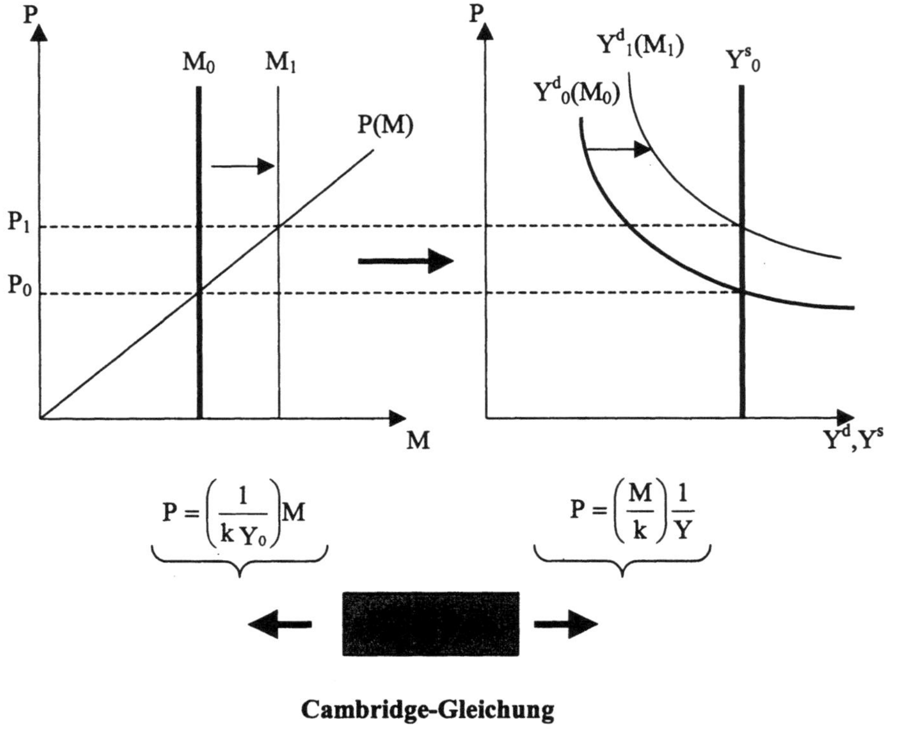
P
M_0
M_1
P(M)
P_1
P_0
M
P
$Y^d_1(M_1)$
Y^s_0
$Y^d_0(M_0)$
Y^d, Y^s
$P = \left(\frac{1}{k Y_0}\right) M$
$P = \left(\frac{M}{k}\right) \frac{1}{Y}$
Cambridge-Gleichung

Fazit:

Weder die Fiskalpolitik noch die Geldpolitik haben realwirtschaftliche Effekte. Da sich Vollbeschäftigung automatisch einstellt, verbleibt der Politik die Aufgabe, die Rahmenbedingungen für eine funktionierende Marktwirtschaft zu setzen. Als einzige Politik, das Sozialprodukt langfristig und nachhaltig zu steigern, verbleibt mithin lediglich die angebotsorientierte Politik, die in bekannter Weise an der Y^s-Kurve ansetzt und auf die Produktionsfunktion und den Arbeitsmarkt ausgerichtet sein muß und sich aus den Komponenten zusammensetzt: Förderung der Kapitalakkumulation, Steigerung der Arbeitsnachfrage, Qualifizierung des Arbeitsangebots und Erhöhung der Produktivität (vgl. z.B. Kap. V).

Box VI/3/1: Die Ableitung der neo-klassischen Sparfunktion

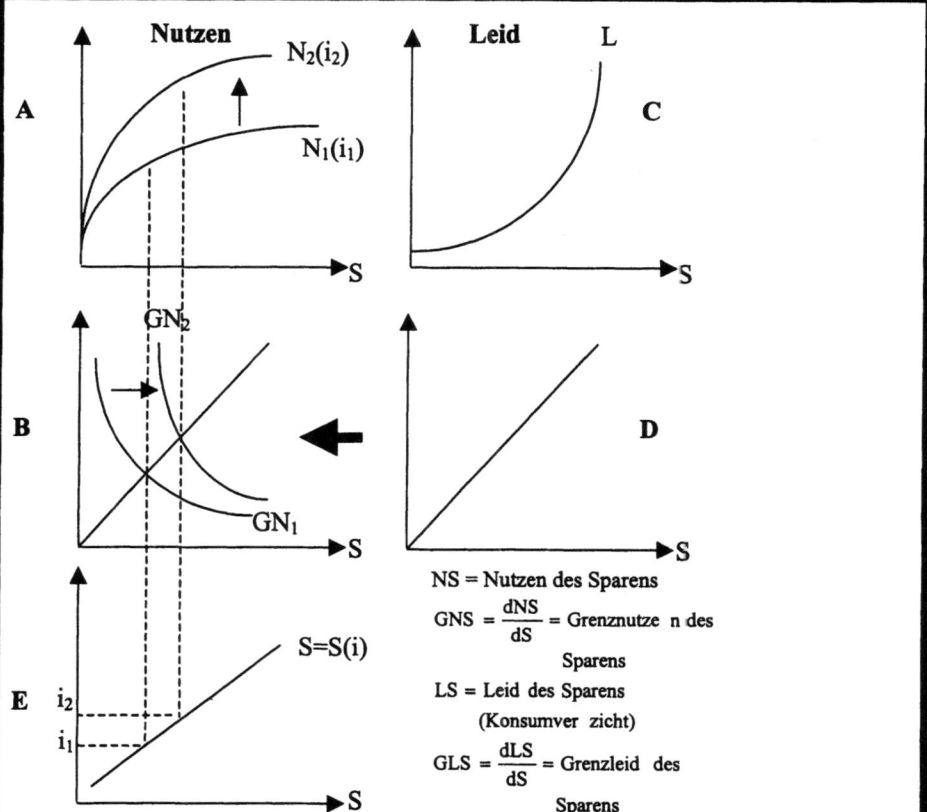

NS = Nutzen des Sparens

$GNS = \dfrac{dNS}{dS}$ = Grenznutzen des Sparens

LS = Leid des Sparens (Konsumverzicht)

$GLS = \dfrac{dLS}{dS}$ = Grenzleid des Sparens

Die Ersparnis bedeutet für die Haushalte einen „Nutzen", der sich in zukünftigen Konsummöglichkeiten niederschlägt. Dieser Nutzen ist desto höher, je höher die Ersparnisse und die Verzinsung der Ersparnisse sind. Gleichzeitig werden die Nutzenzuwächse mit wachsender Ersparnis geringer: Die Nutzenfunktion ist eine positiv steigende Funktion mit abnehmender Neigung (vgl. A). Ihre Lage wird durch den Zinssatz als Lageparameter bestimmt. Je höher die Verzinsung der Ersparnisse, desto höher die Lage der Nutzenfunktion. Die Grenznutzenfunktion ergibt sich als 1. Ableitung der Nutzenfunktion. Sie hat einen fallenden Verlauf (B). Die Ersparnisbildung stiftet zwar für zukünftige Perioden einen Nutzen, bedeutet aber für den aktuellen Zeitraum im gleichen Umfang Konsumverzicht und damit ein Opfer bzw. „Leid" aus der Sicht des Haushalts. Dieses Leid nimmt überproportional zu mit wachsender Ersparnis, weil immer geringere Einkommensteile für den Konsum verbleiben. Die Graphiken (C) und (D) stellen die entsprechenden funktionalen Zusammenhänge her. In (B) wird dem Grenznutzen das mit dem Sparen verbundene "Grenzleid" gegenübergestellt und es ergibt sich eine „optimale" Ersparnis im Schnittpunkt beider Kurven, also dort wo der Grenznutzen einer zusätzlichen Spareinheit gerade so groß ist wie das Grenzleid, das der Haushalt durch den entgangenen Konsum erfährt. In der Graphik (E) ergibt sich aus dem Vergleich zweier Nutzen- respektive Grenznutzenfunktionen die vom Zinssatz abhängige Sparfunktion! (Sie mögen sich selbst fragen, ob diese Hypothese auch Ihre persönliche Verhaltensweise exakt beschreibt. Würden Sie z.B. Ihren Konsum einschränken, wenn der Kapitalmarktzins um ein Prozent zunimmt? Sollten allerdings die Ersparnisse (fast) ausschließlich von Unternehmer-Haushalten erbracht werden, die ihre Sparentscheidungen häufig synchron mit ihren Investitionsentscheidungen treffen und letztere wiederum in Relation zu ihren Gewinn- respektive Renditeerwartungen, also in Abhängigkeit vom Zinssatz, dann mag die neo-klassische Hypothese einen hohen Erklärungswert haben.

VII Neo-Klassisch-Keynesianische Synthese

1 Modell-Mix aus Keynes und Neo-Klassik

Wir kommen zum Abschluß unserer volkswirtschaftlichen Analysen. Der makroökonomische Bogen, den wir durch die zwei konkurrierenden Modellwelten der Neo-Klassik und der Theorie von Keynes gespannt haben, schließt mit dem Versuch einer Synthese: Theoretische Elemente der Neo-Klassik werden mit solchen der keynes'schen Theorie zu einem Totalmodell verbunden, das das Modell der „neo-klassisch-keynesianischen Synthese" genannt wird. Aus der Neo-Klassik werden insbesondere Modellbausteine übernommen, die das aggregierte Güterangebot bestimmen (Arbeitsmarkt und Produktionsfunktion), aus der keynes'schen Theorie solche, die die aggregierte Güternachfrage determinieren (Güter- und Geldmarkt: das IS-LM-Modell). Dieses Totalmodell unterscheidet man in eine „klassische" und eine „keynesianische" Variante, wobei sich der markanteste Unterschied aus der Gestalt der aggregierten Angebotskurve ergibt (vgl. Schaubild VII/1/1):

Die „**klassische Variante**" ist auf dem aggregierten Gütermarkt durch ein vollkommen preisunelastisches Angebot gekennzeichnet: $\varepsilon(Y^s/P) = 0$, d.h. die Y^s - Kurve verläuft parallel zur Preisachse. Sie legt den (neo-) klassischen Arbeitsmarkt mit vollkommen flexiblen Löhnen und Preisen zugrunde, so daß das aggregierte Güterangebot $Y^s(P)$ stets dem sich automatisch einstellenden Vollbeschäftigungseinkommen Y_0 entspricht. Da in diesem Modell alle Preise frei flexibel sind, nennt man es auch **Flexpreismodell** (Grafik A1-3).

Die „**keynesianische Variante**" modelliert den Fall eines „nach unten" inflexiblen Nominallohnes. Sie zeichnet sich dadurch aus, daß das aggregierte Angebot im Unterbeschäftigungsbereich preiselastisch verläuft: $\varepsilon(Y^s/P) > 0$ und erst bei Erreichen des Vollbeschäftigungseinkommens in einen preisunelastischen Zweig abknickt $\varepsilon(Y^s/P) = 0$). Da in diesem Modell wenigstens ein makroökonomischer Preis (der nominale Lohnsatz) fest ist, nennt man es auch **Festpreismodell** (Grafik B1-3).

Die aggregierte Güternachfragekurve $Y^d(P)$ kann in beiden Varianten je nach Konstellation der IS- und LM-Funktionen variieren (vgl. Schaubild VII/1/1): Sie verläuft

1. Fall: „normal" fallend: $\eta(Y^d/P) < 0$. Im relevanten Bereich dieses „Normalfalles" sind die IS- und LM-Funktionen zinselastisch.

2. Fall: vollkommen preisunelastisch: $\eta(Y^d/P) = 0$. Die Voraussetzung dafür ist ein vollkommen zinsunelastischer Verlauf der IS-Kurve (und dementsprechend auch der Investitionsfunktion).

3. Fall: mit einer Knickstelle, d.h. teils preiselastisch, teils unelastisch: $\eta(Y^d/P) \leq 0$. Eine „Knickstelle" in der aggregierten Nachfragekurve tritt immer dann auf, wenn die IS-Kurve die LM-Kurve im Abschnitt der keynesianischen Liquiditätsfalle schneidet. In diesem Bereich würden Preissenkungen zwar die reale Geldmenge erhöhen, aber keine Zinssenkungen induzieren, so daß der sogenannte „Keynes-Effekt" nicht wirksam werden kann (vgl. auch Kap. IV).

Einen Überblick über die verschiedenen Kombinationsmöglichkeiten des Modells gibt uns das Schaubild VII/1/1 und folgende Matrix:

Übersicht über die Varianten des Modells der neo-klassisch-keynesianischen Synthese

Nachfrage-Elastizität / Angebots-Elastizität	A $\varepsilon(Y^s/P) = 0$	B $\varepsilon(Y^s/P) > 0$
1. Fall $\eta(Y^d/P) < 0$	A1	B1
2. Fall $\eta(Y^d/P) = 0$	A2	B2
3. Fall $\eta(Y^d/P) \leq 0$	A3	B3

1 Modell-Mix aus Keynes und Neo-Klassik

Schaubild VII/1/1: Die Neo-Klassische Synthese und ihre Varianten

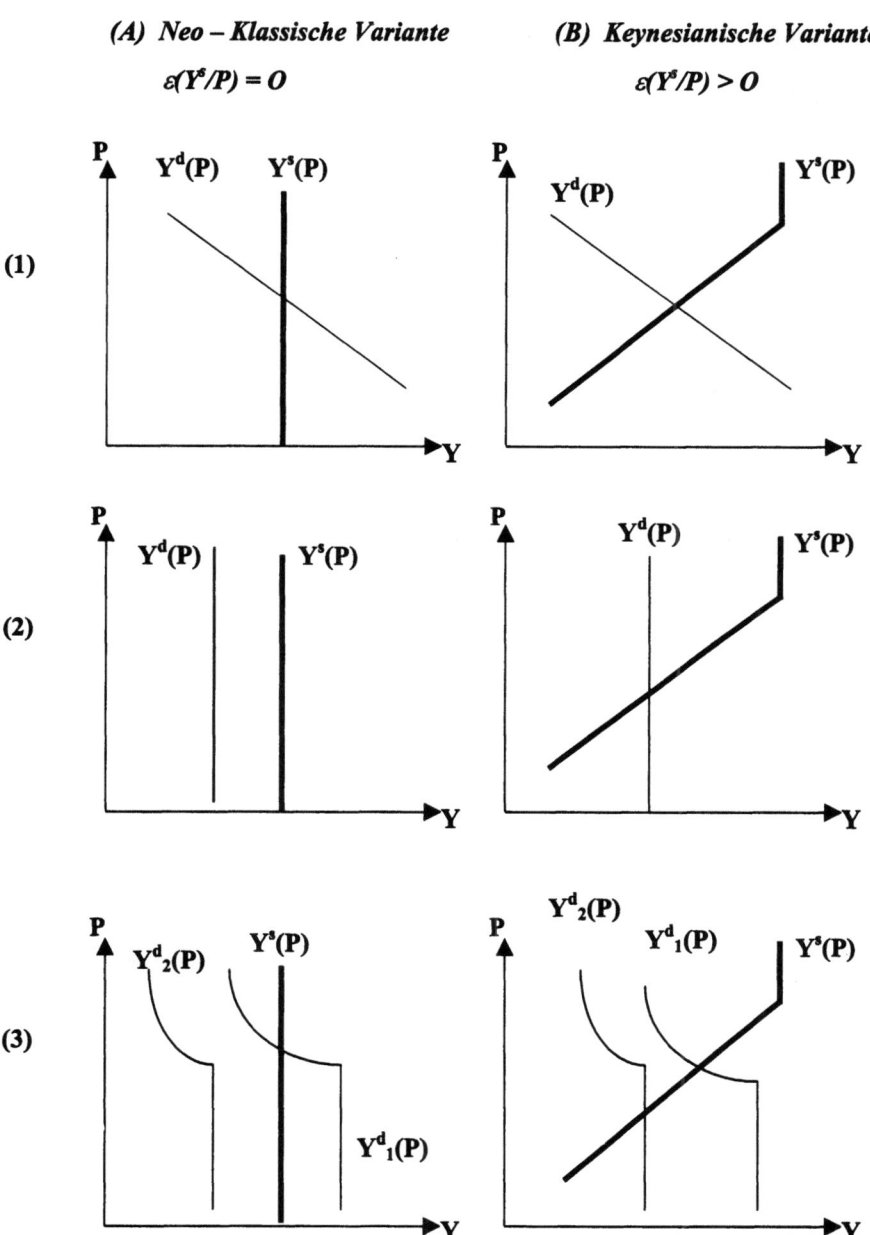

Wir werden uns im folgenden auf die in der Übersicht vorgestellten Kombinationen beziehen. Bevor wir jedoch die volkswirtschaftlichen Auswirkungen wirtschaftspolitischer Einflüsse analysieren, sollten wir uns das **„Totalmodell" im „totalen Gleichgewicht"** noch einmal genau vor Augen führen. Zu diesem Zweck haben wir im Schaubild VII/1/2 für das Beispiel $Y^d = C(Y^s) + I(i)$ sämtliche makroökonomischen Partialmodelle, die das Totalmodell konstituieren zusammengestellt:

- **A:** Die Grafik A bildet das Gleichgewicht auf dem Güter- und Geldmarkt ab: die aus der keynes'schen Theorie stammenden IS- und LM-Kurven. Das Gleichgewicht beider Märkte stellt sich bei i_0 und Y_0 ein (vgl. Kapitel IV).
- **B:** Die Grafik B enthält den „aggregierten Gütermarkt". Die Kurve der aggregierten Güternachfrage ist aus A entwickelt. Sie knickt dort ab, wo die IS-Kurve in A auf die „Liquiditätsfalle" der LM-Kurve stößt. Das aggregierte Güterangebot ergibt sich hingegen aus den Grafiken C, D, E (vgl. auch Kapitel V). In der klassischen Variante (vollkommen flexible Nominallöhne) erhalten wir die vertikal verlaufende, aggregierte Angebotskurve $Y^s_a(P)$, in der keynesianischen Variante die Kurve $Y^s_b(P)$. Für beide Varianten gelten die Gleichgewichtswerte P_0/Y_0.
- **C:** Die Produktionsfunktion erlaubt die Bestimmung des Vollbeschäftigungseinkommens Y_0 bei Einsatz der „Arbeitsmenge" N_0.
- **D:** Die Anzahl der Arbeitskräfte bei Vollbeschäftigung N_0 ergibt sich auf dem Arbeitsmarkt im Schnittpunkt der Angebots- und Nachfragekurven nach Arbeit. Hier wird auch der „reale Lohnsatz" ermittelt $w^r_0 \equiv (w/P)_0$.
- **E:** In der Graphik E ist die definitorische Beziehung zwischen Preisniveau und realem Lohnsatz für verschiedene nominale Lohnsätze angegeben. Die keynesianische Variante basiert auf dem „nach unten" fixierten Lohnsatz w_0, der jedoch „nach oben", d.h. nach Erreichen des Vollbeschäftigungseinkommens Y_0 flexibel wird, so wie er es für die klassische Variante durchgängig ist.
- **F:** Hier findet sich die zinsabhängige Investitionsfunktion, wie wir sie aus dem Kapitel II kennen. Sie ist die entscheidende Funktion, die über den Transmissionsmechanismus des Zinssatzes die monetäre Entwicklung mit der realen verzahnt. Beim Gleichgewichtszinssatz i_0 betragen die Nettoinvestitionen I_0.

1 Modell-Mix aus Keynes und Neo-Klassik

Schaubild VII/1/2: Das Totalmodell im Gleichgewicht der Vollbeschäftigung

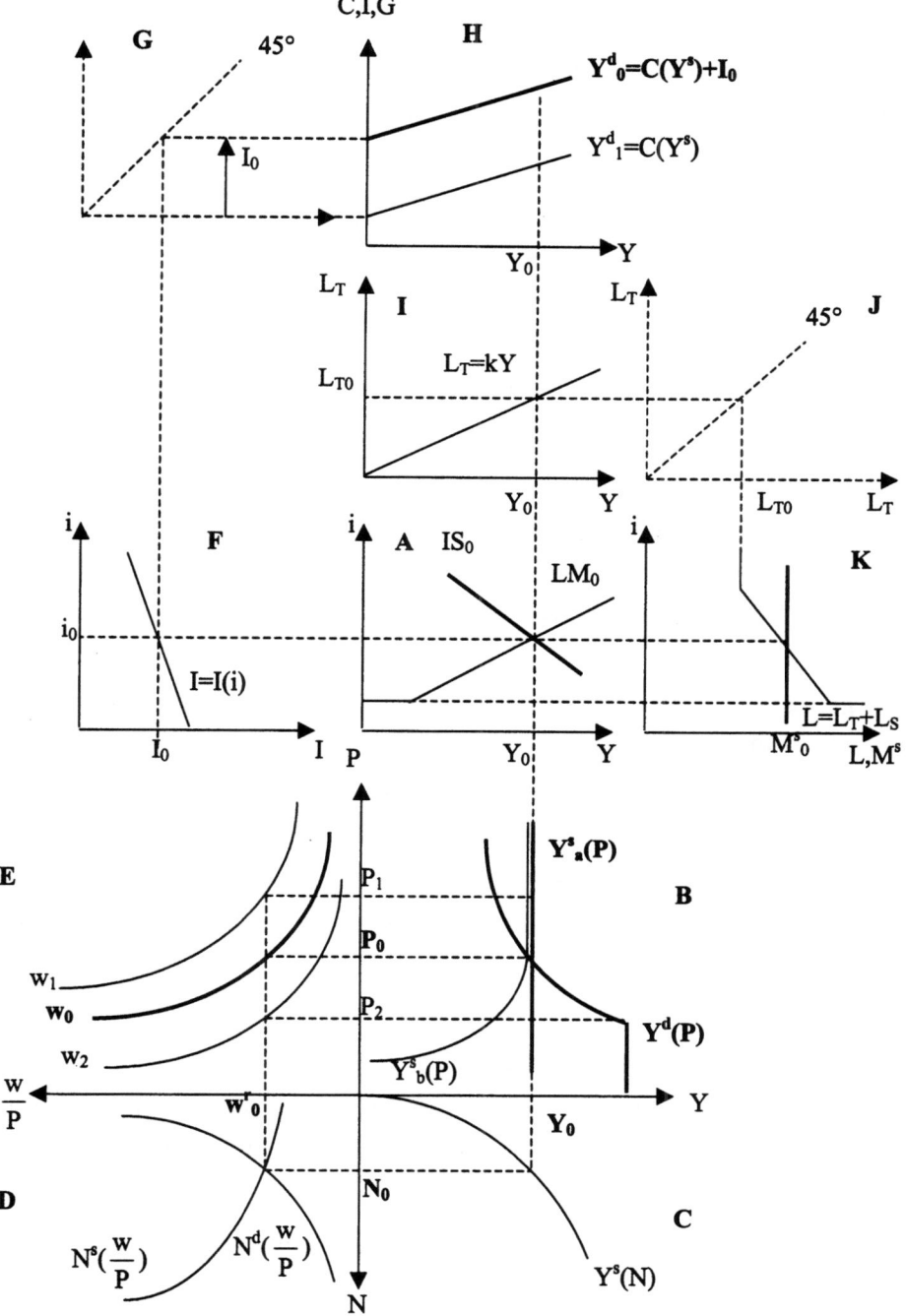

- **G:** Es handelt sich um Hilfslinien zur Spiegelung der zinsabhängigen Investition, um diese zu der Konsumgüternachfrage hinzuaddieren zu können. Beachten Sie, daß die „X-Achse" in G auf Höhe des autonomen Konsums C^a in H liegt.

- **H:** In dieser Grafik findet sich der „einfache" Gütermarkt abgebildet, wie wir ihn im Kapitel II entwickelten: die Güternachfrage hängt vom angebotenen Einkommen ab bei Konstanz des Preis- und Zinsniveaus. Es ist: $Y^d = Y^d(Y^s)$.

- **I:** Zur Abwicklung des Sozialproduktes (im Gleichgewicht = Y_0) wird Geld als Transaktionskasse im Umfang von L_{T0} benötigt gemäß der Transaktionsgeldnachfragefunktion $L_T = L_T(Y)$.

- **J:** Das Hilfsdiagramm dient zur Spiegelung der Nachfrage nach Transaktionskasse, um in K die gesamte Nachfrage nach Geld abbilden zu können.

- **K:** Die Nachfrage nach Geld, die sich neben der (einkommensabhängigen) Nachfrage nach Transaktionskasse auch aus der (zinsabhängigen) Nachfrage nach Spekulationskasse zusammensetzt, trifft auf die autonom gegebene Geldmenge $M^s_0 = L$ beim Gleichgewichtszinssatz i_0 (vgl. Kap. III).

Ergebnis: Die Volkswirtschaft befindet sich im Gleichgewicht aller Märkte beim Vollbeschäftigungseinkommen Y_0 und den Gleichgewichtspreisen P_0, w_0, i_0.
Es stellt sich die Frage, was passiert, wenn in einem oder mehreren Teilmärkten Abweichungen von diesem Gleichgewicht auftreten. Haben diese Abweichungen dauerhaft Bestand, oder werden Ungleichgewichte systemimmanent beseitigt? Die Beantwortung dieser Frage fällt unterschiedlich aus, je nachdem welche Variante zugrundegelegt wird.
Nur der Fall A1 (im Schaubild VII/1/1) garantiert stets „totales Gleichgewicht bei Vollbeschäftigung". Schauen wir uns die diesem Fall zugrundeliegenden Funktionen an und untersuchen, wie in diesem Modell eine temporäre Abweichung vom totalen Gleichgewicht automatisch beseitigt wird (Schaubild VII/1/3):
Die Ausgangssituation ist durch die mit „1" indizierten Werte gekennzeichnet. Auf dem Güter- und Geldmarkt (A) herrscht ein temporäres Gleichgewicht. Die diesem Gleichgewicht entsprechende aggregierte Nachfrage ist bei dem herrschenden

Schaubild VII/1/3: Automatischer Anpassungsprozeß im Flexpreismodell

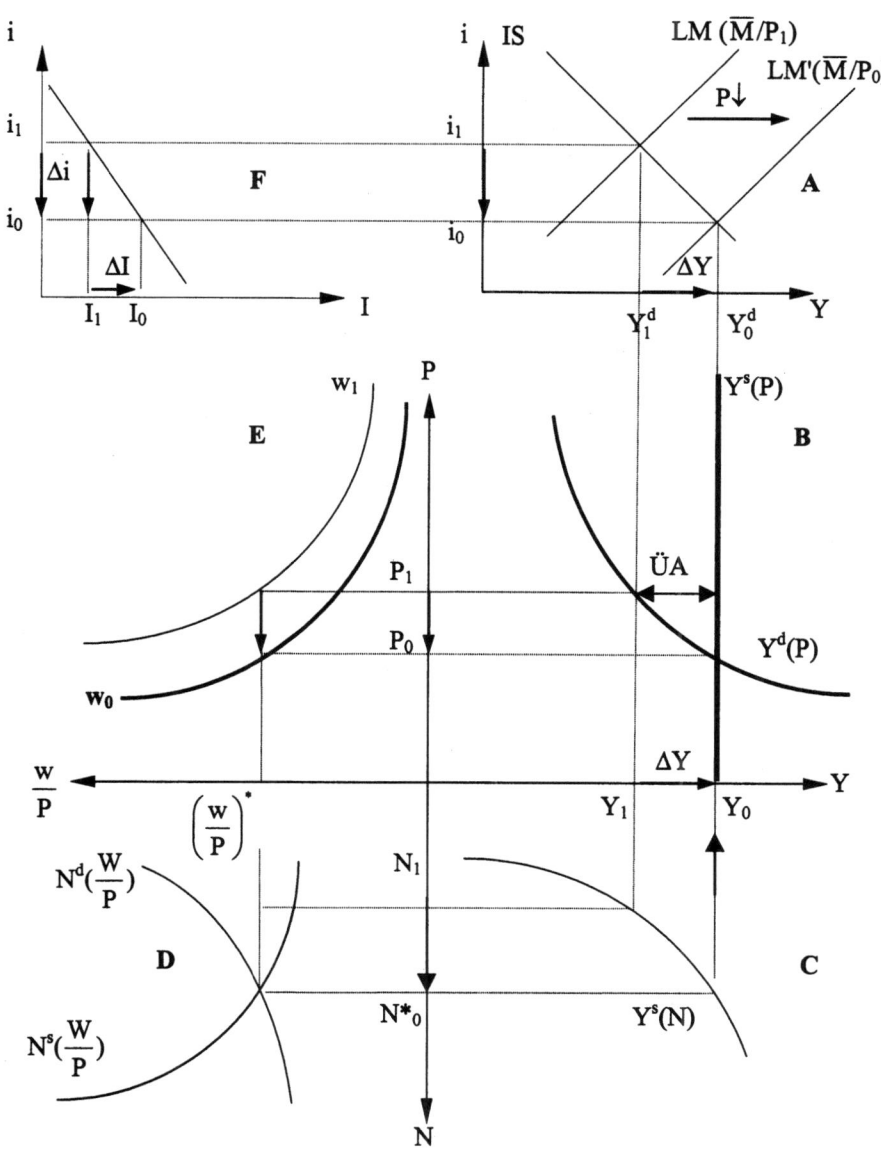

Anpassungssequenz:

$Y^s(P_1) > Y^d(P_1) \rightarrow P\downarrow \rightarrow \left(\dfrac{M}{P}\right)\uparrow \rightarrow LM\downarrow \rightarrow i\downarrow \rightarrow I\uparrow \rightarrow Y^d\uparrow \Rightarrow Y^d(P_0)=Y^s(P_0)$

Ergebnis: $\Rightarrow P\downarrow, i\downarrow, w\downarrow, \left(\dfrac{W}{P}\right)\bullet \quad \Rightarrow N\uparrow, Y\uparrow, I\uparrow, \left(\dfrac{M}{P}\right)\uparrow$

Preisniveau P_1 geringer als das Vollbeschäftigungseinkommen. Auf dem aggregierten Gütermarkt besteht ein Überschußangebot (B), das einen Preisdruck erzeugt. Da die aggregierte Güternachfrage preiselastisch ist, führen sinkende Preise zu einer Zunahme der nachgefragten Gütermenge (des nachgefragten Sozialproduktes) und in der Folge zu einer Beseitigung des Überschußangebots.

Durch das sinkende Preisniveau erhöht sich die reale Geldmenge, wodurch sich die LM-Kurve (in A) nach rechts verschiebt, bis sie die unveränderte IS-Kurve beim Vollbeschäftigungseinkommen Y_0 schneidet. Die dadurch ausgelöste Senkung des Zinssatzes induziert zusätzliche Investitionen (F), die über den keynes'schen Multiplikatoreffekt genau die in (B) festgestellte zusätzliche Güternachfrage ausmachen. Da der Reallohnsatz unverändert bleibt (D) muß der nominale Lohnsatz entsprechend von w_1 auf w_0 (E) sinken.

2 Gesamtwirtschaftliche Reaktionen auf „externe Schocks"

Die in dem hier vorgestellten Totalmodell skizzierte Volkswirtschaft wird im folgenden unterschiedlichen externen „ökonomischen Schocks" ausgesetzt. Es interessiert uns die Frage, wie die Volkswirtschaft diese „Schocks" absorbiert. Diese lassen sich unterscheiden, ob sie primär die aggregierte Nachfrage, das aggregierte Angebot oder beide Seiten des aggregierten Gütermarktes betreffen. Die zugrundegelegte Ausgangssituation ist je nach Problemstellung mal das Vollbeschäftigungsgleichgewicht, mal ein Gleichgewicht bei Unterbeschäftigung. Um die Modellskizzen übersichtlich zu halten, werden wir nicht mehr sämtliche Funktionen abbilden (wie im Schaubild VII/1/2), sondern nur die jeweils relevanten Bausteine aufnehmen. Im einzelnen sollen die Anpassungsprozesse an folgende externe,,Schocks" untersucht werden:

Primäreffekt: **Aggregierte Nachfrage**

    1. Expansive Fiskalpolitik im Flexlohnmodell

    2. Expansive Fiskalpolitik im Festlohnmodell

    3. Expansive Geldpolitik im Flexlohnmodell

    4. Expansive Geldpolitik im Festlohnmodell

Primäreffekt: **Aggregiertes Angebot**

    5. Zunahme des Arbeits(kräfte)angebots

    6. Erhöhung von Lohnnebenkosten

    7. Steigerung der Arbeitsproduktivität durch technischen Fortschritt

Angebots-Nachfragkombination

    8. Hysteresis: Kombinierter Fiskal- und Lohneffekt

2.1 Expansive Fiskalpolitik im Flexlohnmodell

In einem Flexpreis-System das, wie wir gerade gezeigt haben, eine Volkswirtschaft automatisch in die Vollbeschäftigung steuert, kann auch eine expansive Fiskalpolitik kein zusätzliches Einkommen schaffen, sondern nur die Zusammensetzung des Sozialprodukts beeinflussen (vgl. Schaubild VII/2/1). Die zusätzlichen Staatsausgaben ΔG (wir wollen hier annehmen, sie seien kreditfinanziert beim Publikum) verschieben die I(i)-Kurve um ΔG nach rechts (F) und die IS-Kurve nach rechts um

(1) $\Delta Y_2 = \dfrac{1}{s} \Delta G$.

Es steigt der Zinssatz, bis Güter- und Geldmarkt bei i_1/Y_1 ein neues gemeinsamen Gleichgewicht finden (A). Die Einkommensdifferenz $Y_1 - Y_0 = \Delta Y_1$ errechnet sich aus dem Gleichgewichtseinkommen des IS-LM-Systems (vgl. auch Kapitel IV) wie folgt:

(2) $\Delta Y_1 = \dfrac{1}{s + \dfrac{kb}{l}} \Delta G$ $\qquad s = \dfrac{dS}{dY} \quad k = \dfrac{dL_T}{dY} \quad b = \dfrac{dI}{di} \quad l = \dfrac{dL_S}{dY}$

und damit gilt: $\Delta Y_1 < \Delta Y_2$

Um diesen Abschnitt ΔY_1 verschiebt sich die $Y^d(P)$-Kurve bei konstantem Preisniveau P_0 nach rechts (B). Die aggregierte Güternachfrage hat sich bei P_0 von Y_0 auf Y_1 erhöht und ist damit größer geworden als das Güterangebot Y^s bei P_0. Diese Überschußnachfrage auf dem Gütermarkt läßt das Preisniveau auf P_1 steigen. Jetzt tritt der Keynes-Effekt in Kraft: Das gestiegene Preisniveau verringert die reale Geldmenge. Die LM-Kurve verschiebt sich soweit nach links (A), bis sie bei dem ursprünglichen Vollbeschäftigungseinkommen Y_0 die IS_1-Kurve schneidet. Das ist bei dem Zinssatz i_2 der Fall. Der gestiegene Zinssatz reduziert die privaten Investitionen, um den gleichen Betrag, wie die Staatsausgaben gestiegen sind.

<u>Ergebnis 1:</u> Das alte Gleichgewichtseinkommen ist identisch mit dem neuen. Die Fiskalpolitik hat diesbezüglich keine Wirkung. Doch war das von vornherein zu erwarten, da ein Vollbeschäftigungseinkommen durch zusätzliche Nachfrage allein nicht gesteigert werden kann. Dennoch hat die Fiskalpolitik bei den Preisen und in der Zusammensetzung des Sozialprodukts Veränderungen hervorgerufen.

<u>Ergebnis 2:</u> Das Preisniveau ist gestiegen. Man nennt das auch nachfrageinduzierte Inflation.

<u>Ergebnis 3:</u> Bei konstanter nominaler Geldmenge führt das gestiegene Preisniveau zu einem Rückgang der realen Geldmenge.

2.1 Expansive Fiskalpolitik im Flexlohnmodell

Schaubild VII/2/1: Expansive Fiskalpolitik im Flexpreis-Modell

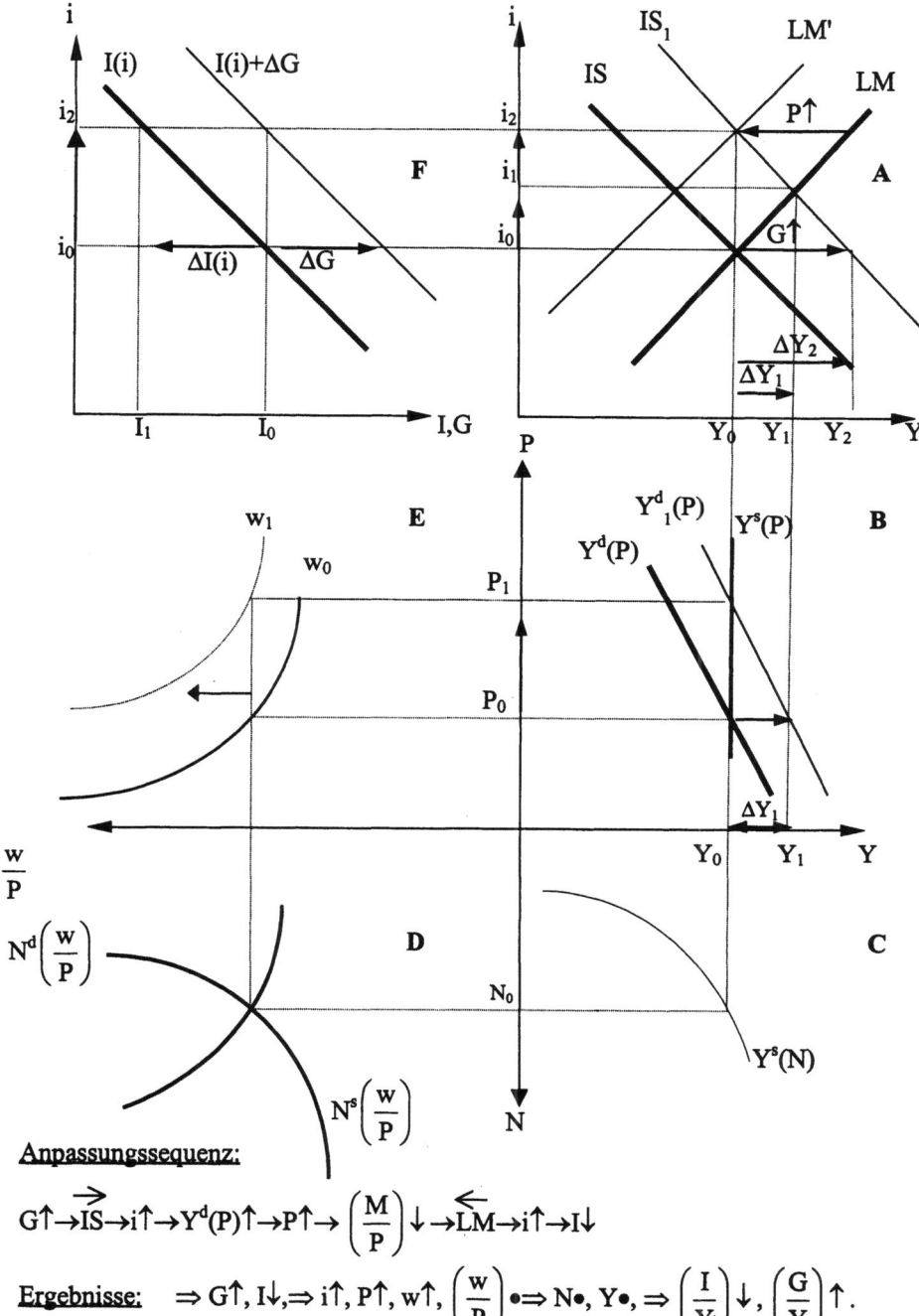

Anpassungssequenz:

$G\uparrow \rightarrow \overrightarrow{IS} \rightarrow i\uparrow \rightarrow Y^d(P)\uparrow \rightarrow P\uparrow \rightarrow \left(\dfrac{M}{P}\right)\downarrow \rightarrow \overleftarrow{LM} \rightarrow i\uparrow \rightarrow I\downarrow$

Ergebnisse: $\Rightarrow G\uparrow, I\downarrow, \Rightarrow i\uparrow, P\uparrow, w\uparrow, \left(\dfrac{w}{P}\right)\bullet \Rightarrow N\bullet, Y\bullet, \Rightarrow \left(\dfrac{I}{Y}\right)\downarrow, \left(\dfrac{G}{Y}\right)\uparrow.$

Ergebnis 4: Das Zinsniveau hat sich stark erhöht von i_0 über i_1 auf i_2.

Ergebnis 5: (F) Der Zinsanstieg führt zum 100%-igen "crowding out" privater Investitionen: Zu Beginn des Prozesses betrugen die privaten Investitionen I_0. Der steigende Zinssatz bewirkt einen Rückgang der privaten Investitionen auf I_1. Dieser Rückgang ist größengleich der zusätzlichen staatlichen Güternachfrage ΔG, so daß am Ende des Prozesses zwar die reale Güternachfrage die gleiche Höhe hat wie zu Beginn, sich jedoch anders zusammensetzt (nämlich aus $I_1 + \Delta G$): Die staatliche Güternachfrage hat die Zusammensetzung des Sozialprodukts strukturell verschoben: Der Anteil der privaten Investitionen am Sozialprodukt ist gesunken, der Anteil der staatlichen Investitionen ist gestiegen.

Ergebnis 6: Der Arbeitsmarkt ist nach wie vor bei Vollbeschäftigung im Gleichgewicht. D.h. der Reallohn bleibt unverändert, der nominale Lohnsatz ist (mit dem Preisniveau) gestiegen.

Wie würde sich diese Analyse verändern, wenn der Staat seine expansive Fiskalpolitik nicht auf dem Kreditwege sondern über Steuern finanziert? (Vgl. Sie dazu auch Kap. II / Modell 3 und Kap. IV.3). Zeichnen Sie genauestens alle Schritte nach: Um welchen Betrag verschiebt sich die IS-Kurve? Werden private Investoren im gleichen Umfang zurückgedrängt? Steigen die Preise, Zinsen, Löhne stärker oder schwächer? Auch dürfte es Ihnen ein Leichtes sein, die Annahmen umzudrehen und den Fall einer kontraktiven Fiskalpolitik zu untersuchen.

2.2 Expansive Fiskalpolitik im Festlohnmodell

Im Festlohnmodell können wir den Fall der typischen "keynesianischen Arbeitslosigkeit" studieren (vgl. Schaubild VII/2/2). Das aggregierte Angebot (B) verläuft (bedingt durch den fixierten nominalen Lohnsatz) preiselastisch. Es bildet mit der aggregierten Nachfrage, die sich aus dem Gütermarkt- Geldmarktgleichgewicht in (A) ableitet, ein gesamtwirtschaftliches Gleichgewicht. Das bei P_0 nachgefragte und angebotene Sozialprodukt vermag aber lediglich N_0 Arbeitskräfte zu absorbieren. Die Unterbeschäftigung ist stabil.

2.2 Expansive Fiskalpolitik im Festlohnmodell

Der fixierte Nominallohn ist in Grafik (E) durch w_0 gegeben. Über den Arbeitsmarkt (D) und die Produktionsfunktion (C), resultiert daraus die Angebotsfunktion $Y^s(P)$, wie sie in Grafik (B) dargestellt ist. Güter- und Geldmarkt sind bei i_0/Y_0 im Gleichgewicht und der aggregierte Gütermarkt entsprechend bei P_0/Y_0. Es befinden sich alle Märkte im Gleichgewicht mit Ausnahme des Arbeitsmarktes. In der Ausgangslage korrespondieren die Punkte $(A, B, C, D, E, F)_0$ miteinander. Auf dem Arbeitsmarkt (vgl. D) herrscht Unterbeschäftigung in Höhe von $N^*_0 - N_0$. Der reale Lohnsatz ist höher als er bei Vollbeschäftigung sein könnte. Da sowohl die Gleichgewichte in (A) als auch in (B) stabil sind, gibt es keinen systemimmanenten Mechanismus, der die Unterbeschäftigungssituation automatisch beseitigt. Man belegt deshalb auch diese Situation mit dem paradox anmutenden Begriff „Unterbeschäftigungsgleichgewicht". Daß eine derartige Situation stabil ist, zeigt Ihnen folgende Überlegung: Sollte das Preisniveau beispielsweise über P_0 hinaus ansteigen, würde zwar der Reallohn sinken und die Güterproduktion zunehmen, doch ließe sich diese zusätzliche Güterproduktion bei $P > P_0$ nicht absetzen. Vielmehr wird die Nachfrage wegen des Keynes-Effektes eher noch weiter zurückgehen, so daß sich bei P^*_0 ein Angebotsüberschuß einstellt. Die Unternehmen werden unfreiwillig Lagerbestände aufbauen und die Produktion wieder zurückfahren. Das Preisniveau wird auf P_0 zurückfallen. Entsprechendes gilt für eine Situation, in der das Preisniveau kurzfristig unter P_0 sinken sollte.

Zur Erreichung der Vollbeschäftigung kann eine expansive Fiskalpolitik beitragen. Betrachten wir im folgenden ihre Wirkungsweise. Wir unterstellen, der Staat betreibe eine kreditfinanzierte Ausgabensteigerung mit dem Ziel, die aggregierte Güternachfrage so zu erhöhen, daß das Vollbeschäftigungseinkommen realisiert wird. Es muß $Y^d_0(P)$ auf $Y^d_1(P)$ verschoben werden, dann steigt das Sozialprodukt von Y_0 auf Y^*_0, die Beschäftigung von N_0 auf N^*_0 und der Reallohn sinkt. Es korrespondieren die Punkte $(A, B, C, D, E, F)^*_0$ miteinander.

Die Frage ist, wie hoch müssen die zusätzlichen Staatsausgaben sein, um diese Einkommenserhöhung zu bewirken? Die Staatsausgabenerhöhung muß so dimensioniert sein, daß sie die IS-Kurve bei konstantem Zinssatz i_0 von A_0 auf A_1 um insge-

Schaubild VII/2/2: Festlohnmodell und expansive Fiskalpolitik

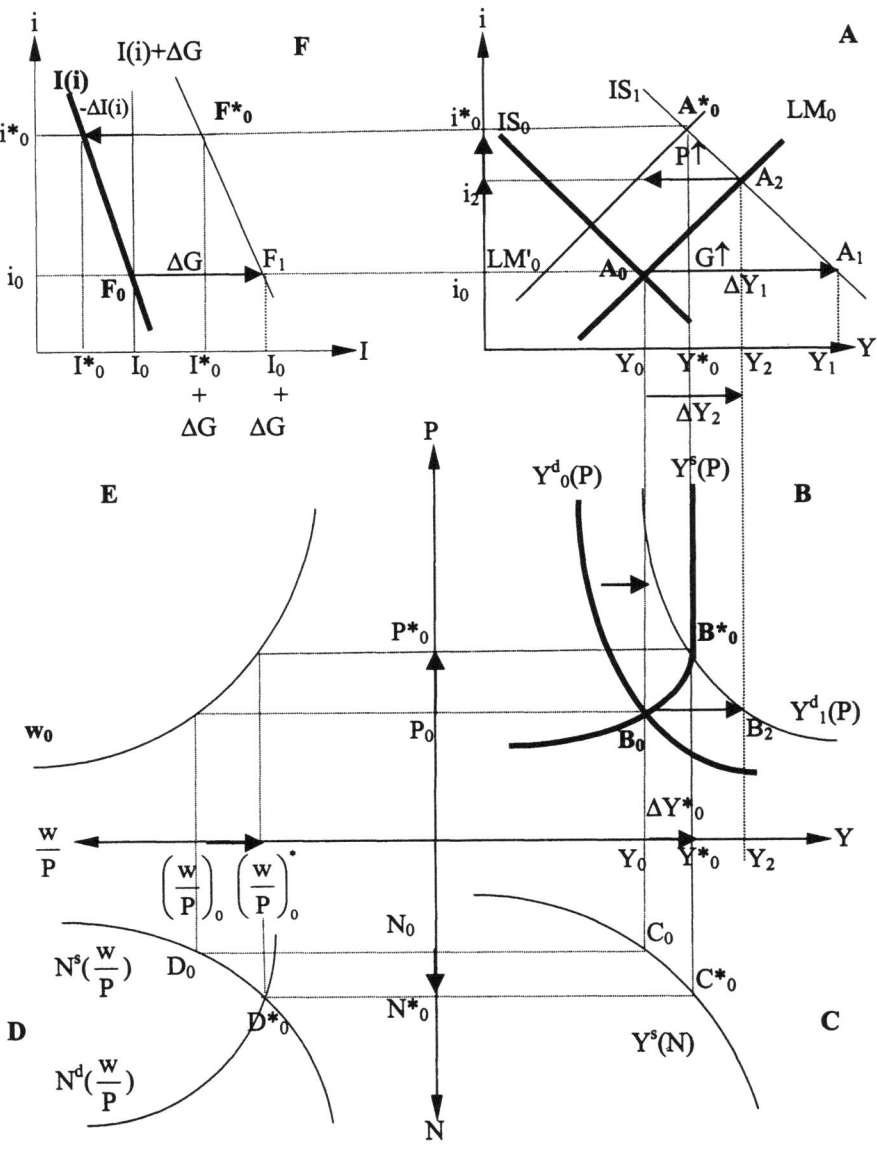

Ergebnis: $\Rightarrow i\uparrow, P\uparrow, w\bullet, \left(\dfrac{w}{P}\right)\downarrow \Rightarrow Y\uparrow, N\uparrow, I\downarrow, M\bullet, \left(\dfrac{M}{P}\right)\downarrow$

Wirkungssequenz:
$G\uparrow \to \overrightarrow{IS} \to \;\; i\uparrow \to Y\uparrow \to \overrightarrow{Y^d(P)} \to P\uparrow \to \overleftarrow{LM} \to \;\; i\uparrow \Rightarrow Y\uparrow$
$\phantom{G\uparrow \to \overrightarrow{IS} \to \;\;\;} I\downarrow \phantom{\to Y\uparrow \to \overrightarrow{Y^d(P)} \to P\uparrow \to \overleftarrow{LM} \to \;\;\;} I\downarrow$

2.2 Expansive Fiskalpolitik im Festlohnmodell

samt $\Delta Y_1 = Y_1 - Y_0$ verschiebt. Der Güter- und Geldmarkt wäre bei i_0 aber nicht länger im Gleichgewicht. Erst ein Anstieg des Zinssatzes auf i_2 stellt im Punkt A_2 Gleichgewicht her. Die Güternachfrage ist bei konstantem Preisniveau aber höherem Zinssatz auf Y_2 angestiegen. In (B) bewirkt das eine Verschiebung der $Y^d(P)$ – Kurve um ΔY_2 (von B_0 auf B_2). Die Punkte $(A, B)_2$ korrespondieren miteinander. Es entsteht eine Überschußnachfrage auf dem aggregiertem Gütermarkt in Höhe von ΔY_2, die einen Preisanstieg bewirkt, der erst bei P^*_0 zum Stillstand kommt. Im Punkt B^*_0 ist das neue Gleichgewicht bei Vollbeschäftigung erreicht. Der Preisanstieg auf P^*_0 verringert die reale Geldmenge auf $M_0/P^*_0 < M_0/P_0$, so daß sich in (A) die LM – Kurve nach links verschiebt, bis sie sich bei A^*_0 mit der IS_1 – Kurve schneidet. Der damit verbundene Zinsanstieg reduziert erneut die privaten Investitionen, die insgesamt von I_0 auf I^*_0 zurückgehen.

Ergebnis: Die expansive Fiskalpolitik vermag das Sozialprodukt zu steigern, führt aber zu einem partiellen crowding out privater Investitionen, einem Anstieg des Preisniveaus und einer Reduktion des realen Lohnsatzes. Die Erhöhung der Güternachfrage um ΔG sorgt (über die IS-Kurven-Verschiebung) direkt für eine Zinssatzsteigerung, die durch den realen Geldmengeneffekt, der auf die Preissteigerung zurückzuführen ist, indirekt verstärkt wird. Die Erhöhung des Zinssatzes auf i^*_0 führt aber zu einem Rückgang der privaten zinsinduzierten Investitionen. Auf die gesamtwirtschaftliche Nachfrage wirkt letztlich nur die Differenz $\Delta G - \Delta I(i)$ expansiv. Je größer der Rückgang der privaten Investitonen desto umfangreicher muß ΔG ausfallen und der Rückgang ΔI ist desto größer je höher Δi ausfällt und Δi steigt desto stärker je größer ΔP ist.

Box VII/2/1: Expansive Fiskalpolitik im Vergleich der Modelle

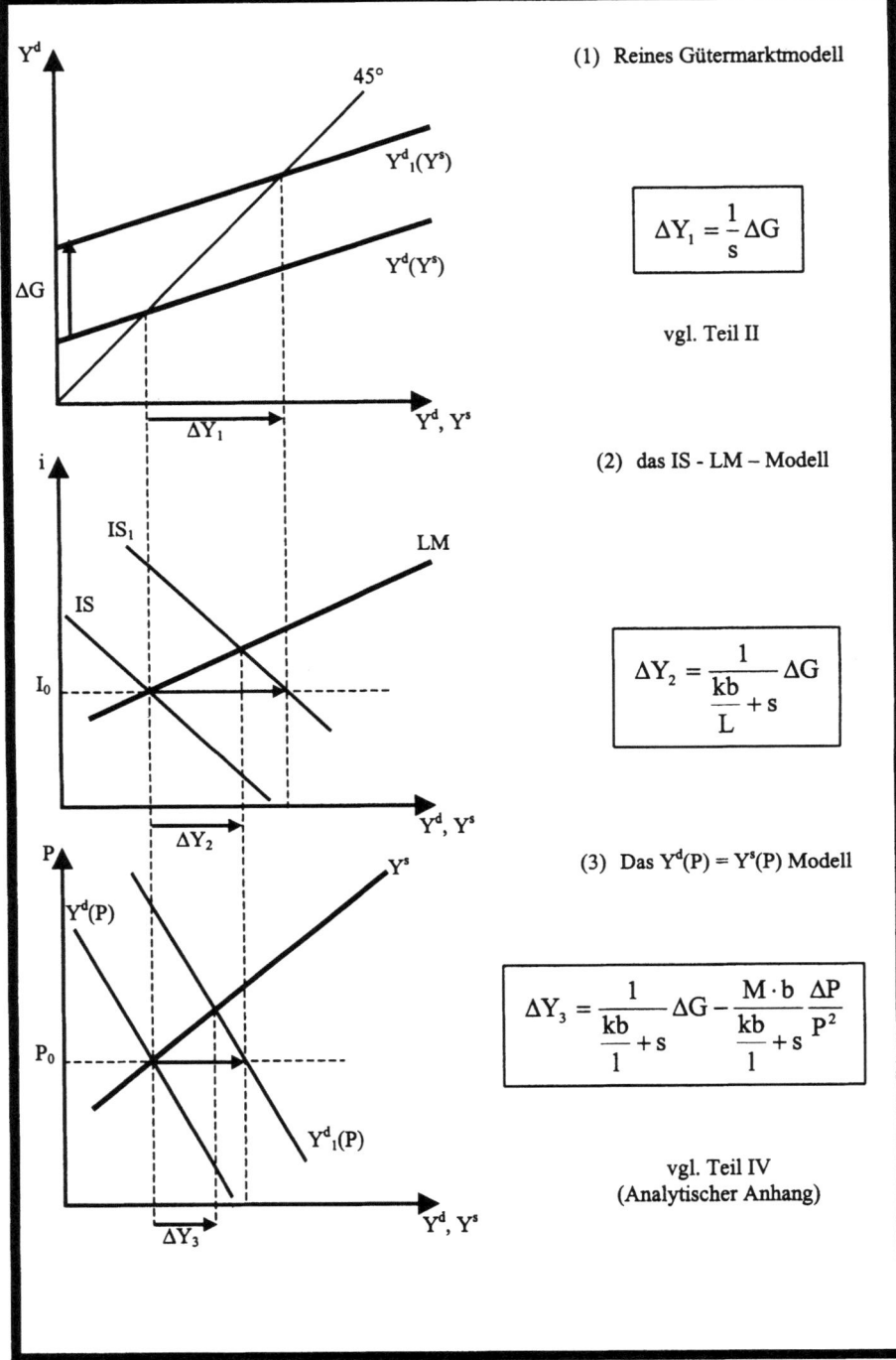

2.3 Expansive Geldpolitik im Flexpreismodell

Die Volkswirtschaft befindet sich dank der automatischen Regulierung durch flexible Preise auf allen Märkten im Zustand der Vollbeschäftigung. Das Sozialprodukt kann real nicht mehr gesteigert werden. Eine Geldmengenerhöhung kann also nur zu einer Preissteigerung (Inflation) führen. Erhöhte Preise ziehen erhöhte nominale Lohnsätze nach sich, da der Reallohn auf dem Vollbeschäftigungsniveau verbleibt.

In der Modellskizze sind diese Zusammenhänge noch einmal illustriert: Die Geldmengenerhöhung von M_0 auf M_1 führt (bei zunächst noch konstantem Preisniveau) zu einer Rechtsverschiebung der LM-Kurve. Aufgrund sinkender Zinsen steigt die gesamtwirtschaftliche Nachfrage auf Y^d_1. In (B) verschiebt sich entsprechend $Y^d(P)$ nach rechts, so daß bei P_0 eine Überschußnachfrage entsteht, die einen Preisauftrieb bewirkt, bis bei P_1 der aggregierte Gütermarkt wieder im Gleichgewicht ist. Der Preisanstieg bewirkt aber gleichzeitig eine Verringerung der realen Geldmenge. In Schaubild A verschiebt sich daraufhin die LM-Kurve zurück auf jetzt LM'_1 in die ursprüngliche Position.

Ergebnis: Das Gleichgewichtseinkommen ist unverändert geblieben, genauso der Zinssatz. Das Preisniveau ist mit der nominalen Geldmenge gestiegen und entsprechend muß auch der nominale Lohnsatz steigen, da der reale Lohnsatz (beim Vollbeschäftigungseinkommen) unverändert bleibt. Es bestätigt sich die monetaristische Aussage "Inflation ist ein monetäres Phänomen".

Schaubild VII/2/3: Expansive Geldpolitik im Flexpreis-Modell

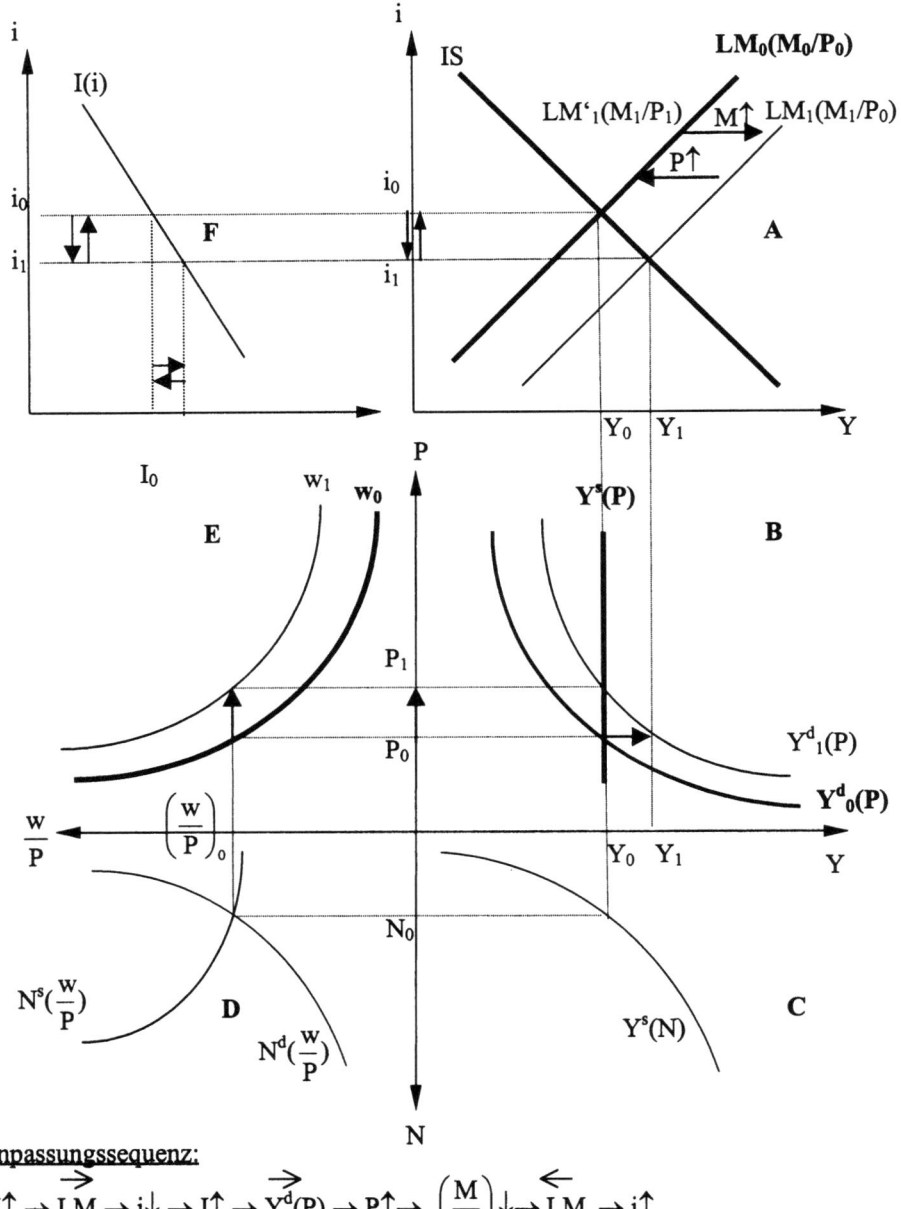

Anpassungssequenz:

$M\uparrow \;\overrightarrow{\rightarrow}\; LM \rightarrow i\downarrow \rightarrow I\uparrow \rightarrow \overrightarrow{Y^d}(P) \rightarrow P\uparrow \rightarrow \left(\dfrac{M}{P}\right)\downarrow \overleftarrow{\rightarrow} LM \rightarrow i\uparrow$

Ergebnisse:

$P\uparrow,\; i\bullet,\; w\uparrow,\; \left(\dfrac{w}{P}\right)\bullet,\; N\bullet,\; Y\bullet,\; I\bullet,\; M\uparrow,\; \left(\dfrac{M}{P}\right)\bullet$

2.4 Expansive Geldpolitik im Festlohnmodell

Auch dieses Festlohnmodell sei in der Ausgangslage durch ein stabiles "Unterbeschäftigungsgleichgewicht" bei P_0 und Y_0 gekennzeichnet. Die Aufgabe besteht darin, mit Hilfe der Geldpolitik Vollbeschäftigung bei Y^*_0 herzustellen. Um dieses Ziel zu erreichen, muß die Y^d-Kurve soweit nach rechts verschoben werden, bis sie die $Y^s(P)$-Kurve beim Vollbeschäftigungseinkommen schneidet. Das ist in der Kombination P^*_0/Y^*_0 der Fall. Eine derartige Verschiebung ist die Resultante zweier Effekte:

1) die nominale Geldmenge muß erhöht werden (aktive Expansionspolitik) um die Zinssätze zu senken und die privaten Investitionen anzuregen,
2) die durch die Erhöhung der aggregierten Güternachfrage auftretenden Preissteigerungen reduzieren die reale Geldmenge (passive Kontraktionswirkung) und müssen durch eine entsprechende Steigerung des nominalen Geldangebots kompensiert werden.

In der Grafik A sind beide Effekte abzulesen: Die nominale Geldmenge muß auf M_1 steigen (Verschiebung der LM-Kurve auf LM_1). Unterstellt, das Preisniveau wäre stabil, dann würde die aggregierte Güternachfrage bei P_0 auf Y_1 steigen (B). Wegen der daraus resultierenden Überschußnachfrage auf dem aggregierten Gütermarkt kommt es zu Preissteigerungen bis P^*_0, die ihrerseits auf die Höhe der realen Geldmenge kontraktiv wirken. In (A) verschiebt sich die LM_1-Kurve auf LM_1', die für die nominale Geldmenge M_1 und das Preisniveau P^*_0 gilt. Die per Saldo bewirkte Einkommenserhöhung auf Y^*_0 entsteht schließlich durch den Rückgang des Zinssatzes und die dadurch induzierten Investitionen, die von I_0 auf I^*_0 steigten.

Ergebnis: Die expansive Geldpolitik vermag das Gleichgewichtseinkommen bei Vollbeschäftigung zu realisieren, indem sie über sinkende Zinssätze steigende private Investitionen induziert. Die auftretenden Preissteigerungen sind zwar nachfrageseitig hervorgerufen, gehen aber indirekt auf die Geldmengenerhöhung zurück.

Schaubild VII/2/4: Festlohnmodell und Geldpolitik

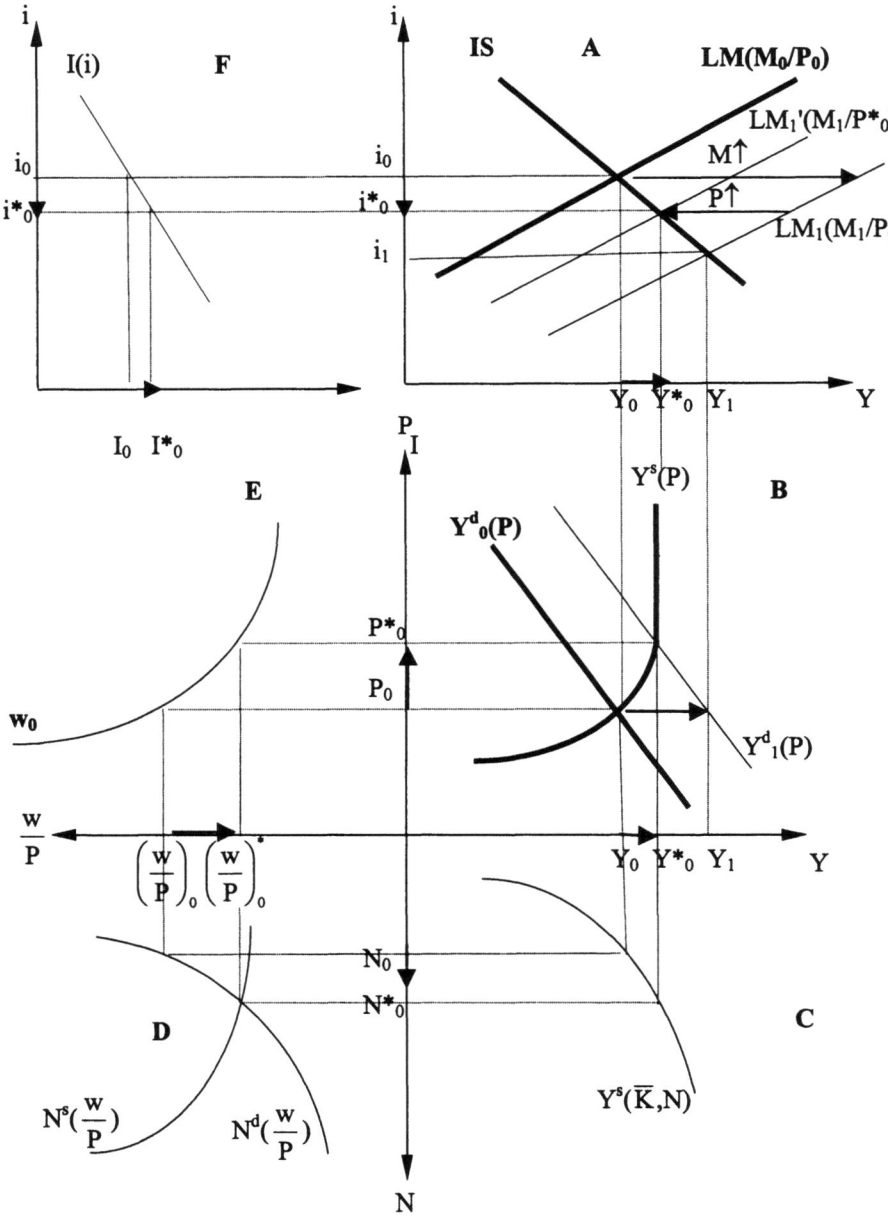

Ergebnis: ⇒ $i\downarrow$, $P\uparrow$, $w\bullet$, $\left(\frac{w}{P}\right)\downarrow$ ⇒ $I\uparrow$, $Y^s\uparrow$, $N\uparrow$, $\left(\frac{M}{P}\right)\uparrow$, $M\uparrow$

Wirkungssequenz: $M\uparrow \rightarrow \overrightarrow{LM} \rightarrow i\downarrow \rightarrow \overrightarrow{Y^d}(P) \rightarrow P\uparrow \rightarrow \left(\frac{M}{P}\right)\downarrow \rightarrow \overleftarrow{LM} \rightarrow i\uparrow \Rightarrow Y\uparrow$

2.5 Zunahme des Arbeits(kräfte)angebots

Das Angebot an Arbeitskräften kann durch (laufenden) Zuzug neuer Arbeitskräfte aus dem Ausland (Gastarbeiter, Neubürger) nachhaltig gesteigert werden. (Einmalige) Niveaueffekte, die das Arbeitsangebot ebenfalls erhöhen - gemessen an den angebotenen Arbeitsstunden-, lassen sich durch Verkürzung der Ausbildungszeiten, Verlängerung der Arbeitszeiten, Erhöhung des Rentenalters bzw. Rücknahme des Anspruchs auf vorzeitige Pensionierung oder Verrentung erreichen. Bevor wir die gesamtwirtschaftlichen Reaktionen studieren schauen wir uns die Effekte isoliert auf dem Arbeitsmarkt an (vgl. Schaubild VII/2/5a).

Der Arbeitsmarkt möge in der Ausgangslage durch den Gleichgewichtspunkt D_0 charakterisiert sein. Bei flexiblen Preisen und Löhnen (neo-klassische Variante) wird das zusätzliche Arbeitsangebot zu einem Rückgang des Reallohnsatzes und zu einer Erhöhung der Beschäftigung führen, so daß der Arbeitsmarkt bei D_1 erneut im Gleichgewicht bei Vollbeschäftigung ist. Bei genauerem Hinsehen hat sich aber die „Struktur" der Beschäftigung verändert: Der Beschäftigungszuwachs $\Delta N_1 = N_1 - N_0$ ist geringer als der Zuwachs an Arbeitskräften $\Delta N^s_0 = N_1 - N_2$. Bei dem niedrigeren Reallohn sind von den (N_0) ursprünglich Beschäftigten $\Delta N_2 = N_0 - N_2$ ausgeschieden. Sie sind von den zusätzlichen Arbeitskräften (durch Unterbieten des herrschenden Lohnsatzes) vom Arbeitsmarkt verdrängt worden. Gleichzeitig hat die Nachfrage nach Arbeitskräften bei dem niedrigeren Reallohn zugenommen um $\Delta N^d_1 = N_1 - N_0$. Die „neuen" Arbeitskräfte $\Delta N^s_0 \equiv (N_1 - N_2)$ haben im vollen Umfang eine Beschäftigung finden können: Sie ersetzen zum einen die bei dem niedrigeren Lohnsatz $(w/P)_1$ ausgeschiedenen Arbeitskräfte $\Delta N_2 = (N_0 - N_2)$ und bedienen zum anderen die bei diesem Lohnsatz auftretende zusätzliche Nachfrage $\Delta N_1 = (N_1 - N_0)$. Es ist also $\Delta N^s_0 = \Delta N_1 + \Delta N_2 = (N_1 - N_2)$.

In der keynesianischen Variante würde am herrschenden Nominallohnsatz festgehalten werden und bei konstantem Preisniveau auch der reale Lohnsatz unverändert bleiben. Der Arbeitsmarkt verharrt im alten Gleichgewichtspunkt D_0 mit der Konsequenz, daß das zusätzliche Arbeitskräfteangebot nicht beschäftigt, sondern arbeitslos wird.

Schaubild VII/2/5a: Erhöhung des Arbeitsangebots auf dem Arbeitsmarkt

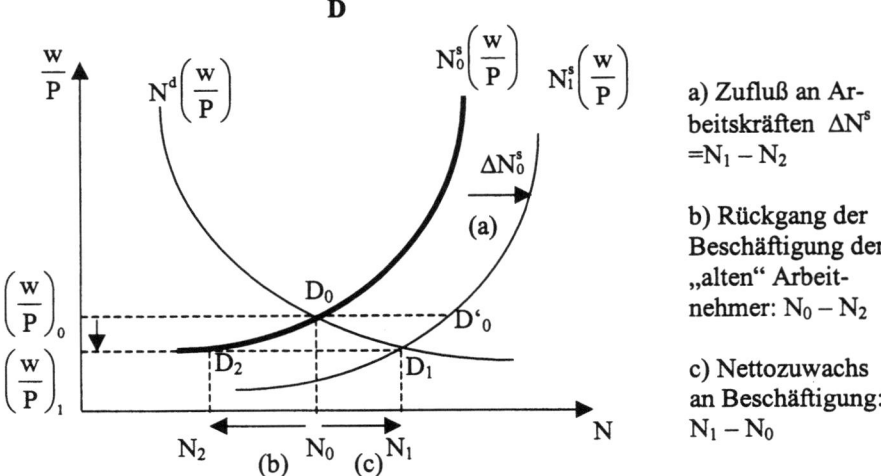

Wie reagiert die Volkswirtschaft im Kontext unseres Totalmodells auf die Zunahme des Arbeitsangebots (vgl. Schaubild VII/2/5b)? In der Ausgangslage möge ein totales Gleichgewicht bei Vollbschäftigung bestehen, das im Schaubildes durch die Punkte $(A,B,C,D,E)_0$ und die Variablen $(i,P,w, Y, N)_0$ charakterisiert wird. Auf dem Arbeitsmarkt (D) verschiebt das erhöhte Arbeitsangebot -wie soeben besprochen- die N^s_0 -Kurve auf N^s_1 (w/P).

In der klassischen Variante sorgt der erhöhte Wettbewerb auf dem Arbeitsmarkt für einen Lohndruck, der im Punkt D_1 zum neuen Gleichgewicht führt mit dem Ergebnis eines niedrigeren Reallohnes aber einer höheren Beschäftigung. Das aggregierte Güterangebot (B) erhöht sich auf $Y^s_1(P)$ und führt bei P_0 zu einem Überschußangebot, das für einen Preisdruck sorgt, wodurch die nachgefragte Gütermenge steigt und im Punkt B_1 zu einem neuen Gleichgewicht führt. Das sinkende Preisniveau erhöht die reale Geldmenge, so daß sich die LM-Kurve nach rechts verschiebt und der Zinssatz sinkt (A). Die Beschäftigung steigt zwar auf N_1, der Reallohn jedoch sinkt. Die nominalen Löhne müssen mithin (erheblich) stärker fallen (von w_0 auf w_1) als das Preisniveau (E). Als neue Gleichgewichtspunkte stellen sich ein: $(A,B,C,D,E)_1$, woraus sich die zugehörigen Werte der ökonomischen Variablen ablesen lassen.

Schaubild VII/2/5b: Erhöhung des Arbeitsangebots im Totalmodell

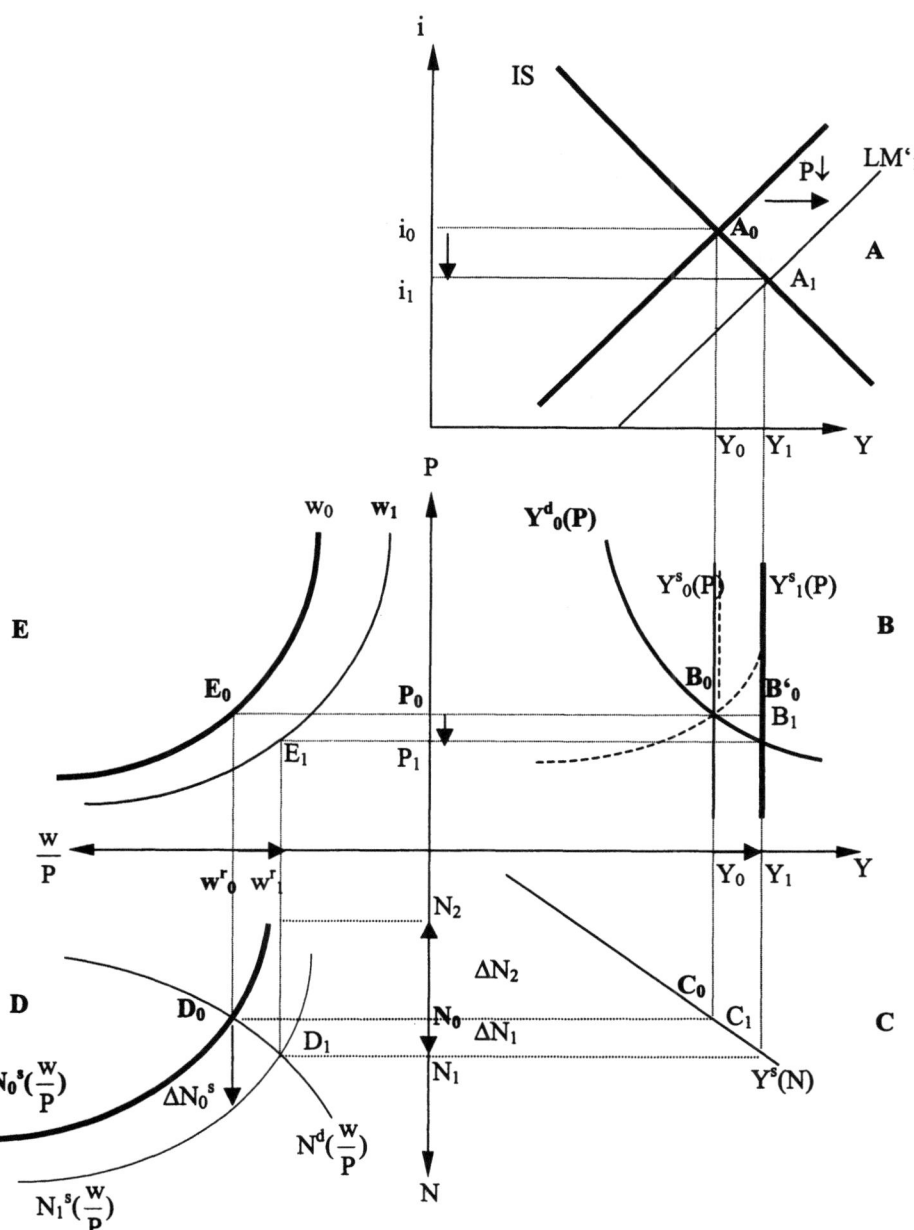

Anpassungssequenz: $N^s\uparrow \to N^s(w/P)\uparrow \to (w/P)\downarrow \to N^d\uparrow \to Y^s\uparrow \to P\downarrow \to (M/P)\uparrow \to \overrightarrow{LM} \to i\downarrow \to Y^d\uparrow$

Ergebnis: $w\downarrow \quad i\downarrow \quad P\downarrow \quad (w/P)\downarrow \quad N\uparrow \quad Y\uparrow$

In der keynesianischen Variante eines „nach unten" starren Nominallohnsatzes würde sich an der Ausgangslage P_0/Y_0 nichts ändern: Das Güterangebot würde sich hypothetisch bei konstantem Nominallohn w_0 und steigendem Preisniveau entlang der gestrichelten Angebotskurve in B bis zur Y^s_1 - Kurve entwickeln und für ein Überschußangebot sorgen, doch der aggregierte Gütermarkt bliebe im Gleichgewichtspunkt B_0, da sich die aggregierte Güternachfrage nicht erhöht. Die ursprünglichen Gleichgewichtspunkte $(A,B,C,D,E)_0$ bleiben bestehen, sie stellen jedoch nunmehr Gleichgewichtswerte bei Unterbeschäftigung dar: Der Zuwachs an Arbeitskräften wird in vollem Umfang in Unterbeschäftigung überführt: $u = \Delta N^s$! Das Ergebnis unserer Partialanalyse des Arbeitsmarktes wird damit voll bestätigt.

2.6 Erhöhung von Lohnnebenkosten

Wir wollen im Modell der neo-klassischen Synthese die aktuelle Diskussion um die Bedeutung der Lohnnebenkosten für die Beschäftigung nachzeichnen. Lohnnebenkosten sind Sozialabgaben, die die Arbeitgeber für ihre Beschäftigten übernehmen (müssen) und die sie direkt an die Sozialversicherungen abzuführen haben. Die Lohnnebenkosten berechnen sich in der Regel als prozentualer Aufschlag auf die auszuzahlenden Löhne. Sie verteuern die realen Lohnkosten der eingesetzten Arbeit. Zunächst fragen wir uns, wie sich eine Erhöhung der Lohnnebenkosten auf dem Arbeitsmarkt auswirkt?

Die aus der Produktionsfunktion abgeleitete Arbeitsnachfrage in Abhängigkeit vom Reallohn bleibt durch die Einführung der Lohnnebenkosten unverändert $N^d_0(w/P)$, da die Produktionsfunktion technisch determiniert ist. Doch die auf dem Arbeitsmarkt wirksame (effektive) Arbeitsnachfrage erfolgt bei jeder nachgefragten Arbeitsmenge unter Abschlag der Lohnnebenkosten, also zu einem niedrigeren realen Lohnsatz! Für die Arbeitgeber setzt sich der Reallohn jetzt aus zwei Komponenten zusammen: Einem Lohnanteil, der den Arbeitnehmern ausgezahlt wird (den direkten Lohnkosten), und einem Lohnanteil, der als Lohnnebenkosten hinzuaddiert werden muß. Das hat zur Konsequenz, daß die Arbeitsnachfrage als Funktion der direkten Lohnkosten (des realen Lohnsatzes, der den Arbeitnehmern zufließt) um den prozentualen Anteil der Lohnnebenkosten reduziert wird. Die Nachfragekurve dreht sich in Richtung N-Achse: Die Abstände werden desto größer, je höher der reale Lohnsatz ist. Werden die Lohnnebenkosten als prozentualer Aufschlag auf jeden Lohnsatz größer Null erhoben, wird sich die (linearisiert gedachte) Nachfragekurve um den Schnittpunkt der N^d-Kurve mit der N-Achse drehen. Werden die Lohnnebenkosten erst nach Überschreiten eines Mindestreallohnsatzes erhoben, so wird sich die Arbeitsnachfragekurve genau bei diesem Lohnsatz in Richtung N-Achse drehen und bei niedrigeren Lohnsätzen mit der ursprünglichen Nachfragekurve identisch bleiben (also beim Mindestlohnsatz eine Knickstelle aufweisen)! Die nachgefragte Arbeitsmenge geht bei jedem Reallohnsatz zurück. Wir unterstellen, daß die Arbeitnehmer ihr Arbeitsangebot unverändert am Reallohn ausrichten, der ihnen tatsächlich direkt zufließt. Die Effekte auf dem Arbeitsmarkt finden Sie im Schaubild VII/2/6a illustriert.

Wir unterstellen, daß in der Ausgangslage eine Vollbeschäftigungssituation gegeben ist. Arbeitsangebot und Arbeitsnachfrage kommen im Punkt D_0 zum Ausgleich. Die reale Lohnsumme, die den Arbeitnehmern auch tatsächlich zufließt ist $w^r_0 N_0$. Die Einführung von Lohnnebenkosten verschiebt die Nachfragekurve von N^d_0 auf N^d_1. Daraufhin stellt sich im Punkt D_1 ein neues Gleichgewicht ein, jedoch bei einem (von N_0 auf N_1) gesunkenen Beschäftigungsniveau und einem (von w^r_0 auf w^r_1) zurückgegangenen „ausgezahlten" Reallohnsatz. Der für die Arbeitgeber relevante, reale Lohnsatz steigt jedoch auf w^r_2. Die tatsächlichen realen Lohnkosten ($w^r_2 N_1$) setzen sich zusammen aus den ausbezahlten, realen Löhnen ($w^r_1 N_1$) plus Lohnnebenkosten ($w^r_2 - w^r_1)N_1$.

Schaubild VII/2/6a: Lohnnebenkosten und Arbeitsmarkt

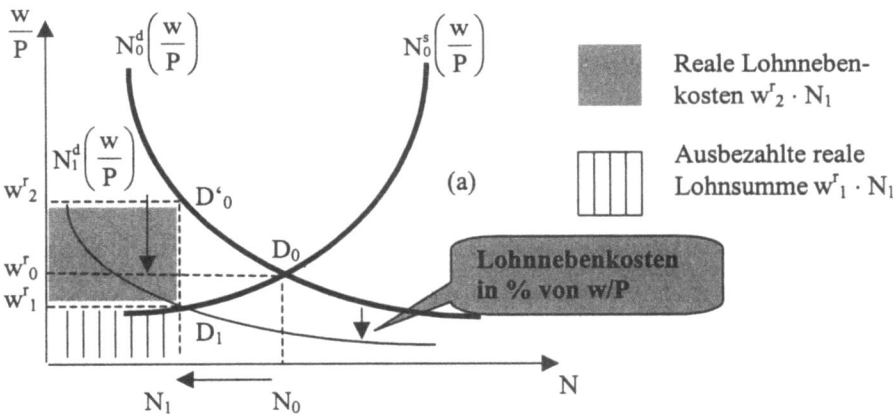

Wir wollen im folgenden die Analyse auf das Gesamtmodell erweitern (vgl. hierzu Schaubild VII/2/6b). Am Beispiel der keynesianischen Variante untersuchen wir die gesamtwirtschaftlichen Effekte. Der soeben behandelte Arbeitsmarkt findet sich in der Grafik D wieder und muß deshalb hier nicht erneut beschrieben werden. Interessant ist allerdings, daß nach Ablauf der gesamtwirtschaftlichen Anpassungsprozesse der Arbeitsmarkt nicht in D_1 ein neues Gleichgewicht erreicht. Vielmehr wird in

2.6 Erhöhung von Lohnnebenkosten

D_2 ein Zustand der Unterbeschäftigung stabilisiert, bei dem die Beschäftigung über N_1 hinaus auf N_2 gesunken ist und sich Arbeitslosigkeit (im Umfang $N_3-N_2 = D_3-D_2$) einstellt. Warum hat sich kein neues Gleichgewicht bei Vollbeschäftigung auf dem Arbeitsmarkt ergeben?

Die Einführung (Erhöhung) der Lohnnebenkosten bewirkt in (B) eine Verschiebung der aggregierten Angebotskurve $Y^s_0(P)$ auf $Y^s_1(P)$. Diese Angebotskurve trifft auf eine relativ preiselastische aggregierte Nachfrage $Y^d_0(P)$ und bildet in B_2 ein neues Gleichgewicht. Es ist: $Y_0>Y_1>Y_2$. Das auf P_2 gestiegene Preisniveau verschiebt in der Grafik A die LM-Kurve nach links. Die LM'-Kurve schneidet die relativ zinselastische IS_0-Kurve in A_2. Der Zinssatz steigt. (Die Elastizität der IS-Kurve bestimmt die Elastizität der aggregierten Güternachfrage aber wird ihrerseits von der Elastizität der Investitionsfunktion bestimmt).

Die neue Angebotskurve trifft vor Erreichen des Vollbeschäftigungseinkommens (nämlich schon in B_2 und nicht erst in B_1) auf die unveränderte, aggregierte Güternachfragekurve. Bei konstantem nominalen Lohnsatz w_0 sinkt der reale auf w^r_2. Es ist: $w^r_0>w^r_2>w^r_1$. Die Beschäftigung geht auf N_2 zurück. Im neuen gesamtwirtschaftlichen Unterbeschäftigungsgleichgewicht gelten: $(A,B,C,D,E)_2$. Wenn statt der IS_0-Kurve die steiler verlaufende IS_{00}-Kurve unterstellt wird, würde auch die aggregierte Güternachfrage unelastischer verlaufen $Y^d_{00}(P)$ und die aggregierte Angebotskurve in B_1 schneiden. Das Preisniveau würde in diesem Fall auf P_1 steigen und bewirken, daß die LM_0-Kurve sich auf LM_0' verschiebt und in A_1 die IS_{00}-Kurve schneidet. Das Ergebnis wäre ein höheres Beschäftigungsniveau von N_1.

Auch wenn die grundsätzliche Richtigkeit der Ergebnisse auf den ersten Blick nicht in Frage zu stellen ist, so ist doch eine gewisse Vorsicht bei der Interpretation angebracht: Die Einführung der Lohnnebenkosten in das Modell ist unter „ceteris paribus" Bedingungen erfolgt. Das heißt, alle anderen Verhaltensannahmen blieben unverändert. Ob das jedoch empirisch in dieser Form haltbar ist, müßte gesondert betrachtet werden. Die Lohnnebenkosten könnten sehr wohl einen (negativen) Einfluß auf das Investitionsverhalten der Unternehmungen und/oder einen (positiven) Einfluß auf das Konsumverhalten der privaten Haushalte haben, so daß sich per Saldo auch die aggregierte Nachfrage verändern könnte. Aber wie gesagt, mögliche empirische Verhaltensänderungen dieser Art sind nicht modelliert!

Schaubild VII/2/6b: Auswirkung von Lohnnebenkosten im Modell der keynesianischen Variante

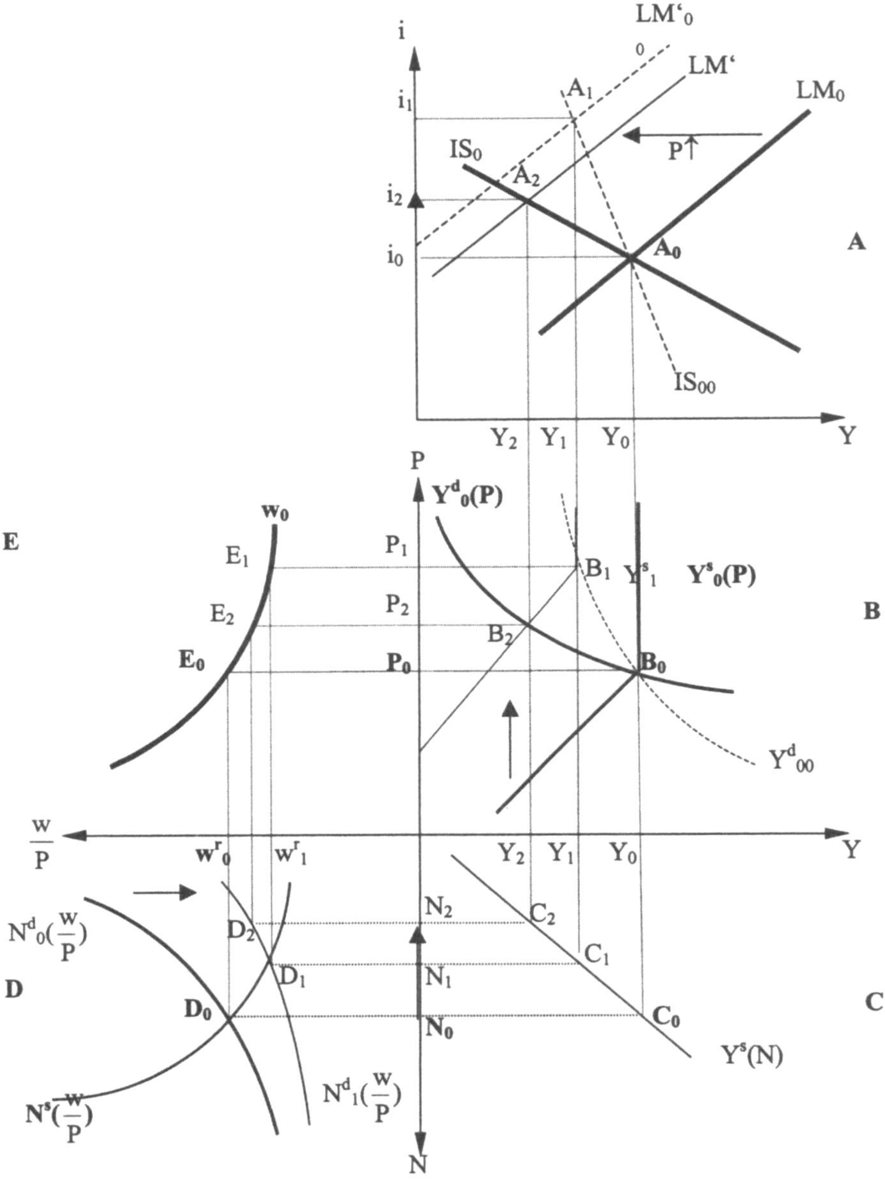

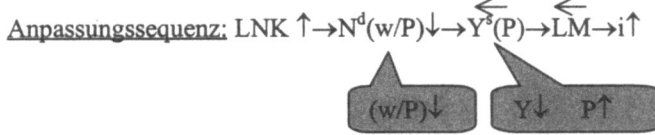

<u>Anpassungssequenz:</u> LNK $\uparrow \rightarrow N^d(w/P)\downarrow \rightarrow \overleftarrow{Y^s}(P) \rightarrow \overleftarrow{LM} \rightarrow i\uparrow$

$(w/P)\downarrow$ $Y\downarrow$ $P\uparrow$

2.7 Steigende Arbeitsproduktivität durch technischen Fortschritt

Arbeitssparender, technischer Fortschritt steigert die Produktivität: Mit demgleichen Einsatz von Arbeitskräften kann ein höheres Produkt erzeugt werden, bzw. dasgleiche Produkt läßt sich mit einer geringeren Arbeitsmenge herstellen. Es steigen sowohl die Grenzproduktivität als auch die durchschnittliche Produktivität des Faktors Arbeit. Betrachten wir zunächst die unmittelbaren Effekte auf den Arbeitsmarkt.

Schaubild VII/2/7a: Produktivitätssteigerung und Arbeitsmarkt

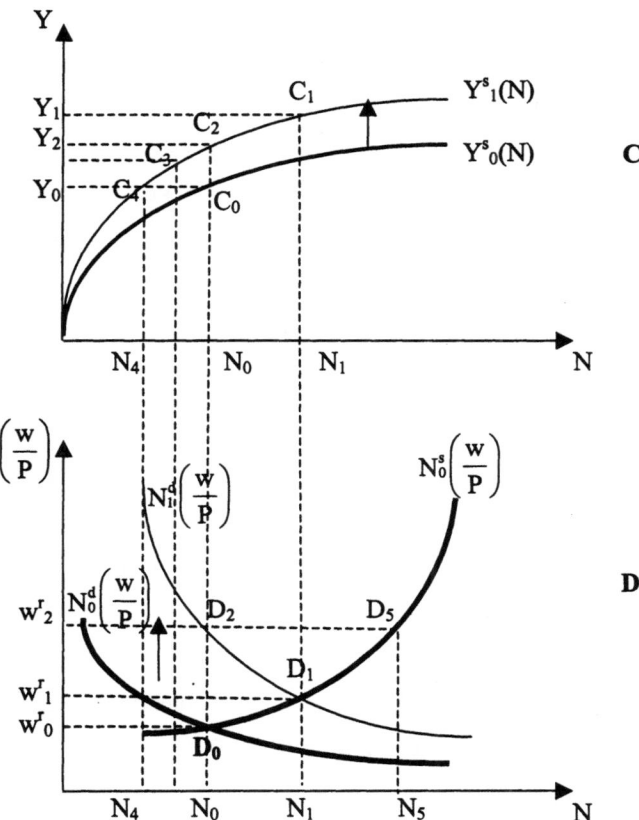

Der technische Fortschritt wird mit Hilfe der Produktionsfunktion modelliert: Sie dreht sich von $Y^s_0(N)$ auf $Y^s_1(N)$. Die Arbeitsnachfragekurve verschiebt sich synchron mit der Produktionsfunktion nach oben von $N^d_0(w/P)$ auf $N^d_1(w/P)$. Auf dem

Arbeitsmarkt würde sich das Vollbeschäftigungsgleichgewicht von D_0 auf D_1 erhöhen. Damit sich dieses Gleichgewicht auch tatsächlich einstellt, muß das mit N_1 Arbeitskräften produzierte Sozialprodukt Y_1 auch tatsächlich nachgefragt werden. Sollte die Nachfrage unverändert auf dem Niveau von Y_0 verharren, würde die Beschäftigung auf N_4 sinken. Die Aufrechterhaltung des ursprünglichen Beschäftigungniveaus N_0 hätte zur Folge, daß ein Sozialprodukt in Höhe von Y_2 produziert wird. Diese Situation hätte aber zur Voraussetzung, daß das Sozialprodukt von Y_2 auch abgesetzt werden kann. Durch die Produktivitätssteigerung würden für die N_0-Beschäftigten die Reallöhne von $(w/P)_0$ auf $(w/P)_2$ steigen. Und da bei diesem hohen Reallohn das Arbeitsangebot auf N_5 wächst, entsteht eine Unterbeschäftigung in Höhe von N_5-N_0 (was der Strecke D_2-D_5 entspricht). Es zeigt sich, daß wir ohne weitere Annahmen zu keinem konkreten Ergebnis kommen.

Welche Anpassungsprozesse ergeben sich in unserem Total-Modell der neoklassischen Synthese (vgl. Schaubild VII/2/7b)? Das soeben entwickelte Partialmodell wird in den Grafiken C und D übernommen. Die Produktivitätssteigerung läßt sich erfassen durch (1) die marginale Arbeitsproduktivität: $dY^s_0(N)/dN < dY^s_1(N)/dN$ und (2) die durchschnittliche Arbeitsproduktivität: $Y^s_0(N)/N < Y^s_1(N)/N$. Wir modellieren die keynesianische Variante. In der Ausgangslage gelten die Punkte $(B, C, D, E)_0$. Es herrscht Vollbeschäftigungsgleichgewicht in B_0. Die aggregierte Angebotskurve verschiebt sich von $Y^s_0(P)$ auf $Y^s_1(P)$. In der keynesianischen Variante hat sie in B_0 respektive B_1 eine „Knickstelle". Welches Gleichgewicht sich auf dem aggregierten Gütermarkt neu einstellt hängt ausschließlich von der Neigung der aggregierten Nachfragekurve ab.

Wir haben eine Schar von vier verschiedenen Kurven eingezeichnet, die alle durch den ursprünglichen Gleichgewichtspunkt B_0 laufen, aber unterschiedliche Neigungen haben. Sie schneiden die Y^s_1-Kurve in den Punkten B_1, B_2, B_3, B_4. Die Gleichgewichtspunkte korrespondieren mit den entsprechend indizierten C- und D-Punkten. Es zeigt sich, daß das Gleichgewicht bei Vollbeschäftigung lediglich von der Y^d_a-Kurve in B_1 sichergestellt wird. Die Y^d_b-Kurve garantiert zwar das alte Beschäftigungsniveau, kann aber nicht verhindern, daß auf dem Arbeitsmarkt bei dem sich einstellenden höheren Reallohn Unterbeschäftigung auftritt (D_2-D_5).

Bei der relativ unelastischen Y^d_c-Kurve steigt zwar das nachgefragte Sozialprodukt noch auf Y_3, die Beschäftigung geht jedoch auf N_3 zurück! Die Y^d_d-Kurve hat in B_0 eine Knickstelle. Die nachgefragte Gütermenge bleibt konstant. Es ist $Y_0=Y_4$. Diese Gütermenge kann aber mit einem noch niedrigeren Arbeitseinsatz produziert werden. Die Beschäftigung geht auf N_4 zurück.

Lautet die wirtschaftspolitische Aufgabe, das Vollbeschäftigungsgleichgewicht bei Y_1 sicherzustellen, so besteht lediglich bei der gegebenen Nachfragekurve Y^d_a kein Handlungsbedarf, bei den anderen Kurven muß eine flankierende, expansive Geld- und/oder Fiskalpolitik eingesetzt werden oder eine flexiblere Lohnpolitik betrieben werden. Bei Y^d_d hilft nur die Finanzpolitik. Laut die wirtschaftspolitische Aufgabe, das alte Beschäftigungsniveau N_0 sicherzustellen, wäre lediglich bei Vorliegen der Kurve Y^d_b kein Handlungsbedarf gegeben.

Schaubild VII/2/7b: Produktivitätssteigerung im Totalmodell

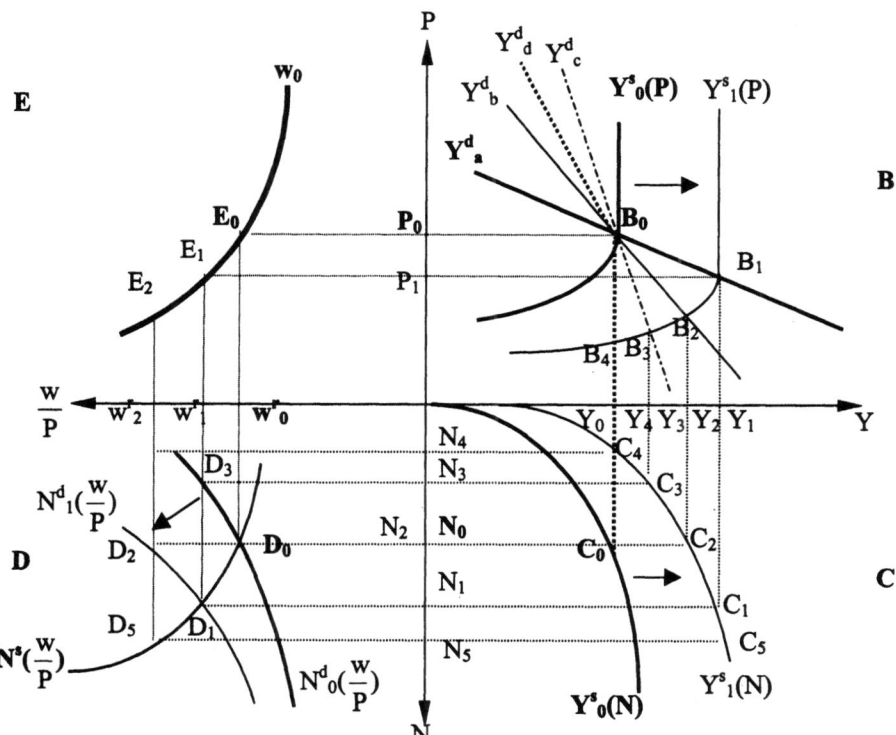

2.8 Hysteresis: Kombinierter Fiskal- und Lohneffekt

Zum Abschluß wollen wir folgende Politikkombination untersuchen: Der Staat beseitigt eine vorliegende Situation der Unterbeschäftigung durch expansive Fiskalpolitik, erreicht das Vollbeschäftigungseinkommen und fährt daraufhin seine Fiskalpolitik auf das Ausgangsniveau zurück. Das Ergebnis scheint auf der Hand zu liegen: Es ist zu vermuten, daß die Volkswirtschaft ebenfalls wieder auf das alte Gleichgewicht bei Unterbeschäftigung zurückfällt! Tatsächlich kann im Endergebnis aber eine deutlich geringere Beschäftigung, eine erheblich höhere Unterbeschäftigung und ein niedrigeres Einkommensniveau als in der Ausgangslage auftreten. Unsere Aufgabe wird sein, dieses Phänomen, das man auch Hysteresis nennt, zu erklären (vgl. Schaubild VII/2/8).

Die Konstellation auf dem aggregierten Gütermarkt hat sich in der Ausgangslage in einem Gleichgewicht bei Unterbeschäftigung stabilisiert, charakterisiert durch die korrespondierenden Punkte: $(B,C,D,E)_0$. Vollbeschäftigung wäre in der Konstallation $(B,C,D,E)_1$ gegeben, doch ist die gesamtwirtschaftliche Nachfrage unzureichend, um dieses Vollbeschäftigungsprodukt auch nachzufragen. Auf dem Arbeitsmarkt verteidigen die Arbeitnehmer den nominalen Lohnsatz w_0 und realisieren (bei dem gegebenen Preisniveau P_0) einen realen Lohnsatz in Höhe von w^r_0, der deutlich über dem Gleichgewichtslohnsatz w^r_1 liegt. Die (gut organisierten Beschäftigten) sind nicht willens ihren realen Lohnsatz auf den Gleichgewichtslohnsatz zu senken und verhindern damit, daß die bisher nicht Beschäftigten eine Beschäftigung zu finden. Ein typischer Interessenkonflikt zwischen denjenigen, die im Beschäftigungssystem sind und denen, die erst hineinwollen.

In dieser Situation versucht der Staat mit einer aktiven (kreditfinanzierten) Fiskalpolitik Vollbeschäftigung zu erreichen. Er steigert die staatliche Nachfrage, so daß sich die aggregierte Güternachfrage auf $Y^d_1(P)$ verschiebt: Die Beschäftigung nimmt zu (auf N_1), der Reallohn sinkt (auf w^r_1) und das Preisniveau steigt auf P'_1. Da das Vollbeschäftigungseinkommen erreicht ist, halten die Arbeitnehmer nicht länger am

Nominallohnsatz w_0 fest, sondern passen diesen nach oben auf w_1 an. Nur dadurch ist der gleichgewichtige Reallohnsatz w^r_1 zu realisieren. Die Volkswirtschaft befindet sich in der Situation, wie sie durch die Punkte $(B',C,D,E')_1$ charakterisiert ist. Der Staat hat es verstanden das Ungleichgewicht auf dem Arbeitsmarkt aufzubrechen, indem er über eine gezielt herbeigeführte Anpassungsinflation den realen Lohnsatz auf den Gleichgewichtslohnsatz w^r_1 senken konnte, bei dem Vollbeschäftigung als erreicht gilt. Zur Vermeidung weiterer Staatsschulden, vielleicht auch in der Annahme, die Volkswirtschaft wäre stabil genug, das Vollbeschäftigungseinkommen „aus eigener Kraft" zu stabilisieren, fährt der Staat seine Fiskalpolitik auf das Ausgangsniveau zurück.

Wir nehmen an, daß der staatliche Nachfragerückgang nicht durch den privaten Sektor ausgeglichen wird, also die aggregierte Nachfrage auf das ursprüngliche Niveau zurückfällt. $Y^d_1(P)$ verschiebt sich zurück auf $Y^d_0(P)$. Überraschenderweise stellt sich jedoch nicht wieder das frühere Gleichgewicht bei Unterbeschäftigung ein (B_0) sondern ein neues bei geringerer Beschäftigung (B_{02}). Die Erklärung liegt darin, daß sich die Arbeitnehmer an den höheren Nominallohn w_1 gewöhnt haben und an diesem jetzt starr festhalten. Das hat zur Folge, daß sich die aggregierte Angebotskurve verschiebt auf $Y^s_1(P)$. Die Volkswirtschaft stabilisiert sich auf dem Niveau $(B,C,D,E)_2$. Wie man sofort ablesen kann, ist die Beschäftigung auf N_2 gesunken und liegt damit unterhalb des Ausgangsbeschäftigungsniveaus N_0.

Schaubild VII/2/8: Hysteresis

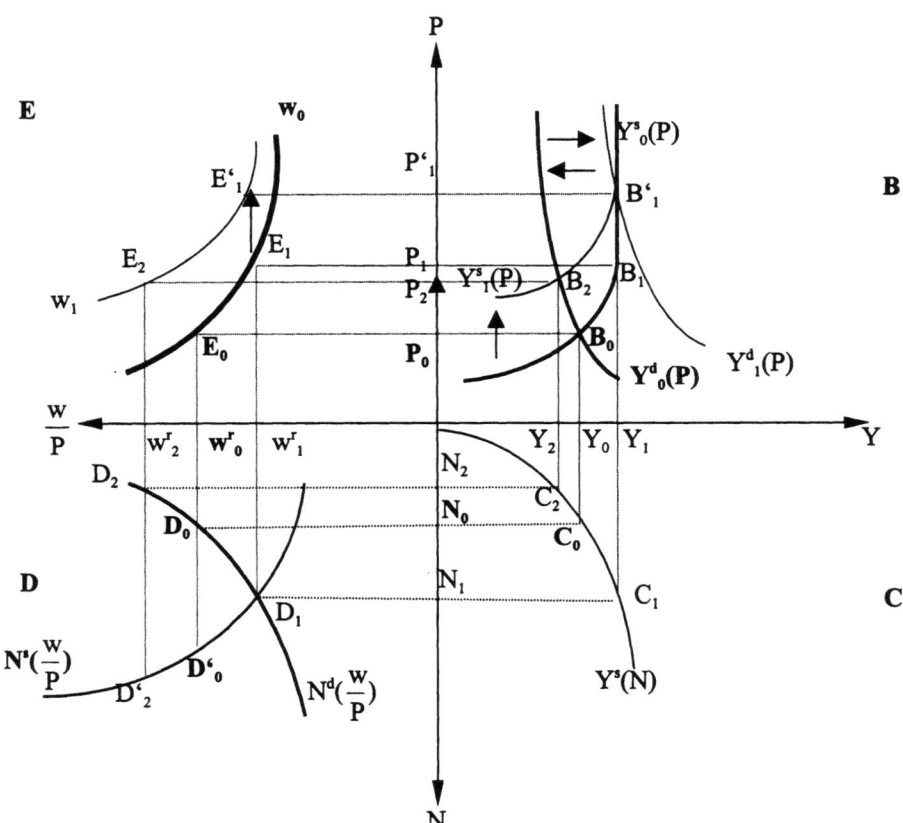

3 Keynesianische Spezialfälle

Zum Abschluß dieses Kapitels wollen wir zwei „Spezialfälle" betrachten, die in der Übersicht im Schaubild VII/1/1(A) unter (2) und (3) skizziert sind: In der neoklassischen Variante taucht das Problem auf, daß die aggregierte Nachfrage (unabhängig vom Preisniveau) hinter dem aggregierten Güterangebot zurückbleibt. **Die aggregierte Nachfrage ist vollkommen preisunelastisch.** Es stellt sich weder ein Unterbeschäftigungs- noch überhaupt ein Gleichgewicht ein! Die Volkswirtschaft droht in eine Deflation zu geraten, ohne daß sinkende Preise imstande wären, die Nachfrage hinreichend anzukurbeln.

Im ersten Fall (vgl. Schaubild VII/3/1) ist die vollkommen unelastische, aggregierte Nachfrage auf die ebenso unelastische IS-Kurve und diese wiederum auf die gleichfalls unelastische I(i)-Kurve zurückzuführen. In dieser Situation sind sowohl der (interne) Preismechanismus als auch die (externe) Geldpolitik vollkommen unwirksam. Der Preismechanismus versagt, weil es überhaupt keinen Gleichgewichtspreis gibt. Die Wirkung der Geldpolitik bleibt auf den Zinssatz beschränkt. Sinkende Zinsen führen jedoch nicht zu steigenden Investitionen. Nur eine expansive Fiskalpolitik vermag die aggregierte Nachfrage auf das Vollbeschäftigungsniveau zu heben, allerdings bleibet das Preisniveau undefiniert.

Im zweiten Fall (Vgl. Schaubild VII/3/2) ist der unelastische Zweig der aggregierten Güternachfrage auf die Liquiditätsfalle der Geldnachfrage zurückzuführen. Wir haben die hier interessierenden Zusammenhänge für die neo-klassische Variante illustriert: In der Ausgangslage herrscht eine Situation der Vollbeschäftigung, die durch die Punkte A_0 und B_0 markiert sind. Die aggregierte Nachfragekurve hat in B_2 eine Knickstelle, die sich dadurch ergibt, daß die IS_0-Kurve in A_2 auf die Liquiditätsfalle trifft: Sollte das Preisniveau noch unter P_2 sinken und damit die reale Geldmenge über M_0/P_2 hinaus ansteigen, führt das zu keinen weiteren Zinssenkungen, so daß es

Schaubild VII/3/1: Spezialfall zinsunelastischer Investitionen

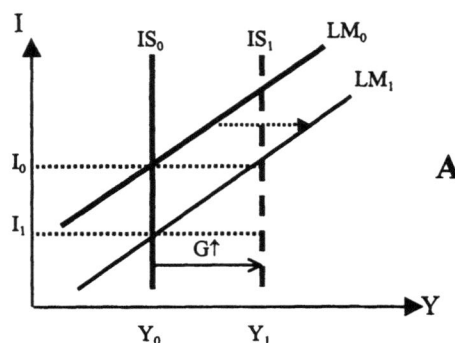

Die Güternachfrage ist bei Y_0 stabil. Das Überschußangebot Y_1-Y_0 kann nicht durch eine expansive Geldpolitik beseitigt werden: steigt die Geldmenge M_0 auf M_1, fällt der Zinssatz um i_0 auf i_1 bei unveränderter Güternachfrage Y_0. Steigende Staatsausgaben verschieben die IS_0 auf IS_1. Die aggregierten Angebots- und Nachfragekurven fallen zusammen. Angebot und Nachfrage sind bei jedem Preisniveau größer gleich.

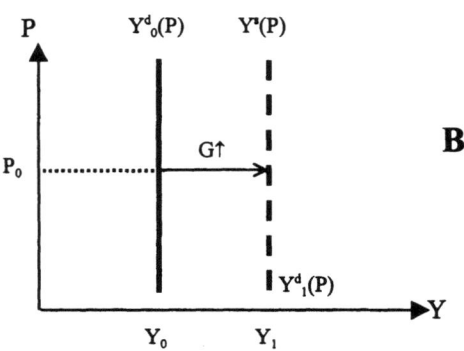

auch zu keinen, die Nachfrage steigernden Investitionen kommen kann. Es sei jetzt unterstellt, die Investitionen gehen aufgrund externer Einflüsse (Konjunktureinbruch) zurück. Die IS_0-Kurve verschiebt sich auf IS_1. In A_1 bildet sich ein neues güter- und geldwirtschaftliches Gleichgewicht. Die aggregierte Nachfrage geht beim Preisniveau P_0 auf B_1 zurück und es entsteht ein Überschußangebot in Höhe von B_0-B_1. Im Normalfall würden die dadurch hervorgerufenen Preissenkungen eine zusätzliche Güternachfrage induzieren bis bei B_5 das Vollbeschäftigungseinkommen wieder erreicht wäre. Diese preisinduzierte Nachfrageentwicklung kommt jedoch bei B_3 zum Stillstand, die Nachfragekurve knickt ab und wird bei niedrigeren Preisen als P_3 vollkommen preisunelastisch! Der Punkt B_3 korrespondiert mit A_3, und man erkennt, daß die Ursache für die Knickstelle darin liegt, daß die IS_1-Kurve bei A_3 auf die Liquiditätsfalle trifft.

Schaubild VII/3/2: Spezialfall der Liquiditätsfalle

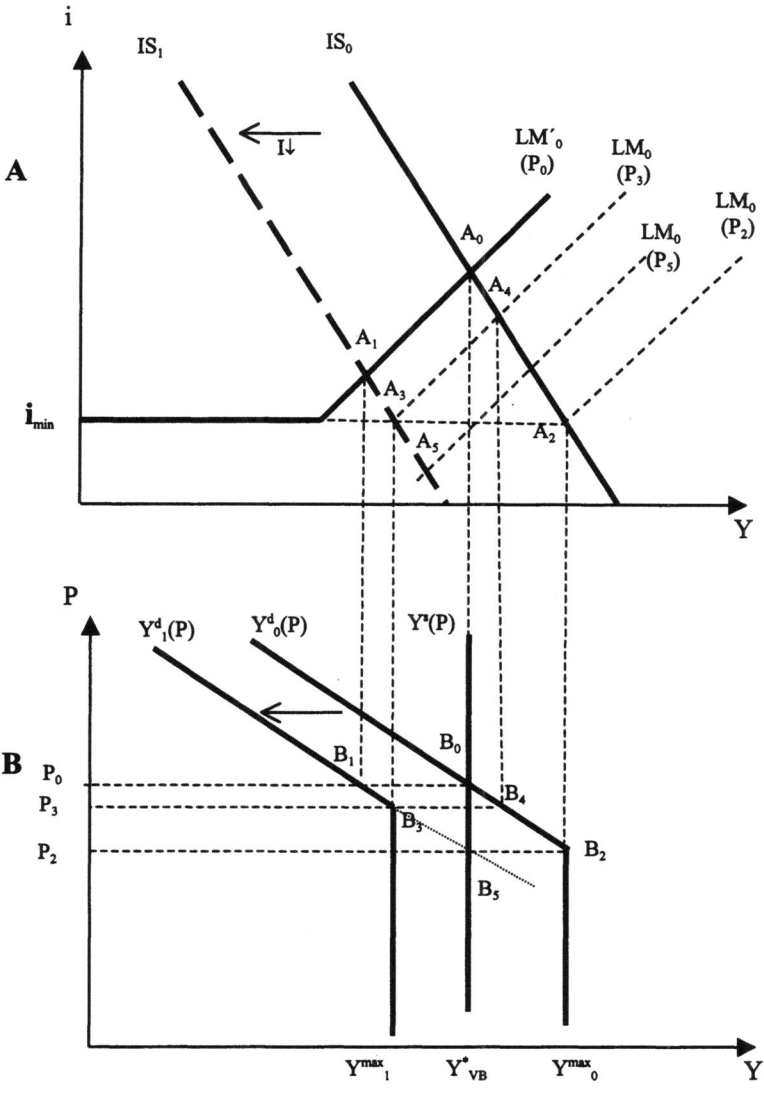

Eine expansive Geldpolitik könnte die aggregierte Nachfrage lediglich im preiselastischen Bereich steigern. Die Y^d_1 (P) ließe sich zwar nach oben verschieben, sie würde aber stets bei Y^{max}_1 (also vor Erreichen des Vollbeschäftigungsangebots) vertikal abknicken. Ein neues Gleichgewicht käme nicht zustande, das Überschußangebot $Y^*_{VB} - Y^{max}_1$ bliebe bei jedem Preisniveau bestehen. Nur eine expansive Fiskalpolitik, die beispielsweise den Rückgang der privaten Investitonen durch staatliche ausgleicht, vermag zum Erfolg führen.

Literaturverzeichnis

Barro, R.D.: Macroeconomics, New York 1984, Wiley;

Blümle, G. / Patzig, W.: Grundzüge der Makroökonomik, Freiburg 1988, Haufe;

Burda, M. / Wyplosz, C.: Makroökonomik, eine Europäische Perspektive, München 1994, Vahlen;

Cezanne, W.: Allgemeine Volkswirtschaftslehre, München 1993, Oldenbourg;

Claassen, E.M.: Grundlagen der Makroökonomischen Theorie, München 1994, 2. Aufl., Vahlen;

Demmler, H.: Einführung in die Volkswirtschaftslehre, München 1997, Oldenbourg;

Dieckheuer, G.: Makroökonomik, Berlin 1998, 3. Aufl., Springer;

Dornbusch, R. / Fischer, S.: Makroökonomik, München 1995, 6. Aufl., Oldenbourg;

Gordon, R.I.: Macroeconomics, New York 1990, Harper Collins Publ.;

Heubes, J.: Grundlagen der modernen Makroökonomie, München 1995 Vahlen;

Mankiw, N.G.: Makroökonomik, Wiesbaden 1998, 3. Aufl., Schäffer-Poeschel;

Neumann, M.: Theoretische Volkswirtschaftslehre, Band I: Makroökonomische Theorie, München 1996, Vahlen;

Nissen, H.-P.: Makroökonomie I, Einführung in die VGR, Heidelberg 1995, 3. Aufl., Physica;

Rettig, R. / Voggenreiter, D.: Makroökonomische Theorie, Düsseldorf 1996, 6. Aufl., Werner;

Schmitt-Rink, G.: Makroökonomie geschlossener und offener Volkswirtschaften, Berlin 1992, 2. Aufl., Springer;

Siebert, H:: Einführung in die Volkswirtschaftslehre, Stuttgart 1996, 12. Aufl., Kohlhammer;

Snowdon, B., / Vane, H., / Wynarczyk, P.: A Modern Guide to Macroeconomics: An Introduction to Competing Schools of Thought, Aldershot 1994, Elgar;

Stobbe, A.: Volkswirtschaftslehre III, Makroökonomik Berlin, 1987, 2. Aufl., Heidelberger Taschenbücher;

Woll, A.: Allgemeine Volkswirtschaftslehre, München 1996, 12. Aufl., Vahlen.

Spezielle und weiterführende Literatur:

Backhaus, K., u.a.: Multivariate Analysemethoden, Berlin 1990;

Duesenberry, J.S.: Income, Saving and the Theory of Consumer Behavior, Cambridge 1949;

Felderer, B. / Homburg, S.: Makroökonomik und neue Makroökonomik, 5. Aufl., Berlin 1991;

Friedman, M.: A Theory of the Consumption Function, NBER, New York 1957;

Friedman, M.: Unemployment vs. Inflation? An Evaluation of the Phillips Curve, IEA Occasional Paper no. 44, 1975;

Fuhrmann, W.: Makroökonomik, Zur Theorie interdependenter Märkte, 3. Aufl., München 1991;

Haavelmo, T.: Multiplier Effects of a Balanced Budget, in Econometrica, Nr. 13, 1954, S. 311 ff;

Hicks, J.R.: Mr. Keynes and the Classics: A Suggested Interpretation, in: Econometrica, Nr. 5, 1939, S. 147-159;

Jarchow, H.-J.: Theorie und Politik des Geldes, 8. Aufl., Göttingen 1990;

Jossa, B., / Musella, M.: Inflation, Unemployment and Money, Interpretationes of the Phillips Curve, Cheltenham 1998;

Keynes, J.M.: The General Theory of Employment, Interest and Money, New York 1936;

Landmann, O.: Keynes in der heutigen Wirtschaftstheorie, in: Bombach, G. u.a. (Hrsg.), Der Keynesianismus I, Berlin 1976;

Phillips A.W.: The relation between unemployment and the rate of change of money wage in the United Kingdom, 1861-1957, in: Economics, Nr. 25, 1958, S. 283-299;

Sachs, J.D. / Larrin, F.: Makroökonomik, München 1995;

Sachverständigenrat: Jahresgutachten 1997/98;

Samuelson, P.A.: Lord Keynes and the General Theory, in: Econometrica, Nr. 14, 1946, S. 187-200;

Urban, D.: Regressionstheorie und Regressionstechnik, Stuttgart 1982.

Stichwortverzeichnis

Abschreibung 18,26
Aggregation 62
Aktiva 146
Alternativkosten 159,161
Amortisationsdauer 65
Analyse
-dynamische 55,80
-komparativ-statische 52,80
-statische 80
Angebot(s)
-aggregiertes 236,305
-elastizität 298
-erhöhung 274,275
Anlagevermögen
-produktives 41
Anleihe
-ewige 64
Angebotskurve
-aggregierte 253
Anpassungsprozeß 33
Anschaffungskosten 60
Arbeitgeberverbände 240
Arbeitsangebot(s) 240,246, 277,316ff.
-neo-klassisches 243
-elastizität 242,253
Arbeitskräfte 228
Arbeitskurve
-aggregierte 237
Arbeitslosenversicherungsanstalt 107
Arbeitslosigkeit 244
-friktionelle 244
-konjunkturelle 245
-natürliche 244
-saisonale 245
-strukturelle 245
Arbeitsmarkt 240,277
-gleichgewicht 277
-neo-klassisch 278
-transparenz 244,245
Arbeitsnachfrage 277
-funktion 236
Arbeitsproduktivität 305,324

Arbeitszeit 240
Ausgaben
-staatliche 83,98
Auslandskonto 122
Außenbeitrag 15,115,116,119ff.
-ausgeglichener 116
-Saldo 116

Bankbilanzveränderung 146
Bankensystem
-zweistufiges 147
Bargeld 142,143,155
-einlagenquote des Publikums 155
Beschäftigungseffekt 41
Beschäftigungswirkung
-der Investitonen 81
Budget
-ausgeglichenes 83
-defizit 83,95
-saldo 95,119,120
-überschuß 83,92,93,95

Cambridge-Gleichung 279,292
Cash 155
Cobb-Douglas-Produktionsfunktion 265
Crowding out 199,200

Determinanten
-ökonomische 60
Devisen
-erwerb 146
-markt 6
-politik 147
Differential
-totales 35,37,67,76
Diskontierung
-von Wechsel 146
Diskontpolitik 147

Distributionsparameter 233,250,265
Dollar 146

Effekt
-expansiver 107
Effektivverzinsung 168
Effizienzparameter 233,265
Einkommen(s)
-Faktor- 29
-angebot 89
-effekt 58,240
-effizienz einer Investitionserhöhung 197
-erhöhung 111
-steuer 85
-steigerung 55,56
-verwendung 120
-wirkung 81
-verfügbares 19,84,93,99
Einkommenskonto 48
-der Haushalte 122
-des Staates 122
Electronic banking 158
Erlös 229
Ersparnis 26,87,93,102,112
-der privaten Haushalte 96,103
-geplante 18,42
-gesamtwirtschaftliche 96ff.,103,120
-im Gleichgewicht 282
-staatliche 96,98,99,103,119,120
Erwerbspersonen 244
Europäische Zentralbank 147
Export 3,115,125
-autonomer 115,123,124,131
-funktion 115,116,118
Externe Schocks 305

Faktorleistungen 163
Falsifizierbarkeit 4
Festlohnmodell 310,314
Festpreismodell 297
Finanzierungs
-defizit 93

-überschuß 119
Fiskaleffekt 305
Fiskalpolitik 94,199
-anti-zyklische 104
-expansive 7,202,288ff.,305ff.,310
-prozyklische 104
Flexlohnmodell 305
Flexpreismodell 297,303,312
Fortschritt
-arbeitssparende, technischer 324
-technischer 253,324

Geld 141
-aktiva 142
-angebot(-stheorie)141, 155,174,278
-basis 147,156
-bestände 142
-einheiten 141
-funktionen (der Neo-Klassik)141,280
-haltung 161
-illusion 240
-markt 6,139,175,278
-marktgleichgewicht 174,191
-menge 156,157
-mengenbegriffe 142,143
-M1 142
-M2 143
-M3 143
-nachfrage 161,172,174,278
-politik (expansive) 204ff.,291ff.,305,312ff.
-schöpfung 151,152
-schöpfungsmultiplikator 156,157
Gesamtrechung
-volkswirtschaftliche 93
Geschäftsbanken 148,155
Gewerkschaften 240
Gewinn
-funktion 229,265,285
-maximum 229,265,285
Giralgeld 142,146
-der Geschäftsbanken 147
-der Zentralbank 143
-schöpfung 150

Gleichgewicht(s)
-bedingung 5
-ex-ante 48
-einkommen 29,35,77ff.
-güterwirtschaftliches 9,34,49
-kombination des Gütermarktes 73
-lohn 245
-totales 300
-werte 89
-zinssatz 174ff.,192,282
Gleichheit
-ex-post 48
Grenzgewinn 285
Grenzleistungsfähigkeit
-des Kapitals 61
Grenzprodukt der Arbeit 265
Grenzproduktivität
-des Kapitals 285
Güterangebot 30
-aggregiert 10,236,255ff.,261ff.
-elastisches 17
-Export- 15
-geplantes 50,51,89
-Import- 15
-Investions- 15
-Konsum- 15,18
-ungeplantes 50,51
Güternachfrage 15,30,55ff.,123,282
-aggregierte 186,209
-geplante 89
-staatliche 89
Gütermarkt 6,73,137,282
-aggregiert 274,275
-der Neo-Klassik 285
-gleichgewicht 71,190,282
-modelle 135
Güterproduktion
-gesamtwirtschaftliche 93

Haavelmo-Theorem 103
Handelswechsel
-erstklassige 147
Hochkonjunktur 95,104
Humankapital 228

Hypothesen 4
Hysteresis 305,327,328

Import 3,115
-autonomer 115,126,131
-einkommensabhängige 126
-funktion 115ff.
-quote 115,124ff.,131
-wert 115
Injektionen 81,91,96,98,119ff.
Informationskosten 141
Inflation 115,142
Infrastrukturausstattung
-institutionelle 228
-materielle 228
Internal rate of return 61
Investition(s) 79,94,97
-autonome 41
-brutto 18
-der Unternehmung 3,18
-Finanz- 61
-falle 208
-funktion 41,76,118,282ff.
-geplante 71
-gesamtwirtschaftliche 96
-güter 41,53ff.,60,76,89,112,195
-im Gleichgewicht 282
-Lager- 45,46
-multiplikator 52,54,77,79,94
-Netto 15ff.,41ff.,93
-private 94
-reagibiltät 67
-Real- 61
-staatliche 99
Investitionsfunktion
-lineare 41
-gesamtwirtschaftliche 62
-keynes'sche 283
-neo-klassische 283ff.
-zinsabhängige 41,52,63
-zinselastische 60
IS 190
-Kurve 9,71ff.,109ff.,129,137
IS-LM-Modell 185,191,297

Kalkulationszinsfuß 65
Kapazitätseffekt 41,81
Kapital 265
-akkumulation 250
-bestand 233,285
-markt 6,73,281ff.
-stock 18
-wertmethode 65
Kassenhaltung (s) 161
-koeffizient 163,164,175
Kassenkredite 147
Kaufkraft 112
Keynes, J.M. 7
Keynesianischer Bereich 178
Keynesianische Variante 297
Keynes'sche Fall 193
Klassischer Bereich 178,208
Klassische Variante 193,297
Klassisch-Neoklassiches Modell 7,277
Kredit 60
-aufnahme (staatliche) 200ff.
-gewährung 146
-politik 147
-schöpfung 151,152
Konjunkturzyklus 95
Konsum
-ausgaben 93,102
-autonomer 19,20,35
-der privaten Haushalte 96
-funktion 5,19,35,84,87,118,282
-güter (-nachfrage) 77,89,112
-im Gleichgewicht 282
-quote 19ff.
-privater 3
-verhalten 84
Kosten
-fixe 229
Kreditfinanzierung 288
Kreislauf
-ex-post 93

Lager
-bestände 33

-investitionen 51
Leistungsbilanz 115
Liquidität(s)
-grad 142
-falle 192,208
-präferenz 192
-quote 156,175
LM - Funktion 177, 191
Lohnkosten
-nominale 229
Lohnnebenkosten 247,321
Lohnsatz 5,264
-nominaler 229
-realer 229,246
Lohnstarrheit 246
Lohnsteuer 85
Lohnsumme 229
Lombard
-kredite 158
-politik 147

Makroökonomie
-ex-ante 4,48
-ex-post 3,48,82
Makropolitiken 288
Markt 5
-zinssatz 60
Mehrprodukt 246
Mindest
-reserve 144,153,155
Minimalzins 171
Modelle 4,16
-Kreislauf- 18
-makroökonomisch 18
-partial 6
Monetarisierung
-von Aktiva 146
Monopolbank 153,154
Multiplikator 152
-der autonomen Ausgaben 90
-der Parallelpolitik 103
-effekt 111
Münz
-ausgabe 143

-geld 142
-regal 143
Nachfrage
-aggregierte 212,305
-änderungen 95ff.,123
-effekt 41
-elastizität 298
-erhöhung 111
-funktion 118
-gesamtwirtschaftliche 41
-kurve 213,214
-nach Arbeit 228,230,246,265
-netto des Auslandes 15
-steigerung 55,81,274,275
Naturaltausch 141
Nettoeinnahmen 60,63
Nichtbanken 148
-inländische 142
Nominallohn 239
-anpassung 258
-fester 259
-flexibler 258
Nominalwert 168
Normalbereich 178
Noten 143,155
-umlauf 147

Offenmarktpolitik 147

Papiergeld 142
Parafiski 107
Parallelpolitik 103,108
Passiva 146
Passivseite 144
Pauschalsteuer 108
Periodeneinkommen 161,163
Pigou-Effekt 211,220
Preis 5,141
-fest 10
-flexibel 10
-niveau 9,10,16ff.,229,239
-steigerung 17
Produktion(s)

-funktion 228ff.,250,262ff.,277,284ff.
-konto 48,122
-prozeß 228
-steigerung 55
Produktivitätssteigerung 326
Publikum 148

Qualitätsgleichung 279

Rate of return over cost 61
Reallohn 239
Recheneinheit 141
Rediskontsatz 158
Regressionsanalyse 19
Reinvermögensänderung 93,120
-skonto 122
Rendite 60
Reservehaltung
-zinslose 159
Reserveposition
-der Geschäftsbanken 147
Ressourcen
-natürliche 228
Restriktionen
-institutionelle 260
Rezession 95,104

Sachkapitalausstatung
-einer Volkswirtschaft 228
Say, J.B. 7
Say'sche Theorem 276
Sichtguthaben 148
Sozialprodukt 3
-geplantes 51
Spar
-einlagen 143
-funktion 26ff.,37,76,84ff.,282,293
-kurve 27ff.,38
-neigung 78
-quote 28ff.,37ff.
-verhalten 84
-volumen 74

Spekulationsmotiv 161
Sichteinlagen 142,146
Sickerverluste 81,91ff.,119ff.
Sozialprodukt
-nominales 229
-reales 265
-zu Marktpreisen 82
-zu Faktorpreisen 82
Staat(s)
-ausgaben 3,15,93ff.,99,103,111,118
-budget 89ff.
-einnahmen 107
-papiere 147
Staatsausgaben
-multiplikator 107
-steuerfinanziert 290
Spareinlagen 149
Spekulationskasse 172
-Nachfrage nach 169,171
Spekulationsmotiv
-der Geldnachfrage 168
Stabilisator
-automatischer 95
Stabilität(s)
-bedingung 29
-des Gleichgewichts 45
Steuer 82,94
-autonome 84ff.
-einkommensabhängige 86ff.
-einnahmen 83ff.
-erhöhung 202
-funktion 5,82ff.,106ff.
-indirekte 82
-multiplikator 107
Steuersatz
-durchschnittlicher 83
-erhöhung 111
-marginaler 83,99,112
Substitutionseffekt 240
Subventionen
-indirekte 82
Synthese
-neo-klassisch-keynesianisch
7,250,261,297

Tarifvereinbarungen 246
Tauschmittel 141,161
Tautologie 4
Termingelder 143,148
Terms of trade 115
Theorie
-keynes'sche 8,250,273ff.
-keynesianische 255,260
-neo-klassische 8,250,273ff.
-ökonomische 4
Tilgung 142
Totalmodell
-neo-klassisches 286ff.
Transaktionen 161
Transaktionskasse 172
-Nachfrage nach 162ff.
-der Haushalte 162
-der Unternehmung 162
-durchschnittlich gehaltene 164
-volkswirtschaftliche 163
Transaktionsmotiv 161
Transferzahlungen(s) 82,107
-multiplikator 107

Überschußreserve 144,155,159
-freiwillige 158
Überziehungskredite 167
Umschulungsmaßnahmen 245
Umtauschkosten 165
Umverteilungspolitik 107
Ungleichgewicht 50

Verbindlichkeiten 146
Verifizierbarkeit 4
Vermögens
-anlagen 168
-änderungskonto 48
-bilanz 144
-bildung 93
-effekt 211
Verzinsung 64
Volkseinkommen 3,18ff.,71ff.,163ff.

Volkswirtschaft
-geschlossene 82,92ff.
-offene 115,118
-stationär 29
Vollbeschäftigung 17,244,301
-seinkommen 250,277,327
Vorsichtskasse 172
-Bedarf an 167
-der Haushalte 162
-der Unternehmen 162
-tatsächlich gehaltene 167
Vorsichtsmotiv
-der Geldhaltung 161,167

Wachstumseffekte 81
Währungsreserven 148
Warengeld 142
Wechselkurse 5,115
-feste 148
-politik 147
Wertaufbewahrungsmittel 141,168
Wertpapiere 146
-festverzinsliche 147,168
-verzinsliche 141
Wertschöpfung 18,29,49,58,161
Wirtschafts
-pläne 4,49
-politik 6
Wissen
-technisch-organisatorisches 228

Zahlung(s)
-ausgang 161
-bilanz 115
-eingang 161
Zentralbank 143ff.
Zinsertrag 161
Zinsfuß
-interner 60ff.
Zinsreagibilität
-der Investition 62ff.
Zinssatz 5,71,73,112,177
-autonomer 41

-effektiver 168
-interner 61
-kritischer 169
-maximaler 282
-nominaler 168

MIX
Papier aus verantwortungsvollen Quellen
Paper from responsible sources
FSC® C105338

If you have any concerns about our products,
you can contact us on
ProductSafety@springernature.com

In case Publisher is established outside the EU,
the EU authorized representative is:
**Springer Nature Customer Service Center GmbH
Europaplatz 3, 69115 Heidelberg, Germany**

Printed by Libri Plureos GmbH
in Hamburg, Germany